消费者心理学

（第4版）Psychology of Consumers

罗子明 著

清华大学出版社
北京

内 容 简 介

　　本书分析消费者获得消费信息、形成消费态度、产生消费需要与动机、作出购买决策、享受消费价值、得到消费体验的过程，介绍消费者个性、消费群体的心理特点，分析网络平台、营业环境、社会因素、商品品牌与消费者心理之间的关系，介绍研究消费者心理的主要方法。

　　全书体系完整，案例丰富，实用性较强。适合产品研发、营销策划、品牌推广、市场调研、企业管理等人员阅读，也可用作经济管理、市场营销、广告公关等专业的教材。

图书在版编目（CIP）数据

消费者心理学 / 罗子明著. —4 版. —北京：清华大学出版社，2017（2025.3 重印）
ISBN 978-7-302-46260-6

Ⅰ. ①消… Ⅱ. ①罗… Ⅲ. ①消费心理学 Ⅳ. ①F713.55

中国版本图书馆 CIP 数据核字（2017）第 021174 号

责任编辑：王　青
封面设计：刘红菊
责任校对：宋玉莲
责任印制：丛怀宇

出版发行：清华大学出版社
　　　　网　　　址：https://www.tup.com.cn，https://www.wqxuetang.com
　　　　地　　　址：北京清华大学学研大厦 A 座　　　　　　邮　　编：100084
　　　　社 总 机：010-83470000　　　　　　　　　　　　邮　　购：010-62786544
　　　　投稿与读者服务：010-62776969，c-service@tup.tsinghua.edu.cn
　　　　质量反馈：010-62772015，zhiliang@tup.tsinghua.edu.cn
　　　　课件下载：https://www.tup.com.cn，010-83470332
印 装 者：三河市少明印务有限公司
经　　销：全国新华书店
开　　本：185mm×260mm　　印　张：20　　　　　字　数：462 千字
版　　次：1994 年 1 月第 1 版　2017 年 4 月第 4 版　　印　次：2025 年 3 月第 10 次印刷
印　　数：17301～18100
定　　价：59.00 元

产品编号：072164-03

第 4 版前言

本书第 1 版出版于 1994 年,是国内同类著作中发行周期最长的图书之一!不少内容被同行引用,归纳总结的指标被实践所采用,这是读者的肯定和社会的肯定,作者深感欣慰。

回忆本书的写作过程以及学术研究之路是一件愉快的事情。1987 年参加工作进入高校,即承担消费者心理学的教研任务。当时用了近 5 年时间搜集资料,整理最新的研究成果,写出教学研究大纲。在学术研究快餐化的今天,花费如此长的时间做准备工作实属不易。写作过程中经常去国家图书馆查资料,那时书少人少,环境幽静,又毗邻公园,看书累了去公园散一会儿步,在清苦的学术研究的日子里有一些惬意。

在理论框架的建构过程中,如何处理好实验性的研究成果与市场调查研究之间的关系,颇费心思。心理科学的发展已经完成了数量惊人的探索性实验和范式建构,形成了庞杂的科学研究体系,各种理论和概念层出不穷。如果本书紧贴最新的研究成果,心理学研究领域之外的读者可能如坠迷雾,而市场工作者需要简明扼要的依据和解释。经思索权衡,确定本书的风格为:基本概念界定清晰,理论选择有针对性,市场介绍尽量鲜活全面,把消费者利益放在首位。第 1 版发行之后,社会反响良好。

1994 年开始本人在盖洛普(中国)咨询公司从事了 5 年的技术分析工作,之后又担任一家咨询公司的研究主管,前后主持或参与了几十个商业咨询项目,对于消费者心理行为研究、品牌形象研究、情报分析等工作有了多种实践体验,这为本书第 2 版、第 3 版的修订提供了不少新思路。

2006 年之后,本人的学术研究集中于品牌形象传播研究。此时国内的互联网发展突飞猛进,深深地影响了消费市场的格局,并且重构了消费者的信息沟通渠道,改变了消费者的体验模式和购买方式,网络时代的品牌传播和品牌购买成为消费者心理研究的重心。在第 4 版的修订过程中,最大的难点是如何处理网络技术、大数据对消费者的影响以及与传统知识结构之间的衔接。最终确定以前两版的框架为主,新知识、新内容分散补充在各章节中,网上促销的内容独立成章。此外,第 4 版的语言表述进一步精简,大部分数据、案例和图片资料也作了更新或技术处理。

　　本书第 1 版至第 4 版参考了许多专家学者的文献资料,写作过程中国内外专家学者给予了大量的帮助和指导,在此一并表示诚挚的谢意!

2016 年 10 月 16 日于北京稻香园

目　　录

第一章 概　述

　　本章简要介绍研究消费者心理的意义，以及国内外研究消费者心理的简史。

第一节　研究消费者心理的意义

消费的意义不言而喻,它是人们延续生活的基础,是人们生活的重要组成部分。通过消费,人们获得生理上和心理上的满足,每个人都不可或缺。

消费虽然不是人生幸福的全部,但是消费确实是推动人们行为的重要动力,也是经济发展的基本要素。

消费的前提是生产,生产决定着消费;消费又反作用于生产,左右着生产的进程和发展。

当今社会已经形成了庞大的知识体系,用于解释消费与生产之间的关系,这些知识包括经济学、管理学、市场学和心理学等。

消费者心理学是这个知识体系中的学科之一,它直接派生于市场学与心理学,吸收了市场学、心理学、管理学、经济学、社会学、数学、统计学等方面的理论与概念,主要为企业经营管理、市场营销提供决策依据。

由于生活中的每一位成员都是消费者,因此这门学科涉及我们周围的每一个人。

一、　研究消费者心理的商业意义

研究消费者心理的目的主要表现在两个方面。

一是研究消费者的心理,为工商企业的生产、经营和管理提供决策信息,指导工商企业的生产、经营和管理。

二是研究消费者的需要、动机与消费体验等,促使经营者提高产品质量和服务水平,最终为消费者提供更好的服务。

对于企业来说,如果把产品卖出去了,产品就可以转化为相应的价值,回收相应的资金,其生产价值得到回报,生产者可以把回收来的资金用于继续购买原材料和后续生产。因此,对于企业来说,把产品卖出去是一个关键问题。如果卖不出去,问题就严重了。首先,资金不能回收,生产价值不能得到回报,等于白干;其次,生产者没有资金继续购买原材料、发放员工工资并维持生产。把产品卖出去虽然非常重要,但这仅仅是经营者的一厢情愿。

如果消费者认为这种产品好、有一定价值也正是自己所需要的,他们有可能购买;如果这种产品的式样让消费者不满意,或者价格难于接受,或者另一种牌子比这个牌子更好,消费者就不一定购买。企业要达到卖出产品的目的,应当了解消费者购买产品的可能性,研究消费者的想法、愿望、购买动机或购买行为,这就是我们要研究消费者心理的首要原因。

这个问题可以换一个角度来思考,在生产产品之前,企业应该考虑好,计划生产的产品有没有市场? 消费者到底需要什么? 消费者购买商品时,主要注意商品的哪些特征? 什么类型的商品让消费者更满意? 什么样的服务使消费者更愉快? 这些问题的解决,必须依靠消费者心理学这门学问。

消费者心理学是研究人们的消费信息渠道、消费需要、消费动机、消费爱好、购买决策、消费体验、群体消费者心理、影响消费者心理的不同因素等内容,以及依据这些研究结果制定企业管理战略与营销策略的一门学问。此外,消费者心理学中还研究不同商品的消费心理、营业环境与消费者心理的关系、服务人员对消费者心理的影响、品牌与消费者心理的影响、网络与消费者心理的关系等。调查和研究消费者心理的方法,以及这些方法在实践中的应用,也包括在这门学问之中。

下面以 L 品牌为例,解释消费者心理的研究结果如何运用于企业经营管理和营销策略制定之中。L 是一个巧克力品牌,计划在中国内地进一步开拓市场。L 巧克力的特征和市场状况如下:

(1) L 品牌是世界上最早生产巧克力的企业。

(2) L 品牌巧克力含纯可可粉的成分更高。

(3) L 品牌来自瑞士,产品一直在瑞士生产,品质保障严格。

(4) L 品牌在中国内地市场销量不高。

通过问卷调查和座谈会调查,了解到中国内地消费者对巧克力消费和 L 品牌的消费心理如下:

(1) 吃巧克力是浪漫、甜蜜的事情,令人心情愉快。

(2) 世界上最浪漫的国家是法国。

(3) 消费者认为世界上最好的巧克力来源国是比利时、法国,瑞士的排名并不靠前。

(4) 吃巧克力,尤其是吃黑巧克力有利于心脏保健。

(5) 市场上的巧克力品牌差异较大,高档低档差异大、口味品味差异大、营养热量差异大。

(6) 一些女性消费者担心巧克力吃多了会发胖,少数消费者认为吃巧克力过多会上火。

(7) 人们普遍愿意接受的价格为每千克 50~100 元人民币。

(8) 总体上看巧克力消费在中国内地有稳步提升的市场空间。

(9) L 品牌是国外的高档品牌,在国外很有名。

(10) 出国回来的朋友有带 L 品牌的,品质有保障。

(11) 巧克力送礼,L 品牌是最好的选择。

(12) 中国内地商场不容易看到 L 品牌。

(13) 想知道网上的 L 品牌哪一家正宗。

(14) L 品牌巧克力的价格相对较高。

(15) 消费者对 L 品牌代言人不熟悉。

依据消费者调研和 L 公司的战略计划,研究人员提供了如下营销建议:

(1) 实施 L 巧克力的品牌文化传播战略,强化消费者对巧克力文化的认知和对 L 企业形象的认知。

(2) L 公司须在中国内地建立营销管理体系。

(3) 在中国设立专柜营销体系,扩大市场份额。

(4) 丰富产品包装体系,调整并完善 L 巧克力的价格体系。

(5) 建立 L 品牌的广告体系并开展适合的广告活动。

(6) 聘请当地品牌代言人以强化品牌传播效力。

在研究人员提供的营销建议基础上,L公司的经营管理者做出如下决策:

(1) 调整中国内地的营销体系,在尊重过去的营销体系基础之上,扩大机场、免税店等营销渠道,扩大网络营销的渠道。

(2) 为减少进口渠道风险(产品一直在瑞士生产),在中国内地建立专有的仓储物流体系,以保障大陆市场的产品品质。

(3) 丰富包装系列、价格体系,以利于消费者选购。

(4) 主导巧克力的品牌文化传播与公益传播活动。

(5) 置换部分宣传主题和广告。

在这个案例中,经营管理者的最终决策是基于对消费者的研究结果做出的,而不是拍脑袋做出的,这样的决策过程以消费者研究为依据,既尊重了市场规律,又回避了仅仅依靠主观判断带来的决策风险。这个案例中对消费者心理研究的内容包括品牌认知、产品形象、产品渠道、产品功能、产品价格、生活风格等方面,这些研究内容为经营者的产品规格、产品价格、推广模式、渠道建设、品牌文化传播等决策提供了可靠的信息支持。

研究消费者心理的目的,还包括满足消费者在心理上与生理上的要求,为消费者服务制定更加合适的策略,为维护消费者利益提供有力的支持。

例如,人们会有各种各样的需要与动机,有些需要与动机是良好的,而市场上可能存在满足消费者需要与动机的商品,但消费者难以得到这些商品,所以企业的目标是缩短商品与消费者之间的距离,使消费者的需要与动机更容易得到满足。如果市场上不存在这类商品,企业的目标是开发这类商品并满足消费者的需要和动机。

在日常生活中,除学习、工作、娱乐之外,满足消费的愿望会产生乐趣和愉悦。研究消费者的心理和行为方式,可以更好地满足消费者的消费乐趣。在消费者心理学中,研究消费者的主观感受与体验、消费者的内心期望、消费者的满意度等内容,是制定服务策略的必要前提。20世纪80年代以来,消费者满意度研究已经成为消费者心理研究中的重要学说,也是营销体系的一个重要组成部分,其目的在于,以有效的营销方式使消费者在购物、消费与体验过程中,更好地得到满意的体验。基于提升消费者满意度而形成的体系,包括企业形象与宣传体系、产品质量体系、服务体系、顾客关系管理体系、信息反馈体系等。获得较高的满意度与评价,是顾客决定进一步购买该产品的关键性因素,也是顾客形成品牌忠诚度的重要条件。

生活中,人们还可能存在一些不良的消费需要和消费动机。研究消费者心理的目的,可以找出其不良需要与动机的根源,并通过社会机制与环境机制来引导、辅助个人心理行为的调整,消除不良需要与动机或向良性的心理行为转化。

二、 研究消费者心理的其他意义

公益性、非商业性的消费者心理研究,主要集中在消费者权益保护与消费者教育等方面。这类研究主要发自消费者组织(协会)、消费者团体、消费者媒体、政府部门、民间机构甚至民间个人的支持。研究结果一般公开发表,研究目的是寻找消费者权益受到侵害的原因、消费者自我保护的方法与效果、不良消费行为与习惯的形成机制、消费者教育的实施情况。

例如,国际性消费者组织以及我国的消费者协会,都会定期研究消费者投诉、消费者对于商品质量方面的反映等问题,这些结果一般公开发表在报纸、杂志、电视节目或互联网上。例如,1989 年 11 月正式成立的中国保护消费者基金会[①]是一家全国性的、非营利的独立社团法人。该会宣称,其基金除了用于奖励为保护消费者权益做出突出贡献的单位和个人、资助和参与商品检验、支持受损害的消费者提起诉讼、救助受损害的消费者之外,还用于消费调查和引导消费工作、消费教育、资助保护消费者问题研究等。

此外,消费者心理研究还包括用于协调和解决法律、宗教、民族方面的问题。

消费者心理与其他心理之间具有较强的相关性,研究消费者心理可以反映人们在法律、习俗等方面的特征。比如不同民族之间,消费心理存在一定的特色和差异,但一个民族对于另一个民族在消费方面的差异可能存在理解上的不同,人们需要对这类消费差异保持一定程度的宽容,研究消费者心理有助于探索消费偏见的根源并为解决之道提供一定的依据。

从一定意义上讲,消费者心理反映了人们的法律意识和对法律的遵循程度。个人消费行为的法律意识和法律遵循程度存在不同的差异,有些消费者会完全遵从法律的要求消费商品,某些人存在轻微的、不守法的消费行为,还有些人打破法律的秩序,不仅自己消费一些违反法律规定的东西,并且利用各种手段引诱、教唆其他人消费法律禁忌的东西,对社会和他人造成较大的危害。例如,色情品消费、濒危动植物资源消费、毒品消费、以犯罪手段获取消费利益等形式,研究这类畸形的消费心理可以为相关法律制定提供参考。

第二节　研究消费者心理的简史

一、 国外研究消费者心理的简况

国外对消费者心理的研究,各国之间的发展是不平衡的。发达国家进行科学系统的消费者心理研究要早于中国,这些国家当中首推美国。

19 世纪末至 20 世纪初,美国的经济发展相当快,商品生产有了较多的剩余,经营者为了更多更快地推销商品,进行了大规模的促销运动,包括使用广告促销活动。在开展广告活动的时候,商业经营者当然要考虑广告的效果如何,消费者接受广告之后,到底他们的消费动机或购买愿望有多少改变,消费动机向哪一方面改变等,这些问题就摆在促销专家和心理学家的面前。

威廉·詹姆斯(William James,1842—1910,图 1-1 左)是美国的哲学家和心理学家,美国心理学会的创始人之一,心理学机能主义和哲学实用主义的先驱,曾两次担任美国心理学会主席。1875 年他曾建立美国第一个心理学实验室,在《心理学原理》一书中提出了"自我意识"的概念,这个概念现在仍然在消费者研究、广告营销策略中使用。

1895 年美国明尼苏达大学的心理学家盖尔使用问卷调查消费者对于广告和商品的态

---

① 资料来源:www.cfcp.cn

度,根据消费者态度分析广告影响消费者的效力。盖尔在1900年出版了广告心理学方面的著作,介绍了广告设计中引起消费者注意和兴趣的广告技巧。

图 1-1　对消费者心理研究有重要贡献的心理学家(自左至右)
威廉·詹姆斯、华生、勒温·库尔特

沃尔特·D.斯科特是美国的应用心理学家和教育行政管理专家,被公认为工业及商业心理学之父,是世界上第一位应用心理学教授,他在美国西北大学开始心理实验方面的工作,并获得教授席位,曾任西北大学校长,经常向商业团体讲授广告和商业心理学。1908年,他的《广告心理学》一书出版,是第一位出版同类著作的教授,书中谈到广告创作过程应当如何遵从心理学的规律,并介绍了有效吸引消费者注意力的技巧。2004年斯科特的《广告心理学》中文版发行,这本学术著作的写作时间虽然已经过去近100年,但是其中有些原理对现代广告仍然有效。

华生(1878—1958,图1-1中)是美国的心理学家,行为主义的创建者,1900年在芝加哥大学研究哲学与心理学,1908—1920年被聘为霍普金斯大学教授,1915年当选为美国心理学会主席。1920年因家庭纠纷被迫辞职而离开学术界,后来在纽约经营广告事业。华生提出了刺激—反应理论,使得心理学研究中的量化研究方法得到根本性改变,当前对消费者促销的许多策略,仍然有着刺激—反应理论的痕迹,因为刺激—反应可以精确地量化,消费者心理研究的量化数据与企业管理、市场营销的数据可以对比对照,以检验经营决策的成功或失败,因此,行为主义思想在学术界以及商业界影响深远。

1926年美国人出版了《人员推销中的心理学》,在介绍消费者需要研究等内容的同时,还谈到了推销人员的条件对于顾客心理的影响。

第二次世界大战期间,交战双方的物资供应紧张,刺激了政府引导消费者使用代用品的消费研究,比较有名的例子是勒温·库尔特(Kurt Lewin,1890—1947,图1-1右)关于美国妇女食用肉类代用品的实验。这个实验非常有名,其结论是,个体在团体中的态度和行为容易受到团体的左右。

第二次世界大战以后,国外专家学者的研究兴趣转向消费者动机、态度以及消费习惯等问题,消费者心理学的研究领域已经大大扩展。

20世纪50年代以后,现代市场营销理论的框架渐渐形成,这些理论对消费者心理的应用性研究起着引导作用。1960年,伊·杰·麦卡锡(E.J.McCarthy)在其著作《基础市场营销学》中发展出市场营销组合的"4P"要素，即产品（product）、价格（price）、地点（place）和促销（promotion）。1967年，菲利普·科特勒（Philip Kotler）的著作《营销管理——分析、计划与控制》出版，提出了系统的现代市场营销管理的理论。1984年，菲利普·科特勒将市场营销组合中的"4P"发展为"6P"，增加了政治力量（political power）和公共关系（public relations），之后又提出"10P"的观点。20世纪90年代，劳特朋提出用"4C"取代传统的"4P"，即消费者欲望和需求（consumer's needs and wants）、消费者获取满足的成本（cost）、购买的方便性（convenience）和沟通（communication）。

20世纪60年代以来，专业性的消费者心理研究组织已经形成，如美国心理协会在《消费者心理》（*Journal of Consumer Psychology*，JCP）杂志赞助下，于1960年成立了研究消费者心理的分支协会即消费者心理协会，该协会属于美国心理协会（American Psychology Association，APA）23分会（Division 23 - Society for Consumer Psychology，SCP）。

这一时期，有关专家的研究兴趣转向消费者卷入问题（又称为消费者涉入），从消费者对商品的感受程度和取得消费信息的渠道来研究消费者的态度、消费动机与购买商品的愿望。

1969年，阿尔·里斯和杰·特劳特提出定位的概念，"定位从产品开始，可以是一种商品、一项服务、一家公司、一个机构，甚至是一个人，也许可能是你自己，但定位并不是要你对产品做什么事。定位是你对未来的潜在顾客心智所下的功夫，也就是把产品定位在你未来潜在顾客的心中"。"定位"概念使得消费者心理的应用研究同时落实到策略层面和战略层面，为产品研发和营销管理提供了决策依据。

20世纪八九十年代以来，营销理论已经对全球的市场观念产生巨大影响，同时，顾客满意度、品牌忠诚度研究也走向成熟。市场竞争的加剧，品牌竞争力已经成为强有力的核心竞争力，人们更偏好对消费者头脑中的品牌形象与品牌忠诚度进行研究。现实的要求与探索的兴趣促使研究人员转向与经济活动更密切的结合，如直接研究消费动机与营销策略之间的关系。经验丰富的专家使用坐标图示法表述这两者的关系，这样的研究结果对于经营管理活动更具指导意义。

21世纪初，互联网技术的飞速发展，既对消费者产生了巨大的影响，也给消费者心理研究带来了巨大的变化，这种影响和变化一直持续到现在，并且还将持续下去。互联网的影响主要表现在四个方面：一是消费者的信息渠道得以延伸，可以跨越时空和国界；二是消费者的同质化现象在减少、个性化趋势在加强，消费者群体出现所谓"碎片化"现象；三是网络购物平台的快速成长改变了消费者的购物与体验模式；四是研究消费者心理的方法出现新变化。

发达国家重视消费者心理的研究，除了经济方面的原因之外，社会文化和价值观的不同也是他们重视消费者心理研究的因素之一。发达国家研究机构一般倾向于尊重人的个性和价值观，认为每个人的生活方式或消费方式都应该得到尊重，这种文化观念导致每位消费者的心理之间出现较大差异。因此，工商企业不可能凭想象描述出消费者心理方面存在的差异，而必须采取科学的调查与研究方法，系统搜集消费者的真实信息，经过科学的统计分析并得出结果，这样的结果才能为企业决策提供可靠依据。

发达国家或地区研究消费者心理的主要特点如下。

第一，重视消费者心理研究。在产品的设计、研制和开发过程中，为了了解消费者对于该产品的看法、购买过程和消费心理的体会,不惜投入大量的人力和物力,而且投入研究消费者心理的费用占产品开发费用的比例很高。用于研究市场和消费者心理的费用,一般占产品开发费用的 2％～15％,如此高比例的研究投入能够保证研究者克服数据收集方面的困难,大大提高研究结果的可信度和实用性。

第二,研究人员所使用的研究手段相当先进。普及的计算机与网络技术、系统的消费者心理分析工具、完善的市场运行机制,便于研究人员搜集大量的数据资料来建立消费者心理模式,用这些模式去观测消费者下一阶段的心理。

第三,研究过程的操作速度快,信息反馈速度快。发达国家或地区具备先进的研究手段,消费者心理体验的反馈速度快,能及时为企业提供有效的研究结果,便于企业迅速做出生产和经营管理方面的决策。

二、 我国研究消费者心理的简况

我国在商品交换出现的时候,商品出售者就开始研究购买者的心理。为了更快地将商品卖出去并及时得到自己所需要的商品,商品出售者常常会使用一些推销技巧。

经营者经常使用匾牌这一方式进行推销展示,酒店门口要挂一个"酒"字的大标志、鞋店的门口要挂一个大的"鞋"字作标志以引起顾客的注意。在名画《清明上河图》中,呈现了 260 多家店铺、60 多处招子,如"正店"等。有些经营者还利用帝王将相为商店(经营场所)做宣传,这些形式相当于现在的名人广告,其影响力较大也十分有效,令顾客产生较大程度的信赖感。

在我国长期的商业经营历史中,经营者发展了许多利用消费者心理规律的经营手段,这些手段对于提高经营效益有显著的作用,也值得继承和发扬,如坚持"以诚相待""童叟无欺"等商业精神是值得我们继承和发扬的。

当然,我国建立现代化商业规则的进程较慢,商业欺诈的手段也积累了不少,有些经营者以不诚实的广告、伪劣的商品质量、强买强卖的推销手段、言而无信的服务等方式欺骗顾客,而且这些手法至今仍然为某些不法商人采用,所以民间有一句口头禅叫"无商不奸"。消费者上当受骗的经验教训多了,对于那些以种种手段蒙骗他们的商业经营者十分痛恨,把受害之后的痛恨推演到其他商业经营者,从而形成了所有的商业经营者都是以奸诈的手段来维持其经营的印象。在研究我国的商业历史时,必须坚持"取其精华,去其糟粕"的做法,继承那些真正尊重消费者的心理学手段和策略。

我国科学系统地研究消费者心理的规律,始于 20 世纪初。20 世纪 20 年代,国内学者开始介绍西方的有关研究结果,吴应国翻译出版过斯科特的《广告心理学》。在我国学者自己撰写的著作中,也开始出现对消费者心理的专门论述(如潘菽的《心理学概论》,孙科的《广告心理学概论》等)。

1949 年之后,我国进行了工商业的社会主义改造,从社会主义改造的完成,到改革开放前的一段时间里,我国绝大部分商业经营单位为国家所有。这段时期消费行为受到了许多限制,商品供应基本上是处于供不应求的状况,国营企业对待自己所生产的产品普遍存在"皇帝的女儿不愁嫁"的思想,商业零售单位的服务态度也谈不上对顾客重视,消费者的许多愿望难以实现。由于商品供应不足,态度傲慢的售货人员常常对顾客做出无礼的行为,至于消费者的权益,那只是人们的一种奢望。

改革开放之后,我国国民经济得到飞速的发展,商品供应越来越丰富,消费愿望也随之得到较好的满足。在越来越丰富的商品市场上,消费者挑选商品的余地大大增加,购买商品也就有了个性化要求,因此消费者偏爱某种品牌的人数越多,购买量越大,商品销售量就越大,企业获得的经济效益一般也就越大,消费者成为企业生存与发展的决定性因素。企业为了获得更多的经济利益,在市场上表现为对消费者的争夺,在这样的背景之下,企业研究消费者便成为经营管理工作的重要内容,对消费者研究得越详细,营销策略就越有针对性,企业在市场竞争中就能越容易赢得消费者,并最终获得更多的经济利益。

改革开放以来,国内有关专家和学者除了翻译和介绍西方的有关著作之外,自己也组织编著了较多的消费者心理方面的专著。其中,中国科学院心理学研究所马谋超所编著的一系列《消费者心理学》《广告心理理论》等著作影响较大,这些著作中包含了国内外研究消费者心理的案例以及具有中国特色的研究方法,所引用的案例也具有很强的针对性。此外,马谋超所带领的研究团队,在研究方法上有较强的科学实证性,在研究课题上有较大的自主创新性,在实践应用方面有较好的经济价值。

20 世纪 90 年代初,国外市场研究机构逐渐进入中国市场,把科学系统的研究方法和研究经验也带入了中国,这对提高中国研究消费者心理的质量和研究水平有较大的促进作用。同时也应该看到,在引进国外的研究方法和研究经验的同时,还需要针对我国本身的特殊情况,发展出适合我国特色的消费者心理研究模式和研究方法。例如,中国的城乡差别很大,在选择研究样本时必须考虑这一国情。再如,我国有强制性推广独生子女的政策,并因此形成了特殊的消费群体,这一消费群体不仅形成了自身的消费风格,也影响了上一辈及上上辈消费群体的心理。在适应市场经济的过程中,我们还需要不断建设该学科的基本理论,并充实那些对于市场经济真正有指导价值的内容。在学科建设方面,需要更多专家和学者的共同努力,遵从严格的学术规范,把消费者心理学发展成为对于中国的市场经济更有价值的一门学科。

进入 21 世纪,我国网络平台的成长和成熟,对消费者心理行为产生了深远的影响。以淘宝、京东为代表的新型网络平台,以及以国美、苏宁易购为代表的传统零售企业转型过来的交易平台,为中国消费者及至世界消费者提供了全新的购物消费平台,平台上的交易份额所占比重越来越大,完全可以与传统营业环境中的购物消费比肩而立。这些平台不仅改变了消费者的信息渠道,影响了人们的购物体验,也改变了人们的购物交易决策,丰富了人们的生活方式。对于二元结构特征明显的中国社会而言,网络平台的发展更具优势与魅力,它尽可能地提供了想象力范围内的物联网服务内容和服务品种,极大地满足了人们的多样消费需求,适应了乡村消费者居住分散的特征,解决了传统零售营业成本居高不下的问题。

总的来说,我国研究消费者心理的特点是:工商企业的重视程度越来越高,经营管理决策对消费者信息的依赖性越来越强,把客观的研究结果作为企业生产经营的重要决策依据。部分行业的研究费用支出越来越稳定,研究机构日渐成熟,有些企业在消费者研究方面的投入达到甚至超过世界先进企业的水平。对于一些竞争激烈的行业与竞争激烈的产品,研究消费者的心理已经成为企业经营管理中至关重要的内容,如电子通信产品、化妆品、卫生保健用品、饮料、食品、家用洗涤用品等。

由于我国系统地研究消费者心理的工作起步较晚,各企业的研究手段和研究质量存在较大差异。一些企业的研究质量与研究水平已经接近世界最高水平,它们直接引进先进的研究方法和质量控制体系,在经营管理活动中逐步地体现了"以消费者为中心"的经营理念。但是,也有一部分企业的研究工作还刚刚起步,对于经营管理的认识仍然直接或间接地停留在"以产品为中心"的时代,对于消费者心理的研究也停留在口头传说阶段。"以消费者为中心"的管理体制与策略实施并没有在企业中普及,企业投入的研究费用不高,管理体制方面的问题仍然是制约消费者心理研究的主要问题。一些企业在进行经营决策时,主要是依据个人的经验来代表市场上全体消费者的特点,这样的经营决策只是在个人经验与全体消费者的特点完全吻合时才可能有效,而事实上这种巧合的概率很低,失败的必然性更大,这种做法是对消费者心理研究的错误理解。

国内的专业性研究机构中,一部分已经接近或达到先进的研究水平,能够执行科学的操作规则、运用先进的研究方法。网络技术的便利也给企业研究消费者心理带来了便利,网络交易平台上的大数据统计分析速度快、效率高,无论是大型的交易平台,还是小小的网上店主,都可以迅速地拿到消费者的后台统计数据,便于采取有针对性的、更为有效的营销策略。

在对待消费者研究这个问题上,还有一些企业、一些管理者存在模糊的、不科学的甚至是错误的观念。例如,有人认为"女人的钱好挣"或"儿童的钱好挣",因为女人好花钱、儿童在花钱方面没有节制。由于我国曾经实施过独生子女政策,有些家长对于儿童的花费没有过多的限制,个别企业在市场开发方面利用儿童消费模式的弱点,这是不尊重消费者的做法。有的经营者利用消费者信息不对称的弱点大肆盈利,认为"真的白金卖出白金价,不是本事;而把不是白金的东西卖出了白金价,那才是真功夫",这样的经营者以"巧取豪夺"为目的,简直达到了邪恶的程度,哪里还有尊重消费者、服务消费者的精神?

第三节　网络与消费者

网络平台的快速发展,大数据技术的快速成长,对消费者构成了深远的影响,消费者的信息渠道、交流方式、购物过程、支付方式、体验类型、反馈评价等方面都发生了颠覆性的变化。同时,这些变化也影响了研究消费者心理行为的模式与方法,研究人员必须面对全新的研究领域,选择全新的研究路径。

在传统的商业模式里,经营者(企业)与消费者分属两大不同的领域,分别通过信息系统、营业环境、支付系统,与消费者独立发生关联。企业交给百货商场、超市的货物,在消费者完成购买之后,无法直接拿到消费者支付的现金,而是要等上 3~6 个月的账期,才能从商家拿回企业的货款,现金流存在严重的滞后现象,如图 1-2 所示。而在网络平台上,这三个子系统整合为同一个界面,双方都在同一个界面上完成交易,企业对消费者的信息传播、商品展示、消费者的购物、支付行为、第三方担保等,都可以在同一界面上完成,在电子支付技术迅捷的今天,企业拿到现金回款的速度十分快捷,已经可以缩短至 7 天以内甚至当天之内,如图 1-3 所示。

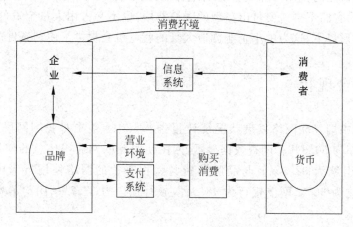

图 1-2　传统商业模式中的消费者与品牌关系

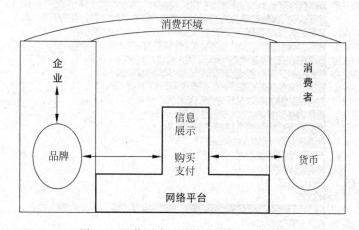

图 1-3　网络平台上的消费者与品牌关系

传统的信息传播系统,包括品牌信息的发布、企业信息的发布以及社会舆论对品牌和企业的评论等,一般独立于营业环境。而在网络平台上,这些信息是整合为一体的,消费者在浏览品牌信息的时候,同时可以看到其他消费者对品牌和企业的评论以及社会对品牌和企业的舆论。

在传统的商业模式里,无论是现金支付还是信用支付,商品或服务的货币回收与经营者兑现,支付系统与营业环境共处一室。而在网络平台上,支付系统已经与经营者分离,一般都是由第三方系统来背书,在企业与消费者完成交易、双方确认之后,才由第三方支付系统完成兑现功能。如果企业或消费者任何一方出现欺诈行为,第三方支付系统先行赔付,再作商业裁决。这一支付系统分离的现象大大地提升了整个社会的信用程度。

与传统商业模式相比,更大的变化还在于营业环境的巨变。除了少数商品品种必须依靠现场销售(线下销售)之外,大部分商品都可以在网络平台上实现无店面销售(即线上销售)。网络平台淘汰了一大批大大小小的百货商场、超市、专卖店,同时节省了企业的大量场地费用,降低了品牌营销的渠道成本,也拉低了商品的零售价格,最终消费者实际得到了价格实惠。这一革命性的变化在降低企业场地费用的同时,也为一些中小企业的生存和发展提供了机会,因为它们不再需要付出高额的渠道费用,也不必占用大量宝贵的流通成本。在中国当前的经济形势下,这为中小企业创造大量的就业机会提供了便利条件。

一、 网络平台现状

据《第 37 次中国互联网络发展状况统计报告》[①],2016 年 1 月我国网民规模达到 6.88 亿,互联网普及率为 50.3%。调查数据显示,网民使用互联网获得信息的使用率,即时通信为 90.7%、搜索引擎为 82.3%。与品牌消费与购物有关的网络使用行为中,网上支付为 60.5%、网络购物为 60%、网上银行为 48.9%、旅行预订为 37.7%、团购消费为 26.2%,如图 1-4 所示。

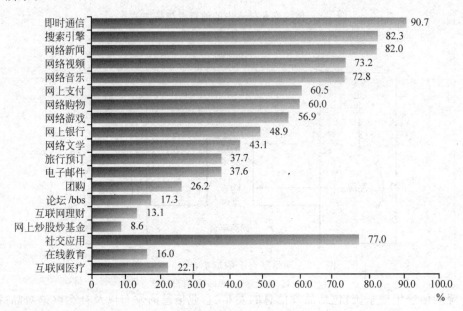

图 1-4　2016 年中国互联网使用统计

网络信息已经成为首要的信息渠道。网络信息渠道已经与传统的电视、报纸、营业环境等信息渠道融合,而且与人际交往的信息路径融合。据统计,截至 2016 年年初,我国网民规模和互联网普及率均已过半,网络已经是消费者获得消费、品牌与购物的主要信息渠道。我国手机网民规模达 6.2 亿,网民中使用手机上网的人群占比提升至 90.1%,手机上网比例大大超过 PC 机整体上网比例。手机除了用于信息搜索(占使用者的 77.1%)之外,手机网上支付、手机网络购物、手机网上银行、手机旅行预订、手机团购等消费方式的使用比例,分别为 57.7%、54.8%、44.6%、33.9%、25.5 %,如图 1-5 所示。手机已经逐渐成为在线支付的重要手段,并且与网上银行的功能整合在一起,成为移动的信息传播与消费购物平台。

---

① 数据来源:中国互联网络信息中心,www.cnnic.net.cn

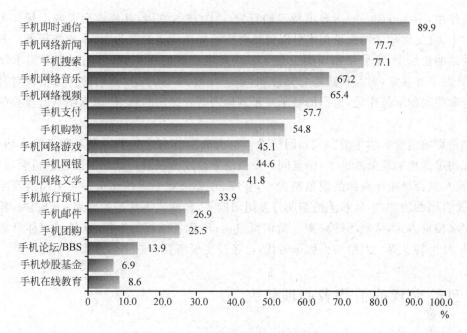

图 1-5　2016 年中国互联网手机使用统计

二、网络改变消费者生活

网络对消费者的影响主要表现在如下几个方面。

一是影响消费者的决策路径。消费者传统的决策路径是综合亲朋好友、家人、传媒、营业环境等各类信息形成购买决策。网络平台几乎颠覆了这一传统的决策路径,消费者在网络平台上直接对比各品牌的信息、按照喜爱的指标对各品牌特性进行排队排名、比较各品牌的使用体验、查询其他用户的网上评价、在浏览网页过程中形成预购方案、预购方案在网络平台上自动保存并随时更新更换、决策之后在网上完成支付、物流系统送货上门、消费者在网上发布自己的消费体验等,这一决策过程与传统的购物模式完全不同。

二是影响消费者的购物体验。购物体验可以不依赖现实的购物商场,而是在虚拟的网络环境中形成购物体验,通过网络上的购物平台比较商品的特点,了解其他消费者的评价,购物前的体验多半是虚拟的,主要是网络平台上的多媒体信息呈现,信息体验与传统的现实购物环境体验效果不同。随着虚拟现实技术(VR)的快速发展,网络平台上的虚拟购物环境与真实的购物消费环境逐步逼近甚至超越真实的购物消费环境的体验,如娱乐、旅游等消费。网络购物的不同体验还表现在消费群体之间的互动关系上,传统的购物体验尤其是消费过程的体验主要在亲朋好友、家人之间分享,而网络平台上的消费体验分享已经跨越时间、空间、人群的界限,可以公开地向任何消费群体分享,在分享过程中得到他人的评论与反馈,得到消费之后的满足感或成就感。同时,分享过程的各类评价,也会无限制地向其他消费者、向厂家扩散,进一步影响其他消费者的购买决策,影响商家对该品牌的管理。

三是意见领袖起着消费指导作用。在消费领域,传统意义上的意见领袖对消费者主要起示范作用,不太可能一一指导消费者的行为,因为技术原因,其成本会大幅上扬。而在网络平台上,意见领袖借助信息技术可以跨越时空指导消费者的行为,技术成本很低。在一些专业网站的论坛中,意见领袖周围云集了一些高度忠诚的用户群,他们对消费需求津津乐道,对产品了如指掌,对品牌缺陷心知肚明,乐于交流、乐于评论,他们的行为不仅对其他消费者起着明显的示范作用,他们的帖子对于其他消费者选购品牌、使用商品具有重要的指导意义。

四是影响消费者的生活方式。网络平台与大数据技术改变了许多消费者的生活方式。结伴相约逛商场的现象减少了,浏览同一个网络平台或者在同一论坛上发帖的机会增加了;开车、骑车从商场搬运商品的现象减少了,在家、在办公室坐等快递员送货上门的现象增加了;消费者团购的方式,从熟悉的亲朋好友组团购买,转变成不熟悉的网络一起团购;粉丝追随明星名模的方式,从现场转移到了微信群里面;消费者维权的手段,从传统媒体升级成网络发帖、社区转发等。网络与大数据时代,已经改变了消费者的生活方式。

三、 网络时代的消费者心理研究

网络平台和大数据技术也改变了消费者心理的研究模式与技术手段,企业在网络上的任何营销手段都可以实时发布,营销效果也可以马上得到检验,即刻立现的消费者信息反馈已经成为现实。由此带来研究方法上的变化,主要表现在以下 3 个方面。

一是研究消费者心理的环境发生变化。传统研究方法如电话访问、街头访问、中心地访问、入户访问等,是在电话上、在街头、在人群密集区或住户等环境中开展研究。而网络平台上的研究,不需要网民进入现场,只需要进入网络社区,或点击相应的网页链接接受专门访问即可实施调查研究,网络用户可以选择使用 PC 端或移动端接受调研,研究环境与传统的方式相比已经发生根本性改变,像顾客满意度这样的跟踪调查,通过用户的手机即可轻松实现数据反馈。

二是研究消费者心理的技术手段发生变化。传统的研究方式需要访问者或研究主持人来掌控研究现场的进程,而网络平台上的研究一般不需要访问者或主持人掌握进程,主要由网民自己来控制进程。传统的研究主要以问卷或表格来记录回答结果,而网络平台上的调研以点击网页选项来记录回答结果,网页设计必须符合网络用户的习惯和要求。传统的研究方式需要重新编码录入数据,才能进行数据处理和分析,网络平台上的数据处理与后台的数据统计分析模块对接,常规的数据统计分析、制表制图均可自动生成,当然,复杂的高级统计分析还需要研究员手工完成。

三是影响经营者的决策方式。传统的研究方式,从方案设计到报告出笼需要较长的时间周期,比如 3 个月甚至更长的时间,而网络平台上的研究模式,从方案设计到数据输入,只需要两三天时间,如果使用成熟的数据处理分析模块,网络平台可以立刻输出数据。数据处理周期的缩短影响了经营者的决策时间,也影响了经营者的决策模式,经营者可以迅速对市场作出反应。

赵向阳等认为,网络技术的发展为心理学研究提供了全新的空间,虽然其局限性仍然存在,但它同时提供了更高的效度、更多样化的被试选择,被试数量可以放大[①],这些优点是传统方法难以媲美的。

当然,如此看重网络平台和大数据技术的意义,并不意味着对传统经营方式、传统研究方法的替代或扬弃。像经典的服饰品牌专卖店、餐饮店、小汽车专卖店、旅游服务、休闲服务、保健服务等领域,传统的营业方式仍然是不可或缺的,消费者只有在现场才能感受到品牌的质感、享受服务的亲切感、品味人与人直接交流的乐趣。

在研究方法上,像产品测试、创意测试等研究流程,还需要在现场实施才能得到真实的结果,这也是网络平台无法替代传统研究方式的领域。另外,不是所有的消费者都已经成为网络用户,网络样本的代表性还存在不全面、不完整的缺陷,研究者对此需要保持客观的认识。

第四节　消费者心理的研究机构

研究消费者心理的机构主要分为商业性机构和公益性机构。前者包括调研公司、咨询公司、广告公关公司等,一般为特定的客户服务,营利是其首要的目的,研究资料需要严格保密。后者包括国家、政府部门、公共服务组织设立的消费者心理研究机构,如消费者协会、消费者媒体、消费者心理协会(国际性)、消费者基金会等,这些机构的研究结果一般向社会公开发布,其营利目的处于次要地位甚至没有营利目的。当然,这两者之间的界限有时很难做出十分准确的划定,比如有些学术性研究机构,既可能做一些公益性的消费者心理研究项目,也会做一些带有商业目的、有营利性的消费者心理研究项目。

美国心理协会所属的消费者心理研究的分支协会即消费者心理协会,兼具营利性和非营利性两重身份,是一个鼓励、发展并参与科学的消费者心理研究的社团组织,重点研究个人与社会团体在产品与服务消费过程中的心理活动。该协会汇集了心理学家及相关研究人员,研究范围覆盖市场营销研究、广告研究、沟通研究、消费者行为研究等相关领域。所有协会成员定期收到协会的杂志《消费者心理》(季刊),并以折扣价订阅《消费者研究》(*Journal of Consumer Research*)或《心理学与市场营销》(*Psychology and Marketing*)杂志。协会每年春季举办一个小型学术会议。

符合条件的人员均可以加入该协会:当年在大学及学院任教的学术成员;消费者心理协会的从业者;消费者心理协会的全日制在校注册学生会员;消费者心理协会退休会员(无论是否订阅《消费者心理》杂志)等。

商业性研究机构中,AC尼尔森的多项业务涉及消费者心理行为有关的研究,其研究报告为全球100多个国家的9 000多个客户提供决策参考。AC尼尔森在世界上100多个国家设有办事处,在北京、香港以及新加坡、澳大利亚、日本、美国和英国等重要商业中心都设有国际研究办事机构,2001年2月16日AC尼尔森与VNU公司合并。

---

① 赵向阳,朱滢. 互联网——心理学研究的新工具[J]. 心理学科进展,2002(3).

在传统的零售研究项目中,AC 尼尔森对超大型自助商场、超级市场和连锁店、百货商场、便民商店、杂货店和药房、独立经营的食品店、烟草制品商店、娱乐场所等销售渠道的市场动态进行全方位监测,提供零售指数、铺货调查服务(Casual Services)、店内实况观察(评估商品在店内的情况)、购买习惯调查、营销战术测试等类型的报告,对消费者研究的样本覆盖 100 多个国家。[①]

在品牌、客户体验、价格等研究项目中,通过建立系统的品牌指标与模型,研究消费者的潜在爱好、偏好、行为以及对品牌的期望,诊断品牌的健康状况,了解客户体验对消费决策的关键性作用。AC 尼尔森通过门店级别的模型,测量定价与促销的关系,预测市场销售情况。

在广告监测项目中,AC 尼尔森收集媒介单位、广告主、媒介策划者及广告代理商等相关信息,提供电视观众研究、电视收视率调查、电视节目追踪调查、人员记录仪监测、广告库数据快速服务、多媒体广告监察系统(Multi-Media AdEx)等类型的报告。

日本的电通公司被人称为日本政界的“影子内阁”,这个说法其实反映该公司强大的情报调研与消费者研究能力,以及在媒介控制方面的影响力。1967 年,电通公司成立了电通研究所(Dentsu Research Inc.),调查内容覆盖各类消费者背景资料、食品消费、日用品消费、耐用品消费、房地产、通信类产品消费、金融理财等方面的调查。电通研究所拥有成熟的研究模式,其中消费者背景资料监测数据库的影响较大,不少中国学者学习过他们的研究模式,甚至国内一些消费者监测项目的调查问卷也沿用了他们的思路。

中国广视索福瑞媒介研究(CSM)号称拥有世界上最大的广播电视受众调查网络[②]。它是 CTR 市场研究与 Kantar Media 集团等共同建立的合资公司,主要业务是电视收视和广播收听市场研究,覆盖 6.05 万余户样本家庭。其中电视收视率调查网络所提供的数据可推及中国内地超过 12.8 亿和香港地区 640 万的电视人口;其广播收听率调查的数据可推及中国超过 1.44 亿的广播人口。截至 2016 年 6 月,CSM 拥有 163 个提供独立数据的收视率调查网络(1 个全国网、25 个省级网以及包括香港特别行政区在内的 137 个城市网),对 1 084 个电视频道的收视情况进行全天不间断调查,并对 466 个广播频率进行收听率调查。

除此之外,国内有大大小小的超过 1 000 家调查咨询机构,有相当一部分业务与消费者资料监测、消费者心理研究有关。有的专家认为,由于各种原因,这些调查咨询机构中的绝大多数营业额较小,而且许多小公司的数据质量还有待提高,公认的较有规模的专业性调查机构不超过 50 家。

国内商业性的消费者心理研究项目,大部分数据不公开出版,研究报告之间还难以进行系统的数据比较与综合分析。国内市场很大、很复杂,市场构成不均匀,消费者具有复杂多样性的特征,所以需要研究机构公开各自的研究成果,有利于相互切磋,消除误差,系统全面地掌握中国消费者心理方面的信息。

企业内部设置的研发部门,除了研究产品性能、服务满意度之外,大部分研究内容也是与消费者心理研究有关的。例如,在产品测试过程中,不仅要研究产品的成分、构成、物理指标等,还是研究消费者对这些成分的感知接受度、感官享受的满意度、美感程度、价格接受区

---

① 资料来源:www.nielsen.com/us

② 资料来源:www.csm.com.cn

间、不同消费者的使用体验或使用效果、品牌形象的联想等。例如,宝洁公司 1924 年就成立了市场调查部门,自称是工业史上最早的市场研究部门之一,专门研究消费者的喜好、生活习性、产品需要以及购买习惯等。

　　我国著名企业华为在产品开发和消费者研究方面的投入是举世公认的。华为在全球设有 16 个研究所、36 个联合创新中心,研发人员约 79 000 名[①]。过去 10 年,华为研发累计投入超过 2 400 亿元人民币,其中 2014 年投入研发费用 408 亿元人民币,占销售收入的 14.2%,2015 年投入研发费用 596 亿元人民币,占销售收入的 15%,资助研究项目百余个。研发投入已排入世界前十位置,与大众、三星、英特尔等各界巨头比肩。2015 年华为的移动设备(手机等)销量超过 1 750 万台,这些移动设备不仅是信息传输的通道,还是生活娱乐、社交、工作的平台,也是网络购物的终端,与消费者构成紧密的生态圈,因此研究消费者在移动终端的行为具有极重要的战略意义。

---

① 资料来源:www.huawei.com/cn

第二章 消费者心理的研究技术与项目

本章介绍消费者心理的研究技术、研究项目。

第一节　研究技术

一、研究流程

消费者心理的研究流程大致可以分为五步:确立研究项目、签订项目合同、信息采集、数据处理和报告撰写。在这五个步骤中,还包括一些准备性的、辅助性的工作,如预算计划、研究准备等,如图 2-1 所示。

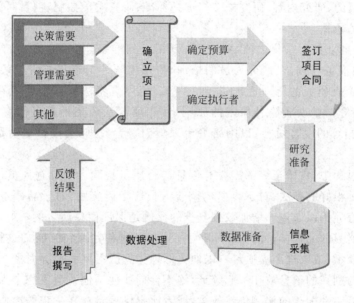

图 2-1　消费者心理研究的流程示意图

第一步,确立研究项目。从企业经营管理的角度讲,确立消费者心理的研究项目,主要来自经营决策和战略管理两方面的要求。经营决策中,产品研制开发、营销策略的制定、消费者满意度策略的制定、服务质量的监控等经营行为,需要得到消费者方面的信息作为决策支持;战略管理中,企业长期战略目标的制定与调整、企业管理方案的制定、对竞争对手的市场监控等,同样需要消费者方面的信息作为决策支持。除此之外,市场上出现意外的波动、消费者群体的心理出现较大的变动、社会性事件对消费者构成一定影响时,也需要研究消费者方面的信息。

确立研究项目需要使用规范的文本格式,这不仅是为了不同层次的决策者和管理者阅读方便,也是为了研究项目的委托方与受托方相互理解上的方便。

商业性研究项目的审批过程通常相对简单一些、审批速度快一些。委托方的决策者可以直接拍板下单。

在申报学术性研究项目时,对申报材料的要求十分严格,审批过程相对复杂、审批速度较慢,一般要由专家委员会做出评估。例如,国家自然科学基金的申报材料要求填写的内容包括:一是立项依据及研究内容,包括项目的立项依据,项目的研究内容、研究目标以及拟解决的关键问题,拟采取的研究方法,研究项目的可行性分析(研究方法、技术路线、实验手段、关键技术等方面的可行性),该项目的特色与创新之处,年度研究计划与预期研究结果等;二是研究基础与研究条件,包括研究环境和工作条件,申请人的背景,已承担各类研究项目的情况,完成国家自然科学基金项目的情况等;三是所申请经费的使用说明,需要对所申请的费用进行详细的解释和说明。

第二步,签订研究合同。大部分情况下,研究消费者心理的项目要委托给专业性研究公司。其好处是显而易见的:专业性研究公司的研究结果相对中立、研究质量受专业标准控制、成本费用较低。企业委托给专业公司实施研究,双方必须签订委托合同,合同中需要详细地约定研究目的、研究内容、研究样本与选择标准、研究质量控制、项目时间、项目费用、信息保密等方面的条款。

第三步,信息采集。采集之前当然要进行相应的准备,如研究样本的选择、研究场地准备、研究器材准备与调试、研究人员的培训、质量控制的措施等。信息采集的实施过程,必须严格按照调查研究的行业标准进行。例如,使用观察法记录消费者在营业场所的行为,必须严格遵守对消费者隐私保密的原则;使用座谈法收集消费者信息时,必须保证全部与会者都有相等的发言机会;以网络平台采集消费者数据,要严格对消费者的信息资料保密。

信息采集过程中,自始至终都需要对信息进行质量检验。对调查人员进行职业道德方面的培训是一种很好的办法,对于合格的调查人员应予以奖励,对于品德不良、行为不端的调查员应在调查界予以通告。增加数据复查的比例是保证信息质量的较好办法。为了取得消费者对调查研究的配合,研究人员一般使用这样的操作定义:如“我们进行这样的调查是为了改进服务质量(或改进产品质量),以便更好地为您服务”“我们会对您的一切信息保密,并且您的信息与别人的信息放在一起统计,绝不会向任何其他人泄露您个人的信息”等。虽然消费者不愿意主动配合的比例仍然较大,或者所提供信息存在一定的虚假成分,但对于逐渐消除消费者的戒备心理有一定好处。所以国内的消费者研究,需要以极大的耐心进行信息检验工作。

第四步,数据处理。在统计分析之前,研究人员需要对原始数据进行清理、统一编码、标签等。数据的处理过程包括数据格式标准化、数据关系的逻辑检验、数据统计运算、运算结果的标准化、统计分析图表可视化等。通过网络平台采集数据,基本上是自动化的程序生成数据库,数据分析模板在事先设计好。

第五步,报告撰写。研究人员对数据信息进行判断、比较、分析,使用计算机进行统计检验与运算,将运算结果图表化,从中发现基本的规律、寻找决策的依据、预测未来的可能性与必然性等,这是撰写研究报告的基本做法。报告撰写并不是将数据表述为文字与图表的过程,研究者从中得出新的结论,以敏锐的判断力发现人们没有注意的规律,才是研究者的智慧体现。

二、　研究准备

消费者心理研究的准备主要涉及调研人员、调研工具、样本以及费用准备等。

（1）人员准备。即确定调查研究的执行人员，研究主管应当随时掌握调研人员的背景资料，在项目启动的时候，着手进行调研人员的组织与培训工作。

（2）费用预算。研究项目所需要费用应当到位。

（3）样本准备。样本也就是研究消费者心理的对象，研究人员要对消费者的年龄、收入、职业、受教育程度、居住地等因素进行筛选，以确定合适的研究对象。现场调查以口头询问、问卷甄别为主，网络调查以自我填写为主。

（4）礼品与赠品。向研究对象赠送礼品或礼金已经是国内调查研究的一种习惯，一般赠送日用品、玩具、洗手液一类的礼品即可。网络研究一般采用发放"红包"或赠送"通话费"等方式。

（5）设备器材。大部分消费者心理研究需要使用计算机，它是数据处理、储存、计算、管理、通信、文字编排、图形制作等功能的集成者。所有座谈会、深度访谈、行为观察都需要使用录音录像设备，入户调查、街头访问已经开始使用手持笔记本电脑（如 IPAD）等设备作为记录手段，电话采访必须使用专用的采访系统。在演示测试材料、说明资料、引导调研流程、演示调研报告等环节都需要使用高质量的投影机。对消费者现场资料的记录与整理需要使用照相与摄影器材，建议尽量使用高档一些的专业数码影像设备。

（6）计算机软件。除了常规的办公软件之外，消费者心理研究需要使用专业性的软件，如数据储存管理软件、统计分析软件、方案设计软件、数据录入输出软件、报告撰写与演示软件。音视频编辑制作软件在消费者心理研究过程中也经常用到。

大规模的消费者调研活动涉及样本的筛选问题。

样本取自样本框，样本框即取样的总体（有人称之为母体），是一些消费者的集合体或消费者群体。例如，一个社区、一个城市里的全体居民；相同职业的人群；相同收入等级的家庭；具有相同或相近行为习惯的人们等。

样本框的收集与整理是一件严肃的、科学性很强的事情。确定一个优秀的样本框对于消费者心理研究具有重要的意义，它是保障数据质量的重要条件，否则，所得到的数据将使决策偏离正确的方向。

国内常见的消费者样本框有两类：一是全国性、地区性、地方性人口样本框，这是消费者心理研究所需要的最基本的样本框；二是特定的消费者样本框，如信用卡用户、小汽车用户等特定消费者样本框，这类消费者样本框的价值有时比纯粹的人口样本框的价值要大，当然获得这类样本框的成本相对高一些。

网络上取样，样本的随机性较大，一般由参与者自述其背景资料、数据采集过程，实现样本边分类、边处理、边校正，以达到预期的样本配额。

研究消费者心理的费用，主要涉及如下 11 个方面：

（1）方案设计费用；

（2）二手情报购买费用；

（3）样本或样本框费用；

（4）调研人员劳务费及差旅费；

（5）赠品及礼金礼品费用；

（6）数据处理费用；

（7）研究报告费用；

（8）场地租费；

（9）仪器设备场租或耗损费；

（10）调研机构的利润；

（11）其他费用等。

这些费用预算构成中,二手情报购买、场地租金、仪器设备等费用相对比较固定也比较透明,样本费用、调研人员的劳务费用、研究报告费用以及研究机构的利润所占比例较大。

三、 统计分析

通过网络平台上的数据统计分析,由内置的程序模块可以自动生成简要的统计图表,这些统计图表的可视化程度高,通过拖拽式菜单选择统计项目,将消费者的多种特征信息汇集一起,可以为用户画像,多种数据整合在一起也有利于经营者综合判断作出运营决策,如图 2-2 所示。

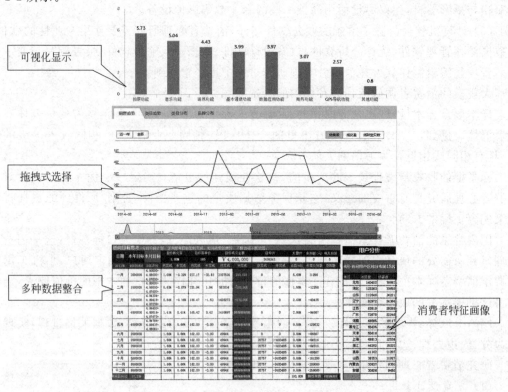

图 2-2 网络平台上的数据统计效果图

复杂一些的统计分析需要将原始数据导出并独立处理，要使用专门的统计分析软件，推荐使用 SPSS 统计分析软件包。SPSS 是社会科学统计程序包的英文缩写（Statistical Package for Social Sciences）。SPSS 软件被国际上公认为当前强大的统计分析软件包之一，国内用户已经使用 SPSS 22.0 以上的版本。国内有些研究单位销售这种软件的汉化版本，但 SPSS 软件经过汉化后的版本一般较低。因为汉化过程需要较长的时间，可以直接使用英文说明的高版本 SPSS 软件包。

该软件的操作界面清楚明了、易于学习。SPSS 软件包括基本功能和扩展功能两大部分；基本功能中包括基本统计中所使用的模块，以及使用 SPSS 软件、调用 SPSS 程序的一些模块；扩展功能中包括高级统计、趋势分析、表格绘制等模块。消费者心理研究中经常使用的功能如频数统计、百分比统计及列表处理、平均值比较、相关分析、回归分析、判别分析、聚类分析、因子分析、联合分析等都包含其中（如图 2-3 所示）。该软件的制图功能并不理想，统计数据运行之后，需要将数据转入其他软件中制成比较美观的图表形式。

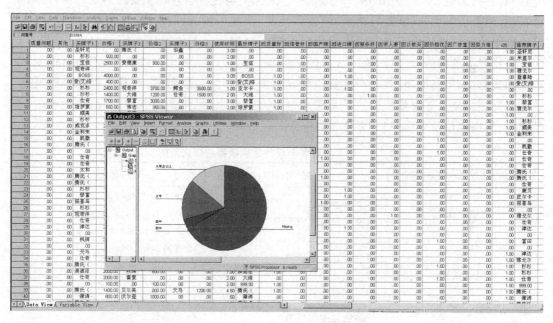

图 2-3　SPSS 界面示意图

市场上的各类统计分析软件之间存在较大的差异与不兼容性。不同软件之间的数据格式转化问题已经有所好转，但缺陷依然存在。数据从一个程序转化到另一个程序，可能莫名其妙地带进来一些奇怪的符号或少了一些东西，研究者不得不对关键数据进行全面的检校。至于图表转化之后出现问题是普遍存在的现象。研究人员亟须一些无缝协作的软件系统来处理数据、生成结果。一些研究机构试图开发这类独立运行的软件，但迄今为止效果并不理想，研究机构毕竟不是软件开发商，其研发能力十分有限。自 20 世纪 90 年代中期提出这样的设想，到现在这样的方案并没有在市场出现，希望中国的软件公司早日制造出这类应用性软件。

第二节 研 究 项 目

一、 商业研究项目

当前消费者心理学作为心理科学的一个分支,是研究规模最大、涉及面最广的研究领域。这门学科是经营管理、市场营销的基础,它为企业的产品研制、市场推广、策略选择、管理决策等方面提供直接、有效的依据。消费者心理研究具有长久的活力。

根据消费者心理研究的内容,作者归纳出50多种常规性研究项目,以及与之对应的研究目的,并列于表 2-1。表中的第一栏列举了 13 大类消费者心理现象及其影响因素,即消费者兴趣、消费信息认知、需要与动机、消费者经验、产品形象、品牌形象、网络交易、营业环境等。表中的第二栏列出了常见的研究项目。第三栏列举了与之对应的研究目的。例如,要研究消费者头脑中的"产品形象",常规的研究项目包括产品概念跟踪研究、产品名称测试、产品功能测试、产品原型测试、产品价格研究及测试、产品包装测试、产品属性综合研究等,这些研究项目是为了评估或探索产品概念进行产品开发、优化产品名称、产品功能改进、产品定位、价格定位及市场细分、美化与改进商品包装等。

表 2-1 研究消费者心理的常规项目与研究目的

消费者心理现象与影响因素	研 究 项 目	研 究 目 的
消费兴趣	1. 个人消费兴趣研究 2. 消费时尚与潮流研究	• 营销诉求点探索 • 消费者教育与市场培育 • 季节性营销策略
消费者认知	1. 消费信息渠道研究 2. 消费者认知特点 3. 消费者卷入研究	• 营销策略评估 • 网络渠道决策 • 产品卷入程度评估 • 广告创意设计
产品形象	1. 产品概念跟踪研究 2. 产品名称测试 3. 产品功能测试 4. 产品原型测试 5. 产品价格测试 6. 商品包装测试 7. 产品属性综合研究 8. 产品形象跟踪	• 产品概念探索评估 • 产品名称优化 • 产品功能改进 • 产品定位 • 价格定位 • 商品包装美化改进 • 市场细分与定位 • 产品形象维护与重塑
品牌形象	1. 品牌形象研究 2. 品牌形象测试 3. 品牌代言人研究 4. 品牌形象跟踪	• 品牌形象建立与维护 • 品牌形象定位 • 品牌形象监督管理 • 品牌代言人选择 • 品牌形象策略评估

续表

消费者心理现象与影响因素	研 究 项 目	研 究 目 的
广告认知	1.广告诉求研究 2.广告故事版测试 3.广告效果研究	· 广告诉求点探索 · 广告创意与改进 · 广告促销效果跟踪研究
情感与态度	1.消费者情感研究 2.消费者态度研究 3.消费者态度测量	· 情感诉求策略探索 · 消费者态度引导 · 改变态度的营销策略制定
需要、动机 购买决策	1.需要与动机研究 2.需要与动机测量 3.购买决策模式研究 4.决策阻力与风险研究	· 产品要素探索 · 产品要素改进 · 营销策略制定与评估
网络交易	1.网络界面研究 2.网络交易体验研究 3.品牌社区研究 4.网络群体研究	· 改进网络界面 · 改善物联网服务体系 · 网络营销策略制定 · 网络舆情与意见领袖管理
营业环境	1.购物环境研究 2.服务质量要素探索 3.购买行为模式	· 营业环境服务质量监督管理 · 顾客满意度策略制定 · 商业模式与网点建设
消费经验 与满意度	1.产品质量跟踪 2.服务质量跟踪 3.消费者经验跟踪 4.消费者满意度研究	· 产品质量监督与管理 · 服务质量监督与管理 · 顾客满意度策略制定
行为变化	1.购买频率研究 2.品牌忠诚度研究 3.消费习惯研究	· 产品结构调整 · 品牌资产评估 · 市场规模预测
消费群体心理	1.消费群体研究 2.消费者特征研究 3.价值观与生活态度研究 4.消费风俗与习惯研究 5.消费行为趋势研究	· 寻求市场细分依据 · 消费群体细分的指数 · 产品概念探索 · 产品原型与风格研制 · 市场概念预测
外部影响因素	1.社会热点研究 2.文化热点研究 3.重大社会事件跟踪 4.重大自然现象跟踪	· 社会热点对消费的影响 · 文化热点对消费的影响 · 重大社会事件对消费的影响 · 重大自然现象对消费的影响

表 2-2 是某知名咨询机构的消费者研究项目列举,与表 2-1 的学术分类相比,企业的研究项目更具明显特色,擅长利用自身的优势开展消费者心理行为研究。

表 2-2　咨询机构的消费者心理行为研究项目[①]

序 号	研 究 项 目	研 究 目 的
1	消费者洞察	从不同角度监测和了解消费者行为
2	品牌与客户体验研究	基于系统的品牌指标,深入了解消费者的潜在爱好、偏好、行为,以及对品牌的期望,诊断品牌的健康状况,了解客户体验对消费决策的关键性作用

序　号	研　究　项　目	研　究　目　的
3	购物者研究	系统研究购物者的购买决策,研究家庭、社会群体、思维方式如何影响购物者复杂的决策过程
4	价格与促销研究	通过门店级别的模型,精准地测量定价与促销的关系,预测即将出现的市场变动
5	创新优选	识别新产品进入市场的成功因素
6	新品上市	消费者接受新产品的要素(创新突破、包装、品牌和传播策略)
7	上市评估	消费者对新品的反应态度,存在的问题困惑,推断预期效果
8	广告效果研究	使用"触达、共鸣和反应"模型,确定哪些因素能发挥广告的效果
9	创意优化	筛选独树一帜的、强大的广告创意和信息传递策略,吸引消费者的注意力
10	收视监测	全面监测收视人群、方式、时间、地点及收视原因等,以确定各种接触点及最佳的传播途径
11	社会化媒体研究	社交媒体上的消费特点、消费习惯、生活习性、交往方式,如何评价品牌与竞争者,意见领袖的沟通模式,社交媒体策略等
12	消费者细分	挖掘分散的、碎片式的消费者市场

二、 学术性研究项目

学术性研究项目与商业研究项目有较大的不同。从研究的目的看,学术性研究项目比商业性研究项目更为超前,一般是基于一个国家或特定团体的长期目标而设立的研究项目,而商业性项目主要受商业机构经营目的的驱使,更看重当前的利益回报和应用价值。从研究流程上看,学术性研究项目可能比商业性研究项目更重视学术上的严谨性,而商业性项目更重视研究流程的可操作性。

（一）国家自然科学基金

国家自然科学基金(National Natural Science Foundation of China,NSFC)是我国科技创新体系的重要组成部分,国家自然科学基金面向全国,采取竞争机制,以资助"项目"和"人才"的方式,择优并重点支持我国具有良好研究条件和研究实力的高等院校及研究机构中的科技工作者从事自然科学基础研究。研究选题有两个来源:一是从科学自身发展提出的选题;二是从经济社会发展提出的选题。国家自然科学基金由国家自然科学基金委员会(简称国家自然科学基金委)进行管理,其经费主要来源于中央财政拨款,同时接受国内外单位和个人的捐赠。国家自然科学基金委每年向社会发布国家自然科学基金项目指南,所有符合申请条件的科研人员均可通过所在单位自由申请各类项目,申请者根据该项目指南可自行确定申请项目的名称、研究内容、目标以及方案等。国家自然科学基金委积极鼓励科研人员开展具有重要科学意义的、瞄准国际科学发展前沿的研究,以及开展针对我国国民经济和社会可持续发展中关键科学问题的创新性研究。它鼓励科研人员充分利用国家现有科学研究基地开展工作,鼓励开展实质性的国际合作与交流,特别鼓励进行学科交叉方面的研究。

国家自然科学基金委按照"依靠专家、发扬民主、择优支持、公正合理"项目评审原则,运用同行评议方法遴选优秀项目予以支持。项目申请一般都要经过同行通信评议和专家评审组会议评审两级评审,评审过程采取回避与保密制度。国家自然科学基金项目实行课题制管理,根据项目类型和管理工作的需要,实行经费定额补助式和成本补偿式两种资助方式。国家自然科学基金中设有管理学科部,该部又分为两个分部,其中管理学科一部设工商管理学科,主要资助以微观组织(包括各行业、各类企事业单位及非营利组织)为研究对象的管理理论、技术与方法的基础研究和应用基础研究。资助的研究范围包括市场营销、运作管理、服务管理、信息管理与电子商务、非营利组织管理等分支学科与领域。

2016年国家自然科学基金资助的与消费者心理研究有关的项目包括:在线消费者评论有偏性的影响因素及其作用机制研究、消费者非理性行为干预及引导、网店产品呈现对消费者态度及行为意愿影响效应研究、虚拟品牌社区消费者参与影响其购买和口碑行为的动态机制研究、基于消费者网络评论的产品质量信息披露策略和定价研究、社交媒体环境下的目标消费者识别研究——基于人际连结视角等。

(二)国家社会科学基金项目

国家社会科学基金项目(简称国家社科基金)受全国哲学社会科学规划领导小组领导。国家社科基金项目实行三级管理体制:全国哲学社会科学规划办公室(简称全国社科规划办)全面负责国家社科基金项目的管理;各省(自治区、直辖市)社会科学规划办公室和在京委托管理机构,受全国社科规划办的委托,管理本地区和本系统的国家社科基金项目;项目负责人所在单位在上级管理机构的指导下,具体负责管理本单位的国家社科基金项目。各级管理机构各负其责,协调配合,共同做好国家社科基金项目管理工作。

国家社科基金研究课题的选题,主要以发布国家哲学社会科学研究五年规划要点和年度课题指南的方式进行。规划要点发布时间在规划起始年的第二季度,年度课题指南发布时间在上一年的第四季度。规划要点和年度课题指南的制定,由全国社科规划办首先向有关部门广泛征集研究课题,并委托各学科规划评审组提出建议,经全国社科规划办汇总整理,报全国社科规划领导小组审定。国家社科基金设立重点项目、一般项目和青年项目,每年评审一次。

2016年资助的与消费者研究有关的项目包括:移动互联网技术与奢侈消费关系的哲学研究、大数据时代网络消费者安全权保护研究、我国城市居民休闲体育消费促进研究、基于大数据的消费者多参照点选择及其影响的研究、大数据背景下基于语义挖掘的网购消费者行为模式研究、"互联网＋"背景下分享经济促进公共服务消费升级的机制研究等。

第三章　消费者心理的研究原则与方法

　　本章介绍研究消费者心理的五个基本原则,即客观性原则、统计学原则、连续性原则、发展性原则和保密性原则。研究消费者心理的方法包括观察法、访谈法、调查法等,本章简要分析消费者心理研究过程的误差以及控制办法。

第一节 研 究 原 则

一、 客观性原则

遵循客观性原则,实际上就是遵循实事求是的原则,要求研究人员从消费者的客观实际出发研究消费者的心理。

研究者要如实采集数据、如实统计数据、如实分析结果、如实向委托机构反馈研究结果。研究者要避免决策者的不良意愿对研究工作的干扰,客观独立地开展研究工作。研究者也不能因为数据结果不利于双方的合作而修改客观的数据。

参与者不得敷衍了事,应自觉克服工作中的困难,不得有伪造数据的行为。

二、 统计学原则

坚持统计学原则,要求研究人员按照统计学的规律来处理研究中的问题,在设计研究方案、选取样本、采集数据、处理误差等方面,使用统计学的方法,遵守统计学的规律。

现代社会里的每一个人都可以说是消费者,每一个人都有自己的消费愿望、消费需要或消费体验,每一位消费者的消费愿望、消费需要或消费体验都是千差万别的。对于企业而言,这些千差万别的信息都有一定的价值,但是,单个消费者的信息一般并不直接为企业提供决策依据。市场运行的规则表明,绝大多数企业是从市场统计的角度来看待消费个体的信息,将个体的信息汇总为群体的信息,对群体信息进行统计分析才能为企业决策提供依据。一种产品的开发与投放、消费心理的跟踪与监测,是针对一个细分的市场而言,这个细分的市场是由一群消费者构成的,这个消费群体包含并掩盖每一位消费者的个性。由于经济目的的驱使,企业会从整体上研究这个市场,并专注于这个市场的发展和变化,离开这个市场的整体性,企业难以取得较好的经济效益。

营销界有二八定律和长尾现象之说,前者即所谓 20% 的重要客户创造企业 80% 的利润,后者即大多数不起眼的客户也可以创造出企业的主要利润。表面上两者存在矛盾,实际上这两种说法可以相互支持、相互补充,从统计学的原则来分析和解释不同类型的经营模式。

前面谈到了客观性原则,如果仅仅是坚持客观性原则,有可能隐含一个问题,即数据是客观真实的,但是数据是片面的、代表性不强。坚持统计学的原则,可以提升数据的代表性,并减少或避免研究人员的主观主义做法。如果研究人员过分看重对个体消费者心理的研究,容易导致研究人员对个体消费者心理的陶醉,并使研究人员或经营管理人员的个人想象渗透到市场研究的结论中去,导致研究目的背离市场营销的意义。

三、 连续性原则

遵循连续性原则,即研究方案设计、研究结果的处理等方面,前期调查研究的结果能被后期所采用,后期调查研究也可以参考前期的研究工作。

在抽样过程中,前期选择的样本要考虑到样本将来的发展,并能预计到与后期样本之间的可比性。

在研究方案设计过程中,应尽量使用国际上通用的方法,以确保前后期调查结果具有可比性。在前后期问卷设计过程中,评分标准应尽量相同。

在研究工作的安排方面也应当保持连续性,这是由调查研究工作的性质决定的。调查研究工作需要长期、耐心、细致的工作精神。长时间连续的工作方式有助于培养调研人员认真负责的耐心和细致,使其在长时间的调查研究中真正体会到这种工作的乐趣,而短时间内频频更换调查研究人员则不利于这种乐趣的培养。

四、 发展性原则

发展性原则的要求是,在研究过程中以不断发展的态度对待研究中的各种因素,不能墨守成规,不能以过去的眼光看待市场中不断出现的新情况,在研究对象的选择、研究内容的确定、研究手段的使用等方面,要不断适应市场发展的新情况。

例如,在选择调查研究对象时,以前把老年消费者群体定在 50 岁以上或 55 岁以上。从当前国内市场的发展情况看,城镇居民中一小部分在 55 岁左右开始进入退休、离休之列,收入水平出现显著下降,在消费支出方面也出现较大的变化,而大部分老年消费者在 60 岁左右还有稳定的工作、有较高的经济收入。随着我国城市老龄化程度的加速,以及退休延迟政策的推行,老年消费者的需要和动机也在不断地变化,分别划分 55～65 岁和 65 岁以上两个老年消费群体是必要的。

遵循连续性原则可能与发展性原则有一定的冲突,需要研究者正确处理好两者的关系。

五、 保密性原则

遵循消费者心理研究的保密性原则,主要涉及两个方面:一是研究人员、研究机构保守消费者的个人隐私;二是研究机构、研究人员保守委托方的商业机密。

研究机构对个人的资料进行统计处理之后,个人信息全部掩盖在群体信息之中,向委托方提供报告或对外公开调查结果时,个人的资料不会表现出来。但是,被调查研究的消费者可能心存疑虑,担心自己的信息被泄露,会影响个人的生活,尤其是涉及消费者的收入、年龄、私密性很强的心理、行为与习惯时,许多消费者不愿意回答真实的信息,这一直是一个难题。因此保守消费者的隐私,需要整个行业营造为消费者保守一切资料的秘密的气氛,消除消费者的疑虑,促使消费者积极配合研究机构获得真实准确的数据,为经营者提供客观真实的信息,进而更有效地为消费者服务。研究机构与消费者签订保密协议,是消除消费者疑虑的有效办法。

近年来,个别不法分子将消费者的背景资料(如手机号码、银行卡、信用卡、汽车车牌号、住宅地址、邮箱等)公布于互联网上,或者公开销售,这是严重违背保密性原则的做法。

遵循保密性原则,还要求研究机构为委托方保守商业机密。

在为委托方保密方面,国内曾经出现过一些问题:有些调查公司不负责地将委托方的调查结果公开发表;有些调查公司将客户甲付费采集的信息转手再卖给客户乙;有些调查公司不与消费者签订保密合同,无法阻止消费者将调查过程中知道的商业机密泄露给竞争对手……这些问题给委托方造成了巨大的损失。

为委托方保密的主要措施包括:研究机构与委托方签订严密的保密合同,以保守研究过程中的商业机密;研究机构与消费者之间签订保密协议,尽最大努力要求消费者保守客户的机密;研究机构与研究人员签订保密合同,杜绝商业机密从内部泄露;建立完善的保密机制;建立相应的管理条例与处罚规则,违反保密合同或协议者必须承担相应的经济责任与法律责任。

遵循保密性原则,还涉及国家机密的保密问题。对普通消费者心理的研究,一般不涉及我国国家机密,但是,基于消费者心理行为研究而形成的市场规模、国家与地区经济统计资料,甚至价值观等方面的内容,可能属于国家保密的范围。国外商业间谍经常以市场调查或消费者研究的名义搜集这类资料,研究者需要保持必要的警惕。当然,有关管理部门也制定了相应的保密规定,必须遵照执行。

第二节　研　究　方　法

一、研究方法简介

谈到消费者心理的研究方法,应当简要回顾一下心理学的研究方法。心理学的研究方法是随着心理科学的发展而在不断地演化、发展和完善的[①]。

19世纪后期,心理学作为一门科学处于初创阶段,心理学家重视自我观察法(即内省法,又称自我报告法),认为心理学是研究人们的直接经验的科学,心理科学的创始人冯特及其跟随者坚持这一方法。这个方法要求研究者经过严格训练,以自我观察的报告为依据。由于不同的研究人员得到不一致的研究报告,研究工作不可避免地受到主观和偏见的影响,这些影响往往来自规定的训练,因此这种研究方法受到了许多批评。当然,自我观察法并非一无是处,在现代的消费者心理学研究过程中,顾客满意度、消费者态度之类的研究,仍然需要使用类似的研究方法,不过研究技术有了较大的改进。

机能主义心理学家(如美国的心理学家詹姆斯等)认为心理学应该研究意识的功能,强

---

① 陈宏. 科学心理学研究方法的比较与整合[J]. 东北师大学报(哲社版),2002(6):107-112.

调心理学在人类实践中的应用,在研究方法上采用描述法、问卷法、心理测验法和生理实验法等。这些方法弥补了自我观察法的不足,也促成了生理心理学、教育心理学、心理测量学、心理咨询和临床心理等分支学科的形成和发展。

20 世纪中叶,行为主义心理学流派发展起来了。该流派坚持只有能被观察到的、可予以客观记录和定量化的行为才符合心理学研究的标准和原则,发展出一整套能够精确控制、测定行为的研究技术,能够对环境、刺激条件与行为反应变化之间的关系进行客观描述与精确测量的研究方法。在方法上,行为主义心理学流派摆脱了仅仅依靠自我观察这一客观依据不足的研究状态,使心理学成为一门能在各种条件下对人的行为规律进行测量、预测、控制的实用性科学。行为主义心理学流派完全否定自我观察的做法,未免走到了另一极端。

完形主义心理学流派认为,应当自由、公正地描述人的直接经验,而人的这种直接经验是按原来的整体结构被接受的,对于这种整体的经验不得化整为零,否则其原有的整体性就会被破坏。受物理学场论的影响,完形主义心理学流派采用了拓扑学的研究方法,其成员之一勒温提出了行为函数 $B = f(E, P)$,并发展出一套研究人的动机与行为之间的关系的方法,推动了社会心理学中有关团体动力学的研究。有一点需要说明,完形主义的心理学研究方法难以被其他人所掌握。

认知心理学主要以信息加工的理论来解释人的心理过程,用计算机及程序软件的操作运行来模拟人的心理过程,这在心理学的研究方法上具有重要的历史意义。当然,由于目前的计算机技术水平尚未达到科学心理学所需要的程度,现代认知心理学的研究方法还不能完整地解释人的实际心理活动规律。

时至今日,心理学各种学派之争已基本结束。中国一些心理学专家提出,心理学的研究方法应当包括三个层面:一是心理学研究的哲学方法;二是心理学研究的一般科学方法;三是心理学研究的具体方法和技术。这一观点比较容易为人们接受,在具体的研究方法层面,心理学既要使用该学科本身的实验、准实验、非实验、思维推论等研究方法,也要运用所有其他科学研究的各类方法,包括物理的、生理的、药理的、临床的、数学的方法等,各类研究方法取长补短。

消费者心理学是在心理学、市场学、管理学、统计学等学科基础之上,综合发展起来的一门学科,研究方法来自这些学科的综合。

其中,来自基础心理学(又称普通心理学)的研究方法在这门学科中应用最多,大部分心理学基础研究成果可以直接应用于消费者心理学研究。例如,感觉认知方面的规律、记忆规律、情绪情感与态度的规律等,都已经应用于消费者心理学,在商业活动中发挥着十分重要的作用。现代企业形象(CI)的应用与推广,其科学依据就是基础心理学知觉规律的研究成果。

消费者心理学与基础心理学研究的不同,特别是与实验心理学的不同之处,在于消费者心理学更注重研究的效益性和操作性。

消费者心理学研究重视其效益性,即注重研究结果直接应用于企业经营管理活动中,能够为企业直接创造经济效益,能够为企业经营管理决策提供依据,最终为企业盈利创造条件。因为消费者心理研究的费用主要由企业界支持,而企业是以盈利为目的,不能直接或间接创造经济效益的活动企业是不愿意承担的,这是与基础心理学研究的最大不同。当然,政府或消费者组织也开展了一些保护消费者利益的研究,但是与整个消费者心理学研究的市场行业相比,那些研究项目毕竟占很小的比重。

消费者心理学研究重视其操作性,这也是受其效益性这一使命的影响。消费者心理研究不可能完全遵从实验心理学那样严格的要求,研究项目必须具有容易操作、容易推广的特点,对环境的要求不能十分严格。实验心理学对环境的要求非常严格甚至有些苛刻,必须排除各种因素的干扰,而消费者心理研究主要在现实生活中进行,要求研究环境接近现实生活,完全排除干扰因素的难度较大。在数据处理方面,实验心理学要对数据进行严格的统计检验,而在消费者心理学的研究项目中,对数据进行统计检验的并不普遍,许多结论是以基本统计与数据分类来作决策依据的。由于控制环境变量的难度较大,必然引入相应的误差,所以在制定市场策略时要留有余地,以策略上的灵活性来弥补研究的误差。当然这绝不是"数据骗子"公司产生较大误差的借口。

依据研究消费者心理的手段和流程,可以对消费者心理学的研究方法进行分类,一般可以分为观察法、访谈法、调查法和实验法四大类。观察法是在自然条件下观察并记录消费者外部表现与行为的一类研究方法;访谈法是在相对独立的环境下以谈话方式研究消费者心理的一类方法;调查法是在接近生活环境的条件下以大样本研究消费者心理的一类方法;实验法是在比较严格的条件下研究消费者心理的一类方法。每一类研究方法还可以细分,如调查法包括网络调查、电话调查、中心地调查、入户调查等,如图 3-1 所示。

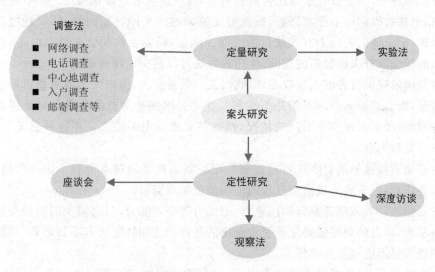

图 3-1　各类研究方法示意图

从数据采集的规模来看,大致可以分为定性研究和定量研究两大类。定性研究的重点在于描述心理行为的性质、特征、方向或其影响因素,研究样本的数量一般较少,习惯上认为样本数小于 50 即定性研究。定量研究的重点在于测量心理行为进行的数量、强度、持续时间长度等,研究样本必须超过一定数量,习惯上认为样本数大于 50 以上即定量研究。后面要谈到,样本量 50 以上 400 以下,其误差还是较大的,在实际工作中,定量研究的样本应当超过 400。

二、 观察法

观察法是指在自然条件下,观察并记录消费者的外部表现形式及相关行为的研究方法。与其他研究方法相比,观察法强调研究对象(即消费者)必须处在自然的条件之下,一般不加限制,不会因为实施调查研究而提出严格的要求,更不会为了取得调查研究结果对不配合的消费者采取任何暗示性甚至强制性的控制措施。因为不对消费者进行限制,消费者一般不会意识到自己的心理行为受到注意或观察,所以消费者的表现比较自然。

使用观察法可以研究消费者的诸多外部表现,包括行为、表情、消费者沟通等方面。

早期的观察法,观察记录比较开放,几近随意,处理观察结果需要较多的时间和成本。

现在使用的观察法已经相当成熟,研究人员发展了一整套有效的、隐秘的记录消费者行为的方法,网络平台上的消费者行为观察已经完全实现了全自动化记录。连锁店、超市、百货商场、餐馆、银行等场所的服务质量跟踪、顾客满意度跟踪等研究项目中,既可以使用简化的仪器记录,也可以由经过专业培训的调查员观察并且记录。

(一)直接观察法

直接观察法是指研究人员观察消费者时,消费者完全处于没有知觉或意识的状态。

在特定条件下,当消费者难以配合研究实施时,应该采取直接观察法。消费者面对某些敏感性、私密性的提问而不愿意回答,或没有足够的时间来回答提问时,可以直接观察他们的行为表现,记录他们的行为方式或行为时间。例如,顾客在购买贵重商品时,一般不愿意在大众面前接受调查人员过多的提问,使用观察法可以避免这样的尴尬。

虽然我国研究消费者的人次较多,但我国人口数量巨大,国内大多数消费者并没有接受调查的经验,配合调查人员的工作并不顺利。许多初次接受调查的消费者只是怀着好奇的心态回答问题,经常出现答非所问的情况,调查结果难免出现偏差。在这种情况下,采用直接观察法也是较为合适的。

没有必要直接接触消费者就可以观察并记录到消费者的基本资料。如一个街区、一个商场的顾客流量,顾客购买或消费过程的平均消费额等资料。

使用观察法需要依靠观察者的注意力、记忆力等心理能力,观察结果的质量受观察者能力的影响较大,所有的观察者必须接受专业化的基础训练和特定研究项目培训,不接受这类训练的调查人员不能接受观察任务。

在自然条件下,仅凭观察者的注意力、记忆力难以完整记下消费者复杂的行为活动,加之观察结果容易受观察者个人的态度、观念和当时条件的影响,即使观察者是消费者研究方面的专家,其观察结果也难免受各种因素的影响,所以现代观察法都要借助先进的记录工具,如录音器材、录像器材、照相器材等,同时,要注意维护好这些记录设备的质量,保证这类设备正常地、长时间地运行。

(二)行为记录法

行为记录法是在直接观察法的基础上发展起来的研究消费行为的一类方法,为了记录消费者表现于外部的行为,经常使用客观的记录手段。消费者行为的记录者可以是研究人员,或消费者本人,或专门的仪器设备。行为记录法必须使用客观规范的记录手段,如录音、录像、照相、仪器记录、日记记录、计算机记录等。

从研究消费者行为的目的来看,行为记录可以分为一般行为记录和特殊行为记录两类。前者属于常规性研究项目,是指记录消费者认知、购买、消费等基本消费行为现象;后者属于非常规性研究项目,应用不一定普遍,如眼动仪记录眼动轨迹以研究网页设计效果。

1. 一般行为记录

像消费者所购商品的品牌、数量、金额等行为,是大部分消费者都会有的行为,对这些普遍性行为的记录称为一般行为记录。

一般行为记录也分两种。

一种是由研究人员直接询问消费者并作记录,或由消费者自己填写事先准备好的记录表格。这是传统的记录方式,因为消费者对私密的要求程度在提高,消费者的配合意愿并不强烈,记录过程费时又费力等,这种方式的使用概率逐步下降。

另一种是程序化的自动记录方式。例如,网络上消费者的浏览、停留、点击、下单、购物金额等行为,都是由程序化的软件自动记录完成并输入数据库中。在商场收银处,收银员将每一位顾客所购商品的品种、数量与金额扫描输入计算机,从计算机数据库中调取信息以便研究顾客的购买行为,是比较方便而有效的仪器记录方法。

在广告效果研究中,需要记录消费者在某一段时期内接受广告的次数,以该次数与广告发布的数量之比作为广告发布后衡量广告效果的一个指标,如果要求消费者观看每一条电视广告之后记录自己的观看结果,这种研究方法对消费者肯定是一种折磨。因此,在电视广告收视效果研究中,使用"人员记录仪"来记录消费者收视广告的情况。如图 3-2 所示,"人员记录仪"是一种特制的小型记录设备,直接连接在消费者的电视机上,只要消费者打开了电视机,在一定范围内观看了电视节目,这种仪器就自动记录消费者收视节目的频道。研究人员定期取回这些记录结果,经过统计分析并与电视台的节目清单对照,就可以清楚地发现消费者收视广告的效果。这种仪器类似于飞机上的"黑匣子",它对消费者观看电视节目完全没有干扰或影响。随着网络通信技术的发展,"黑匣子"记录的数据不需要研究人员上门亲自取回,可以直接通过电话线等网络技术送回研究总部,大大加快了数据回收的速度。

图 3-2 电视收视记录仪效果图(网络图片合成)

2. 特殊行为记录

特殊行为记录是指研究手段或研究项目比较特殊的行为研究方法。

"模拟购买法"属于特殊行为记录的一种,要求研究环境的设定与购买环境几乎一样,邀请消费者到模拟现场购买商品,由观察者和专用仪器记录消费者的行为,研究模拟购买环境下的各种因素对消费者心理的影响。例如,厂商在研发手机的过程中,需要使用模拟购买法,研究室中的布置与真实的商店环境几乎没有差别,同时在研究室布置了多种特殊的记录仪器,记录消费者在模拟购买过程中的心理反应和行为表现。

"神秘顾客法"是特殊行为记录中专业性更强、更具特色的研究方法。这种方法要求观察者以顾客的身份进入研究环境,详细系统地观察环境中的各项表现并默记在心,观察者的身份绝对不可以向被观察者暴露,观察者也绝对不可以当场记录,只能在观察结束之后远离现场的情况下,再使用标准化的格式记录现场观察到的信息。服务质量的监测经常使用神秘顾客法。

使用神秘顾客法要求研究项目的质量管理具有无可挑剔的严谨性,要求观察者接受良好的专业训练。神秘顾客法必须在富有经验的专业人员的指导下才可以实施,研究方案必须经过严格的设计论证。观察者必须是职业化的调查员,非经长期训练的人员不足以胜任这项工作,调查员每次完成任务之后必须轮换。观察者对观察内容必须烂熟于心,绝对不可以凭直觉来记录现场结果。核心观察项目需要经过较长时间的演练才能确定,不可以从现成的资料直接抄袭。因为这种方法要求相当严格,研究费用比其他方法要高一些。

三、 访谈法

访谈法包括多种操作形式,下面介绍个人访谈、专家访谈、集体座谈三种。

(一) 个人访谈

个人访谈法又称为个人深度访谈法(In-depth Interview),是调查研究人员以谈话的方式与单个消费者接触,从深层次研究消费者心理的一种方法。如果所研究的对象是普通消费者,就称这种方法为个人访谈法;如果被研究的消费者具有丰富的消费经验,或在商品消费方面具有特殊的专长,调查人员希望从他身上得到有益的启发,就称这种访谈为专家访谈法(Expert Interview)。

1. 直接询问式

研究人员直接向消费者发问,要求他们直接回答研究人员所提出的问题。直接询问式比较方便,适合在小样本条件下研究消费者的心理现象。

研究人员:请您谈一谈,您购买巧克力的时候,会考虑哪些因素呢?

消费者:尽量少吃吧,但是还是想吃,热量不高的,纯一点儿的……

直接询问式本身没有好坏之分,其操作程序简单,但研究人员也需要具备专业素质和专门训练。许多经营者以为操作简单就可以节省成本,结果得到的数据质量不高。

2. 自由分组式

让消费者直接回答一些提问,消费者可能会有顾虑,可以向消费者出示研究样品,让消费者按照他们的标准进行自由分组,从中发现商品的哪些特性对消费者有吸引力。

研究人员:这里有七个牌子的运动鞋,假设您要从中买走一双,请您按照您的标准,从最重要到最不重要的顺序把这些鞋子分成组。

研究人员:这是七个牌子的运动鞋,请您给这些鞋子分组,任何标准都行。

研究人员:现在请您把分组的标准告诉我,为什么这些牌子分在一个组呢?

消费者:这些鞋子运用了高科技,价格昂贵;这一组鞋子比较便宜、外观不太美观;这一组鞋子属于中间类型。

3. 选择式

在接近现实的研究环境中,让消费者选择特定的项目(如品牌、属性等),并回答研究者的提问,从中了解消费者购买的内在价值与判断标准。

研究人员:如果要为这个(巧克力)品牌选一个代言人,女性还是男性好?

消费者(齐):女的好。

消费者 1:男人吃巧克力比较少。

研究人员:年轻一点儿还是年老一点儿?

消费者 5:年轻一点儿。

消费者 4:30 多岁左右。

消费者 2:比如说像 30 多岁的。

消费者 4:30 多岁有生活阅历的。

研究人员:中国人好还是外国人好?

消费者(齐):中国人好。

4. 渐进式

这种访谈方法类似于爬梯子,从消费者的回答中再提出新的问题,要求消费者回答购买商品的理由,这种访谈法也有助于发现消费者潜意识中购买商品的真正原因和动机。

研究人员:你谈到买鞋子的时候,要看鞋面的式样,对吗?

消费者:对,因为交叉式的系带鞋面使脚更舒服一些。

研究人员:这种系带鞋面使脚舒服,为什么你认为这种鞋面最重要呢?

消费者:因为我穿起来感到更结实。

研究人员:为什么穿起来感到结实是很重要的呢?

消费者:因为我跑步的时候不至于担心鞋子掉下来弄伤我的脚。

研究人员:对你来说,为什么跑步的时候要去掉这种担心呢?

消费者:这样我能真正地放松自己,在跑步中得到乐趣。

研究人员:为什么跑步中放松自己并得到乐趣是很重要的呢?

消费者:因为我要摆脱工作带来的压力。

研究人员:为什么摆脱工作带来的压力很重要呢?

消费者:下午我回公司上班的时候,我会工作得更好。

研究人员:为什么工作得更好显得很重要?

消费者:我对于我自己的感觉会更好。

研究人员:为什么认为你自己感觉到更好是很重要的事呢?

消费者：就是这样！

个人访谈法除了可以用于研究人们购买商品的心理动机外，还可以运用于解决消费者购买、消费商品带来的一些问题。例如，顾客与服务人员出现了冲突，研究人员可以与顾客单独谈话，找出解决问题的办法。消费者在商品使用过程中遇到了质量问题、商品使用不当或商品损坏等问题，因人数不多，可以以个人访谈的方式解决。

（二）专家访谈法

专家访谈法是研究有代表性的、专家型消费者的心理，为厂商生产、经营管理决策提供参考依据的一种方法。专家型消费者是指消费或使用商品的时间较长，积累经验较多，或者对特定商品抱有特殊的兴趣和爱好，长期细致地观察和研究过这类商品，或者长期经销某类商品，熟悉这类商品的特性等的消费者。

专家访谈法的要求是，这些消费专家具有代表性，确实具备丰富的消费经验，消费和使用商品没有特殊的怪癖，有较强的语言表达能力，对商品的评价合乎自己的判断标准。

使用专家访谈法的好处是：调查样本较少、工作难度小，聘请 5～6 位消费专家就可以获得关于特定商品的想法和意见，这些消费专家的想法和意见可能比抽样得来的调查结果还要丰富而全面。处理 5～6 位消费专家的调查结果，其工作难度会大幅度减小，而抽样调查会造成样本数大、研究费用高、数据处理难度大等问题。另外，专家可能超越普通消费者对于商品外观与商品功能方面的思维限制，会考虑到商品的生产成本、市场经营和管理控制等方面的问题，而抽样调查因考虑统计上的方便与统一，要失掉许多有益的个性化信息。

聘请 5～6 位专家在一起研讨商品的有关问题，其实与座谈会的形式类似，形式上二者的差异不大，但专家访谈法所邀请的人员比座谈会人员更为专业、看问题更为细致。

当然，消费专家访谈法也存在一些缺陷，如所选择的消费者并不是真正的消费专家，或消费专家存在严重的个人偏好，或存在严重的习惯性思维等问题，使得调查结果严重偏离消费者群体的心理特点。例如，美国电影娱乐界使用专家访谈法对影片《未来水世界》进行预测，专家们普遍认为这部电影肯定可以产生巨大的轰动，经济收益可观，这部电影的制作费用创同期电影制作费用之最，但上演之后，并没有取得预期的效果。专家访谈法还有一个缺陷，有些专家型消费者很容易察言观色，受研究人员的引导，仅仅表述研究人员提问的内容或喜欢的内容，致使调查结果无效。

为了改进这些缺点，可以把消费专家访谈法与抽样调查法结合起来，取长补短，提高研究结果对企业的参考价值。

（三）集体座谈法

集体座谈法是指将有代表性的消费者集中在一起，以谈话方式让他们共同表达对于商品、商品消费及服务等方面的想法的研究方法，有人称之为"焦点小组"。

集体座谈法收集信息比较全面。相对于个人访谈法和消费专家访谈法，集体座谈法可以得到较为全面的信息。集体座谈法的参与人数较多，而且被集中在一起，相互之间产生影响，一个人面对研究人员时不容易表露的看法和意见，在集体座谈中能被启发出来。

集体座谈法搜集信息速度快。将有代表性的消费者组织起来之后，可以在短至 2 个小时内完成座谈，并且快速整理出调查结果。集体座谈会法取得的样本量大，如座谈会场次 8

组以上，人员超过 50 人以上，这样的座谈会规模接近定量研究的样本，所获得的信息价值更大。

集体座谈会要求使用专业化的座谈场地，比较僻静、不容易受到外界因素的干扰，场地与消费者的距离比较近。在大中型城市选择这样的研究场地有一定的困难，为了克服这方面的困难，同一类型的座谈法研究可以在同一城市不同地点举行。集体座谈会要求消费者在统一时间到达指定地点，在工作繁忙或上下班高峰期，这个要求也有一定的难度，国内解决这个问题的办法很少，除非给予较高的劳务补贴。

座谈会期间，应该鼓励大家积极发言，不要出现羞于表达的尴尬局面，但也要防止个别消费者的"一言堂"现象。为了减少与会者的消极干扰，集体座谈会的参与人数应该控制在 8 个人左右，这已经成为一个国际性的标准（见图 3-3）。

图 3-3　作者主持座谈会现场

研究人员应该随时检查记录工具，保证发言记录的完整。座谈会的记录整理应该使用专用的格式（如表 3-1 所示），主持人与回答者的问答要使用对应标志或说明。

表 3-1　座谈会记录格式

主持人：	我们先吃这巧克力吧，先吃方的。感觉怎么样？可以打几分？1 到 5 分的话？
参会者 5：	感觉就是甜、腻。
参会者 8：	很甜。
参会者 2：	跟德芙牛奶丝滑的差不多。
参会者 1：	我也觉得。
参会者 6：	味道还是蛮浓的。

参会者7：	香味也不错。
参会者3：	不够滑。
参会者1：	口感不够丝滑。
	……
主持人：	可以打几分？
参会者3：	3、4分。
参会者1：	3分。
参会者4：	3分。
参会者5：	有一点儿苦。
参会者6：	巧克力不能太甜。
参会者4：	刚开始还可以,吃到后面有点粘在嘴巴里了。
主持人：	再吃一个圆的。
参会者1：	这个里面有酒味的。
参会者2：	巧克力酱,还有点儿酒味。
参会者1：	我觉得有点儿酒味。
参会者5：	这个可以。
主持人：	可以打几分？
参会者5：	5分,我喜欢吃这个。
参会者8：	芯子蛮好吃的。
参会者5：	我喜欢吃巧克力有馅儿的东西。
参会者2：	我觉得太甜了。
参会者1：	我也觉得太甜了。
参会者4：	甜到有点儿苦一样的。
参会者5：	我喜欢吃巧克力里面有馅儿的。
参会者6：	我喜欢吃里面有果仁的。
参会者7：	我宁可吃那种。
参会者2：	这个小孩子比较喜欢吃,小孩子喜欢甜。
参会者3：	这个口味可以做得稍微清淡一点,太甜了。
参会者6：	芯子最好放点榛子、果仁,这个不好吃。
主持人：	这个包装是八两,你们觉得多少钱比较合适？做礼品的话。
参会者3：	最多50块。

续表

参会者 2：	我觉得 100 块左右。
参会者 4：	七八十左右。
参会者 5：	我觉得 200 块。
参会者 4：	这个盒子看上去还是不错的。
参会者 6：	100 块左右。
参会者 7：	最多 100 块。
参会者 8：	100 块。
主持人：	这个是两斤包装,送礼的话,多少钱合适?
参会者 4：	这个是经济实惠型包装的。
参会者 4：	大概也就 120 块钱左右。
参会者 2：	150 左右。
参会者 5：	这个经济实用巧克力,我一般会买这个送人的。
参会者 6：	不会超过 150,120 到 130。
参会者 5：	这个让我送人的话我会送的。
主持人：	(问没有回答的)你觉得多少钱?
参会者 5：	150、160。
参会者 2：	100 出头 200 块以下。
参会者 3：	超过 150 就不会买了。
参会者 6：	150 不到。
主持人：	这个包装是七两,多少钱合适呢?
参会者 4：	这个精美一点。
参会者 2：	这个有榛子。
参会者 6：	80 左右。
参会者 1：	50。
参会者 2：	50。
参会者 4：	85 到 90。
参会者 5：	80 左右。
参会者 6：	80。
参会者 7：	80。
	……

四、调查法

调查法是调查研究人员与消费者直接或间接接触，使用专业化的调查问卷记录消费者心理行为的研究方法。调查法需要采集的样本量较大。相对于观察法，调查法对调查环境的要求相对严格，但比实验法的环境要求宽松一些。

调查法具有适应面广、调查速度快、记录调查结果十分方便、统计和分析调查结果比较容易、调查员容易培训等优点。调查法适用于大规模的研究，加上计算机和网络技术在问卷设计、数据采集、数据处理中的运用，调查法适用于处理规模庞大的研究样本。

所有的调查法都要使用专业化的调查问卷来记录数据，有人称之为问卷法或问卷调查法，用语未见统一。

按照调查环境、调查过程、与消费者的沟通状态以及问卷格式的不同，可以将调查法细分为网络调查、电话调查、街头调查、入户调查、中心地调查、邮寄调查等具体方法。其中入户调查、街头调查等方法的实施过程要与消费者当面交流（有人称这些方法为面访）。

（一）调查法介绍

1. 网络调查法

网络调查法是研究人员将专用的问卷设置在网页上，或将二维码链接设置在公共位置上，人们在浏览网页或扫描二维码的时候，回答问卷上的提问，并将答案传回网站，由网站控制中心自动完成统计分析的调查方法，如图 3-4 所示。网络调查是 21 世纪初发展起来的新型调查方法，在当今消费者心理研究中发挥的作用越来越大。

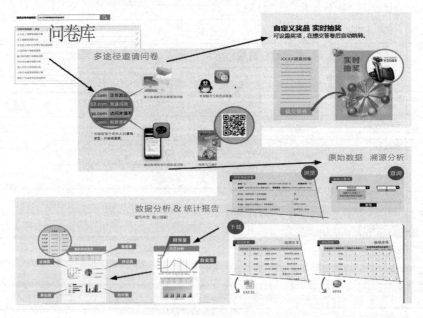

图 3-4　网络调查示意图（来源：问卷星）

网络调查有三大优点：一是数据处理速度极快，是所有调查方法中数据处理最快的一种,在网页浏览者单击"发送结果"一类的指示之后,数据即刻传到控制中心进行自动处理;二是研究机构不必与消费者直接见面,在同等的调查样本下调查成本相对较低;三是消费者的隐私得以较好的保护,某些消费者在陌生人面前不能回答的问题在互联网上可以全部回答。

网络调查也存在三个严重的缺陷:一是网络用户的样本代表性仍然存在偏差,这个问题比前些年有较大改善,国内上网人口已经过半,但偏差的问题仍然存在;二是一些水军发送大量的虚假答案,这个问题需要通过专门的技术手段进行改进;三是一些虚假答案没有办法甄别,随着网络使用逐渐成为日常生活中的习惯,虚假答案的问题在逐步缓解。

为了克服网络调查样本代表性的偏差问题,研究机构经常采取变通的方式,如首先搜集有代表性的样本地址,通过互联网将调查问卷发送给这些特定的样本,由他们完成答卷,再以网络方式传回控制中心。这些变通的方式其实是在研究机构与样本之间建立了一对一的访问关系,消费者完成答卷的配合程度会相对高一些,在专业性较强的调查项目中,显示了较好的答卷回收效果和数据质量。

2. 电话调查法

电话调查法是调查研究人员以电话形式向消费者提出问题,由消费者以电话形式给出答案并反馈给研究机构的一类调查方法。使用电话调查法要求消费者必须具备有线或无线电话,随着我国电话普及率的提高,这种调查方法也越来越普遍。许多企业的服务质量跟踪、满意度跟踪、客户关系管理等监测系统都使用电话调查法,并且把电话调查与客户服务系统合并,建立企业统一的呼叫服务中心(call center),如图 3-5 所示。

图 3-5　电话调查示意图(网络图片合成)

电话调查的提问方式可以是人工式,或计算机控制的自动式(computer automatically telephone interview system,CATI)。人工式电话调查法需要动用很多调查员,调查员边提问边作记录,数据记录过程容易出现误差,是研究机构初期采用的方法。在大样本调查过程,使用人工拨号的方法必然占用大量的人力资源。自动式电话调查法是由研究人员设计专用语音问卷和电脑控制拨号系统,该系统可以同时向几百个或几千个用户拨出电话,用户接受提问后,按拨指定的电话键给出答案,答案通过电话线反馈到电脑控制中心。国内报道计算机控制系统一次可以同时向外拨通 100 个号码,国外报道该系统一次可以同时拨通 1 000 个用户,同时完成录音、数据处理的工作,工作效率很高。

电话调查的速度非常快,调查速度多半取决于处理数据所花费的时间。电话调查中所设计的项目比较简单,回答结果一般使用电话录音系统进行记录,要求回答结果限定在"是"与"否","同意"或"不同意"等几个简单的答案中,对应的电话键为1或2等,这样处理数据的速度大大加快,只在少数情况下要求消费者使用5点等级。美国、法国等国家的盖洛普民意调查研究中心进行电话调查时,完成2 000份左右的抽样调查,从拨通第一个电话到最后提供最终报告的时间不到12个小时,从中可以看出这种调查方法的速度之快。

电话调查不能占用消费者太长的时间。从我国现有的调查经验看,5分钟左右的调查时间可以为多数消费者接受,否则会产生较高的拒访率。

3. 中心地调查法

中心地调查法(center location test,CLT)主要是在购物现场、展销现场、街道等人群密集区,或模拟的购买场所,依据问卷对消费者提出问题并记录回答结果的一类调查方法,这一方法常常用于产品测试等,如图3-6所示。

图3-6　作者主持中心地调查现场图

使用这一调查方法时,调查人员与消费者可能是一对一的关系,也可能是一对多的关系,问卷设计必须考虑消费者当众回答提问的情境以及可能出现的尴尬。例如,消费者的收入、女性消费者的年龄等内容,当众回答有一定的难度,问卷设计应当充分留足相应的宽余度,尽量使用选择题一类的回答方式等。

进行中心地调查法时,需要组织不同批次的消费者参与,必须严格筛选消费者的背景资料,这是控制数据质量的重要环节。

4. 入户调查法

入户调查法是调查员直接进入消费者的住所,对他们本人或他们的家庭成员进行直接提问的调查方法。

入户调查法的优点是,可以在相对安静的环境中实施调查活动,消费者回答问题比较从容,在家庭其他成员的协助下,可以准确回答与家庭消费有关的提问,克服街头调查法的一些弊端。入户调查法的缺点明显,即消费者必须待在家里,由于社会治安等方面的问题,即使他们待在家里,出于戒备心理也不一定会积极配合这样的调查活动。有时,调查只针对某一位家庭成员,而其他家庭成员会在现场干扰调查结果。另外,调查员单独实施调查,可能有弄虚作假的问题。

5. 邮寄调查法

研究机构把设计好的问卷邮发给有代表性的消费者,请消费者准确如实回答问卷中的提问,并清楚地填写回答结果,再将填写好的问卷邮回研究机构,由研究机构进行分析研究的一种调查方法。

邮寄调查法的最大优点是免除了调查员挨家挨户询问每一位消费者的辛劳,最大的缺点是大部分消费者不能积极配合调查活动。另外,由于没有调查员进行现场核查,收到了问卷之后不一定及时填写,填写之后不一定及时邮回,所以邮寄调查法的回收率一直很低。为了克服问卷回收时间参差不一、回收率低的问题,可以采用随调查问卷发放礼品、回收问卷之后再追加礼品等做法来刺激人们寄回问卷的兴趣,但是,这些补偿性的方法对于高收入的消费者没有普遍的效力。总之,除了商品质量跟踪等情况使用邮寄调查法之外,一般不主张使用邮寄调查法。

(二)调查法中的提问方法

消费者回答提问的形式主要有四种:自由回答法、选择回答法、评分量表法、排序法等。

1. 自由回答法

自由回答法要求消费者自由地、毫无顾虑地回答调查员的提问,一般要求消费者使用书面语言进行表达,但也可以使用口头语言进行表达,有时把这种方法称作自由陈述法,相应的提问称作开放题。自由回答法的优点是,调查所获得的信息最多,缺点是处理这些信息的难度较大。

如下是自由回答法的提问。

如果您认为这一产品的外观需要改进,请您具体地说明您的想法和建议。哪些方面需要改进?

2. 选择回答法

选择回答法是由研究人员预先设定好一些可能的答案项目,由消费者选择其中符合他本人的一个或几个答案并画上记号,有时把这种方法称作封闭回答法,相应的提问称作封闭题。这种方法的好处是回答提问的速度较快,统计结果十分方便,缺点是预先设定的答案有时代表性不强,因答案设计上存在缺陷而可能损失消费者的其他重要信息。

如下是选择回答法的提问格式:

下面对××牌书柜外观的评价,哪一些评价与您的看法一致?请在这些评价上画圈:

A. 色彩漂亮	D. 感到稳重	G. 与别的东西好搭配
B. 外形精致	E. 有现代气息	H. 其他
C. 手感舒服	F. 符合我家的气氛	

3. 评分量表法

评分量表法(又称等级量表)是以等级式的量表来记录所提问题的答案,这种方法在统计调查结果时比较方便,所得到的结果也比较精确。评分量表有 100 分制、10 分制、7 分制、5 分制、3 分制和 2 分制。常用的评分量表是李克特的 5 分量表法,格式如表 3-2 所示。

表 3-2　标准的 5 分量表

下面是关于品牌＿＿＿＿＿＿的描述,请您对每一项描述做出评价,使用 5 分制,5 表示完全同意,1 表示完全不同意,您也可以使用中间的数值

A. 使用这个品牌的人,有面子或有气派	5　4　3　2　1
B. 这个品牌让我首先想到档次高	5　4　3　2　1
C. 购买这个品牌符合我的身份	5　4　3　2　1
D. 我现在经常使用它	5　4　3　2　1
E. 与同类的品牌相比,它是我最喜欢的品牌	5　4　3　2　1
F. 最让我感兴趣的是它的＿＿＿＿＿＿功能	5　4　3　2　1
G. 以＿＿＿＿＿＿价格购买这个品牌,物有所值	5　4　3　2　1
H. 我一定会向朋友们推荐这个品牌	5　4　3　2　1
I. 在合适的时候,我一定会购买这个品牌送给我的朋友	5　4　3　2　1
J. 我愿意把它推荐给我的同事	5　4　3　2　1
K. 我愿意把它作为礼品送给客户	5　4　3　2　1
L. 将来我还会继续购买这个品牌	5　4　3　2　1
M. ……	

5 分量表在国内(以及一些亚洲国家)使用时有一个问题,就是回答结果中的 3 分值太多,不利于对调查结果作出精细的解释。有一种办法对 5 分量表进行改进,就是去掉中间的 3 分选项,只有 4 个选项,消费者必须作出倾向性的回答。

4. 排序法

排序法要求消费者按照自己的理由排列所列出的项目,排列的顺序可以从大到小、从小到大、从最满意到最不满意或反之。排序法可以用来研究消费者心理的差异,或比较不同商品或服务的优缺点,也可以用来研究商品不同特性对于消费者的重要性及其商品定位。

排序法的提问格式如下。

如果您要购买电视机,在下列品牌中,您首先会选择哪一种? 其次选择哪一种? 然后再选择哪一种? 请依次用 1,2,3,…标出您愿意选择的电视机品牌顺序:

创维＿＿＿＿＿＿　　　　TCL＿＿＿＿＿＿　　　　海信＿＿＿＿＿＿　　　　小米＿＿＿＿＿＿

康佳＿＿＿＿＿＿　　　　LG＿＿＿＿＿＿　　　　索尼＿＿＿＿＿＿　　　　菲利浦＿＿＿＿＿＿

其他(请说明)＿＿＿＿＿＿

(三) 调查法的实施程序

下面简要介绍实施调查法的基本程序,以及应该注意的问题。

1. 确定调查目的与内容

这是开展调查活动的首要任务,只有确定了调查目的,才可以设计调查方案、确定调查规模、设计调查问卷等。调查消费者的目的,是由工商企业提供给研究机构,并以书面形式向研究机构做出委托说明。

调查内容以提问条目体现出来,这是设计问卷的基础。小型的消费者研究项目可能涉

及十几个或几十个提问条目,大型的消费者研究项目可能涉及几百个甚至上千个提问条目,这些提问条目都应该转化为消费者容易理解的表述。

2. 设计问卷

确定了调查内容之后,就可以在提问条目的基础之上设计调查问卷。问卷一般分为指导语、注意事项、正式提问内容、结束语四个部分。

所设计的问卷应该用词准确,不允许出现含糊的提问。

问卷的用语必须通俗易懂,不能使用过于专业化的用语,也不能使用生僻的措辞。

问卷必须明确地要求消费者使用何种方式回答提问,甚至消费者回答提问所使用的标记也要在问卷中加以规定,否则,得到的调查结果可能千奇百怪。

对消费者的感谢用语必须包含在问卷中,一般放在问卷的开头和结尾。为了促使消费者积极配合调查活动,需要发放相应的调查纪念品或礼品,这些纪念品与礼品也应当在问卷指导语中交代清楚。

问卷的印刷格式必须十分清晰,便于不同层次、不同视力的消费者阅读。

要使用电子计算机自动处理问卷答案,必须考虑到电子计算机的特性与缺陷,如果设计问卷的时候没有考虑这些因素,数据处理过程可能会非常麻烦。

问卷在网页上发布,必须测试问卷的多种版式、链接、数据接口等。网络问卷的版式必须适应 PC 端和移动端等阅读方式,一般制作多个版,设置相应的选择图标。网络问卷的链接必须清楚完整、通信速度快、数据接口通畅、数据处理简便、图表生成美观大方。

3. 调查人员的培训

由研究人员向调查人员说明调查的基本要求,培训调查的技巧,教会调查人员处理问题的方法,分配调查人员相应的调查任务,领取调查用品,登记调查人员的全部材料等,这是培训的主要内容。在正式开展调查之前,要求调查人员带齐各种调查材料与记录工具,定时检查并补充损失的材料与记录用具。

4. 调查实施

街头调查法与入户调查法下,调查人员应按要求寻找合格的样本,直接与消费者接触,向消费者提出调查问题,准确地记录调查结果。

调查人员应该注意,当消费者回答了提问之后,必须当场核查消费者的回答结果。

除了正确地记录消费者的回答外,调查人员应当注意准确地记录调查时间、调查地点等内容。调查人员往往因为这些问题不是由消费者来回答而忘掉了。

向消费者发放的调查礼品,一般在正式提问之前赠送给消费者。

使用邮寄调查法,要注意邮发地址清晰明了、准确无误,最好使用标准的印刷体印制邮寄地址,赠送的调查礼品也必须随调查问卷一同寄出。为了提高消费者的回复率,所有邮出的信件必须随带回邮的信封,并包含正确的回邮地址。

5. 数据处理

笼统地讲,数据处理包括数据接受、数据录入、数据清理、统计检验、分析结果、预测等过程,每一个过程都具有必不可少的重要性。在数据处理过程中,使用成熟的统计分析模块有助于提高工作效率、提升数据深度加工水平、美化数据图示化的效果。

6. 提交研究报告

将整个调查研究的过程、数据图示化结果以及在此基础之上的分析预测等内容,以通俗易懂的文字形式表达出来,写成一个完整的调查报告。

调查报告的主要阅读对象是经营管理的决策者,调查报告应该层次清晰、直观形象。"一张图抵得上一千个文字",说明了直观图形描述数据的价值。

撰写研究报告切忌自由发挥,推测出一些与调查无关的结论,给决策者造成错误判断;也切忌顺从委托方的意图,伪造一些对客户内部个别人有"好处"的数据,这种做法违背了行业道德也损害了客户的利益。

消费者的心理本身带有很强的主观性,研究者本人也是消费者之一,必须避免主观主义的研究作风,必须避免以个人的消费经验或消费观点代替消费群体心理的做法。

五、 实验法

实验法是在比较严格的条件下控制各种变量因素,精确地研究消费者心理的一类方法。实验法对研究条件与研究环境有较大的限定性,研究程序比较严格,实验法一般需要使用特定的仪器设备来控制变量,记录消费者的心理反应。

实验法一般应用于特定的、开拓性的研究项目,如用眼动仪来测试网页设计效果、用生理仪来测试品牌代言人的指数等。中国科学院心理学研究所的一些研究人员引入"反应时"来研究消费者的态度,以消费者态度来预测消费者行为,都属于实验法。

与调查法相比,实验法必须将消费者限定在特殊的研究环境,在实验过程中消费者需要集中精力,一般不允许消费者之间相互参考答案。

实验法不适用于大样本的消费者心理研究项目。例如,新产品开发、新包装的效果测定、全新广告创意的效果研究等,都需要使用特殊的实验方法。因为这些研究项目具有较强的保密性,不宜向广大消费者征求意见,否则新产品开发的秘密就向整个市场泄露了。一旦泄密,企业的经济损失较大,使用实验法可以减少泄密造成的损失。全新广告的创意制作与投放,需要花费企业较大数额的资金,出于减少广告盲目性的目的,应当在广告投放之前进行广告效果测试。这种测试不可能面对整个消费者市场,只能在小范围内进行实验。

实验法必须在消费者心理行为专家的指导下才能实施。实验方案的设计必须具备较好的数理统计背景,否则不能有效控制小样本下的实验结果与实验对比。把消费者限制在特定的、严格的实验环境,要求研究人员具有随机应变的经验和能力,否则消费者配合实验研究有难度。

在数据分析方面,由于参与实验的人数不多,研究人员必须具备较高的分析技巧,才能从有限的数据中推断有益的结论。

实验法的研究程序可以分为如下 9 个步骤:

(1) 确定研究目的、研究内容与实验样品;

(2) 选择研究手段;

(3) 设计实验方案;

(4) 准备实验条件(包括场地与器材);

(5) 挑选实验对象并设计实验顺序,解释操作定义;

(6) 正式实验;

（7）核查所取得的研究数据；

（8）数据统计分析；

（9）撰写研究报告。

第三节　研究误差及其控制

误差现象普遍存在，不足为奇，只要误差值不超过允许的范围，研究结果仍然可以视为有效。如果误差较大，基于研究而做出的经营管理决策会出现较大的失误，甚至导致严重的、不可预计的损失，因此，必须严格控制研究中的误差。

下面分析消费者心理研究过程的三类误差以及控制误差的办法。

（一）方案设计产生的偏差

方案设计者对理论依据的理解存在差异，或者选择了不适当的研究方法，造成研究结果产生偏差，这类误差会产生方向性错误，误差一经形成，修补难度较大。

比如对消费者满意度的理解，虽然我国已经开始系统地建设具有中国特色的市场经济体系，许多企业开始强化以消费者为中心的观念，把消费者的满意度等指标作为企业经营管理的重要依据，但是由于相当一部分人刚刚脱离贫困、刚刚解决温饱问题，消费者满意度这种具有强烈主观性的信息对于这些人的购买行为并不具有普遍的决定性意义。不完善的市场监督体系、垄断性经营等因素对人们的消费选择仍然具有较大的限制性，所以我国消费者在消费过程中，对于商品的质量、价格等因素的关注仍然重于对主观满意度等因素的关注。研究我国消费者的心理，如果照搬西方有关消费者满意度的理论，必然与我国大部分消费者的实际要求有出入，得出的结论也会表现出相应的误差。我国企业运用消费者满意度理论，必须经过"国产化"改造，要强化商品质量、商品价格等因素的比重，减少理论引用不当而形成的误差。

品牌理论在国内的运用中也存在同样的问题。有人认为品牌是商品价值或服务价值的综合表现，通常以特定的形象符号作为标记，基于这样的理解而研究消费者的品牌心理，其研究偏差会小一些。有人认为品牌是商品的一种符号或标记，这种理解是片面的，基于这样的理解而研究消费者的品牌心理，其结论是有偏差的。

选择不适当的研究方法也会导致研究误差。一般来说，定性研究的误差要比定量研究的误差大，因为定性研究的重点在于描述消费者心理的特征，而不是进行准确的量化计算，定量研究需要取得较多数量的研究样本，以较多的样本来覆盖不同消费者之间的误差，因此总体结论的误差较小。国内有些企业的决策者对于研究费用的投入仍然持有保守、狭隘的观念，认为费用投入少一点也是节省成本的一种方法，不尊重研究的基本规律，把应该进行定量研究的项目改为定性研究，费用投入少了，自认为降低了成本和费用，但其结论中的误差却增大了，导致后期的经营决策出现重大失误。

在研究方案设计中，技术层面不适当的处理方法也会导致相应的误差。例如，产品测试中如果使用配对测试，每一位消费者的样品测试极限一般不超过 10 对，否则会出现测试疲劳,从而严重干扰测试结果。但现实中需要测试的样品可能超过 10 种,按 P_n^2 组合配对,5 种测试样品就有 20 种组合,如果要求每一位测试者完成 20 种全部组合,因疲劳因素会导致测试结果出现系统误差。要消除这种误差,研究人员应该将测试配对分为对等的两组,消费者也分为对等的两组,用技术手段消除测试误差,这就是所谓的配对设计思想[①]。配对分组如表 3-3 所示。除此之外,为了消除测试中第一组配对一直处于第一次测试的位置而形成系统误差,还需要将配对后的测试次序进行轮换,即第一位测试者从第一组配对开始(A—B),第二位测试者从第二组配对开始(A—C),依此类推。这样每一组配对都可以得到相等的开始机会,测试者人数为 $P_n^2/2$ 的倍数,这种技术手段是减少系统误差的重要手段。

表 3-3 减少测试误差的配对分组方案

测试产品配对	测试分组	测试者开始位置	测试产品配对	测试分组	测试者开始位置
A—B	第 1 组	第 1 位	C—D	第 1 组	第 8 位
A—C	第 1 组	第 2 位	C—E	第 1 组	第 9 位
A—D	第 1 组	第 3 位	D—A	第 2 组	第 4 位
A—E	第 1 组	第 4 位	D—B	第 2 组	第 5 位
B—A	第 2 组	第 1 位	D—C	第 2 组	第 6 位
B—C	第 1 组	第 5 位	D—E	第 1 组	第 10 位
B—D	第 1 组	第 6 位	E—A	第 2 组	第 7 位
B—E	第 1 组	第 7 位	E—B	第 2 组	第 8 位
C—A	第 2 组	第 2 位	E—C	第 2 组	第 9 位
C—B	第 2 组	第 3 位	E—D	第 2 组	第 10 位

注:A、B、C、D、E 代表 5 种测试产品。

操作定义是影响研究质量的重要因素,不当的操作定义会导致系统的甚至严重的误差。从表面上看,操作定义是对操作流程的指导,实际上操作定义已在方案设计中形成,因操作定义不当而形成的误差也属于方案设计中的误差。例如,使用问卷来调查消费者对商品价格的敏感性,国内有人设计的操作定义是"请大家评价一下这种商品的价格",这种操作定义得到的信息,既包括人们对价格高低的评价,也包括人们对价格高低是否令人满意的评价,而人们对价格变化的敏感性并不是回答者的重点,所以研究结论偏离了原来的方向形成误差。正确的做法是详细列出价格的变化,从高价、低价两个方向来探测消费者对价格的敏感性。操作定义不当而形成的误差属于系统误差,研究项目一旦实施,全部研究结果都会偏离预先的方向,研究误差难以修补。减少操作定义造成误差的方法是,方案设计者必须接受系统的长时间的专业训练,必须具备丰富的方案设计与研究经验。

(二) 样本误差

样本问题导致研究结论出现误差,主要表现在两个方面:一是样本框的问题;二是样本

---

① 杨治良. 实验心理学[M]. 杭州:浙江教育出版社,1998:53-55.

数量的问题。

样本框的不严谨导致研究结论出现误差,在国内较为常见。国内高速发展的经济导致居民样本框以及企业样本框产生巨大的变动性,相关部门对国内居民的背景资料的把控也是十分严谨的,市场上还没有系统的、完全公开的资料出售。因此,研究机构必须在遵照有关法规的条件下自行采集样本框,而这种做法本身就隐含了重大的误差,研究机构不可能以有限的资源得到系统的、完整的样本框。研究机构所掌握的样本框经常出现遗漏、空白、不能及时更新甚至样本错误等问题。要彻底解决这个问题,一是要靠国家开放相关的政策,为研究机构获得完整的样本框提供条件;二是要靠国家向社会公开这类不影响国家安全的背景资料;三是要靠研究机构之间的通力合作,形成完整的、覆盖全社会的商业性样本框。

样本数量选择不当也会导致研究结论出现误差。适度的样本量可以保证较高的数据质量,节省研究成本;而不适当的样本数量,不仅会增加研究方面的误差,而且会导致研究成本也出现问题。国内消费者心理研究的报告中,样本选择存在随意性、样本数量不科学或干脆不注明样本数量的现象。一般认为,少于 50 个样本的研究可以称为定性研究,大于 50 个样本的研究可以称为定量研究,但是,并不是超过了 50 个样本数就可以进行统计推断。即使按简单随机抽样的原则,研究结论要有 95% 的置信度和 5% 以内的误差,每个地区每次研究样本的数量应该在 400 人以上,全国性样本应该在 1 100 人以上。进行"市场细分"一类的研究,还涉及分层抽样的问题,每一层的样本性质接近,可以按近似于简单随机抽样的方式进行,但总体样本量需要加倍扩大。有些人在研究项目中只得到了几十个研究样本,而在分析报告中,居然从这几十个样本的统计数值进行统计推断,并预测市场的规模,这种做法属于定量研究中的常识性错误。表 3-4 是置信度 95% 或 99% 的条件下,不同样本数量时的误差列举。例如,95% 的置信度时,96 个样本的误差达 10%。表 3-4 也可以用作控制研究误差的参考样本量。

表 3-4　简单随机抽样中不同样本数量下的误差水平[①]

误差/%	10	9	8	7	6	5	4	3	2	1
置信度 95% 下的样本量	96	119	150	196	267	384	600	1 067	2 401	9 604
置信度 99% 下的样本量	166	205	259	339	461	664	1 037	1 843	4 147	16 589

由于取样分布不均,有时可以采用技术性手段进行处理,如加权法可以减少样本分布不均而导致的误差。但是要注意,加权法不适于样本分布出现重大偏差的研究。例如,有人在研究不同收入的消费者对某电器产品的态度时,计划调查 500 个样本,按收入层的配额应该取得 100 个高收入的样本,因调查难度大实际取得高收入样本 20 个,因此高收入样本本身存在巨大的偏差,如果使用加权法来平衡样本的分配,可能将高收入样本量太少而引起的偏差加倍放大。

(三)操作流程产生的误差

操作流程的误差是在数据采集、数据处理过程中产生的。操作流程的误差主要来自人

---

① 黄合水著. 市场调查概论[M]. 上海:东方出版中心,2000:101-102.

为因素，这是误差产生最频繁的环节。相对而言，操作流程方面的误差容易被修正。

第一类操作流程误差是由调查人员形成的。例如，调查人员没有接受专业培训、数据采集质量不高、应该采集的数据没有采集到，或者调查人员在样本选择方面出现错误，应该选择样本 A 而实际上选择了样本 B，或者少数调查人员擅自更改数据采集程序，不按设计规定而导致误差，或者极少数调查人员或调查公司伪造数据，所得到的结论存在严重的误差等。严格的质量控制系统可以发现并纠正这类误差的产生；复查后对不合格的调查数据重新进行调查；将不合格的调查人员除名，或在行业内通报伪造数据的调查人员与调查公司名单等，这些方法有助于从源头上消除操作流程的误差。

第二类操作流程误差是由研究人员与消费者互动过程产生的，如语言理解、语言表达方面产生了歧义导致答案出现偏差甚至错误。调查研究人员使用标准的、统一的官方语言，严格的、专业化的培训等做法，可以减少这类误差。

第三类操作流程误差是在数据处理过程中形成的。例如，定性研究的文字记录、定量研究的数据录入等，还很难离开传统的手工方式，而手工方式则可能因为人的生理疲劳与心理疲劳等问题形成误差。最典型的误差是在数据录入过程中，因为人工疲劳引起录入错误，在文字信息记录与整理过程中，因为文字编辑人员没有理解研究人员的意图而遗漏重要的信息造成误差或出现编码错误等。消除数据处理过程中的误差，通常采用双重录入、双重校验的手段，这是迄今为止最为有效的控制误差的手段。

第四章　消费者心理与意识

　　本章主要介绍消费者心理学中的基本概念，包括心理、意识、消费者角色、生理因素与消费者心理的关系等。

第一节　心理与意识

一、心理与消费者心理

笼统地讲，人的内心所进行的一切活动都属于心理活动。人们观察周围的世界、注意自己感兴趣的事物、体会生活中的喜怒哀乐、克服困难完成一项工作或任务等，这些都是人的心理活动。

心理是人们感觉、知觉、注意、记忆、思维、情感、意志、性格、意识倾向等心理现象的总称。心理是客观世界在头脑中主观能动的反映，人的心理内容来源于客观现实和周围的环境，这是唯物主义的观点。

心理世界与客观现实之间，并不是一种机械的关系。首先，物质世界的东西并不是全部反映到人的心理中去。面对纷繁的信息，有的信息会反映到人的头脑中去，有的可能不会反映到头脑中。其次，人的心理具有想象、推理、直觉等功能。基于人的心理积累，人们可以创造出现实世界不存在的或没有观察过的世界，这些创造出来的世界又会反过来影响人们对现实世界的反映，如人们对宗教的理解、虚拟世界等。最后，每个人对现实物质世界的反映存在不同的特点，有人对娱乐消费的兴趣较大，有人对口腹之欲有强烈的兴趣等。正确理解心理与客观现实之间的关系，对于坚持科学的消费者心理学研究大有益处，可以有效地避免"产品至上"或"个人至上"等错误的营销观念。

人的心理活动非常复杂。基于研究的方便，一般将人的心理分为三个方面，即认识活动、情绪活动和意志活动（简称为知、情、意）。感觉、知觉、注意、记忆、联想、思维等心理属于认识活动；喜、怒、哀、乐、美感、道德感等心理属于情绪活动；在认识活动和情绪活动的基础上所进行的行为、动作、反应的活动，属于意志活动。心理学还使用三种维度来描述这些心理现象，即心理活动过程、心理活动状态、个性心理特点。正在进行的感觉、知觉，正在体验的喜悦，正在做出的动作等叫作心理活动过程；正在进行的心理活动中，感觉到的具体内容、体验到喜悦或伤心的程度，意志行动中克服困难的努力程度等，这些都属于心理状态；每一个人具有不同的性格、气质、价值观、态度等特点，这是人的个性心理特点的表现。

对人的心理活动进行分类，或使用三种维度来描述心理现象，并不能包含人们的全部心理，而且在研究人类心理的历史进程中，国内外专家学者的见解和研究水平不尽相同。当前，研究人员的共识是，每一项有关人的心理活动的科学研究和探讨都包含了研究者的智慧，是我们探索心理世界过程中的知识积累，值得我们从中吸取有益的成分。

需要注意的是，现代科学虽然如此发达，但是概念、定义、内涵和用语之间诸多基本概念不统一的现象仍然存在，学习者需要花较长的时间区别这些概念的不同含义。例如，对于心理学中的"意识""感觉""情绪""人格"等汉语概念，在哲学、社会学、心理学以及日常生活中的理解存在较大的差别，初学者需要花费一定的时间才能搞清这些概念的异同。有人把汉语中"心理"的概念等同于"心里"的解释，把"心理"与"行为"看成不同的领域并割裂开来，把

"意识"等同于"意念",把学术上的"感觉"与日常用语"感到"的解释等同起来,等等。这些都不是正确的理解。

"心理"与"行为"是两个不同的概念吗？在心理学研究的历史中,曾经出现过把人的心理(主要是指人的意识)与人的行为分别看待的现象。但这已经成为历史,心理学发展到今天,一个胸怀宽广的学者绝不会拘泥于过去的历史,而把人的心理与人的行为割裂开来分别看待。"心理"是指人的所有心理活动,包括人的内部活动和外部活动;"行为"这个概念主要用于描述人的外部行动。"心理"这一概念大于并包含了"行为"这一概念。

心理是世界上最复杂的事物,消费者心理是这一复杂事物中的一个组成部分。

消费者心理是指消费者发生的一切心理活动,以及由此推动的行为动作,包括消费者搜集商品信息、观察商品、选择商品品牌、决策购买、使用商品形成心理感受和心理体验、向生产经营单位提供信息反馈等。

任何一次消费心理发生的基础都来自消费者的愿望,消费者在内心体会到消费的需要、购买的兴趣等,为了满足消费的需要,在心理上要做出相应的准备,如认知商品信息、了解商品特性、对商品形成一定程度的好感等态度,这些活动主要是指消费者内心的心理活动,是消费者消费商品之前的基础。

研究消费者的心理,既要研究消费者内心的活动,也要研究消费者购买、消费商品的行为。前者是行为的基础,后者是工商企业经济利益的直接来源。

笔者认为,严格划分消费者心理与消费者行为是没有必要的,但可以对这两个概念的使用范围做出区别。消费者内心的一切活动以及相关的外部活动,可以称之为"消费者心理";如果仅仅描述消费者的内外活动,"消费者心理"这个用语就足以作为代表;从市场流通的角度上讲,消费者购买并消费了商品,商品从市场转移到了消费者手中,可以称之为"消费者行为";消费者在营业环境中所表现的购物与消费活动,可以称之为"购买行为"。消费者心理或者消费者行为这两个词也可以相互代替使用,或使用"消费者心理行为"一词。

下面以一位消费者购买国产运动型多功能车(SUV)为例[①],通过他购买、消费、体验的过程,反映消费者心理学中常用的概念。

父母、媳妇和我都是一眼看中的,外观、内饰都是一流的。电动折叠,胎压监测(虽然是简易的),ESC,6气囊,双电动座椅,座椅加热,都是卖点。前后独立悬挂,215/17大脚,后悬挂有些硬,过烂路时还是有感觉的,不过绝对在可承受的范围内,过烂路比一般轿车强N多倍。保有量大,维护、保养便宜方便。前身是国有大品牌,老军工品质,上市时间长,已经经历了时间的检验和用户的挑剔,应该错不了。本人就是喜欢这种沉稳大气,尤其原创度高的,对于××那种严重抄袭、剽窃行为是采取坚决抵制态度的。

大嘴造型绝对霸气,和我这种身材绝配,单论外形国产车里无出其右。内饰做工一般靠上,但也基本达到同价位合资车装配水平,较有豪华感,美中不足的是中控硬塑料感较强,除中控外其他手能碰到的都是软的。红色缝线比较有运动感且上档次。车内和后备厢储物格偏少。尤其是一些小部位都有车标,这点我很喜欢。国内新车就是气味太大,虽然现在已买同近50天了,但就我这种百毒不侵的人打开车门时还是感觉刺激,会咳嗽一阵。4S店展厅

---

① 本案例来源于汽车之家网站的顾客自述(www.autohome.com.cn)。

的车没啥气味,那是开着窗放的时间长。

本人180cm,100kg,前后排腿部空间、头部空间均毫无压力。车身宽度足够后座坐三个大人,挤四个瘦点的也没有问题。动力只能说一般,排量1.5T,自重1.5T,再加上我100kg的体重,你能想让它怎么样。在市区堵得要死,根本不可能大油门激烈驾驶,动力足够用了。起步稍肉,高速三档后绝对跟得上。只要舍得大油门,哪可能会肉,只有肉的人,没有肉的车。现在纯市区油耗算了下大概12L/100km,但表显8.6,应该不太准。相信以后会有所下降。

再说一下4S店的赠送。后视镜样式的前后双摄像头行车记录仪,成像效果很好,就是夹在原厂后视镜上太大了,主要是太长,导致驾驶席和副驾驶的遮阳板都没法放下来,简直不如不装。

卖家联系的施工店服务也很好,膜贴也很满意,贴完后还打电话过来问服务怎么样,贴的好不好,非常满意的一次购物,必须给店家一个赞!想买的朋友千万不要犹豫,绝对不会让你失望!性价比较高,这个价格,这种丰富的配置,这么整的底盘,完爆其他品牌。

在这个例子中,至少涉及十个消费者心理的概念。第一,品牌认知。消费者本人及全家对该品牌的印象是一见钟情式的品牌认知,看一眼就喜欢了。第二,产品知识。这位消费者对小汽车的电动折叠、胎压监测、ESC、6气囊、双电动座椅、前后独立悬挂、215/17大轮胎等产品知识,以及过烂路比一般轿车轻松随意的性能,十分了解。第三,产品性能。前后空间、头部空间让人满意,车身宽度足够后座坐三个大人。第四,风险认知与减少。因为该品牌保有量大,维护、保养便宜方便,是购买决策、减少使用风险的重要依据。第五,品牌保护意识。该消费者十分尊重高原创度的国产品牌,对于严重抄袭剽窃的行为持坚决抵制的态度。第六,品牌缺憾。新车气味太大,买回家近50天了,打开车门时还是感觉刺激会咳嗽。第七,消费技能。在市区使用不激烈驾驶,动力足够用,高速行驶时三档之后动力绝对跟得上。第八,服务评价。对于卖家的赠送评价不太满意,后视镜的安装不如不装。第九,服务体验。对店家的施工服务评价很好,认为膜贴很满意,贴完后还打电话跟踪服务质量。第十,品牌推荐。这名消费者十分乐意向其他人推荐这个品牌。

二、 自我意识与消费者心理

意识是指心理活动发生时的觉醒状态,以及对于心理活动的维持、调控、监督功能。心理学上的"意识"与哲学上的"意识"是有区别的,后者是与"物质"对应的一个概念,是人的精神世界、心理世界的总和。为了与潜意识对应,有时称意识为显意识。潜意识(有时称为无意识、下意识等)是人们觉醒状态不高,或在不知不觉中意识到事物,或者原来位于意识中的事物逐渐习惯化,不是处于清楚的意识当中。

意识在人们工作、生活和其他活动中的集中表现,可以用事物的特征进行命名。例如,人们强烈地关注周围的环境,希望共同建设一个有利于持续发展的人类生存环境,我们称之为"环保意识"。对于身体的健康状况十分关心,有系统的保健观念,还有保持健康身体的保健方法,可称之为"健康意识"。在消费者心理中,对于商品品牌的重视与关注,可以称之为"品牌意识"。

自我意识是意识构成之中的一种重要组成部分,是指人们对于自己的认识和态度。有的心理学家把自我意识看成是人对于自己、对于自己与周围事物关系的一种认识和评价。人的认识可以分为两大部分：一是对于环境的认识；二是对于自己以及自己与环境的关系的认识；后者即自我意识的表现。心理学家和哲学家都认为，自我意识是人区别于其他生物的主要标志。

心理活动分为认识、情感和意志三个方面，所以对自我意识的描述或分析也是从这三个方面着手，即对自我的认识、对自我的态度和对自我行为的调节等。自我意识的主要表现形式包括自我观察、自我评价、自我体验、自我监督、自我控制等。一个人生活在一个社会里，并与这个社会里的成员交往，需要观察别人的行为，体会别人对于自己的评价，设想自己在社会上的地位，以别人的角度来评价自己，并调节和修正自己的行为。

意识、潜意识、自我意识之间的关系，可以大致用图 4-1 表示。

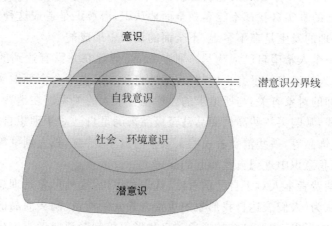

图 4-1　意识、潜意识、自我意识之间的关系示意图

自我意识在消费者心理中起着重要的作用。在消费者购买决策、商品购买过程、享受商品价值、消费者自我评价过程中，自我意识的作用表现得更加突出。人们消费商品，最直接的目的是满足自己的需要，在满足需要的时候，消费商品的效果要由消费者本人的体验和评价来实现，自我意识正是在这些心理过程发挥重要的作用。

服装心理研究表明，购买衣服除了保暖御寒之外，遮盖、美化形体、表达性格、方便社会交往等原因是购买服装中更重要的动机，遮盖、美化形体、表达性格等消费动机，要通过自我意识才能做出认识和评价。只有通过自我意识评价为美丽漂亮的衣服，购买的动机才可能转变为现实的购买行为。他人对于服装的评论，包括积极的评论或消极的评论，也要通过自我才能做出判断并发生影响，并由自我做出最后的行为决策，消费者可能继续实现原来的购买动机，也可能改变购买决策。也就是说，消费者的自我意识参与消费需要、消费动机、购买行为等消费过程。

在美容化妆、健身娱乐等市场上，消费者对自我形象的意识会影响这些商品风格的选择。

美国心理学家詹姆斯和沃特对消费者自我意识的分析比较有名。

詹姆斯认为，人们对于自我的认识分为三个方面，即物质自我、社会自我和精神自我。

物质自我包括对于自己的身体、衣着形象、家庭等方面的认识和评价。为了满足物质自我的要求，人们会追求身体外表的漂亮、满足自己生理上的欲望，并爱护自己的家庭。

社会自我包括对于自己的社会名誉、地位、亲戚、财产等方面的认识和评价。社会自我会调节人的行为去吸引别人的注意、取得别人的喜爱、追求情爱、追求名誉、进行竞争、产生野心等。

精神自我则包括对于自己的智慧、道德水平、宗教体验等方面的认识和评价,由此而产生优越感或自卑感。在精神自我的引导下,人们会追求宗教与道德上的完美,用良心来衡量是非,追求个人的智慧和上进。

詹姆斯从三个方面来分析自我意识,条理十分清楚,也比较容易理解,从经验上讲,与人们对于自我的看法比较吻合。

沃特认为,人的自我概念有四个组成部分,即真实自我、理想自我、自我形象和镜中自我。

真实自我是一个人完全客观的、真实的自我本质。虽然这一部分自我是真实客观的,但是任何人对于自己的真实自我都不能客观全面地认识,潜意识是造成这种情况的一种原因。因此,一些消费心理的发生是在不客观、不全面的认识中形成的。

理想自我是一个人希望自己成为另一种状态,而他现在并没有达到的一种状态。而且随着自我的发展,人的追求是没有止境的,理想的自我永远也不会全部地实现。理想自我与一个人所崇拜信仰的对象有关,与所追求的目标也有很大的关系。在消费者心理中,消费者为了实现理想自我,常购买一些高档商品甚至极品来满足自己对于理想自我的需要,如购买高级服装、高级装饰品等,一些消费者还购买豪华的汽车、游艇、私人别墅等来满足理想自我的需要,这都是自我意识中理想自我所起的作用之一。

自我形象是消费者本人对于自己的看法、认识和评价,这种形象是理想自我与真实自我的结合物。沃特认为,人们表达自我形象的重要方式就是消费,购买商品的目的是保持自己的形象、完美自己的形象、改变自己的形象,"自我形象控制着消费者当前生活方式的全部正常开销"。

在自我形象的控制下,人们的购买方式会出现这样的情况:购买那些能够塑造良好自我形象的商品;购买那些能够改善自我形象或提高自我形象的商品;购买能够符合群体规范与要求的商品;避免购买那些可能破坏自我形象、不符合消费群体的规范或不被消费群体接受的商品。

镜中自我是消费者从他人那里获得关于自己的看法和评价。由于他人的看法因人而异,他人的学识、年龄、社会地位不同,对于自我的看法和评价也会不同。所以,镜中自我与他人看法之间是一种互动的关系。

与詹姆斯的分析相比,沃特的分析更具适用性,他把理想自我、自我形象看成是调节人们行为的一种力量,由理想自我支配自己去达到理想的地步,自我形象引导自己去塑造一种良好的社会形象。反映在消费心理上,人们购买有利于塑造自我形象的商品,回避那些不利于建立良好自我形象的商品,这种分析与消费者实际的购买心理相符合。

以上有关自我意识方面的知识,对于分析消费者的心理并运用于实际工作之中都有较大的参考价值。

化妆品公司雅恋(Garnier)做过一项调查,在英国、美国和澳大利亚抽样 3 000 名 18～40 岁的女性,结果发现:有 7% 的被调查者承认自己每天想起有关身材的问题达到 50 次,另外有 20% 的人每天对身材感到焦虑的次数达到 10 次。14% 的女人不满意自己双腿的外形,

10％对自己的胸部感到泄气,6％认为自己的脸长得实在令人不敢恭维,还有4％说手臂让自己深恶痛绝。

首先应该肯定,人们生活在互动的社会环境中,为了保持良好的自我形象或为了改善自我形象而购买商品是消费者的动机之一。消费者在理想自我的要求下,会产生购买商品的需要,有的消费者为了达到这种理想的自我形象,会克服一切困难甚至牺牲其他的需要。例如,一些追求形体漂亮的女性消费者,可以省吃俭用节约其他的开支,用于购买美容化妆健美方面的商品等。在营销策略中,经常可以看到利用消费者的自我意识进行产品定位。例如,"×××产品,改变你和他人的感觉""一个人还有比脸更重要的吗"。前一则广告宣传的是掩盖体味(夏天有些人的体味十分难闻)、增加怡人香气的商品,强调商品的功效在于改善消费者与他人之间的关系;后一则广告直接突出脸部形象对于自我形象的重要性,希望消费者购买这种商品来美化脸部,脸部漂亮了,人也就漂亮了。

其次,在做实际的营销工作时,服务人员必须做到正确地理解并尊重消费者的自我意识,尤其要避免那种一厢情愿地推销商品而不考虑消费者自我意识的做法。例如,有的服务人员在推销过程中一味地夸耀商品如何漂亮、如何适合这位消费者,而不问一问消费者本人的看法。有些顾客容易受售货员意见的左右,有些理性的顾客会对这种推销方式避而远之,他们对自我形象的重视超过了对于镜中自我的重视,他们对售货员的评价总是抱有一定的"防备"心理,售货员过分"热情"的态度,反倒会刺激他们更强烈的防卫心理。

一些构思不良的广告中存在不尊重消费者自我意识的问题,如"××××是你最佳的选择""选用××××是你明智之举"等,这种广告用语暗含了对消费者自我意识的贬低。试想,买了这种商品就是明智之举,不买这种商品就不明智了?这种广告词表面上尊重了消费者的选择,实际上贬低了消费者购买其他商品的行为。

三、 潜意识与消费者心理

在心理学发展历史上,研究潜意识最有名的人物当属弗洛伊德(见图4-2)。虽然弗洛伊德不是最先创造这个概念的人(此前莱布尼兹等人提出过类似的概念),但他是理论与临床方面研究潜意识的大师。如今,"潜意识"这个概念在现代心理学中占据重要位置。

潜意识是意识的一种状态,指人们在不知不觉中意识到一些事物,或者在长期的行为中对于原来已经处于意识中的事物逐渐习惯化了,不是处于清楚的意识当中。例如,每天上班下班,对于道路两旁的每一个广告牌不一定十分留心,但是如果别人说起某一个广告来,头脑中模模糊糊地有那么一种印象,好像在哪里见过,但又确实说不清楚,这种印象其实就是潜意识状态的表现。

心理学家帕卡德做过一个试验:他在商店里向购买咖啡的顾客询问了一系列的问题,如"你购买这一牌子的咖啡是出于什么原因? 为什么这种牌子的咖啡对你来说更合适一

图 4-2 潜意识心理分析大师
弗洛伊德

些?"……顾客回答:"我购买这种牌子的咖啡是因为它的气味十分芳香""我买这种咖啡是因为它的味道又苦又浓,味道很纯""我购买这种牌子的咖啡是因为它的味道很新鲜"等。没有人提到咖啡的颜色问题。于是他试销了一种气味芳香、略带苦味、味道上乘、很新鲜但没有颜色的咖啡,结果这种没有颜色的咖啡在市场上根本卖不动。这个试验证明了这样一种道理:尽管人们都没有说明咖啡的颜色是购买咖啡的重要属性,但在潜意识中人们都会注意咖啡的颜色。因为咖啡本身具有特殊的咖啡色,在长期饮用咖啡时已经习惯了这种颜色,对咖啡颜色的记忆已经处于潜意识之中,这种潜意识记忆在无形中支配着人们的购买行为。

他又向购买肥皂的顾客询问了一系列的问题,如"你觉得这种肥皂的好处在哪儿?""你购买这种肥皂的原因是什么?"……顾客回答他的问题时基本上是围绕肥皂的大小、香味、肥皂的去污能力等方面。但是在他们实际购买肥皂的时候,帕卡德观察到这些顾客中有 70%的人都会掂一掂肥皂的重量,倾向于购买那些感到更重一些的肥皂,而在调查中谁也没有回答他选购肥皂时要考虑肥皂的重量,这说明顾客在潜意识中要根据肥皂的重量来购买肥皂。

专家在分析消费者对于佳洁士(Crest)牙膏的印象时,认为消费者的头脑中对于该品牌的全部印象应该包括[①]:

(1) 这种牙膏的气味诱人。

(2) 这种牙膏通过了美国口腔协会鉴定。

(3) 这种牙膏有薄荷香味。

(4) 这种牙膏挤出来像胶状物。

(5) 这种牙膏是宝洁公司(P&G)生产的。

(6) 这种牙膏有红、白、蓝颜色的包装。

(7) 这种牙膏能预防龋齿。

(8) 这种牙膏让人们呼吸时有清新的新鲜感。

(9) 用这种牙膏刷牙更清洁。

(10) 这种牙膏从牙膏管中挤出。

(11) 这种牙膏从泵形牙膏管中挤出。

(12) 这种牙膏比别的品牌的牙膏更昂贵。

(13) 我父母用这种牙膏。

(14) 这种牙膏含有抑制牙垢的成分。

而在消费者的显意识中,对于这种牌子的牙膏只可能有以下几种印象:

(1) 这种牙膏的气味诱人。

(2) 这种牙膏有薄荷味。

(3) 这种牙膏从牙膏管中挤出。

(4) 这种牙膏从泵形牙膏管中挤出。

(5) 这种牙膏含有抑制牙垢的成分。

消费者心理学家认为,虽然消费者对于这种商品的全部印象可能包括十几种,但在显意

---

① [美] J. Paul Peter. Consumer Behavior and Marketing Strategy[M]. New York: IRWIN, 1994.

识中对于该品牌的印象只有以上 5 种,其余的印象均处于潜意识中。

正因为顾客在购买商品的过程中存在这些潜意识,而且这些潜意识对于他们选购商品起着比较重要的作用,所以在研究顾客的消费者心理时有必要研究他们的潜意识,从内心上把握顾客的心理活动规律。正如上面的咖啡例子中所提及的情况,如果不研究顾客的潜意识,咖啡的生产者就可能认为咖啡的颜色不是很重要的因素,而在营销中忽视这个问题。在推销佳洁士牙膏时,研究发现消费者对于该品牌的牙膏只有五种主要的显意识,而"这种牙膏是宝洁公司(P&G)生产的"这种印象并不处于显意识中。从营销策略上讲,要加强宝洁公司的企业形象宣传,强化消费者对宝洁品牌的积极态度,增进消费者对宝洁公司的信赖感,推动消费者因为信赖宝洁品牌而购买佳洁士牙膏的消费动机。

潜意识中的消费动机有可能是人们进入特殊消费的重要动力。例如,有些消费者对于名人的生活抱有强烈的好奇心,他们在购买与名人生活报道有关的报纸杂志、收看娱乐节目、购买有关的收藏品方面容易陶醉,由此衍生出特殊的市场。

现代市场研究方法可以发掘人们显意识中的消费需要、消费动机以及消费决策等信息作为企业经营决策的依据,但是潜意识具有模糊性或隐秘性,研究潜意识中的需要、动机等消费心理必须使用特殊的研究方法,如对比性研究、联想(投射)法研究、完形法研究等。

对比性研究是将两种或两种以上的研究对象出示给消费者,通过消费者反映出来的差别,发现潜意识中可能存在的需要与动机。联想(投射)法研究是一种传统的心理学研究方法,将一些刺激物出示给消费者,让他们按照自己的想法描述出刺激物所包含的内容,从中发掘消费者潜意识中的需要、动机等。完形法研究是心理学完形学派首创的一种心理研究方法,将一些不完整的刺激物出示给消费者,由消费者按照自己的想法弥合成完整的结果,从中研究消费者潜意识可能存在的动机。

加利福尼亚大学心理学家海尔(M. Hair)为此设计了两张购物清单,两张购物清单上只有一种东西是不同的,其中一张包含新鲜豆咖啡,另一张包含速溶咖啡,其余 6 种东西完全一样,见表 4-1。

表 4-1 研究潜意识的购物清单

购物清单 1	购物清单 2
朗福特发酵粉 1 听	朗福特发酵粉 1 听
油煎饼面包 2 只	油煎饼面包 2 只
胡萝卜 1 捆	胡萝卜 1 捆
速溶咖啡 1 磅	豆咖啡 1 磅
汉堡牛排 1 磅半	汉堡牛排 1 磅半
德尔蒙特桃子罐头 1 听	德尔蒙特桃子罐头 1 听
土豆 5 磅	土豆 5 磅

研究人员邀请两组背景相同的消费者分别阅读两张购物清单中的一张,要求他们对使用这张购物清单的家庭主妇进行形象评价。结果阅读第一张购物清单的人中,有一半认为这个主妇懒惰、邋遢、生活没有计划,12%的人评价她挥霍浪费,10%的人评价她不是个好女人。阅读第二张购物清单的人中,既没有人评价这个主妇挥霍浪费,也没有人说她不是个好

女人,说她懒惰的人很少①。产生这样不同的评价,是因为在消费者深层次的自我意识中,认为家庭主妇应该以操持家务为己任,包括在家亲自动手准备新鲜的咖啡,否则就是一个挥霍浪费、不会持家的人,而使用速溶咖啡这种方便、省时、省力的做法,恰恰反映了主妇不善持家的形象,与良好的家庭主妇形象冲突。使用投射研究法揭示出消费者的深层动机之后,再寻找相应的营销策略就有针对性了。此后厂家的主要目标不在于价格或产地一类的诉求,而是重点改变消费者对于速溶咖啡的形象认知。

第二节　消费者角色

　　每一个人可能都有这样的体会:购买商品的人并不一定是使用这件商品的人,决定购买这件商品的人又不一定由他亲自去购买。

　　例如,子女给父母亲购买礼品,购买的想法由子女提出,属于消费的倡导者。在商店购买的时候,子女会参考别人所购买的商品,也会回想邻居、同事曾经购买过的商品,售货员还会给购买商品的子女提供参考意见,这些人都属于消费的影响者。子女付钱购买,是直接的购买者。消费该商品的人是他们的父母,属于最终使用者。这种消费决策、购买、使用过程分工的现象即属于消费者角色问题。

　　美国学者把消费者角色分为倡导者、影响者、购买者和使用者四种。倡导者是消费意愿的发起人,影响者是各个方面影响消费者决策的人,购买者是实际参与采购的人,使用者是产品的实际消费者或使用者及服务利益的实际接受者。② 日本人使用"生活者""使用者"等概念。

　　作者归纳相关的研究资料,赞同将消费者的角色分为五种,即消费的倡导者、决策者、影响者、购买者和使用者。

　　消费倡导者,即本人有消费需要或消费意愿,或者认为他人有消费的必要,或者认为其他人进行了某种消费之后可以产生所希望的消费效果,他要倡导别人进行这种形式的消费,这个人即属于消费的倡导者。例如,在儿童商品的消费过程中,儿童属于消费倡导者角色。

　　消费影响者,即以各种形式影响消费过程的一类人,包括家庭成员、邻居与同事、购物场所的售货员、广告中的模特、消费者所崇拜的名人明星等,甚至素昧平生、萍水相逢的过路人等。影响者的影响力有大有小,因人而异,在消费流行风潮来临的时候,因为消费者对明星的崇拜,这些影响者可能成为消费者购买商品的决定因素。消费影响者可以分为主动影响者和非主动影响者,典型的主动影响者包括购物场所的售货员、广告宣传中的广告模特等,非主动影响者包括消费者崇拜的名人、邻居和同事等。

　　购买决策者,即做出最终购买决定的人。在家庭消费之中,决策者一般是该商品的直接消费者或家庭中的权威角色,例如,有些家庭的决策者是妻子(妻子权威型),有些家庭的决

---

①　马谋超. 广告心理学——理论与应用[M]. 北京:经济管理出版社,2000.
②　[美]德尔·霍金斯,戴维·马瑟斯博. 消费者行为学(第 12 版)[M]. 北京:机械工业出版社,2014.

策者是家庭经济收入的主要来源者。当然在家庭消费中,谁是最终的决策者还要依据不同商品而定,商品种类不同决定购买者也可能不同。广告中强调决策者的角色,有助于快速冲破购买的阻力,如"我的地盘,我做主"(动感地带),"听自己的,喝贝克"(贝克啤酒),这样的宣传语直接命中消费角色中的决策者,通过强化消费者的决策意识,加速消费或购买过程。

在集团消费中,消费决策者一般是集团消费的主要负责人、领导人或业务执行人员。

购买者,即直接购买商品的人。在大多数情况下,消费者为本人及家庭购买商品,所以制定营销策略时必须以商品的直接购买者为主要对象,购买者的心理活动及行为变化是消费者心理学研究的重要内容。POP广告的影响重点在于商品的购买者。在商业购物场所,购买者一般被称为"顾客"。

使用者,即最终使用、消费该商品并得到商品使用价值的人,有时称为"最终消费者""终端消费者""消费体验者"。商品的使用者是实现消费体验的最终角色,消费体验(包括消费满意度)会对消费者本人的消费行为形成反馈,也会为其他人的消费行为树立榜样。有些企业常常以描述消费的使用体验来刺激其他消费者的模仿行为,经典名句"味道好极了"(雀巢咖啡),就是以消费的体验来吸引他人的消费。

界定消费角色是有效地制定营销策略的基础,无论是商品研制者、生产者,还是销售者,必须具体地、有针对性地为不同消费角色制定产品与服务方案,将消费者角色混为一谈的做法已经不能适应现代营销活动。

例如,电冰箱商品消费中,涉及颜色、价格、功能等方面的问题,妻子一般是消费影响者;涉及电冰箱的安全指标、安装搬运等问题,一般来说丈夫是主要的影响者。

第三节　生理因素与消费者心理

消费者的生理因素包括身高、体重、体型、肤色、外貌、发式、感官敏感性、生理性爱好、生理健康状态、生理残疾等,这些因素是消费者自我形象的组成部分,也是影响消费者选择商品种类、商品风格、商品尺寸的原因,还是消费者形成购买狂潮,或者拒绝购买特定商品的原因。

在服装消费中,消费者的体型、肤色、外貌等因素,对于服装选购具有非常重要的影响。市场上销售的服装,绝大部分都是由服装公司经由大规模标准化方式生产出来的,其特点是统一规格和型号。而千千万万个普通消费者却各有自己的体形特点,有人脑袋大一些,有人上身长一些,有人比较瘦,有人比较胖。同样一个服装型号穿在不同的消费者身上就有不同的效果,有的人显得合身一些,有的人会显得别扭。消费者会选择特定的服装色彩,以相应的视觉效果减弱体型方面的不足,如冷色调可以产生收缩的视觉效果,体胖的消费者可以选择黑色、青色等冷色调的服装,视觉上会产生收缩变小的效果;体型瘦小的消费者可以选择暖色调的红色、浅黄色或者素色服装,一般会产生体型变大、强壮等效果。

皮肤的类型、皮肤的颜色等对于美容化妆品消费具有决定性影响。皮肤的类型大致分为干性、油性、中性三大类,选购化妆品时应该分别购买适合自己皮肤类型的种类。如果化妆品的类型与皮肤的类型不一致,不仅不能起到美化肌肤的效果,而且有可能损伤自己的肌肤。油性皮肤的人若使用适于干性皮肤化妆品的话,皮肤会变得更加油腻,甚至引起皮肤疱疹等问题。

消费者的生理性爱好,对于商品风格的选择也有重要的影响。每一个人的生理性爱好各不相同,在饮食消费方面,有人喜欢酸一点,有人喜欢辣一些,有人喜欢咸的食物。生理性爱好具有强大的习惯性,违背这种习惯性可能会产生生理上的不适。例如,一个喜爱辣味的消费者面对甜味食品可能存在一定的不适。这类生理性爱好支配着人们对食品风格的选择,也决定了不同食品风格的市场前途。

生理性爱好还反映在人们对商品手感质感的不同喜好上。在商品外观方面,有人喜欢粗糙一些,像磨砂玻璃、原始的石头表面、粗麻类织物等;有人只喜欢手感细腻的商品,像光洁的金属面、丝绸织物等;有人喜欢中间类型的手感。在洗涤用品中,有人喜欢手感柔滑细腻的感觉,有人喜欢清爽的水质,有的人喜欢丰富的泡沫,等等。这些生理性爱好影响不同商品类型的市场前景,同时,企业为了满足消费者的生理性爱好,制造出不同风格的产品,也丰富了市场上的商品种类。

消费者的生理健康状态,不仅影响人们对商品风格的选择,而且决定一些商品的市场大小,最为典型的是保健品消费和药品市场。人人都想健康地生活,享受健康带来的幸福和愉快,这已经是现代生活的一种习惯性消费方式。现代营销活动又以无处可躲的冲击力灌输着人人需要保健的观念,促使人们提高健康的意识,也加速了消费者对于保健品和药品的消费,而人们到底购买什么品种的保健品与药品,要受消费者生理特点的限制。

生理残疾影响一大批相关商品的选择与购买。残疾消费者既需要适合残疾人生理特点的普通商品,又需要解决因为残疾带来麻烦和不便的特殊商品。脚部残疾的消费者,需要帮助行走的特殊工具,如轮椅等;手部残疾的消费者,需要能够方便穿戴的衣物等;视觉器官残疾的消费者,需要增强视觉效果的商品,失明的人还需要一些方便行走、认清周围物品的工具;听力残疾或言语残疾的消费者,需要能够帮助他们改善听力、方便他们言语的商品。有些残疾人的生活自理能力较差,需要方便他们生活自理的商品。相当一部分残疾人还在参加相应的社会工作,工作时不能适应正常人的工作环境和工作方式,需要使用比较特殊的操作工具,这些特殊消费需要,促成了残疾人特殊商品的生产。我国残疾人的数量较大,估计有 1 000 万困难残疾人和 1 000 万重度残疾人,这个市场的潜力也是巨大的,残疾人的专用商品、仿真器具等产品有待进一步开发和发展,它既可以为残疾人提供方便,也可以为特定企业提供一个利润增长点。

第四节　消费者心理特征

一、消费者心理的目的性

消费者心理的目的性表现为消费者以满足消费需要、实现消费动机、得到期望的消费体验为目的。

消费者购买食品,或出于饥饿的原因,或出于对新口味食品的好奇心,或出于他人的说服与广告宣传等;消费者购买食品的目的是减轻自己的饥饿感、满足自己对于新口味食品的好奇心;或证实他人的说法与广告宣传内容等。

二、　消费者心理的自觉性

与生活中其他心理现象相比,消费者心理最明显的区别是它具有很强的自觉性,任何购买行为都是在人们自觉地支付了相应的货币之后才能实现的。虽然现代商业的发展使得消费者支付货币的时间和方式具有更大的灵活性,在购买之前或购买之后都可以支付,但支付货币才能取得商品的使用权这一基本的前提是没有本质性变化的,这一前提决定了消费者必然要自觉地支付货币才能取得商品使用权这一特征。而在人们的日常生活中,其他的心理行为过程并不具有如此普遍的特征。

由于消费者的购买行为必须以支付货币为前提,消费的目的性也就变得非常明确。在消费需要与动机的推动下,消费者会自觉地搜集商品信息,做出购买的决定,自觉自愿地支付货币。受个人经济能力的支配和约束,消费者必须在个人经济能力许可的范围内进行消费。不管消费者的消费愿望多么美好或多么强烈,超出了这个经济能力所允许的范围,消费愿望要受到约束,因此,人们会自觉地以个人经济能力作为前提,控制那些难于实现的愿望。

三、　消费者心理的复杂多样性

心理活动本身的复杂多样性决定了消费者心理具有复杂多样性。

例如,在需要和动机方面,每个人的消费需要和动机各不相同。同样一件商品,有人出于价格方面的原因而购买,有人出于商品形象方面的原因而购买,有人出于商品质量方面的原因而购买等。面对日益丰富的营销环境,人们的表现和反应也不一样。有人表现出积极的消费态度,有人表现出消极的、被动的或反感的消费态度。在消费者的意识中,有时表现为清晰的意识状态,有时表现为潜意识、无意识的模糊状态。这些都是消费者心理复杂多样性的表现。

四、　消费者心理的关联性

当消费者满足一种消费需要、实现一种消费动机的时候,为了得到更加满意的消费效果而对其他的商品产生消费需要和消费动机,这就是消费者心理的关联性。例如,在职业装的消费过程中,需要同时购买领带、衬衫,甚至化妆品等相关商品;购买家用小汽车的消费者必须购买保险服务、维修服务、汽油等商品;经常饮用果汁的消费者可能会购买果汁机自己榨取新鲜果汁,以降低购买成本并满足自己动手的乐趣。

消费者心理的关联性,对商品开发提出了系列化、成套化的要求,也为企业经营提供了新的发展机会。

五、 消费者心理的发展变化性

消费者心理是人类社会行为的组成部分,会随着社会条件的发展而不断地发展变化。

消费者自身背景的变化会导致消费者心理的变化。消费者生理状况的改变,会引发新的消费需要;消费习惯的变化,会引起商品式样选择方面的变化;消费者感官体验的变化,会使消费者对商品风格、商品口味的偏好发生变化;消费者的情绪及情感方面的变化,会引起消费者对商品的喜好和态度发生改变等,这些变化可能引发翻天覆地的市场反应。

社会环境的变化也会引起消费者心理的变化。消费者所处的社会环境不同,接受的商品信息可能不同;风俗习惯方面的不同,可能改变消费个体的行为方式;社会上出现的流行、时尚等消费潮流,会直接或间接地改变消费者的心理状态。社会环境的变化与消费者心理的变化之间会形成互动关系。

家庭是一个较为稳定的消费单位,但从长远的角度看,家庭的稳定只是相对的,家庭的建立、组合、满员、空巢等周期性变化,会导致消费者心理发生巨大的变化。

第五章　消费者感知与记忆

本章分析消费者接受信息、形成感知与记忆的心理过程。

第一节　消费者注意

消费者获得信息是从注意开始的,经过感觉、知觉的过程,形成记忆,这些信息与思维等高级心理活动综合,产生联想,在情绪上引起体验或反应,在这些心理过程中进一步形成消费需要和消费动机,做出购买决策,完成购买行为,最终消费享用商品的价值。

一、 注意的基本特点

注意是人的心理状态对于客观事物指向性和集中性的表现。

注意是人们获得信息的先决条件,并且与其他的心理活动紧密相连。只有进入人们注意范围之内的事物才有可能被感知。与注意事物同时进行的是感觉认知等心理活动。

注意的心理过程需要通过感官来实现。视觉注意要通过视觉器官才能实现,听觉注意需要通过听觉器官才能实现。在所有感官器官中,以视觉方式获得的信息量最多,大约要占80%以上,其余注意器官获得的信息不超过总量的20%,包括听觉、触觉、嗅觉。虽然不同感官获得的信息量不同,但是每一种感官获得的信息具有同样的重要性。例如,嗅觉方面存在缺陷或功能缺失,人的生活质量要大大下降,许多危险难以避免。

心理学家通过研究证实,人们在瞬间的视觉注意广度一般为 7～8 个单位。如果注意的是数字或没有联系的字母,可以注意到 6～8 个;如果是黑色圆点,可以注意到 8～9 个,这是瞬间注意的极限,是在实验条件下进行的研究结果,研究中只给人们 0.6～1 秒的时间注意。在现实生活中,人们注意商品、注意广告、注意他人的过程等,时间要长、机会也多,注意的广度会超过这个数值。在广告效果研究中,研究者发现,消费者注意电视广告集中在前 3 秒钟,其间得到的信息量最大。

在现代营销活动中,研究人员关心消费者对于商品及其相关信息的注意。有人认为,消费者的注意效果直接决定一个企业、一个品牌的经济效益,因此将注意效果命名为一种经济行为,即"注意力经济",其中眼睛在注意中占据重要的地位,有人干脆把"注意力经济"称为"眼球经济"。

当人们的注意力集中于某一种事物的时候,其他的心理活动要受到相应的抑制。假如顾客认真地关注营业环境里的促销活动,可能忘记自己携带的物品。售货员对这类事情要保持一定的责任心,时常提醒顾客别忘了带走自己的物品。一些商业零售企业张贴这方面的提醒标语,是真正关心顾客并提高服务质量的做法。

二、 注意规律的应用

研究注意的心理规律并应用于产品设计、广告设计、商业环境设计,是商业艺术设计的重要组成部分。这些商业艺术设计主要集中在视觉和听觉形式,如网络页面设计、影视宣传片、平面展示等。相对而言,其余感官信息在商业设计中被较少开发使用。

朱郭奇等人用仪器法研究人们浏览平面广告的眼动行为,以探索影响注意力的相关因素。[①] 数据统计显示,广告中人物性别因素对于浏览者的搜索路径长度、兴趣区域注视点个数、兴趣区域观察次数和兴趣区域观察时长有显著影响,在技术类产品和日用类产品中,男性广告人物对于广告效果的影响高于女性广告人物的影响。广告人物的眼神指引作用对于浏览者第一次注视兴趣区域时长具有显著的影响,但对其他眼动行为没有显著影响,这可能与广告代言人的知名程度有关。广告背景的视觉复杂度对于搜索路径长度、搜索路径时长、第一次注视兴趣区域时长、兴趣区域注视点个数、兴趣区域观察次数和兴趣区域观察时长具有显著影响。广告中背景复杂度对于浏览行为具有显著影响,进行平面广告设计时,应当尽量降低图片的背景复杂度,这样有利于潜在顾客对平面广告的浏览,并且可以有效帮助潜在顾客与产品产生交互,令他们更多地注意广告中的商品信息。

在日常生活中,规律性事物影响注意的广度。如果排列比较规律,人们可以注意更多的数量。如图 5-1 中的三个图示,人们注意左边(A)的商品要花较长的时间,因为排列无规律,对中间(B)及右边(C)商品的数目注意所花的时间较少一些,因为排列有一定的规律性。

A　　　　　　　　　　B　　　　　　　　　　C

图 5-1　排列规律影响注意效果

事物特征明显,与周围的事物反差较大,或事物本身的面积体积较大、色彩明亮艳丽等因素容易吸引人们的注意。如图 5-2 所示,国内品牌在楼外的大型 LED(发光二极管)广告十分醒目。

人们熟悉的事物,在众多不熟悉的事物中容易被注意。

从消费者的角度来看,消费者强烈需要的商品或熟悉其形象的商品,容易引起注意。

从社会的效应来看,能造成社会及舆论轰动的事件容易引起人们的兴趣与注意。

这些研究结果对于营业场所的安排与商品陈列、广告设计策划等工作有重要的参考意义。在营业场所布置柜台、摆放商品,应尽量整齐而有规律,商品必须归类,同类商品同一品牌同一厂家的商品应当摆放在一起。有少数商店把商品全部混在一起由顾客自己去翻动挑选,据报道这种做法也能吸引一些人的兴趣和注意,但只是权宜之计。

在广告设计时应该充分考虑人们的注意极限。消费者注意广告所宣传的内容并记住这

① 朱郭奇,孙林岩,崔凯. 基于眼动行为分析方法的平面广告效果影响因素研究[J]. 管理评论,2012,9.

图 5-2　楼外大广告牌是引人注意的焦点

些内容，是广告应该达到的初步效果。我国广告常见的问题是广告信息量过大，企业名称与地址、企业领导人的信息（姓名、职务、联系方法）、商品品种规格与名称，还有一些文法并不精彩的鼓励消费者购买商品的用语混杂在一起，这么多内容难以激发人们的阅读兴趣。因此，要提高我国广告（尤其是电视广告）的质量，首要的工作是压缩广告信息量。

在吸引顾客注意力方面，少数商家使用一些怪诞的、违背常识甚至伤害他人情感的方式，这是缺乏商业道德的做法。

第二节　消费者感知

感觉和知觉是认识活动的初级阶段，感觉和知觉合称为"感知觉"。因为人的各种心理活动相互交织在一起，有时很难将这些心理活动区分开来。正因为各种心理活动相互联系、相互交织在一起，即使感知觉这样的心理活动也有高级心理活动的参与，记忆、想象、思维以及情绪情感等心理活动会参与感知觉过程。

消费者的感知觉心理活动是进行其他心理活动的基础，也是消费者直接享受商品价值的一种方式。

一、感觉的类型

感觉是人们对于事物属性的反映。事物的色彩、味道、温度等方面的信息在头脑中的反映，构成人们的感觉。

消费者的感觉，包括对商品信息的感觉、进入营业环境后对购物场所的感觉、对其他商品信息的感觉、对服务人员同事朋友行人的感觉等。因此,消费者的感觉对象是多方面的,有些感觉与商品消费有直接关系,有些感觉与商品消费有间接关系。

人的感觉主要有 5 种类型,即视觉、听觉、嗅觉、味觉、皮肤觉,其中皮肤觉是一种综合性的感觉,细分为温度觉、冷觉、触觉和痛觉。

视觉是依靠人的眼睛来实现的一种感觉。视觉包括对色彩、亮度、灰度的感觉,色彩感觉给人们以最丰富的感性世界,让我们感到世界的光彩艳丽。

听觉是依靠耳朵等听觉器官来实现的。在现实生活中,听觉获得的信息量可能不如视觉多,但其重要性与视觉是相当的。音乐、影视、戏曲表演等艺术形式的享受,离不开人的听觉器官。听觉信息也是传递商品信息的重要渠道。感官上的听觉,是指人们对声音的频率、音量大小、音色的感觉。人们听到声音产生感觉之后,能够形成音乐的印象。

参与嗅觉的主要器官是鼻子,而且嗅觉与味觉这两种感觉是紧密相关的。

在日常用语中,把气味分类方法用于嗅觉类型的划分。与消费心理密切相关的气味主要是香味,庞大的香水与化妆品市场,即来源于人们对香味的消费需要。除了香味之外,也要利用其他气味,如食品中的不同气味、服饰中的不同气味、警戒性气味(煤气)等。人们对香味或其他气味的感知与区分,有高级心理活动参与,有些人把臭豆腐、大蒜、皮革、汽油之类的气味感觉成愉快的气味,是由于人的想象和思维活动参与了感觉过程。

香味的类型主要有 4 种:花香、醇香、芬香、人工香型。其中花香给人带来的愉快最受人们的欢迎,花香的真正来源应该是天然的鲜花所散发的有香气的物质,高档香水、香料的生产必须从天然鲜花中提取香味物质。醇香是人们对于美酒之类物质的气味产生的感觉。除了美酒之外,香蕉、苹果、梨等水果也会产生甘醇的香气。芬香是含有芬香性化学物质的东西所散发的气味,如食用油的香气、烹调食物的调料散发的香气、芬香族有机化学物所散发出来的香气等,都属于这类型的香气。人工香型是指以人工的方式所合成的带有香味的香型,这类香气较难用习惯上的用语来描述,有一部分人工香型因其独特的香味且没有毒性,可以代替天然的花香和醇香,用于化妆品、洗涤用品,甚至食品添加剂的生产。

味觉的感觉器官主要是舌头。味觉的主要类型有 4 类:酸、甜、苦、咸。其他的味觉类型是在这四大类的基础之上,综合或者复杂化而形成的,如辣的味道是在温度觉、痛觉和部分咸的感觉基础上综合形成的;酸辣的感觉又是在酸和辣的基础之上形成的复杂感觉。

皮肤觉是人的皮肤对于事物的感觉。皮肤是人体面积最大、较为复杂的一个感觉器官,人的皮肤层基本上都分布了相应的感觉系统,包括温觉、冷觉、触觉、痛觉等感觉类型。

温觉是皮肤中的神经系统对热能产生的感觉,冷觉是皮肤对于冷的东西所产生的感觉。冷觉和热觉是一个相对的概念,人们以自己的体表体温作为参照。人的温度觉既是一种重要的防御系统,也是保持身体处于舒适状态的感官系统。因为温度觉的存在,人们要求自己的周围有一个比较舒适的温度环境,并因此形成了满足舒适温度环境的巨大消费市场。例如,电风扇、空调器、季节性服装等,前两种商品为工作环境、居住环境、娱乐环境及其他公共环境创造满意的温度范围,后一种商品为消费者个人维持满意的温度环境,避免酷暑或寒冷给人们带来的不适甚至痛苦。

触觉这种感觉类型很奇特,功能也很强,在日常生活中起重要的作用,在消费心理中也发挥着独特的功能。触觉中以手部位置使用最频繁,所以触觉在日常用语中被称为"手感"。

在服装消费中,消费者会摸一摸服装的质料,以自己的手感来衡量服装的质量,有些消费者偏好细腻、平滑的手感,有些消费者偏好粗糙、硬性挺括的手感。人们选购提包、手机、家具、家电等商品,会考虑商品表面的手感,有人喜欢光洁的手感,有人喜欢粗糙的手感。

日常用语中还有"质感"一词,这是思维活动参与感官过程所形成的对商品质量的判断。质感是在触觉、视觉、听觉等感官基础上形成的,它已经不是简单的感觉活动,而是复杂的知觉活动及更高级的心理活动。

痛觉也是一种感觉类型,常在皮肤上表现,这种感觉比较复杂,有的学者将其称为"知觉"(包括了高级心理活动)。痛觉主要在人们防御伤害时起重要作用。在消费者心理中,痛觉的主要意义在于防御各种伤害,避免不合适的商品给身体造成的不舒适。对于工商企业和研究人员而言,了解痛觉的意义在于减少不良商品给消费者带来的痛苦与不舒适。伪劣、粗制滥造、不合尺寸的鞋子和服装等,骗取消费者购买消费之后,经常令其出现痛苦的感觉;伪劣的家电商品,因漏电电击给顾客身体造成极大的痛苦;一些劣质的化妆品会造成消费者皮肤的痛苦感等。工商管理部门必须杜绝令消费者产生痛苦的商品流入市场,对于那些不能满足消费者需要反而给消费者造成痛苦的工商企业,必须绳之以法。

二、 感觉的意义

(一)感觉的作用

首先,感觉是人们认识事物的第一步。消费者心理的进行,要依靠感觉这样的基础心理活动提供信息来源,不管是搜集商品信息,还是购买前的决策,抑或是使用商品的过程,都需要感觉这一心理活动来提供信息来源。消费者经过感觉之后,再进行其他的心理活动。

其次,只有通过消费者的感觉并与更高级的心理活动结合,才能实现商品的消费价值。美丽的色彩、美妙的音响、诱人的香味、动听的语言、鲜美可口的食物、轻柔触动皮肤而产生的舒适和愉悦等,都是基于我们的感觉产生的,是商品使用价值的实现。

从市场营销的角度讲,如果说一件商品的质量好,是一个客观性的、已经存在的事实,但是这种事实是远远不能满足市场的要求,商品只有出售给消费者,被消费者消费或使用,通过人们的感觉、知觉以及在此基础之上其他的高级心理活动等,才能实现商品的价值。否则,商品的质量再好、再有名气,商品促销手段再高明,如果商品本身不能被消费,不能经过消费者的感觉、知觉以及其他心理活动,商品的最终价值是不能实现的,商品的经济功能也不能在市场上实现。

(二)敏感性与适应性

感觉的敏感性是指消费者在感觉上对于商品属性的辨别能力。心理学把极限水平的感觉辨别能力称为"阈值"。许多研究成果与人们的感觉敏感性有关,这些知识可以作为研究消费者心理的参考。

消费者对商品重量方面的敏感性,是指消费者在不使用客观计量单位或仅仅是参考计量单位的条件下,对商品重量的辨别能力。辨别能力强,表示消费者对商品重量的敏感性强;辨别能力弱,表示消费者对商品重量的敏感性弱。有些消费者对于食品、洗涤用品等商品重量的敏感性很强,稍有变化便能感觉得到。

消费者对商品色彩方面表现出不同的敏感性。普通消费者能辨别出几百种服装色彩,而有些"专家型"消费者能够辨别出几千种甚至上万种服装的色彩,他们在选择自己喜欢的服装色彩方面,具有很强的自主性和自由度。

消费者在感觉方面的敏感性程度,一方面取决于消费者本人对于商品属性的辨别能力;另一方面更取决于消费者过去的经验和消费者本人的心理特征。长期在厨房工作的烹调人员,对于食物的气味一般较为敏感;长期使用某一种品牌牙膏的消费者,对于这种商品的香型较为敏感。消费者的受教育程度或特殊的专业训练会影响感觉的敏感性。受过美术训练的消费者,对商品色彩的敏感性会强一些,不管在什么样的条件和背景之下,这种敏感性不会轻易地改变;音乐素养高的消费者,对音乐的听觉效果较敏感。

感觉的适应性是指随着时间的延长,人们感觉的敏感性逐渐下降的现象。感觉的适应性与感觉的敏感性紧密联系在一起。

人们肯定都有这样的体会:一件新款服装,刚买回来的时候有很强烈的新鲜感,穿过一段时间后,新鲜感也就慢慢地降低了,最后可能对这件衣服完全失去兴趣;从滋补品消费来看,刚服用的头几天感到滋补效果良好,服用一段时间之后,就觉得滋补效果越来越差;商品刚进入市场时,商品价格可能较高,经过一段时间适应之后,消费者对价格的评价会趋于中立化。这些消费心理现象都可以称为"感觉适应现象"。

这种心理现象在文化娱乐消费中表现得更为明显,因为适应的缘故,消费者会改变自己的兴趣,向其他消费形式转移。在流行音乐市场上,上一档期的流行歌曲或流行歌手刚刚为歌迷们欢呼陶醉,而到了下一档期就可能没有什么吸引力了,人们已经为下一位歌手欢呼去了。

适应是人们应付环境而自动调节心理的办法。消费者购买商品之前,一般会有较强烈的好奇心,这种好奇心会随着购买行为的完成而逐渐消失。使用商品期间,刚开始对商品属性的感觉要相对敏感一些,并且有很强的新鲜感,随着使用时间的延长,这种敏感性也会逐渐降低甚至消失。这种适应的心理现象可以维持消费者内心的平衡。如果总是保持强烈的好奇心或新鲜感,并且对商品的属性保持长久的敏感性,消费者需要付出较多的心理力量,会分散人们对其他事情的精力和注意力,这是不可想象的。而消费适应现象,正好可以把人们的精力和注意力从那种高度的新鲜感和好奇心中解脱出来。

消费适应现象同时可能会给消费者带来不满,随着好奇心的满足、新鲜感的降低、敏感性的消失等,人们可能会产生一定程度的失落感和空虚感,也可能产生一定程度的枯燥和麻木,会对该商品产生一定的厌弃感。

从消费群体的心理上讲,如果大部分消费者出现消费适应现象,应该是商品的饱和期走向衰退期的转折点。进入衰退期之后,只有极少数的消费者因为习惯或收入水平等方面的原因才维持对该商品的购买行为,而大部分消费者已经向新的商品转移。

消费适应的结果,是消费者产生新的消费需要的起点。人们对新商品的好奇心,以及满足新鲜感的动力会通过购买新商品来实现,所以,消费适应现象是推动消费者进行下次消费行为的动力之一,是商品市场不断发展的一种推动力。

（三）感觉舒适性及修养

1. 消费者追求感觉舒适

感觉的舒适性是人们在一定范围内对感官刺激表现出积极、满意等高级的情绪性体验的现象。感觉的舒适性同消费态度、消费满意度等消费体验一样可以进行主观评价与统计测量，如消费者会表现出比较舒适、很舒适、无所谓舒适与不舒适、比较不舒适等不同等级的体验。

追求商品消费过程中的舒适，是消费者的原则，正如人们追求生活中的快乐与幸福。

舒适性首先来自商品属性的刺激强度与感觉强度。

在音乐与音响效果的欣赏中，中等大小的音量一般令人产生十分舒适的听觉享受，中等强度的雄浑有力的低音会给人们以荡气回肠的舒适感，轻盈的高音在心头飘绕，也会产生强烈的愉快。相反，超强度的重型低音会震痛人们的耳膜和其他器官，心脏不好的听众会感到五脏翻滚、天旋地转，高强度的高音（如有些重金属摇滚音乐）会让人有如针刺般的感觉。

在皮肤觉中也会出现类似的现象，适度的温度会令人产生愉悦感。在温度感觉方面，环境的温度对人们的舒适性影响最大，人的体温一般为 37℃，皮肤的温度略为低一些，22℃～25℃是相对舒适的温度范围。过高过低的温度会产生不舒适感。当周围的温度超过40℃时，人们会感到非常热；当环境的温度低于 12℃时，人们会感到非常冷。

皮肤的触摸也存在舒适性，光滑细腻的织物容易令人产生舒适感，对皮肤不适当的挤压会让人有难以忍受的不舒适感甚至痛苦感。维多利亚文胸销售的成功，就是认真研究了女性消费者肌肤感受的舒适性。早期的文胸存在布料接头问题，给她们造成较大的不舒适，自20 世纪 60 年代开始采用无缝布料之后，舒适性大大提高，迅速形成了高中档文胸的标准结构。

在视觉、味觉、嗅觉感觉类型中，同样存在这种的现象。中等强度而又适度的感觉，一般都会产生较为舒适的感觉，而超强度的刺激一般让人不舒适。

舒适性的原因来自人的高级心理活动的参与，人的情绪情感对感觉的参与是产生舒适感的主要原因。心情好，吃饭香，也就是说对食物的感觉比平常更为满意一些。如果消费者的心情不好，就容易产生不舒适的感觉，事事都觉得别扭。高级心理活动的参与，还包括人的兴趣、爱好、态度、消费观、个人修养等方面。消费者好奇心理的参与，对于感官享受起到催化作用。

舒适感的产生因人而异，消费者感觉系统的敏感性、消费者的性格特点、消费者当时的需要等因素会影响舒适感。

当代信息社会的急速发展，工作节奏和生活节奏的加快，给人们享受感官的舒适性带来重大的影响：一是对感官刺激强度的要求在不断增加；二是对感官刺激的多元化要求在不断增加；三是对感官刺激的持续性要求在不断增加。这种现象不仅在食品消费、服装消费、休闲消费方面有所表现，在文化娱乐消费方面更为突出。在影视文化品消费中，人们不仅要求影视作品具有视觉形象、听觉效果方面的"震撼"，在每一次"震撼"体验之后又要求新的感官刺激，如果新的感官刺激在形式上不能更新，消费者会放弃这种消费形式，去追逐另一种感官刺激的方式，这就是国内电影市场、KTV 娱乐市场、旅游市场等经常出现重大波动的原因。

2. 感觉享受的修养

人们对感觉的享受是需要教养和培养的。文明的感觉享受应当符合人类社会生活的原则。

生活在社会环境中的消费个体，感官享受要受到社会环境的文明要求，个体的消费应该遵从公共利益与公共道德的标准。例如，每个人都可能因为消费特殊的商品而产生或强或弱的体味（包括口腔气味），尤其是食用大葱、大蒜等气味很强的食物引起体臭、汗臭，在公共场合散发出来，影响他人的情绪。从社会公德的角度，出现这种现象的消费者应该自觉地减少这类行为给他人造成的不良影响，使用合适的香水化妆品压制浓重的体味，以尊重他人的心理感受。

缺乏教养、不讲文明的感官享受还可能给他人或社会造成很坏的影响。最典型的例子是一些人对爆竹消费的喜爱。爆竹的响声可能给燃放者增加一种兴奋，有人燃放爆竹是希望驱除晦气、迎接财神，这种人认为爆竹的响声越大，效果就越好，这是一种赤裸裸的声响诉求。但是，这种响声并不具有优雅的社会性美学效果，除了给环境造成污染之外，对消费者本人的听觉教养也是一种破坏。我国因生产和燃放爆竹每年造成几百起火灾、几百条人命案件。我国小汽车市场在未来较长的时间内会快速发展，有许多小汽车拥有者缺乏基本的公德，对路边行人鸣笛时恶意地使用超强音量的喇叭声，一则惊吓他人以满足畸形的心理，二则显示自己的身份。从感官的角度分析，这是少数消费者缺乏感官的文明教养。

良好的艺术修养也是获得艺术享受的最佳途径。在视觉艺术、听觉艺术享受方面，经过一定的文化知识学习，能够培养一定程度的艺术欣赏力，这有助于提高文化艺术消费品的品位。所以，文化艺术市场的开发，不仅面临一个向人们提供精神文化娱乐品的问题，还存在一个欣赏力培养与训练的问题。

消费者对于感官刺激可能存在一定的依赖性。按其依赖程度，可以分为轻度依赖和重度依赖。轻度依赖可能转变为消费者的消费习惯，重度依赖可能导致严重的生理心理畸形或疾病。比较典型的例子是一些消费者的吸烟行为，长期的依赖性吸烟行为给身体机能造成损坏，是导致肺癌和心血管疾病的主要根源。

感官刺激的依赖性，还可以分生理性依赖、行为性依赖和精神性依赖三种。

生理性依赖的主要原因是体内某些元素的缺乏，导致生理感官上对于某些商品的依赖与嗜好。有些人对于辛辣、醋味等食物口味的偏好即属于这种类型。一旦消费，生理上得到一定程度的舒适享受。如果缺乏这种食物，生理上会出现轻度的不适，但不会产生严重的生理或心理问题。

行为性依赖源于消费者长期的习惯性行为，短时间内不能改变这些习惯行为。有些消费者明明知道吸烟是一种不好的行为，也有戒烟的准备，但是不能彻底把烟戒掉，就是因为长期的习惯难以改变。有些消费者因为酷爱麻将、电子游戏等娱乐活动，长时间玩弄乐此不疲。这些消费可以在短时间内调节人的情绪，但是带来的负面影响极大。长期沉迷于麻将的人没有不参与赌博行为的，长期沉迷于电子游戏的青少年，经常出现游戏消费超常支出、学习成绩下降等问题。因此这一类感官享受的行为依赖，需要消费者自己调整行为，强化对自我的控制。

精神性依赖的原因比较复杂。有些人出于感官享乐的精神理念，认为人生在世时间苦短,应该尽量享受各种感官刺激。少数人出于极端型精神体验而难以自拔。比较典型的是吸毒者对毒品的精神依赖,吸毒之后生理性依赖加强,精神上的防线被击毁。因此,精神性依赖型的消极意义最大,经常对社会造成灾难性后果。

三、 知觉及其商业应用

知觉是在感觉的基础之上,对事物属性的综合性反映,知觉心理活动综合了商品的不同属性,综合了消费者从各个感觉器官所得来的感觉信息。知觉具有整体协调性、理解性、选择性、恒常性等特征。

在服装消费中,讲究色彩、手感、价格等方面的协调,我国传统的饮食文化中,讲究色、香、味、形,四个方面不可或缺,这都是整体协调性的表现。

2012年纪录片《舌尖上的中国》播出,以清新亲切的风格、精妙绝伦的画面,讲述了中国饮食中的故事和遐想。除了文化传播方面的意义之外,纪录片中有关饮食的感受和体验是系统阐释消费者感官心理的生动案例。色是饮食的视觉效果,色泽诱人的食品,先从视觉上吸引人们注意,并且引发美味的联想。形也是食物的视觉感受,食物固有的形态反映了原材料的品质与厨艺的做工。香是嗅觉感受,食物的香气随处飘散,紧紧抓住人们的神经,迅速勾起食欲。味是在品尝食物之后形成的体验,是食物最精妙的力量,是对前面色、形、香的感受进行综合并验证,也是食物满足人们感受的最重要的功能实现,愉悦快意的体验令人对美味食物乐此不疲。

人们一般习惯把包装精美的商品理解为质量也不错的商品,把广告宣传频率高的企业理解成规模大、资金雄厚的企业等,这是知觉的理解性。有时理解性包含一定的误判或偏见。

受心理因素的限制,人们知觉商品的一些属性的时候,会忽视商品的另一部分属性,即知觉的选择性。

在知觉过程中,由于距离、照明度、缩影比例等变化而人们知觉事物本身的特征保持相对恒定性,即知觉的恒常性。知觉的恒常性为商业设计大大扩展了空间,产生了更丰富的设计形式,避免商业设计中单调的重复与呆板。例如,企业的商标会出现在商品包装、电视广告、商场宣传品、展销会以及企业的运输工具上,即使该商标的形状、大小甚至颜色不同,人们仍然会把它们看成是同一企业的商标,如图5-3所示。

知觉可以分为空间知觉、时间知觉、运动知觉、平衡知觉等类型。

(一) 空间知觉及其应用

空间知觉是人们对于上下左右前后方向的知觉。除了物理的空间知觉外,每个人都存在心理上的空间知觉,即知觉到他人或其他事物离自己的远或近。有些人的心理空间要大一些,有些人的空间知觉相对地要小一些。每一个人都要求有适合自己的心理空间,不同国家、不同民族的人们对于自己的心理空间可能存在不同的要求与标准。

在消费过程中,心理空间与消费者的购物环境、休闲娱乐环境、居住环境等有密切的关系。

图 5-3　联想集团统一的形象标志强化人们的印象

在购物环境中,顾客周围一般是陌生的、不熟悉的人,顾客与顾客之间、顾客与服务人员之间的心理空间较朋友、同事之间的心理空间大。如果购物环境中的人比较多,相互之间便免不了"侵犯"别人的心理空间,顾客与服务人员都会觉得非常拥挤,造成顾客在商品知觉与选择方面的困难。顾客之间的碰挤还可能造成一定程度的不悦,破坏顾客的购物情绪。反过来说,如果购物环境里的人太少,人们知觉到的心理空间太大,顾客与服务人员都会觉得过于冷清,有些顾客可能担心该商店的服务和商品质量,为什么这个商店里面没有人来买东西?尤其是顾客在空荡荡的商店里面,受到多于顾客数量的服务人员的注视,会给顾客购物增加心理上的压力,也会影响顾客的情绪。因此,在购物环境中,服务人员与顾客之间必须保持适度的心理距离。

法国有一家"丽思"酒店,酒店的老板认为厅堂太大,客人们就会不自觉地到大厅里来聊天,大厅里面的人觉得气氛很活跃,但外面要来住店的人一看到大厅里面有那么多的人,乱哄哄的样子,可能会打消住宿的念头。为了真正达到"宾至如归"的感觉,他把"丽思"酒店的大厅设计得比较小,客人一到酒店就可以直接去客房,不用在大厅停留,大厅里面总能保持干净与雅致。这样一来,空间知觉与文化习俗结合得很协调。

空间知觉中的距离感、方位感、失重感等常常用于旅游项目的开发。湖南张家界建有当前世界上最长的空中透明玻璃栈道,全长 430 米,宽 6 米,桥面距谷底相对高度约 300 米,旅客在透明的桥面上可以感受惊心动魄的视觉刺激。绝大多数的消费者生活在地球这个重力场内,许多人对于没有方位、没有重力的太空生活充满了神秘、向往和好奇心,这是空间知觉享受的一种延伸。随着航空航天技术的发展,太空旅游成为一种新的消费方式。随着太空平民时代的到来,太空神秘感的消失将是人类进步的必然,就如飞机从神秘走向如今的生活一样,如图 5-4 所示。

(二)时间知觉及其应用

对于时间及时间知觉的认知,人类仍然没有找到准确的解释与答案。最奇特的是时间

图 5-4　霍金也玩太空旅游(网络图片合成)

具有单维性、连续性、均匀性特征。

心理学家通过研究只发现了一些基本的规律[1]。例如:人们经历的事情内容充实,时间体验会快一些,但对时间的回忆会变慢;人们经历的事情内容单调乏味,时间体验会变慢,但对时间的回忆会变快。

相同的事情、相同的时间,因为人的情绪、思维等心理状态不同,时间体验也会不同。

不同事情在不同的时间状态下,人们的时间体验有可能相同。

人们对待同一种事物,对时间的期望与要求可能不同,但可能出现一定的统计规律。

消费过程必然伴随着时间体验,消费心理中的时间体验与时间期望会出现十分有趣的现象。顾客购物前,到达购物点需要付出时间,同样的距离、同样的交通工具,有人体会时间很长,有人体会时间较短。顾客挑选商品、等待付款需要付出时间,客观上可能只有 1 分钟或 2 分钟时间,但是有的顾客体会时间恰好,有的顾客体会时间太长。在商品被使用或被消费的过程中,人们的时间体验也存在较大的差别,有人认为一块香皂用半个月恰好,有人认为香皂用半个月时间太短了。在商品被使用或消耗的过程中,人们的时间期望也不一样。有人希望一块巧克力能吃 1~2 分钟,有人希望最好能吃上 10 分钟。在商品出现故障时,消费者等待维修或服务人员指导的时间期望方面,有人可以等待 1~2 天,有人只能耐心等待几个小时甚至几分钟。

因此,消费者心理的时间知觉是一个复杂的、多样化的过程。消费者对消费时间知觉的结果,影响消费者的态度和满意度,时间体验也是消费者心理中的满意度因子。

一般来说,等候时间越短满意度会越高,顾客等候的时间越长满意度越低;商品使用时间越长满意度越高,使用时间越短满意度随之降低。

虽然每个人的时间知觉在主观上有很大的不同,但是客观时间长度对顾客满意度的作用仍然是非常明显的。客观时间的长度,会令消费者产生"太快"或"太慢"的印象。企业应

---

[1]　彭聃龄. 普通心理学(第四版)[M]. 北京:北京师范大学出版社,2012.

研究消费者的时间体验及其规律，有目的地控制营销环境中的时间要素，以贴近顾客的主观时间期望制定服务时间标准，最终提高顾客的满意度。

顾客时间满意度可以分为以下三类。

第一类，顾客对可用服务时间（简称服务时间）的满意度，顾客或用户在这一时间段里可以随时对企业提出服务的要求。

服务时间管理具有明显的行业特点。网络服务、餐饮行业、旅游、零售系统与银行系统具有一定程度的共性，消费者的最高标准是全天候服务时间，而其他行业的服务时间则主要集中在白天。

在经营策略上，为消费者提供 24 小时全天候服务的可用服务时间，是消费者的最高期望，这种方式会大大提高消费者的时间满意度。但是，24 小时服务会大大增加零售商业经营者的成本，为保证 24 小时服务，必须在两班工作人员的基础上，至少再增加一班工作人员，人员成本至少增加 50%，而营业环境的维持成本还不包括在内。然而，消费者光临营业环境的人数并不会随着可用服务时间的延长而等比例提高。交通运输、银行、医疗系统等也存在这个问题。因此，在制定经营策略时，必须考虑消费者满意度与经营成本之间的平衡。

当前网络技术的发展正在逐步解决这个问题：利用互联网这个没有时空限制的服务特征，满足消费者对可用服务时间的最大期望，因为经营者在互联网上虚拟了经营时间与经营空间，经营成本大大降低。例如，餐饮系统设立网上餐厅，消费者可以直接订购食品，由物流配送系统快速送达；银行系统通过网上银联建设（PC 端和移动端），使用户直接以超越时间与空间限制的方式处理自己与银行之间的事务；交通运输单位建立了可靠的网上订票系统，方便乘客购票与取票，提高顾客的时间满意度。

第二类，顾客对服务流程的时间满意度，包括接待顾客的时间、顾客等待的时间、解决问题的时间、上门服务的时间等，这方面的共性是时间越短越好。

对于交通运输、邮政速递等行业，乘客或用户的时间要求是越快越好，因此时间因子是不满意因子，必须得到满足。这些行业必须永无止境地提高运输与传递速度，减少乘客与用户因等待过程产生时间太慢的体验。在家用电器行业，用户如果有质量及维修方面的问题，与厂家联系后等候服务的时间一般不应超过 24 小时。家用计算机等高科技产品与日常生活的联系越来越密切，顾客希望得到答复与服务的时间不应超过 12 小时。

在物业管理中，有些单位提出，停车场进车、出车登记时间不得超过 30 秒，住户交费时的收银时间不得超过 10 分钟等，这种时间管理具有物业管理的行业特点。[①]

在快餐行业，顾客排队、点餐、等候需要付出较多时间。一些快餐企业规定，顾客进店后服务员打招呼的时间为 5 秒钟左右，点餐后等到食物的时间不应该超过 15 分钟。如果等候时间过长，顾客的满意度会大大降低。

为了提高消费者在流程时间方面的满意度，经营者可以选择的服务策略与技巧比较丰富，并且具有明显的行业特点。

一是利用心理学原理，增加流程时间中的服务内容，缩短消费者的时间知觉，减少消费者的不满意程度。例如，零售商业经常遇到顾客排队等候的问题，为了缩短顾客等候付款的

---

① 杨永华等. 企业质量管理及实施 ISO 9000 族标准实务[M]. 深圳:海天出版社,1999:176-177.

时间知觉,在等候处放映录像节目,提供免费的咖啡、果汁饮料,提供免费的报纸杂志等阅读物等,或者只是为顾客提供一些座椅。一些实施现代企业管理规则的零售企业(如百货公司、连锁店、专卖店等)进行服务质量监测,都把是否提供"消磨时间"的设备与条件作为监测顾客满意度体系的组成部分,这些设备与物品使用得越巧妙,顾客获得的满意度就会越高。在银行金融服务中,通过电子排队管理系统,向主管人员实时反映情况,自动安排顾客向下一个空闲服务柜台转移,可以减少顾客的不满意程度。[①]

二是制定规范化、标准化的服务体系,按照消费者时间期望值制定最佳的服务流程时间,严格限制不满意时间知觉形成的条件。IBM 公司的服务响应时间标准为 24 小时,即全球范围内的 IBM 机器出现故障后拨打 800 电话,答复服务的时间为 24 小时之内。戴尔公司在全球建立了快速服务渠道,其中在中国地区提供的销售服务响应时间为 24 小时,即电话订购戴尔产品之后(该公司以电话订购为经营特色),市区送货上门的时间为 24 小时之内,产品在第一年出现故障并电告戴尔公司后,服务响应时间为 3 天。

第三类,顾客使用商品、享受商品过程中的时间满意度,这种满意度对于产品开发具有重要指导意义。

史维哲·克拉克公司在开发糖果的过程中,利用了少年儿童的时间知觉。市场上大部分竞争品牌的特点是糖棒不耐吃,时间体验太快,只需 2~3 分钟就可以将一根 5 块钱的糖棒吃完。因为糖棒太容易变小,许多小孩感到不高兴。"不是我吃得越来越快,而是糖棒变得越来越小""吮糖棒不能太快,不然的话,一会儿就没了"。史维哲·克拉克公司新开发的糖果不是一颗一颗地放在包装纸中,而是放在套装盒子中,每盒有 15 颗,小孩可以将它们分开,慢慢地一个个地吃,一盒奶球糖会吃得久一点。新产品上市之后,延长了小孩子在消费过程中的时间知觉,产品销售额超过了有史以来销售记录的总和。[②]

由于时间知觉的单维性,有些商品的消费过程会表现出明显的唯一性、单向性、排他性,即在同一时间内,难以同时接受其他商品,这类商品可以被称为"时间性商品"。在电视、电影、音乐、戏曲表演等消费形式中,一个人同一时间内一般只能消费一种商品,而难以同时消费第二种商品。(像食品、服装、家具等时间性不明显的有形商品,对时间要求则没有这样的局限)。因此,在"时间性商品"的消费过程中,消费者与商品之间的关系比较脆弱,消费者心里一旦对这类商品出现不满意或有新的刺激出现,消费者的注意力会迅速转移,其结果会减弱或排除对原来商品的注意。在观看电视节目时,人们习惯使用遥控器等装置,这更增加了消费者与电视节目这种"时间性商品"之间的脆弱性。

现在流行的"注意力经济",其实就是消费时间的唯一性或单一性特点造成的。人们在时间维度上注意一种信息,而对其余的信息忽视不见,或其余的信息处于潜意识状态。一些网站用尽心机争取最大限度的注意力,也无非是在时间维度上取得一种注意力的优势而已。

(三)其他知觉

音乐与音响的享受,是人们的听觉感觉、时间知觉与记忆、联想、情感等心理活动综合在一起形成的。

---

① 司德明,梁贵民. 顾客等待心理和商业银行服务时间的优化配置[J]. 武汉金融,2002(9).
② (日)山本一郎. 品牌赢家[M]. 吴一斌,译. 重庆:西南财经大学出版社,2000:59-63.

音乐和音响的治疗功能,已经被证明是行之有效的。舒缓的旋律有助于人们的睡眠。澳大利亚的建筑人员发现,古典音乐可以减少人们对公共建筑物的破坏。英国曼彻斯特大学的研究人员发现,内耳迷路中的小"球囊"器官接受高音量的噪声时会产生一定的食欲联想,这些器官在接收到 90 分贝以上巨响时便会有强烈反应,声音带来的震动会被转化成神经信号,传至自主神经的下丘脑。下丘脑负责掌管平衡之外,也会调节各种生理功能如性欲和食欲等,并且与负责舒畅感觉的部分连接。

我国的研究人员发现,不同的音乐会对脑电图产生不同的影响。音乐治疗可以有效改善老年情绪障碍的焦虑、忧郁的临床表现,恢复和提高积极情绪。[①] 播放适度音量的民乐,对于降低心血管病人的血压具有明显的作用。在弦乐中,大提琴的声音包括全部人声音域,在音乐保健方面有得天独厚的优势,其旋律清新流畅、感情真挚奔放,能让人获得心情舒展的体验,对治疗神经衰弱、高血压、冠心病等有独特功效。

四、 感官测试

感官测试是以消费者的感官来评判商品物理属性,从中寻找令消费者满意的产品属性,为产品生产与经营提供决策依据的研究过程。

感官测试的过程不仅是消费者感官对产品属性的反映,测试过程必然有高级心理活动参与,消费者对产品属性的舒适度及满意度的评价,包含了情感、记忆、联想、思维等高级心理活动。

感官测试项目有时与产品概念测试、试用测试、价格测试等研究工作结合在一起同步进行。

在新产品研发及营销策略制定过程中,测试消费者对新产品的感官效果是必不可少的基本环节,所有成熟企业的经营活动都不会忽略这一环节。格力公司在开发家用电饭锅时,几百人的团队进行了 3 年研发,每一个技术细节要经过成百上千次的实验。3 年时间里测试人员每天的工作就是煮饭,用不同的米、不同的温度控制来煮饭,先后测试了 4.5 吨 20 多种不同品牌的大米。测试的指标包括米粒鲜亮饱满、口感、香气、营养保持度等。产品研制上市后,格力电饭锅做出的米饭口感明显好于其他很多品牌的电饭锅。

有些"点子型"或投机型企业的产品生产,仍然不重视对产品的调研工作,更谈不上对产品的感官测试。

同类产品在属性上可能存在一定的相似之处或规律性特征,而不同类型的产品属性可能存在巨大的差别。因此,感官测试需要依据产品的类别制定相应的测试指标与测试标准。企业对每一类产品测试的结果应该妥善保管,这是企业的宝贵财富,长期积累的测试数据是企业发展新产品的战略资源。

下面列举了日用品研发过程中经常用到的感官测试指标。

视觉方面:消费者对产品颜色的敏感度;颜色的满意度;颜色的联想;固体形状的爱好;形状联想;产品材料联想;流体质感的满意度;商品透明度的满意度等。

---

① 马达,金世余. 我国当代音乐情理学研究的反思与展望[J]. 人民音乐,2006(3):63-65.

　　听觉方面:消费者对产品声响大小的喜好;对音质音色的喜好;对声响长度的喜好;对背景音响和主题音响的爱好;声响联想等。

　　嗅觉方面:消费者对气味强度的敏感性;对气味持久度的敏感性;气味的舒适性;气味的愉悦度;气味的联想;气味适用的范围等。

　　味觉方面:消费者对产品甜、酸、苦、咸等味觉属性的敏感度;味觉各种属性的满意度;滑爽感;味觉的持久度;余味的满意度;余味的持久度;味觉的联想;口感硬度喜好等。

　　触觉方面:消费者对质感的喜好;光洁度喜好;形状舒适感;硬度舒适感;弹性与张力的喜好度;质感联想等。

　　温觉方面:消费者对温度觉的敏感性;舒适温度区间;最低可接受温度、最高可接受温度等。

　　作者曾经参与 CPC 公司的调味品测试项目,使用了上述部分测试指标,结果发现该公司的产品颜色有点淡、油腻度略偏低、咸度偏高、稠度偏稀,与中国人使用调味品的习惯有一定差距。这些感官测试结果为产品属性的改善提供了直接依据,使后续产品的开发更加适合当地市场的要求。

第三节　消费者记忆

　　消费者通过记忆和学习过程积累消费经验。

　　记忆是人们过去经历过的事情在头脑中的反映,如过去感知过的事物、思考过的问题、体验过的情感、进行过的行为与活动等,都能以记忆形式在头脑中保存下来,并能在一定的条件下重现。有了记忆心理活动,人们的行为就可以以记忆中的经验作为行为的参考。

　　记忆活动一般分为识记、保持、再认或回忆三个过程。记忆还分为有意记忆与无意记忆两种类型。有意记忆是指人们记忆的过程或记忆效果都处于清楚的意识当中;无意记忆是指人们的记忆过程或记忆效果处于无意识状态。

　　记忆内容在头脑中的保存时间有长有短,按保存时间的长短分为瞬时记忆、短时记忆和长时记忆。瞬时记忆(又称感觉记忆)所保持的时间是极短的,通常是指 1 秒钟左右,一般只能记住 7~8 个单位的信息。人们浏览网页时的记忆主要是瞬时记忆。由于瞬时记忆时间极短,大量的、被注意到的信息很容易消失,能够记住的东西才会进入短时记忆。短时记忆所保持的时间一般为 1 分钟左右,短时记忆的信息内容中大部分也要遗忘消失,只有极少数能够记住的信息进入长时记忆。长时记忆的内容能够保持几小时、几天、几个月、几年甚至保持终生。

　　消费者对品牌的记忆是我们研究的重点,对品牌的记忆是形成品牌资产的主要依据。

一、消费者的品牌记忆

　　消费者对品牌的记忆即消费者对品牌名称、商品标志、品牌特定符号、专有产品名称、企业名称等方面的认知,或简称为"品牌知名度""品牌认知"。

因为测量方法不同,品牌知名度可分为未提示知名度和提示知名度。两者的效果对于营销策略的制定有不同的意义。

未提示知名度是指未经提示的情况下消费者对品牌的回忆率,有的研究人员将其再细分为第一知名度和总体未提示知名度。第一知名度是消费者在没有任何线索的条件下回忆品牌的第一反应,这一指标能够更准确地反映品牌之间的竞争力;总体未提示知名度是在多次追问之下对品牌的回忆效果。

提示知名度是指提示之后消费者对品牌的回忆率。

如果未提示知名度与提示知名度的数值相同,表示前者的竞争力强于后者。两者的计算公式相同,即

$$品牌知名度 = \frac{对品牌部分或全部内容回忆的人数}{回答总人数}\%$$

广告是塑造品牌形象的重要手段。在品牌认知效果研究中,与广告有关的认知指标包括广告认知度(以广告传播品牌形象时,消费者对广告内容的认知)和广告美誉度(以广告传播品牌形象时,对广告是否满意的情绪性反应)。

品牌塑造已经频繁地使用了形象代言人,形象代言人的社会声誉与行为品德对品牌认知有一定程度的影响,品牌认知也包括消费者对于形象代言人的认知。

认知心理学提出过不同的模型来解释人的记忆问题,其中扩散激活说对于解释消费者的品牌记忆具有参考意义。这种学说认为,人类记忆的知识是由节点及节点之间的连线构成的网络系统,每个节点代表一个概念、一个事物,连线代表节点之间的关系,两个节点用连线连接起来就是联想,这个网络系统按照概念(语义)的相似性组织起来,两个概念的共同特性越多,它们之间的联系就越多,关系也就越密切。节点可以被激活,被激活的程度和速度取决于输入概念刺激与节点之间的心理距离,心理距离越近,激活程度越大、速度越快;反之则慢。这种观点已经应用于广告营销策略中的品牌形象研究,图 5-5 就是耐克品牌的网络节点示意图。[①]

图 5-5 耐克品牌的记忆与联想网络示意图

① 马谋超等. 品牌科学化研究[M]. 北京:中国市场出版社,2005:94.

二、 商业活动中的记忆策略

商业活动中提升品牌知名度的记忆策略主要有 4 种。

一是重复策略。商场里码放整齐的商品包装、路边不断出现的广告、网络上不断弹出的广告条、节目中间不断播放的电视广告等，都属于信息重复、增强消费者记忆的策略。

二是运用联想策略。联想是人们从一件事物想到另一件事物的心理活动。在商业活动中，描述一件事物的时候带出另一件事物，消费者在这一过程中产生丰富的联想，对第一件事物(如品牌名称)记忆深刻。"钻石恒久远，一颗永流传"——戴比尔斯钻石，恒久远是钻石的属性，永流传是钻石价值的体现，它代表了消费者收藏珍宝、永远记住美好时光的生活意义，钻石的品牌名称与美好的愿望联想在一起。"男人的一天从飞鹰开始"，早晨起床与"飞鹰"这个品牌在时间上联系在了一起，通过联想强化了品牌的记忆。

三是情感策略。消费者愉快、兴奋、激动、积极的情绪，容易促使消费者对品牌形成良好的记忆印象，记忆保持的时间一般较长，消费者也愿意回忆这样的良好体验。例如，顾客在商店享受了售货员的热情服务，售货员的微笑一直留在记忆里，这会加强消费者的记忆效果。相反，消费者气愤、屈辱的情绪，会加强人们记忆中的消极印象。顾客购物时受了委屈，对恶劣商店的记忆也会保持较长时间，并长期避免与这种恶劣的经营单位打交道。

在广告传播中，如果广告过分重复，广告效果随着暴露次数的增加而净效果下降，产生逆反心理，而利用"情感性诉求"可以降低这种负面效果，积极记忆的效果还是会出现上升的趋势，如图 5-6 所示。

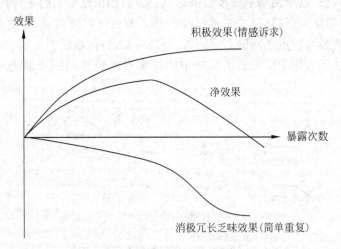

图 5-6　重复暴露的广告示意图

四是防止记忆极限。在商业设计中，应该尽量把传播信息控制在记忆的极限范围之内。在广告设计、网页设计中，应该尽量遵从记忆心理的极限范围。如果超越了极限范围，关键信息相互干扰，传播效率就要降低。尤其是观看时间极短的电视广告、电影广告、广播广告设计中，必须把关键信息控制在 7～8 个单位之内，使消费者能够在较短的时间内形成瞬时记忆。

第六章　消费者情绪与态度

　　本章介绍消费者情绪与态度方面的知识及其在经营管理中的应用。

第一节　消费者情绪

一、情绪的概念与类型

情绪和态度影响所有心理行为的进程,消费者的情绪和态度影响消费的各个环节,最终会以满意度的形式体现出来。调动消费者愉快的情绪和积极的态度是经营者十分重要的一个策略。

情绪或情感是人对于客观事物是否符合自己的需要所产生的一种主观体验。短时间内的主观体验称为情绪,如喜悦、气愤、忧愁等情绪。长时间内与社会性需要相联系的稳定体验一般称为情感,如道德感、美感等。在日常用语中,情绪这个词的含义比较复杂,既包含短时体验的情绪,也包含长时间内稳定的情感体验。本书对情绪与情感作了明确的区分。

人们在长时间内保持的一种比较微弱的情绪状态称为心境,因为心境可以维持较长的时间,所以人的心境对行为的影响时间也相对要长。人们在一定场合爆发出来的强烈的情绪称为激情,激情出现的时候可以对人的行为造成巨大的影响。激情甚至可以改变人的理智状态,使理智变得模糊或难以控制。消费者在营业环境受到强烈刺激的时候,就有可能出现这种情况,在抢购商品等场合也会出现类似的情绪状态。强烈的兴奋与巨大的失望等情绪交织在一起,会引起消费者的行为反常,商业企业必须注意这种情况。

心理学家尝试对情绪进行分类,但至今没有一个标准的答案。

情绪是内心的主观体验,情绪需要通过一定的方式表达出来,表达的方式即表情。

人的表情主要有言语表情和动作表情两大类。言语表情主要通过言语方式表达,言语表情对他人具有很强的感染力,言语表情已经升华为人类的艺术表演形式。动作表情是通过眼睛、手、面部、肢体等部位表达情绪的方式。眼睛是最重要的表情渠道,所谓眼睛是心灵的窗户,是指眼神能够表达人的情绪和内心状态。

情绪具有两极性特点,包括愉快、满意、喜欢等积极的情绪,以及不愉快、不满意、不喜欢等消极情绪。消费者愉快的情绪体验会对消费行为产生积极的作用,推动消费行为的速度,增加消费者克服消费阻力的勇气。而消费者不愉快的情绪、不喜欢、不满意的情绪体验,会对消费行为起消极的作用。这种不愉快的情绪如果来源于商品,消费者会拒绝购买这样的商品;如果来源于营业环境,消费者会回避这类营业环境;如果来源于服务人员,消费者会躲避令他不愉快的服务人员,严重时甚至可能引起消费者与服务人员的矛盾与心理冲突。

消费者在长期的消费过程中会形成稳定的情感体验,这些情感体验以及相应的态度反过来影响每一次具体的消费行为,因此,一次消费行为既表现为当时的情绪性,又带有消费者过去的情感特点和态度。

研究消费者的情绪与表情有以下三个方面的意义。

一是服务人员要学会理解消费者的情绪。现实生活中并不是每一个消费者都会把自己的需要和想法告诉服务人员,这就需要服务人员主动去判断和分析消费者的心理状态。从表情上来判断和分析消费者的需要,与消费者进行接触之后,再通过言语的沟通来了解消费者的想法,帮助消费者购买理想的商品和服务。

二是服务人员要学习标准的情绪服务方式。不管是商业环境中的服务人员,还是产品售后服务人员,或者旅游服务人员、餐饮服务人员等,他们的表情对消费者的情绪具有重要的影响。服务人员必须通过和蔼友善的表情传递优良服务的精神。服务人员和善可亲的表情能够使消费者感到亲切和愉悦,消费者会得到自尊和自信,在我国服务质量相对较差的环境之下,亲切和蔼的表情对消费者更有魅力。而服务人员不良的表情,甚至对消费者的恶言恶语,会严重地影响消费者的消费质量,加重消费者"无商不奸"的印象。

三是掌握消费者情绪活动的规律,控制各种因素以提高顾客满意度。消费者自认知商品开始到消费结束,所产生的满意或不满意的情绪体验被称为"顾客满意度"。顾客对服务环境的满意度高,不仅是对商品和营销活动的肯定,也是顾客为企业继续创造利益的条件。如果顾客的满意度不高,对商品、对企业、对服务都可能是一种否定,而且可能把其他顾客也拉入与企业对立的情绪状态。营销环节有多种因素会影响消费者的满意度,通过改善营销环境、控制营销环节中的要素,可以明显提高消费者的满意度。

二、 影响消费者情绪的主要因素

（一）营业环境的物理条件

营业环境的温度、照明、光照色彩、空间大小以及营业环境中人员的拥挤状况等因素对于情绪的影响最大。

温度对情绪有较大的影响。合适的温度令人感到舒服;过冷的温度令人情绪低落,购物兴致下降;过热的温度令人烦躁,会导致顾客不舒服、不愉快的情绪。为了避免不合适的温度引起顾客不愉快的情绪,大部分商业营业场所都安装了空调设备,以保证舒适的温度条件。

光线的色彩对于情绪的影响已有比较成熟的研究结果,心理学家已经做过实验证实了这种影响:请10位客人参加4次晚餐,为4次晚餐分别布置了4种颜色的背景。第一次布置的是绿色,结果用餐的客人吃得很慢,大家对谈话感到索然无味。第二次布置的是红色背景,客人们都较兴奋,吃得快也吃得较多,有的人甚至打翻了酒杯,还有的人相互拌起嘴来。第三次布置的是白色,客人们吃饭时彬彬有礼,谈话之中没有什么内容,有的人打着哈欠,有的觉得有些无聊。第四次布置的是黄色,客人们吃得好,谈话也相当投机,用餐之后分手的时候大家还相互约定下次再见。这个色彩实验相当有名,研究结果反映了颜色对情绪和行为的影响。

一般而言,暖色调能够兴奋人的情绪,利于消费者的行为进行;而冷色调容易抑制情绪的兴奋,不利于消费行为的进行。

营业环境的空间大小与人员的拥挤状况,会影响顾客的情绪。人与人之间松散有序、距离适度,顾客购物或消费相对从容,情绪比较稳定。从发达国家对顾客满意度的研究看,社会与经济的发展促使人们增加了心理空间的要求,反映在营业环境方面,顾客增大了对心理空间的要求,人们倾向于较大的物理空间以保护个人隐私,如图 6-1 所示。

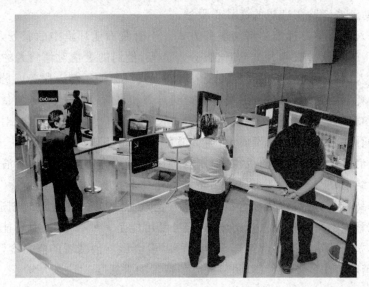

图 6-1　宽敞的购物环境令消费者放松心情

如果营业空间过于拥挤,一部分顾客的消极、烦躁情绪容易被刺激起来,购物或消费的满意度将迅速降低,并且经常以逃避的方式减少消费。

当然,营业空间过于松散,人员稀少,也不利于调动消费者的情绪。空空荡荡的营业厅内,只有稀稀落落的顾客走动,大部分服务人员无所事事,顾客的情绪难于兴奋,服务人员的情绪也会受影响。如果服务质量体系不严密,服务人员的不良情绪还会传染给顾客。

（二）商品特色

经营单位陈列的新商品、风格奇异的商品、式样别致的商品、新包装商品、价格处于消费者心理期望内的商品等,都容易激发消费者的积极情绪。

在营业环境中,雅致的环境设计、有趣的商品摆放风格、新颖醒目的 POP(卖点)广告等因素也容易激发消费者的积极情绪。

（三）消费者的心理准备

消费者的心理准备状态对于情绪有直接的激发作用,这些情绪又反过来影响原来的心理准备,两者合一,推动购买行为的进行。

消费者的需要水平与动机越强烈,情绪的兴奋程度越高,购买动机转变为购买行为的可能性也越大。从整个市场的角度看,这种关系一直存在,市场上的商品越稀少,人们的需要越是强烈,消费者购买越迅速,商品上市之后销售的速度就越快。如果消费者的心理准备不足,难以在短时间内调动起购物的情绪,购买行为也就难以实现。这就是企业要在新商品推广之前做大量广告、进行促销宣传的原因,这种做法有利于消费者购物前积累一定的心理准备,商品上市后消费者的情绪已经被调动起来了。

但消费者心理是复杂的,如果需要水平很高,而商品与消费者的期望相差太大,消费者的情绪将产生很大的反差,由兴奋情绪变为失望情绪。服务人员在遇到这类消费者时,应该善于理解消费者的这种情绪,绝不可强行推销,以免增加消费者对厂商与商品的厌恶感。

（四）服务人员的表情与态度

在工作状态下,服务人员的表情必须符合服务质量的要求,不能自由随意,因为服务人员的情绪会对消费者情绪构成重大的影响。

服务人员的表情中,微笑对顾客的影响最为重要。在服务行业,微笑服务已经成为服务基本的原则,要求服务人员接待顾客的时候,热情待人、礼貌服务,以饱满的情绪、微笑的面容接待每一位顾客。

当人们内心处于愉快的情绪体验时,人就会表现为欢喜的表情,其他心理活动也会带有愉快的色彩,人会变得较为活跃,容易与别人交往,待人接物时容易考虑对方、理解对方。在大部分情况下,人们都愿意使自己处于愉快的情绪当中。欢喜、愉快的情绪体验反映在表情上,一般表现为微笑的状态。微笑具有自然质朴的特点,欢喜愉快的情绪会自然地流露,靠伪装、假笑表现不出微笑的效果,即使伪装出微笑,也会让人一眼看透。所以在商业营业环境,微笑是表示服务人员真心诚意地欢迎顾客的到来,是发自内心的真情实意,而不是对顾客的虚情假意,也不是对顾客搞诡计、欺骗顾客的表情,顾客通过服务人员的微笑可以看出他们是否在诚心诚意地服务。

微笑服务使服务人员表现得较为亲切,顾客愿意与这样的服务人员接触,从他们手里购物觉得比较放心。微笑可以较好地化解顾客与服务人员之间的矛盾,当顾客向服务人员有意挑剔甚至刁难时,服务人员的微笑服务可以减少顾客的不满,避免双方矛盾的恶化。微笑服务给人们留下的情感记忆较为深刻。正因为微笑服务有这么多的好处,我们大力提倡商业活动中的微笑服务。

微笑是愉快情绪的自然流露,人很难装出一副微笑的表情。服务人员要微笑地接待顾客,必须使自己的内心真正处于愉快的状态,这就要求服务人员提高自己的素养,从内心上热爱本职工作,诚心诚意地尊重顾客,对任何顾客都保持欢迎的态度,能够随时随地以愉快、饱满的心情接待每一位顾客。微笑服务有助于服务素养的提高,这是微笑服务带来的另一个好处。

第二节　消费者态度

一、态度的概念及其表现

态度是人们对于事物所持有的肯定或否定、接近或回避、支持或反对的心理行为倾向。

态度包含了情感因素,体现在人们对于事物的喜爱和厌恶的情感反应上。持肯定的态度时,人们会出现积极愉快喜悦的情绪,乐意去认识这一事物,并且乐意为这一事物采取相应的行为;持否定的态度时,人们会出现消极的不愉快的情绪,在行为上会采取回避的方式。

人们对待事物的态度,是对该事物采取行为前的倾向性,会影响行为的进程和发展。

消费者对商品、服务及相关事情抱有的态度即消费态度。消费者态度影响消费心理进行的方向。在一定时间内，态度具有相对的稳定性，消费者态度对商品选择、购买和消费过程所起影响的时间较长。

态度的影响带有一定的潜在性、倾向性和稳定性，但不像消费者动机那样具有强大的动力，也不会像消费者的习惯那样具有快速决策的特点，消费者态度的影响表现在好恶评价和价值判断方面。

消费者完成购物、消费过程之后，会对购物或消费过程形成态度，并且与情绪、认知等因素结合起来，构成了顾客的满意度。

消费者不正确或缺乏事实根据的态度称为消费偏见。消费偏见是态度的一种特殊类型，是营销活动中时常遇到的一个问题，纠正消费者的偏见也就成了营销工作中的组成部分。广告对于商品销售有极大的促进作用，但有的消费者反对以广告的方式来推销商品，认为广告增加了商品的价格，所以对广告做得比较多的商品，一般不会优先考虑购买，这就是一种消费偏见。

（一）消费者态度量表

研究消费者的态度，一般使用等距量表法将态度分为相同距离的等级，由消费者选择符合自己态度的等级。常用的等距量表是 5 点式，因为比较容易找出 5 个不同等级的形容词来让人们做出选择。

除此之外，还有 2 点、3 点、4 点、7 点、10 点、11 点等距量表。使用 10 点等距量表法测量消费者的态度，其结果更为精确，但要在汉语中选择 10 个等级的形容词来表达消费者的态度等级比较困难。各等级的表示如下：

2 点式	☺满意									😞不满意	
3 点式	☺满意				😐无所谓					😞不满意	
4 点式	很满意		比较满意			不太满意				很不满意	
5 点式	很满意		比较满意		无所谓			不太满意		很不满意	
6 点式	很满意	比较满意		不太满意		很不满意		不知道		拒答	
7 点式	很满意	比较满意	无所谓		不太满意		很不满意	不知道		拒答	
10 点式	很满意 10	9	8	7	6	5	4	3	2	1	很不满意
11 点式	很满意 10	9	8	7	6	5	4	3	2	1	很不满意	拒答

在数值换算时存在不完全等距的情况下，研究者必须严肃地考虑不同态度量表之间的等级计分问题。

3 点、5 点、7 点量表都是奇数性的等级，因为在态度的等级序列中设立了积极和消极两类对称的态度等级，再加上一个中立的态度等级，合在一起就使态度的等级成为奇数。2 点、4 点、6 点评定法都是偶数性的等级，其中去掉了中立的态度等级。一些学者建议国内的消费者态度研究尽量采用偶数等级量表，促使态度模糊的消费者必须做出积极或消极的倾向性选择。

（二）消费者态度的表示

在日常用语中,人们常常会使用态度"好"与"坏"这样的判断。在商业研究中,态度的好与坏必须指定或说明,要根据不同的条件和背景而确定。消费者对于品牌 A 持积极愉快的态度,对于品牌 A 的前景来说是好的态度,由于消费者消费数量的有限性,对于品牌 A 持有"好"的态度就可能排斥对商品 B 的选择,对于商品 B 来说就是不好的态度了。研究消费者态度经常会碰到这样的两难问题,所以在表达消费者的态度时,必须说明消费者态度的指向性。

就同一品牌的商品或服务而言,消费者态度的指向性会表现在具体的属性方面,如表 6-1 所示。

表 6-1　消费者态度的指向性

按商品属性细分	按服务内容细分
对于商品质量的态度	对于服务人员的态度
对于商品外观的态度	对于服务过程的态度
对于包装、色彩的态度	对于服务时间的态度
对于商品规格式样的态度	对于服务环境的态度
对于商品价格的态度	对于服务价值的态度
对于商品价值的态度	对于相关服务的态度
对于商品形象的态度	对于售后服务的态度等
对于企业形象的态度等	

将消费者对不同品牌的态度进行比较,一般使用图式方式。例如,将消费者的态度得分取平均值,如图 6-2 所示,消费者认为品牌 A 的质量好、外观较好、功能一般、方便性稍好、维修服务最差,而品牌 B 的质量较好、外观非常好、功能最强、维修服务较好。

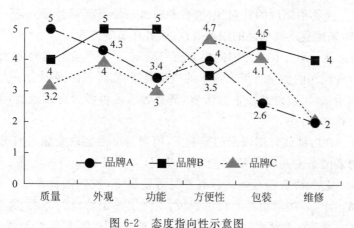

图 6-2　态度指向性示意图

研究人员为了更清楚地分析消费者态度的两极性,使用百分比堆积图将态度在两极的比重以相应图形长度表示。如图 6-3 所示,消费者对"方便性"的态度评价中,满意者 23％,无所谓者 20％,不满意者 57％……这种表达方式有利于直观地判断态度与营销的关系。对经营者或厂商来说,在方便性方面,已有 23％的消费者表示满意,可以继续巩固这个市场,为 57％不满意的消费者创造满意的方便条件是营销的重点。

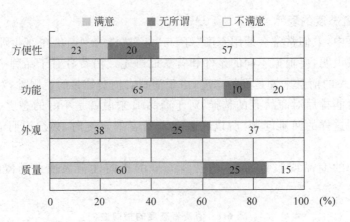

图 6-3　消费者态度的百分比示意图

二、态度的特点

人们的态度一般具有如下五种特点。

（1）主观性。态度是消费者在客观基础之上形成的主观评价，是人们头脑中形成的反映，具有主观性的特点。正是由于这种主观性的特点，消费者态度的改变不仅在于商品或服务性质的调整，还在于消费者主观评价的改变。

（2）复杂多样性。消费者态度是一个复杂的体系，一方面，态度与认知、情绪情感、意志行为等心理活动紧密联系在一起；另一方面，消费者对不同商品存在不同的态度，不同态度还存在不同的态度等级。

（3）指向性。又称为态度的针对性，消费者的每一种态度都会指向某一具体的对象，如前所述，消费者的态度会反映商品的细微属性、服务环节等方面。

（4）相对稳定性。态度在一段时间内会相当稳定，一般不会轻易地发生改变。例如，有的消费者认为合资汽车的质量比国产汽车的质量要好，在较长时间内会一直保持这种态度。随着消费经验的增加，以及外部因素的影响，消费者态度可能会逐渐改变，但在改变之前会维持较长时间的稳定性。

（5）可塑性。在内部或外部因素的影响下，消费者可能会改变原有的态度，即态度的可塑性。改变消费者的态度是营销活动的重要过程，尤其是在新商品上市、产品形象重新塑造、产品形象存在偏差、消费者对产品存有偏见等情况下，改变消费者态度是营销工作的头等大事。新商品上市，一些消费者出现不积极、不肯定甚至消极的态度，需要调动各种策略来改变这一态度。在竞争激烈的市场上，存在种种动荡的因素，可能给消费者造成一定程度的偏见，需要以营销的手段加以纠正，引导消费者形成正常的、积极的态度。

三、消费者态度的改变

消费者的消极态度会影响购买决策与购买行为，企业需要采取积极的应对策略。吸引更多的购买行为,争取更多的市场份额,是企业改变消费者态度的原因。对于消费者的偏见,厂家更需要推行积极主动的营销策略以改变消费者的偏见,从而保护企业的利益。

从消极态度(甚至偏见)到积极态度之间,消费者态度的改变可能出现多种水平,如图 6-4 所示。

图 6-4　态度改变的几种水平

改变消费者态度主要表现在如下方面。

一是将消费者的消极态度改变为积极态度。2012 年国内一些品牌的白酒被某检测机构检出塑化剂成分超标,因为生产过程使用了塑料导管等器械,或添加了调香成分,少量塑化剂成分溶解在白酒中。此信息发布之后,白酒市场严重受挫,个别品牌一蹶不振。后经权威部门发布声明称,全国白酒重点企业的白酒产品塑化剂含量指标低于食品标准值,消费者信心才逐渐恢复,消费者由消极态度慢慢恢复为积极态度。

二是将消费者的中立态度改变为积极态度。20 世纪 80 年代,国内许多消费者对头皮屑的清洁持无所谓或不在乎的态度(相对消极),经过"海飞丝"等广告的宣传,人们对头皮屑清洁的态度变得较为积极了。

三是将消费者的积极态度改变为消极态度。这种情况主要出现在老产品存在缺陷、新产品等待出台的时期,如环保产品的推广方面会出现这类情况,国内传统的钢结构窗户存在密封不严、保温性差的问题,铝断桥窗户的广告宣传重点:一方面突出铝断桥的优点,形成有利于产品推广的积极态度;另一方面提醒消费者认识传统钢窗的缺陷并形成消极态度,促使消费者尽快向新产品过渡。

改变消费者态度的方式较多,主要分以下三个方面。

一是增加消费者对于商品的信息认知,并增加消费者对商品或服务的信赖程度,这是改变消费者态度的一种常用方式。例如,小汽车宣传中,通过图解的方式展示笼式安全结构,为消费者提供详细的参数与指标,影响消费者对小汽车安全性能的态度,如图 6-5 所示。

图 6-5　小汽车宣传展示其笼式安全结构,影响消费者的安全态度(网络图片合成)

二是强化诉求方式和诉求内容。迄今为止，将商品及有关信息向消费者重复诉求的主要手段是广告形式。广告以完全相同的表达方式向消费者重复着完全相同的信息，消费者被这些完全同质化信息包围，其态度可能在不知不觉中逐渐地被改变。广告本身所造成的社会模仿行为也增加了消费者对广告的信服，这样，消费群体作为一种社会性力量强化了改变消费者个体态度的压力。

三是诉之以情感性的营销手段，降低消费者态度改变的难度。消费者态度本身包含情感性成分，使用情感性策略来改变消费者的态度，可以做到"有的放矢"，容易激发消费者情感上的共鸣。日本有一家儿童鞋制造商，设计了一句非常著名的广告词："像母亲的手一样温柔的儿童鞋"，买回来的鞋子就像母亲本人对待孩子一样温柔，情感性诉求在很短的时间就可以消除消费者的购买阻力。

消费者改变态度的结果，主要表现在以下三个方面。

一是消费者行为的增加或强化。在消费者态度向积极方面转变时，这种结果经常出现，如近几年牛奶广告大量出现，使得国内市场饮用牛奶的比例大幅上升，广告增强了人们的消费行为。

二是消费者消费习惯的形成，甚至品牌忠诚度的形成。消费者形成积极的态度可能促使消费者形成消费习惯，比如前面提到人们对待头皮屑的问题，现在许多消费者已经形成了使用特定洗发水的习惯，对特定品牌形成忠诚度。

三是消费者原有的消费行为弱化，在老产品即将退出市场的时期，可能出现这种转变结果。

四、 影响消费者态度改变的因素

改变消费者的态度会遇到各种困难，下面分析其中的五种。

（一）原有态度与目标态度之间的距离

一般来说，原有态度与目标态度（即改变之后要达到的态度）之间的距离越小，改变的难度也就越小；反之难度就大。对于习惯使用"蓝天"牌牙膏的消费者来说，如果牙齿比较正常、没有什么毛病，面对"黑人"牌牙膏的推销，改变原来使用"蓝天"牌牙膏的态度是一件比较容易做到的事。对于牙齿过敏、怕酸、怕热等的消费者来说，如果原来对"草珊瑚"牙膏一直有消费习惯，面对"黑人"牙膏的推销，消费者难以在较短时间内改变他们的态度。换了自己不习惯的牙膏牌子，牙齿要是怕酸、怕热，可就"痛起来真要命"了。消费者不愿意改变原来的态度，因为改变之后可能会出现不良的消费风险，客观上加大了原来的态度与目标态度之间的距离。

（二）宣传手段是否合适

要改变消费者不利于企业利益的态度，必须正确利用说服的基本规律。

从一般规律来看，消费者接受的信息越全面，经过判断和分析之后，态度改变的可能性就越大。详尽而细致的信息有助于消费者做出评价、判断、比较。当然，这并不意味着消费者会收集商品及服务的全部信息。由于信息的不对称现象,消费者关心与决策有关的关键信息。因此,企业发布信息时必须讲究"定位",需要以鲜明有力的方式传递与商品或服务有关的关键信息。

（三）消费者的认知是否协调

美国心理学家费斯廷(L. Festinger)从认知角度提出了态度改变的理论,又称认知失调论。

费斯廷认为,人们对于周围的事物有许多认知,如自身环境、自身状况以及自己的行动、知识、意见和信念等。这些认知因素中,有些相互联系,有些相互独立,有些认知因素可以同时并存,而有些认知因素是不协调的、相互矛盾的。当认知因素之间不协调的强度加大时,消费者要减轻或消除这种不协调的动机也就越强烈。

例如,一位消费者有下面几种认知因素:

（1）因工作需要购买一辆小汽车;

（2）换一套大一些的住房;

（3）小孩即将入学,希望送到一所好一点的学校去,需要交较高的费用。

以上三方面均需要付出一笔较大数目的现金,现有的存款只能满足一个方面的开支,在这位消费者的头脑中,便产生了认知上的不协调。

费斯廷认为,消费者减小或消除不协调认知的方法有三种:第一是改变认知因素中不协调的某一方,使矛盾的双方趋于协调;第二是增加新的认知因素,改变认知系统的结构,缓和矛盾的认知因素;第三是强调某一认知因素的重要性,降低另一认知因素的重要性,不协调的认知关系从而得到减弱。

上面那位消费者在三种不协调的认知因素中,可能会采取三种办法解决不协调的问题:一是认为小孩进一所好学校上学是家庭生活中的头等大事,其他消费位居其次,因此购买小汽车与房子的消费计划延迟;二是暂时买一辆二手汽车,缓解业务联系上的困难,把现有的房子装修一遍改善居室环境,小孩暂时进入普通学校就读,待困难有所缓解,再选择好学校;三是在资金凑齐之前,放弃购买小汽车和房子的打算,全部现金用于小孩选择好学校。这样一来,消费者的认知趋于协调,减轻了认知上的矛盾。

（四）消费者的参与状态

新商品刚上市,消费者的了解较少,如果让消费者直接参与相关的推销活动,可以加快消费者态度的改变。例如,举办新产品座谈会,征求消费者对产品质量的反馈,邀请消费者参观产品的生产加工过程,邀请消费者参与产品演示或示范活动,动员消费者参与促销表演活动,甚至让消费者直接参与产品的加工制作过程等。

为消费者举行示范性活动是高档商品销售的重要策略,往往有事半功倍的效果。例如,计算机产品、汽车、高档音响产品等,其结构复杂、功能繁多、操作的灵活性很大,消费者很难从其他渠道获得消费经验。许多经营单位开辟单独的演示室、展示厅或听音室试听室,并定期举行示范活动,让消费者了解产品使用、功能测试、产品保养、操作技巧和使用经验方面的知识。有了这样的经验之后,消费者的态度容易向积极方面改变,购买信心增强,如图 6-6

所示。

图 6-6　消费者试用数码产品,会迅速改变原来的态度

（五）消费群体对于态度改变的影响

美国心理学家勒温(K. Lewin)在研究群体影响个人态度方面,提出了群体动力学理论。这种理论对于解释消费者在一个群体中的态度改变过程有一定参考价值。

勒温把个人在群体中的活动分为两种,即主动型和被动型。主动型的人积极参与群体的各项活动,参与群体规范的制定,主动自觉地遵守群体的各项规范和要求;而被动型的人则服从权威,听从别人的安排,遵守群体的规范和要求。

二战期间,勒温运用这种理论向美国家庭主妇宣传食用家禽内脏的必要性并取得成功,这是群体动力学历史上有名的一个例子。以前美国人都把家禽的内脏扔掉,二战期间食物供应比较紧张,美国政府希望大家把这些东西也当作食物。初期的宣传效果不理想,人们觉得这些东西难以下咽。勒温就把一些主妇组织成一个一个的群体,向每一个群体宣传食用这类食物的必要性,介绍各种烹调的方法,并且以这个群体的名义提出要求,要她们尝试这种新的食物,结果在此后的调查中发现,有 32％的人开始食用这类食物。

为什么美国政府的宣传效果不好,而把妇女组织成群体来进行宣传,人们的态度却很快地被改变了呢? 其中主要原因是利用了群体对于个人的压力和影响。一个人处于一个群体中,不愿意在行为方式上与别人有较多的差异,否则这个人会承受一定的心理压力。

第三节　消费者联想

联想是由一种事物想到另一种事物的心理活动过程,是非常重要的心理活动。

消费者对一件服装发生了兴趣,看了价格,又观察了服装的质料,会联想到:这件衣服穿在自己身上的效果怎么样？这件衣服的色彩能与其他衣服相配吗？朋友或同事如何评价？……这一系列心理活动，即属于消费者的联想心理，如图 6-7 所示。

图 6-7　消费者联想示意图（霍旭欢绘制）

一些好的宣传语常常产生优美或者幽默的联想。例如，美发店的广告语"好心情从头开始"，女性美体产品广告语"做女人挺好"，人们看过之后，心里微微一动，愉快或幽默的联想油然而生。

比联想再复杂一些的心理活动是想象。想象是对于已经记忆或正认知的事物形象进行再加工、再创造的心理活动过程。联想的过程可能会想象，想象的过程也可能会联想，除了特殊的研究要求，一般不对联想与想象作严格区分。

消费者的联想过程，将商品与自我形象联想在一起，想象使用、消费这种商品的效果，这种心理活动称为消费者的"自我比拟"，是消费者做出购买决定之前比较普通的联想心理表现。

消费者的心理与生理特点会影响自我比拟的效果，营销环境对消费者的自我比拟也有一定的引导作用。例如，购买西服的消费者自己比较喜欢浅色的风格，在设想自己的工作环境时，会联想到穿浅色西服去见客户是否适合？如果老板有不同的理解，自己怎么去解释？理由想清楚了，购买决定也就清楚了。因此，自我比拟的结果影响消费者最终的购买行为。

联想、想象或自我比拟，可以由当时的情境引起，也可以由内心的回忆等方式引起。在消费者心理的研究中，重视注意、感知等外部因素所产生的联想，因为这些外部因素可以通过营销策略或营业环境加以控制，可以引导消费者形成有益的联想，为消费者创造美好的回忆，为将来的联想提供基础。

消费者会将自我形象与品牌联想联系在一起，例如，这个品牌的使用者是什么样子？这个品牌的个性是什么？一些消费者常常用品牌个性来构建自我形象、强化自我形象或表达自我形象，以满足自我表达的需要和社会对自我的认同的需要。消费者头脑中将自我形象与品牌联想连接起来的关系，称为自我—品牌联系(self-brand connection，SBC)。当消费者以特定品牌来构建自我、表达自我时，消费者通常是喜爱这个品牌，也是对这一品牌的忠诚，更愿意对该品牌进行正面的口碑传播。因此，较高的 SBC 有助于企业提升品牌资产、提高顾客忠诚度、增加正面口碑。如果消费者对某品牌的联想越丰富和强烈，消费者头脑中会建立强烈、积极、独特的品牌联想，这是建设品牌资产的基础。

一、 联想的一般规律

联想是心理学家较早研究的一种心理现象，迄今为止，已经总结出的一般性的联想规律有四种，即接近联想、类似联想、对比联想、因果联想。以下介绍这四种联想规律及其在商业中的一些应用。

1. 接近联想

由于两种事物在位置上、在空间距离上或在时间上比较接近，认知到第一种事物时候，很容易联想到另一种事物。上午到了 11:30 左右人们一般会想到要吃中午饭了；到了王府井大街，会想到新东安市场、北京市百货大楼等，这是接近联想。

2. 类似联想

两种事物在大小、形状、功能、背景、时间等方面存在类似之处，认知到一种事物的时候会联想到另一种事物。例如，邻居给小孩买了漂亮的旅游鞋，一位母亲消费者会联想自己是否也要给小孩买一双；同事、邻居的家庭装饰整洁流畅，联想到自己是否应该聘请专业装饰公司把关，让室内装饰体现自己的风格等。

3. 对比联想

两种事物在性质、大小、外观等方面存在相反的特点，人们在认知到一种事物时会从反面想到另一种事物。在大城市生活的居民经常面临交通阻塞这样头痛的问题，有些房地产广告就从这一角度出发，引导消费者设想没有交通烦恼的美好景象，如果顾客购买了他们的房产，会避免在大城市经常要面对的交通烦恼。

4. 因果联想

两种事物之间存在一定的因果关系，由一种原因会联想到另一种结果，或由事物的结果联想到它的原因等。"为什么海狸先生具有这样坚固的牙齿？""因为它用了全新的高露洁牙膏。"因果联想直接说明使用这种产品的好处，这种方法在营销策略中经常使用。

除了上述四类联想规律之外，实际上还存在大量的"特殊联想"，即由一种事物联想到另一种事物的时候，不是按以上的规律进行，事物之间不存在上述的关系，而是由消费者经历的特殊事件造成的，消费者遇见一种事物时会联想到另一种事物。例如，消费者在商店里受到服务人员的热情服务，以后只要遇到类似的服务，就会联想到那位服务人员。消费者买了一种电子增高器，原来想通过这种产品来刺激身高增长，没想到这个伪劣产品把自己的皮肤给烧坏了！以后消费者一见到这个广告就会联想到自己痛苦的经历。

在商业环境设计中，通过优美的营业环境给顾客创造特殊联想是一种重要的经营策略。营业环境里一些特殊的事件给消费者留下美好的记忆，消费者会对这种营业环境长时间保持良好的印象。例如，营业空间宽敞、顾客购物方便，营业环境温度适宜、购物过程感到非常舒适，服务人员不卑不亢、礼仪大方得体，商场定期的优惠折扣等，会给顾客留下良好的记忆和积极良好的联想。

二、 消费者联想的主要表现

（一）色彩联想

由商品、广告、营业环境或其他各种因素给消费者提供的色彩感知，联想到另一些事物的心理活动过程，称为色彩联想。色彩联想在人们日常消费行为中表现得十分普遍。

色彩联想包括空间、温度、重量等方面产生的不同联想形式，有人还提出过色彩在气味等方面产生的联想。

同样的空间环境，因为色彩不同而产生空间大小的差异感，这就是色彩的空间联想。暖色调一般给人们联想的空间要略为小一些，而冷色调给人们联想的空间要稍微大一些。红色、粉红色、橙黄色等颜色，给人产生空间上略微的压缩感；蓝色、淡绿色等，给人产生空间上略微扩大的感觉。

不同的色彩会使人们联想到不同的温度，是日常生活中较熟悉的现象。色彩系列主要分为暖色和冷色，这本身的含义就是指色彩可以产生温度方面的联想。暖色调包括红色系列、橙色系列、黄色系列以及一部分紫色色调；冷色调主要包括白色、黑色、灰色、绿色系列、青色系列、蓝色系列等。

不同的色彩会使人们联想到不同的重量感。按色彩的"重量"从大到小排列，其顺序是黑、红、蓝、绿、橙、黄、白。黑色给人们的联想重量最重、压力感最大；白色给人们的联想重量最轻、压力较小。因为色彩在重量上联想不同，曾经给产业工人带来不同的感受。1940 年纽约码头工人举行大罢工，原因是所搬运的箱子为黑色，工人们觉得每一箱都那么沉，后来在心理学家的建议下，将黑色的箱子漆成绿色，每一箱的重量没有什么变化，但工人的不满情绪却得以平息。

色彩联想会影响人们对时间的知觉。科学家的研究表明，如果在一间没有窗户，壁纸和家具都是红色的房间度过 2 个小时，就会感觉像过了 4 个小时；而在蓝色的房间过 2 个小时，则感到好像仅过了 1 个小时。人的体温也会因室内颜色的变化而变化，如果从红色的房间移到蓝色房间，人的体温就会下降。

除上述色彩联想外，色彩还会让人产生特定事物的联想。例如，红色使人们联想到战争、火热、革命、兴奋等，这些联想既包含一定的心理学规律，也包含了社会生活中的习惯或约定俗成，并通过各种形式将这些色彩联想的约定俗成不断地传播、继承下去，这种联想规律可以称为色彩的"象征意义"。这些色彩与联想的事物并不具有绝对的对应关系，但在各种艺术表现形式中具有一定的普遍性和通用性。表 6-2 是克拉因色彩感情价值表,它从艺术表现的角度总结了色彩的客观联想、生理联想、具象联想与情绪性联想。商业艺术设计可以此作为参考。

表 6-2　克拉因色彩感情价值表

色调	客观联想	生理联想	具象联想	情绪性联想
红	辉煌、激烈、豪华、跳跃(动)	热、兴奋、刺激、极端	战争、血、大火、仪式、长号、小号、罂粟花	威胁、警惕、热情、勇敢、庸俗、气势、激怒、野蛮、革命
橙红	辉煌、豪华、跳跃(动)	热、兴奋、烦恼	最高仪式、小号	暴躁、诱惑、生命、气势
橙	辉煌、豪华、跳跃(动)	兴奋(轻度)	日落、秋、落叶、橙子	向阳、高兴、气势、愉快、欢乐
橙黄	闪烁、豪华(动)	温暖、灼热	日出、日落、夏、路灯、金子	高兴、幸福、生命、保护、营养
黄	闪烁、高尚(动)	灼热	东方、硫黄、柠檬、水仙	光明、希望、嫉妒、欺骗
黄绿	闪烁(动)	稍暖	春、新苗、腐败	希望、不愉快、衰弱
绿	不稳定(中性)	凉快(轻度)	植物、草原、海	和平、理想、平静、悠闲、道德、健全
蓝绿	不稳定(静)	凉快	海、湖、水池、玉石、玻璃、铜、埃及、孔雀	异国情调、迷惑、神秘、激烈
蓝	静、退缩	寒冷、安静、镇静	蓝天、远山、海、静静的池水、水、小提琴(高音)	灵魂、天堂、真实、高尚、优美、透明、忧郁、悲哀、流畅、回忆、冷淡
紫蓝	静、退缩、明显	寒冷(轻度)、镇静	夜、教堂窗户、海、竖琴	天空、庄严、高尚、公正、无情
紫	阴湿、退缩、离散(中性)	稍暖、屈服	葬礼、死、仪式、地丁花、大提琴、低音号	华美、尊严、高尚、庄重、宗教、帝王、幽灵、哀悼、神秘、温存
紫红	阴湿、沉重(动)	暖、跳动的、抑制、屈服	东方、牡丹、三色地丁花	安逸、肉欲、浓艳、绚丽、华丽、傲慢、隐瞒

消费者所使用的商品色彩象征着使用者的个性或性格,这也是色彩象征意义的一种表现形式。例如,在服装消费方面,红色服装容易让人产生活泼、可爱等方面的性格联想;白色服装或素色服装容易让人产生清洁、矜持等方面的性格联想。当然,这种色彩联想不存在真正的对应关系,消费者实际的个性特点是什么样子,还需要从其他方面来了解。但是这种色彩个性联想的存在,为人们选择商品的色彩提供了重要的参考,人们可以按照商品色彩的联想来挑选服装、使用色彩包装。如果社交活动需要表现活泼、开放的形象,可能使用暖色调服饰打扮;如果需要表现稳重、传统的形象,可以使用深色调或素雅的服饰打扮。

(二) 音乐联想

音乐联想是音乐欣赏中的重要心理活动。

音乐作为营业环境中的促销手段,音乐的内容、音响质量会给消费者不同的联想效果。

　　音乐联想虽然很重要,但我国在这一领域的研究仍然十分薄弱,商业单位基本上忽视了这个问题。同时,由于音乐联想本身的复杂性与主观性,不如色彩联想那样具有容易识别的特点,致使音乐联想的研究一直停留在现象描述阶段。

　　音乐联想主要分三类,即音乐题材联想、音乐内容联想、音响效果联想。

　　音乐题材一直是一个非常模糊的概念,例如,有人认为音乐题材包括通俗音乐、严肃音乐等,也有人认为音乐题材包括古典音乐、民族音乐、流行音乐等,这些概念在音乐界一直没有统一的划分标准。

　　通俗音乐容易让人产生亲切、开放、轻松的联想,容易兴奋人的情绪;严肃音乐,尤其是古典音乐中比较严肃的音乐,给人高雅、和谐、稳重、博大以及艺术欣赏性比较高、艺术气氛浓等联想。相对而言,古典音乐容易稳定人的情绪,激发内在的动力。

　　音乐内容的联想是一个比较主观的问题,学术上的争论从来没有停止过,也没有统一的答案。除少数音乐内容具有鲜明的个性与明确的内容标定外,大部分音乐的内容具有主观性、情绪性、模糊性的特征。例如,贝多芬《月光》奏鸣曲的第一段,容易给人平静、水面波光粼粼的联想,而到了第三段,音乐的情绪激昂,让人既可能联想到大海的滚滚波涛,也可能联想到快速奔跑的人群等;中国名曲《春江花月夜》,既可能让人联想到春天的夜晚,江水流畅、簇簇花锦的景象,也可能令人联想到落花流水、忧愁无奈的景象。如果音乐中有明确的语言提示,如歌词、念唱等,人们对音乐的理解和联想会容易一些。

　　音乐内容在联想上的模糊性给商业方面的应用增加了难度,但在实际工作中,人们并不仔细考虑这个问题,营业环境中的音乐只要在情绪上比较接近当时的营业气氛就算成功了。

　　音响效果的联想比较简单。从音量上讲,一般营业环境的音量越大,越显得气氛热闹,但也容易造成大众化、低档化的联想,并且会造成一些消费者的烦躁情绪,尤其是大部分的老年消费者和女性消费者对大音量存在反感情绪。音量较小,给人的联想是这种营业环境有情调、气氛高雅,人们的情绪比较容易稳定,购物心情相对从容。

　　音响效果的联想还取决于音响器材的质量,高级的音响器材是营造优美音响的必备条件。国内企业在音响运用方面,普遍存在使用劣质音响器材,器材功能不匹配、保真度差、损坏之后不及时维修等现象。音响质量较差,难以传播美妙音乐的神韵。

（三）象征符号的联想

　　象征符号是人们逐渐积累的、具有典型特征并代表某种事物相应含义的标志性记号。

　　象征符号主要是指视觉方面,如"✌"代表和平,"⚡"表示闪电,"🔊"代表声音,"✈"代表飞机,"▦"代表统计图表等。在华人社会里,"8"让人联想到发财,"9"让人联想到长久;在基督教文化中,"13"代表不吉利的数字。所有这些象征符号是人们长期的社会文化的积累,并形成了相对固定的象征意义。许多人一看到这些符号,会立即理解它的含义。

　　人们对象征符号的联想有可能影响商业的利益,例如,在国内电信市场,有些通信机器的数字号码会让人产生顺利、吉祥之类的联想,由此抬升了这些号码的销售价,为电信产品经销商创造了垄断利润,如图 6-8 所示。当然,这种现象是否具有普遍的意义,还要依据具体情况而定,愿意选择实惠而不考虑这些联想或象征意义是消费者的常态。

全部号码		卡费/话费	订购		全部号码		卡费/话费	订购	
18	2188	¥5400	+收藏	订购	18	1588	¥6075	+收藏	订购
13	7678	¥5411/30	+收藏	订购	18	1111	¥7920/22000	+收藏	订购
13	0000	¥5130	+收藏	订购	15	1529	¥5130	+收藏	订购
15	1638	¥5130	+收藏	订购	15	6766	¥5141	+收藏	订购
13	8000	¥5292/21	+收藏	订购	18	5527	¥5292	+收藏	订购
15	0550	¥5400	+收藏	订购	15	1551	¥5400	+收藏	订购
15	2002	¥5400	+收藏	订购	15	3003	¥5400	+收藏	订购
15	8355	¥5400	+收藏	订购	13	8000	¥5670	+收藏	订购
13	0297	¥6129	+收藏	订购	13	1390	¥6480	+收藏	订购
13	7666	¥6600	+收藏	订购	13	0666	¥6600	+收藏	订购
13	3777	¥6600	+收藏	订购	13	0777	¥6600	+收藏	订购
13	2777	¥6600	+收藏	订购	13	7666	¥6600	+收藏	订购
13	1986	¥6600	+收藏	订购	13	1986	¥6600	+收藏	订购
15	5777	¥6600	+收藏	订购	18	6006	¥6600	+收藏	订购
15	2777	¥6600	+收藏	订购	15	3777	¥6600	+收藏	订购

图 6-8 数字联想影响电信产品的商业价格

少数情况下也有听觉方面的象征符号,如英特尔公司的电视广告中,由四个音符组成的音乐形象一直在市场上传播,并向使用了英特尔公司产品的相关广告延伸,消费者一听到这个音乐形象,就知道是英特尔公司。

象征符号具有迅速传递固定含义的特点。现代社会中,人们接受了太多的信息,许多信息如过眼云烟、瞬间即忘,那些具有典型特征或者固定含义的信息具有传播方面的优势,在大脑里会迅速留下印象。现代社会信息传播的高速化与密集化,促进了商业设计者对典型形象与固定形象的偏好,其具体表现是,利用 CI 系统来统一企业形象与商品形象,用固定的标志作为企业形象与商品的象征符号,消费者一见到这些固定含义的标志,就会立即联想到这个企业与相应的商品。

(四)品牌形象的联想研究

品牌形象具有鲜明的个性,人们常常用拟人的方式来描述这些品牌个性,如人们描述一双运动鞋的时候,有人描述它"结实""价格合理""档次较高"等;也有的人描述说这种运动鞋让人"充满活力""是青年人的形象""符合潮流"以及"白领人员经常购买这种牌子"等。"充满活力""是青年人的形象""符合潮流"及"白领人员经常购买"等描述是拟人化的联想。

在消费者心理研究中,为了具体形象地表示品牌在消费者心中的形象,运用拟人化的研究方法研究品牌的特征,要求消费者把品牌看成是一个人的特征,对这一品牌形象进行开放性的联想描述。例如,把"摩托罗拉"品牌比喻为一个人,可能得到的描述是:"这是一个肚大腰圆的家伙,中年男子,年龄大约 50 多岁,穿黑色西装,美国人,大大咧咧但很精明,做事实在……"

消费者对于品牌形象的联想结果,是企业制定品牌形象的重要策略依据。如果这样的联想符合企业原有的形象计划,企业可以继续使用既定的形象方案;如果与企业的战略方针相差较远,企业需要投入大量的资源,改变当前的商品形象。

拟人化研究是消费者联想规律的运用,所得到的结果容易被企业理解,消费者也容易接受这种研究方法,并愿意配合研究工作的进行。

第七章　消费者动力

　　本章介绍消费者的需要和动机，包括消费需要和消费动机的类型、解释消费需要和消费动机的相关学说、影响消费需要和消费动机的内外因素等。

第一节　消费需要

消费需要是消费心理的一种心理倾向，是推动消费者进行消费的最普遍的内在原因。

在国内外的有关著作中，有人把需要（need）称为需求（demand）。这两个概念没有本质上的差别，但这两个概念的使用场合不一致。"消费需要"主要是指一种心理活动，这种心理活动会强烈地推动消费者去实现自己的行为，满足自己的需要。消费者的需要是否能够转化为最终的消费行为，还取决于内部因素和外部条件的作用。例如，市场上是否存在满足需要的商品，购物场所是否能够提供这样的商品，消费者是否具备相当的购买力，等等。"消费需求"是市场营销与经营管理等领域经常使用的概念。当市场上已经存在相应的商品，经营者正在考虑使用什么策略才能把商品推销出去的时候，更经常地使用"消费需求"一词。因此，"消费需要"一般来说是心理学上的概念，"消费需求"主要用于市场营销领域。

在心理学中，把需要解释为"人们体内不平衡而引起的一种心理倾向"。体内的不平衡引导人们向一定方向努力，去实施相应的行为并满足自己的需要。在细分消费需要的种类时，消费者的不平衡可以解释为生理上的不平衡与心理上的不平衡。生理上的不平衡导致消费者对水、食物以及冰箱、食品加工机器等商品的需要；心理上的不平衡导致消费者对美容化妆品、名牌服装、新奇物品的需要等。

需要可以分成许许多多的种类。由于需要的复杂多样性，不管是心理学还是其他学科，还没有关于需要分类的公认的、准确的标准。

消费需要离真正的行为还有一定的距离，消费需要与消费行为之间并不是一一对应的关系。一种消费需要可能产生一种消费行为，一种（或多种）需要才能促成多种（或一种）消费行为，这是消费者心理的复杂性表现。

一、需要的二分法与三分法

二分法有两种说法：一是把人的需要分为物质需要和精神需要两大类；二是把需要分为先天需要和后天需要两大类。

物质需要是指对具体有形的物质所产生的需要，主要是为了满足生理方面的不平衡，因此物质需要也可以称为生理需要。精神需要是指满足人的心理和精神活动的需要，如人的自尊、发挥自己的潜能、精神上的娱乐等需要。与物质需要相比，精神需要是更高层次的需要。

不管是物质上的需要还是精神上的需要，满足这两方面的需要都要依靠物质的或精神的手段，因此这种分类既不完整也不科学。

先天需要是指通过先天的遗传所得来的需要，也称为本能需要，如饥饿了需要吃饭、寒冷时需要穿衣、困了需要睡眠、成年男女对性生活的需要等，这些都是先天遗传而来的。先天需要具有普遍性，所有的人都具备这类需要，不同国家、不同民族、不同地区的人，先天需要是基本相同的。这些先天需要如果没有被满足，总是会驱使人们以各种方式去满足先天需要。满足先天需要是维持正常生理机能的前提，在先天需要得到相对满足的基础上，才能有足够的精力和体力去进行其他的行为活动，并满足更高层次的需要。"人是铁饭是钢，一顿不吃饿得慌"，形象地表达了生理需要对于日常生活的重要性和强大的驱动力。

后天需要是指人出生之后，在社会环境的影响下形成的带有人类社会特点的需要，如社会交往的需要、荣誉的需要、自我尊重的需要、自我表现的需要、追求理想的需要、完善自我道德的需要、美的需要等。

后天需要与先天需要的不同之处在于，后天需要必须在社会环境中通过学习、模仿等方式才能形成，每一个人的后天需要表现出相应的差异性（或个性），满足后天需要的方式及所消费的商品也是不同的，这种个性和差异性是消费者购买不同式样、不同商品的心理基础。

在实际生活中，先天需要与后天需要有时很难划分出一个明显的界限，先天需要与后天需要时常交叉在一起。就吃饭而言，事实上只有在食物供应极端贫乏的情况下，吃饭才是消除饥饿感的一种方式，而在正常的生活环境中，吃饭不仅仅是为了解决体内的饥饿感，请客吃饭还是人际交往的手段。有人消费药膳饮食，把吃饭与用药结合起来，满足生理需要处于其次，满足健康的需要才是主要目的。有人吃饭讲究特殊的仪式与规格，以彰显个人的身份，吃饭的用意在于自尊的要求等。在服装消费方面，人们也不仅仅是为了御寒、防暑，主要的目的在于美化自我形象。因此，先天需要与后天需要是紧密地联系在一起的，将复杂的需要分为先天需要与后天需要也是一种不完整的分类方法。

政治经济学中，引用马克思著作中关于需要分类的观点，把人的需要分为生存的需要、生活的需要、发展的需要三大类，社会生产也因此划分为三大类，即生存资料的生产、生活资料的生产、人类发展资料的生产。

作为一个具有生产能力的人要生存下去，必须具备最基本的生存条件，如一定的食物条件、一定的穿着条件、一定的居住条件等，这些条件都是人们生存的最基本的条件。生存的基本条件会随着人类社会文明程度的提高而提高。生活的需要即人们进行正常的社会交往、生活娱乐等方面的需要。相对于生存和生活需要而言，人们发展自己的需要显得更为重要，每一个人都会有一种要求，即尽量发挥自己的能力，发展自己的前途。满足发展自己的需要，必须有足够的生存条件和一定的生活作保障，否则满足发展的需要只会是一种空谈。

需要三分法简洁明了，符合日常生活中的用语习惯，至今仍被许多学者所引用。人们在考虑个人的前途时，首要的问题是个人的生存。在解决好了生存的问题之后，人们要解决好继续生存并生活下去的问题。只有生存与生活的问题得到了基本的解决，人们才有可能发展自己的前途，满足发展的需要。相对于真实复杂的"需要"而言，需要三分法也过于笼统，在市场研究或市场细分中的参考意义不大。

二、 马斯洛的需要层次学说

马斯洛（A. H. Maslow，1908—1970）是美国的社会心理学家、人本主义心理学的主要发起者，提倡用整体的观念看待人的动力。1968 年马斯洛当选为美国心理学会主席。他的"需要层次论"不仅闻名于心理学界，而且对其他学科和领域的研究产生了重大的影响。这里有必要详细介绍他的学说,从中分析他的思想对于消费者心理研究的启发。

（一）需要层次学说的主要内容

1960年马斯洛(见图7-1)在他的著作《动机与人格》中提出了需要的层次学说,他把人的需要分为5个层次,即生理需要、安全需要、归属和爱的需要、自尊的需要、自我实现的需要。这5个需要层次中排在前面的需要层次应该首先予以满足。1970年前后,马斯洛完善了他10年前提出的5个需要层次,认为人们还有"认识和理解的需要""审美的需要",并且把第一、第二层次的需要归为基本的需要层次。[①] 国内一些资料引用他的观点时,忽略了他修正的内容,这一点必须注意。

图7-1　心理学家马斯洛

马斯洛7层次需要分别介绍如下。

（1）生理需要。简单地说,生理需要就是人们日常生活中穿衣吃饭、解决温饱等类型的需要。生理需要是指维持人们体内的生理平衡的需要,如对水、无机盐的需要,对于温暖的需要,对于两性生活的需要等。当生理方面的需要没有得到满足时,生理需要是驱使人们进行各种行为的强大动力,当生理需要得到一定程度的满足之后,人们才会产生下一个层次的需要。

（2）安全需要。当生理需要得到了一定程度的满足之后,人们最需要的是生活环境具有一定的稳定性,有一定的法律秩序,不存在威胁生存的因素,也就是说,人们需要生活在一个有一定安全感的社会里,生活里有力量能够保护他,没有混乱、没有恐吓、没有焦躁等不安全因素的折磨。

（3）归属和爱的需要。在生理需要和安全需要得到一定程度的满足时,人们会强烈地需要自己的朋友,需要自己的心爱之人,需要亲人关怀等,即需要在一个团体中找到一种归属感,需要被人爱护。如果这种需要不能得到满足的话,人们会强烈地感到孤独、感到被抛弃,一种浪迹天涯的感觉涌上心头。在这种需要的驱使下,人们会去主动地结交朋友、寻找喜欢自己的人和自己所爱的人。

（4）自尊的需要。有了朋友和亲人之后,人们还需要朋友、亲人、其他人对于自我的良

---

① ［美］马斯洛著. 动机与人格［M］. 许金声,等,译. 北京:中国人民大学出版社,2012.

好评价。每个人都具有自尊自重的欲望,需要自己的实力和成就得到承认,需要自信,需要个人的自由和独立性,能胜任工作和任务,从社会上得到威信和荣誉。

(5)自我实现的需要。如果以上四个方面的需要得到较好的满足,就可能激发出一种最高层次的需要,即实现自我价值和发挥自我潜在能力的需要。在这种需要的驱使下,人们会尽最大的力量发挥自我的潜能,实现自我的目标,将自己的价值付诸行动。

(6)认识和理解的需要。即人们对于各种事物的好奇、学习、实验、尝试、探究事物哲理的需要,这是每个人都具备的一种基本需要。马斯洛从人们对安全需要的前提出发,推论出人们学习、探究事物的最终目的是获得生活和生存的安全感。洞察事物的奥秘、满足认识事物的需要是一种令人欢快幸福的过程,学习、探究事物奥秘的过程也是智者实现自我价值的一种方式。好奇是儿童的一种天性,儿童从他好奇的事物中得到最大的快乐。

(7)审美的需要。人们欣赏事物的对称性、秩序性、闭合性等美的形式,欣赏美的结构和规律性,欣赏行动完美的需要。人们对于美的需要也是一种基本的需要。

马斯洛解释了不同层次的需要是如何得到满足的,概括起来有如下要点。

不管是较低层次的生理需要,还是较高层次的自我实现需要,人们可能有一定程度的意识,也可能没有意识。

生理需要和安全需要是人们最基本的需要,一般来说,当最基本的需要没有得到满足时,这些需要会产生强大的驱使力,驱使自己去进行各种行为来满足最基本的需要。只有当这些最基本的需要得到了一定程度的满足时,其他高层次的需要才会出现。但是要满足最基本的需要即生理需要和安全需要,也还有一些前提作保证,如人们的言论自由、行动自由、获得信息的自由、防卫自由,以及所处集体的正义感、秩序和诚实。这些条件是满足基本需要的前提,如果不具备这些前提,满足最基本的需要也会出现威胁。

在前5个层次的需要中,低一层次的需要只要得到相对程度的满足,即可出现较高一层次的需要,较高一层次的需要只要得到相对程度的满足,也即可出现更高层次的需要。也就是说,低一层次的需要不必100%地得到满足即可出现高一层次的需要,只要得到了75%或者60%,甚至只要得到了50%的满足,即可产生更高一层次的需要。

某一层次的需要如果得不到满足,这种需要会强烈地驱使他进行各种行为,去满足这种需要,在这一需要未得到满足之前,这种驱使力就处于优势状态,又称优势需要。一旦需要得到满足,优势需要不再驱使人们进行相应的行为,即被下一层次的需要所代替。

需要满足有时有颠倒的现象,低层次的需要没有得到满足,也会直接出现高一层次的需要。有些才智卓杰的人甚至直接以满足自我实现这一最高层次的需要作为自己的人生目标。

从心理健康的角度讲,挫伤人的重要需要,尤其是最基本的需要或者与最基本的需要有关的需要,会导致严重的心理疾病。

(二)需要层次与消费市场

马斯洛所分析的7层次需要,必然要以具体的商品形式来满足,这个需要理论可以为我们分析消费市场提供一种参考思路。

满足生理需要所消费的商品,包括食品、饮料、服装鞋帽等。生理需要是人们最基本的需要,所消费的商品不仅数量大,而且具有永久性需要,商品供应必须绵延不断,这就为食品、饮料、服装等行业长久发展提供了潜力。

满足安全需要所消费的商品比较复杂,如为了个人安全而购买的自卫防身用品,为了保护家庭财产而购买的防偷防盗保安用品,为了得到人身与家庭财产的安全感而购买的人寿保险与家庭财产保险等,这些市场的规模都比较大。当然不同国家对于保安商品的消费有不同的法律要求,如中国不允许私人购买、收藏枪支用品,而美国等一些国家却允许私人购买、收藏枪支一类的保安用品。

归属与爱的需要反映在人们交朋结友、参与社交活动,以及赠送礼品、娱乐消费等方面。生活水平日渐提高,生活节奏越来越快,人际交往的需要更加强烈,这类商品市场的发展空间越来越大。

满足自尊需要而消费的商品,包括美化自我形象的美容化妆品、服装服饰品、名牌名贵商品、稀有商品等。这类商品必须具有这样的特点:一是知名度很高,消费者因为商品的知名度高而提升自我的知名度;二是购买与消费该商品的人数较少,消费者拥有这种商品之后显得与众不同、形象突出;三是商品的性质独特,消费者能从中获得一无二的体会。

马斯洛在描述自我实现者的特征时,认为这些人可能不在意所消费的商品,所消费的商品也可能具有独特性。例如,为了实现摄影方面的潜能,消费者必然购买与摄影有关的器材、用具等;为了发挥绘画方面的潜能,必须购买与绘画有关的材料。一些普通消费者购买专业性商品,多数是为了满足自己在某一领域的兴趣与爱好。

(三) 需要层次学说的启发

马斯洛使用了整体的、动态的方法来分析人的需要,虽然他的学说存在重大的缺陷,但他的闪光思想启发了后来的研究。

第一,他认为人的需要分为高低不同的层次,并且认为生理需要和安全需要是最基本的需要,这种划分方法符合人们的常识。他的观点也与我国古代思想家的一些思想不谋而合,"衣食足而后知荣辱",人们只有在满足了吃饭穿衣等最基本需要之后,才会考虑到自尊、自我形象一类的事情。人们对基本需要的满足并不是一次性消费行为,而是连续的日常生活行为。满足生理需要是人类社会生活最基本、最平常的组成部分,由此而形成的消费市场必须是长期的、稳定的,如果这个市场经常出现波动,会严重地破坏人们的正常生活。

第二,马斯洛提出的满足需要层次的动态过程,对于预测消费者行为并且进一步预测市场提供了一种参照。当人们的基本需要得到了一定程度的满足之后,高层次的需要必然会随之出现,必然呼唤满足高层次需要的商品,否则就会产生不满。例如,我国大部分消费者的基本需要已经得到解决,人们对于自尊、社会交往的需要就会增强,而事实上,我国许多消费者需要更丰富的娱乐形式,需要人与人之间更加和美的感情交往,这些需要给文化、娱乐、社会交往等市场的发展提供了契机。

马斯洛首开先河提出了自我实现的需要。特定的商品消费才能满足自我实现的需要,"发烧"级产品是满足消费者自我实现需要的典型形式。企业人员在制定营销策略时,应当尽量从满足自我实现这一角度出发,避免与常规市场策略的雷同。

马斯洛的需要层次学说对心理学、社会学甚至哲学等学科的影响很大。但是,这个学说的缺陷也很明显。第一,很难按照他的学说对不同层次的需要进行量化研究,如自尊的需要、自我实现的需要,什么情况下出现?什么条件下才能得到满足?第二,需要分类过于简单,后来的学者试图细化需要的类型,但是一直没有建立真正有效的分类。

三、 其他的需要分类法

有的学者提出,人的需要有5种,分别是功能性需要、社会性需要、情感需要、知识需要和情景性需要。学者贾尼丝·汉纳(Janice Hanna)提出,消费者有7种需要:自然安全、物质保障、物质舒适、被他人接受、他人的认可、影响他人、个人成长。

麦克高尔(McGuire)把人的需要与动机分为16类,其解释如下[①]:

(1)和谐的需要。人们希望自己在各个方面或各个细节之间保持和谐一致,在态度、行为、观点、自我形象、对他人的看法等之间相互和谐一致。和谐的需要是人们最基本的需要之一。

(2)归因的需要。人们需要知道是什么原因、什么人导致了面前这些事物的发生。有一种学说叫"归因理论",专门研究人们如何解释事物发生的原因。在市场营销中,厂商或销售人员向消费者传播各种信息,按照归因理论,消费者并不会将消费商品得到的利益全部归到商品身上,还可能归于其他原因。

(3)归类的需要。人们趋向于按照一定的方式将事物归类,归类的需要可以大大降低认知信息的付出。例如,人们会以10 000元作为归类标准,分出"万元以上"商品或"万元以下"商品,10 005元、17 009元等都归为万元以上,9 000元、7 909元等都归为万元以下。这种心理需要常常被用于心理定价策略。

(4)线索的需要。人们会根据一些线索或符号来推论自己的感觉与知识。着装是消费者建立自我形象的线索,一些企业也以服装形象标定企业的风格。

(5)独立的需要。因为自我价值体系的存在,派生出对独立的需要或自我控制的需要。营销者经常利用这种需要设计营销标语,如"做你自己想做的(Just do it)"(耐克的广告语)。

(6)好奇的需要。人们因为好奇的需要而寻找生活中的变化,这是消费者更换消费品牌或冲动性购买的原因。在一种稳定的生活环境中生活时间太长,人们会感到一定程度的乏味,好奇的需要会促使人们寻求生活中的变化并获得新的满意。在旅游市场,营销者根据这种需要将市场细分为"探险型"与"轻松型"两类。

(7)目的的需要。以最终目的为导向,驱动或强迫自己向着渴望的目标前进的需要,人们常常以电视、电影、图书等大众媒介为参照,检视自己的目的。

(8)功用的需要。通过获取信息或学习技巧以解决问题的需要,如通过观看广告学习服装风格、生活品位等知识,从销售人员身上了解市场的变化等。

(9)自我表达的需要。向他人表达自我的需要,人们需要让他人知道自己的情况、会做出什么行为等。在服装、小汽车等产品的购买中,产品本身具有符号特征,能代表购买者的身份或个性。

(10)自我防卫的需要。人们有保护、防卫自我或自我形象的需要,当外部因素影响、威胁自我及自我形象的时候,人们会采取相应的行为或态度。在消费方面,人们通过购买著名

---

① [美]德尔·霍金斯,戴维·马瑟斯博. 消费者行为学(第12版)[M]. 北京:机械工业出版社,2014.

品牌以防止自己的角色被他人误解。

(11) 减压的需要。日常生活和工作中有不同的紧张或压力,消费者有寻求释放压力的需要。

(12) 自我强化的需要。曾经做出的行为获得了奖赏或回报,这些奖赏或回报会强化人们的行为,即自我强化的需要。家具厂商以这种方式激发消费者的需要,如"走入房间,你会立刻陶醉在朋友们的兴奋与赞许之中",通过朋友们的赞美来强化购买家具这种消费行为的价值。

(13) 自尊的需要。很多人希望成功、荣誉、有控制力的心理需要,以获得别人对自己的尊重。

(14) 自我标榜的需要。通过自己的行为获得他人夸奖的需要。这种人在商品购买中,一旦购买了不满意的产品,更倾向于抱怨他人以维持自我形象。

(15) 归属的需要。人们需要友好、互助的人际关系,能被他人接受、分享他人的情感的需要。消费群体的分类方法中也参考了这种心理上的需要,有些消费者在选择品牌时,倾向于与该群体保持一致以维持这种归属感。

(16) 模仿的需要。模仿他人的行为是消费者的一种需要,儿童正是依靠这种需要,从榜样那里学习消费方式而成长为真正的消费者。劳力士的广告说,"阿诺得·帕尔曼拥有劳力士",这给消费者一种暗示,你也应该学学他戴一块这样的手表。

麦克高尔的需要分类与市场细分中的概念结合紧密,应用起来具有较大的参考意义。例如,在市场细分中,我们把消费群体分为"领导型消费者""追随型消费者"和"保守型消费者",其依据是消费者对于榜样具有不同层次的需要。按照自我表达的需要,我们把消费群体分为"极力表达型""中度表达型"和"隐蔽型"等,这种分类对于服装市场的设计风格选择具有参考价值。麦克高尔的分类显然比前面的分类更实用。

第二节　消费动机

消费动机(简称动机)是消费者购买并消费商品时最直接的原因和动力。本节讨论消费动机的特点、消费动机类型以及消费阻力。

一、消费动机推动行为

相对于前面介绍的消费者需要,消费动机的表现更为明确清晰,它是消费行为之前的直接推动力。例如,购买手机的顾客,到了消费动机阶段,就会考虑买什么牌子、什么外形、什么颜色、什么质感、什么功能、什么价位的手机,这些考虑指向商品的具体属性。消费动机推动消费者进行行为化表达,因此研究消费动机可以为经营管理提供更加直接、更加有效的决策依据。

当消费动机推动消费行为的时候,有时一种消费动机直接促成一种消费行为,有时一种动机促成多种消费行为,有时多种动机促成一种消费行为。

人们在饥饿、口渴等状态下,主导动机一般只有一个,即尽快地摄取食物或水分,满足消除饥饿与口渴的生理需要,所促成的消费行为即直接购买食品或饮料。在这种情况下,消费动机促成一种消费行为(如图 7-2 所示)。

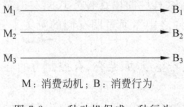

M:消费动机;B:消费行为

图 7-2　一种动机促成一种行为

稍微复杂一点的消费行为,动机与行为之间出现多重关系。对于喜爱高品质音乐的消费者而言,可能表现出一系列的购买行为:他们必然购买大量的激光唱片,购买一套质量较好以至于顶尖级的音响播放器材,如播放机、功率放大器、高保真音箱等,还会购买特殊的电线,专为欣赏高质量音质所用的插线板、插头、特殊的电子元件等,后一类商品虽然属于小件商品,但也形成了一个庞大的音响配套产品市场。这种情况即属于一种动机促成多种消费行为(如图 7-3 所示)。

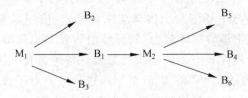

图 7-3　一种动机促成多种消费行为

已经发生的消费行为还可能继续激发下一步的消费动机,进而促成更多的消费行为。

多种消费动机促成一种消费行为的情况也比较常见。其原因有可能是消费者的购买条件受到限制,如工作繁忙、购物时间很少,多种动机无法实现,只有集中时间消费,由一种行为来满足多种消费动机;也可能是消费者受经济能力所限,只能实现一种或少数动机,如一位消费者既要买房子又要买汽车,还要给子女上学找一个好学校,最后只好满足了给子女找一所好学校的需要,三种消费动机只能实现一种消费行为(如图 7-4 所示)。

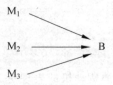

图 7-4　多种动机促成一种消费行为

(一) 消费动机的特点

消费者动机具有以下 7 种特点。

(1) 明确的目的性。消费者头脑中一旦形成了具体的动机,即有了购买商品、消费商品的目的。

（2）明确的指向性。消费者对即将购买的商品有明确清楚的要求,这种指向性对于不同的商品类别是各不相同的,要依每一类商品的具体属性来分析。

（3）自觉主动性。动机的形成可能源于消费者本人,如需要、消费兴趣、情感导向或消费习惯等,也可能源于外部因素的激发,如广告的宣传、购物场所的提示等。消费者有了购买商品的明确目的后,会主动自觉地搜集商品信息、支付购买费用、体验商品的属性、享受商品的价值。

（4）强大的动力性。在动机的支配下,消费者会主动自觉地做好购买准备,克服购买过程的困难,在强大的动机支配下,追求自己所希望的体验,满足不同形式的需要。

（5）动机的多样性。动机直接指向商品的具体属性,每位消费者因个性不同而形成不同的消费动机,面对不同商品消费者会表现出动机上的差异,在不同情境或不同场合下,消费者的动机更是千差万别,这都是动机的多样性表现。例如,服装消费中,消费群体的动机类型可以有上百种,消费者个体的动机也会达到10～20种。动机的多样性为不同商品的定位提供了心理基础。

（6）动机的组合性。即消费者购买一件商品,可能出于多种消费动机,每一种动机所起的作用不一样,这种现象称为消费动机的组合性。当前购买平板电视的消费者可能有这样的动机组合:一是宽屏高清效果;二是电视上网冲浪功能;三是电视节目点播回放功能;四是网络视频通信功能等。

动机的组合性存在于各种商品消费中,只不过动机组合有多有少。找出消费者多种动机的组合并分析每一种动机的重要性,是商品定位的研究内容之一。当前的市场研究方法中,已经有比较成熟的技术分析消费动机的组合及其重要性排序。

（7）动机的演变性。随着时间与社会环境的变化,消费动机会出现演变与发展。例如,我国改革开放初期,居民食品消费动机以追求食物中蛋白质的含量、食物热量等为主。随着生活水平的提高,消费动机演变为追求食物的花色和品种,即丰富菜篮子的问题。生活水平进一步提高,消费动机又演变为追求营养平衡、绿色健康的食品结构。通信产品的消费动机演变十分明显。20世纪90年代,消费动机是以"拥有"通信产品为主。随着竞争品牌大量进入市场,消费者要求通信产品具有"多功能"与"高质量"。通信产品迅速成熟、质量稳定之后,消费者动机转向"造型美观漂亮""色彩协调""小巧方便""手感合适"等。当互联网发展成为一种渗透性极强的载体之时,消费者对通信产品要求包括"上网""专业照相功能""娱乐功能""办公文档处理""与笔记本电脑协同办公功能"等。

在消费动机的演变过程中,有两大因素起主要的推动作用:一是外部的客观条件,如社会环境变化、风俗变化、技术进步、商品性能发展等;二是消费者自身的需要在不断地发展变化,进而引起消费动机向前演变。企业营销人员必须从发展的角度来研究消费动机,必须避免以过去的眼光代替对当前市场认知的做法,克服主观臆想、不做调查研究的盲目决策,否则市场会迅速淘汰那些反应迟缓的企业。国内通信产品、服装产品等市场的发展有力地证明了这一点。

二、 消费动机的类型

人们购买消费商品时,最基本的、普遍存在的原因和动力,称为基本动机。人们购买消费商品时,最主要、最直接的原因和动力,称为主导动机。

例如,消费者购买食品的最终目的是满足生理上解除饥饿的需要,为了补充体内能量的需要,平衡体内营养的需要等。而当消费者在购物场所选购某一品牌的食品时,他可能是出于这种食品的包装漂亮、品质鲜嫩、食品味道正符合他的期望、价格正符合可接受的范围等原因。由于包装漂亮、价格可接受等原因而购买食品属于基本动机,这些动机在其他商品的消费中也普遍存在。解除饥饿、补充人体内能量、平衡体内营养的需要,以及这种食品鲜嫩、正合口味的特性,是消费这种食品最直接也是最主要的目的,是其他商品很难替代的特性,具有独特性。这些原因或理由属于消费者的主导动机,因此消费者的主导动机必然与商品的具体特性相联系。

消费者的基本动机和主导动机并不是固定不变的,像追求美的动机,既可以表现为基本动机,如图书的装帧漂亮、家用电器外观美观,也可以表现为主导动机,如服装、鞋帽、首饰、箱包商品的整体美观。不同消费群体其主导动机与基本动机也可能出现转换,如服装市场中,农村消费者的主导动机是结实、耐用、大方,而城市消费者的主导动机是式样美丽、舒适、品牌效应等。在不同的社会生活时期,同一类商品的动机还可能出现演变。

(一) 基本动机

以下介绍消费者的基本动机,这些动机出现在大部分商品的消费中,包括方便型动机、美感动机、低价动机、表现动机、健康动机、安全动机、储备动机、习惯动机、留念动机、馈赠动机、心理平衡动机等。

1. 方便型动机

方便型动机是指为了减少体力与心理上的付出而出现的消费原因。例如,每天做饭是一件很麻烦的事,人们购买电饭锅、电饭煲一类电器以减少做饭的麻烦;家庭需要装饰,自己不愿意动手而请人代劳求得方便;在观赏电视节目的时候,人们不愿意去按动电视机上的开关,要使用遥控器一类的东西挑选节目等。

方便型消费动机可以分为三类:一是商品具有方便消费者使用的功能,减少操作使用中的麻烦,如电饭锅、方便面、电器上的遥控装置等。有些日用品为了方便消费者的使用,做到了一次使用即扔掉的地步,减少消费者清洗与维修的麻烦,如抛弃性隐形眼镜等。穿戴技术与虚拟技术的发展必将形成极为方便的随身操作功能。二是商品可以减少或减轻消费者的劳动强度,节省体力,如家庭装修、家庭服务、家庭运输等,与家庭服务有关的劳务消费均出自这种动机。三是可以方便消费者的购买,减少购买过程中的麻烦,如快递送货上门服务、个人直销服务、电话直销服务等。

2. 美感动机

美是生活的一种重要的价值尺度,追求美感是一种重要的消费动机。

美感动机主要有两种表现:一是因为商品本身存在客观的、美的价值,如各种艺术水平较高的艺术品、工艺首饰品以及艺术表演、展示等,这类商品能给消费者带来美的享受和美的愉悦,消费者在消费过程中体验到了美感,满足了美的需要,消费者的主导动机与基本动机是一致的。二是商品能为消费者创造出美和美感,如美化自我形象、美化生活环境等,色彩适宜、式样合体的服装能美化穿着者的形象,家庭装饰用品能美化个人的居住环境等,美容化妆品能够美化并改善个人形象,即均出于美的消费动机。商品的外包装漂亮精美、商品的造型与质感具有美感,购物后这些美的因素也能给消费者营造美感的环境与气氛。

3. 健康动机

消费商品的原因在于保证或维护身体的健康。

人人都有追求健康的动机,并因此消费大量的与保证健康有关的商品,包括医药品、保健品及健身用品。医药品作为治疗疾病的商品,已经形成了非常巨大而严格的市场。保健品市场不像医药品市场那么严格,消费者可以自由地购买,使用起来也比较方便,一般不需要医生的指导。健身用品市场的发展越来越快,健身商品的品种日趋丰富和完善,花样也越来越多,这与生活水平的提高有直接关系。

4. 安全动机

安全动机是为了安全而消费、购买商品的一种消费动机。

消费者的安全动机主要有两种表现形式:一是为了人身与家庭财产安全,消费者需要购买相应的商品来得到平安、防止危害性的事情发生,如购买防卫性保安性用品、购买保险服务等,即属于这种类型,在这类消费中,其主导动机与基本动机也是一致的;二是在使用商品的过程中,希望商品的性能安全可靠,如电器商品的绝缘性能好、全自动的完全防护性能等。

我国现阶段市场上的伪劣商品仍然不少,许多电器商品的安全性能需要继续提高,以提高消费者的安全感。

5. 表现动机

表现动机是消费者通过购买商品来达到宣扬自我、夸耀自我的一种消费动机。

这种消费动机因个性不同而出现较大的差异性,有些消费者的表现动机十分微弱,有些消费者的表现动机十分强烈。购买名牌名贵商品、稀有商品、顶级极限商品、价格惊人的商品等是满足表现动机的重要方式。有人认为,这种动机对于逐渐脱离贫困状态的中国市场有一定的积极意义,是促进市场繁荣的因素之一。当然这种动机也有不良的影响,有些消费者以古怪、荒诞的方式来满足其表现自我的目的,对社会风俗影响不好,如个别人通过食用受保护的稀缺动植物、食用没有任何营养价值的黄金筵席等消费方式来表现自我,对市场、对社会的积极意义不大。

6. 低价动机

低价动机是消费者追求商品低价格的一种消费动机。同样的商品牌子、同一商品种类,在商品质量、功能、外观相似的情况下,消费者会尽量选择价格最低的那一种商品。低价消费动机是较为普遍的一类动机,如果没有其他强大的动机对消费者起支配作用(如习惯型动机),消费者普遍存在追求低价的动机,愿意少花钱买到好东西。正因为这种动机具有普遍性,低价定位策略一直是市场营销中十分有效的一种策略。

7. 好奇动机

好奇动机是寻找事物发生原因的一种消费动机。这种动机既表现在消费行为中,也表现在日常生活的其他方面。

好奇来自天性。当人们对于面前的事物不理解、觉得新鲜有趣奇怪的时候,人们想要了解它、理解它、尝试它的好奇之心就产生了。能够促使消费者产生好奇并且激发购买愿望的商品,是那些外观新奇、功能奇特,或者给消费者意想不到的体验的商品。新奇的娱乐性商品、新奇的玩具商品,都可以激发消费者的好奇动机。旅游市场是满足人们的好奇动机而形成的最大的服务行业,旅游既可以放松身心,又可以体会自然风光与人文景观带来的乐趣。

好奇型消费动机虽然普遍,但好奇动机难以长时间保持下去,这与人们的感觉适应性密切相关,好奇之心得到满足之后,容易产生心理适应和疲劳,好奇之心开始向新的体验转移。这种心理现象对于市场开发和市场维持具有重要的警示意义,任何商品如果难以不断地满足顾客的好奇之心,商品的生命力也就会被打上折扣。

8. 习惯动机

购买商品的原因在于消费者长期形成的消费习惯,这是十分重要的购物动机。有些消费者对特定的品牌保持稳定的消费习惯,有些消费者对特定的商品类型保持稳定的消费习惯,有些消费者对商品某种特性、某种外形,甚至某种色彩保持特定的购买习惯。

9. 储备动机

消费者因为储备商品的价值或使用价值等原因而购买商品。前者如消费者购买金银首饰品、名贵工艺品、名贵保值的收藏品进行保值储备,这类商品的价值比较稳定,不仅能保持原来的价值,而且在收藏期间可能出现增值。后者是在市场出现不正常的状态、求大于供的矛盾激化、社会出现动乱的时候,消费者储备商品以应付市场上的矛盾或社会上的动乱。例如,物价将上涨的谣言四起时,一些消费者不考虑自己的消费能力而储备商品;社会出现动荡不安定的因素时,人们储备商品以应付社会的不安定及动乱。

储备动机受市场诱导的影响较大,利用宣传手段来引导消费者并进行合理的储备是完全可能的,这对于稳定特定的市场也是有必要的。例如,国内艺术品市场的开发,需要强化消费者的储备意识。但是,也要防止不法分子以种种谣言来兴风作浪、乘机倒买倒卖、哄抬物价,扰乱正常的市场稳定。

10. 留念动机

留念动机是消费者为了记下特定的气氛、记录特定的情景、留下回忆等产生的消费动机。这种动机对人们的生活意义重大,它延长了人们精神生活的空间,尤其是那些美好的纪念增添了人们乐观生活的情趣。日常生活中有许多消费方式是出于这种消费动机的,如结婚纪念照、纪实摄影录像等服务,生日、节日、假日或毕业纪念礼品的销售等,旅游市场的纪念照、纪念品、纪念标志物消费与这种消费动机密切相关。

留念型消费市场的开发潜力很大,除了热闹的结婚留念、生日留念、旅游留念等消费市场,记录与保存日常生活情景的配套市场与配套商品也在高速发展,数字影像技术的发展(如数码手机、数码相机、摄像机等),网络存储、云存储手段的成熟,极大地扩展了人们存储数码影像的空间,方便了人们对日常生活情景的记录与保存。数码技术的发展不仅丰富了人们的精神生活,而且改变了人们的时间观念和历史观念。这类市场的发展与作者 10 年前的预测完全一致。

11. 馈赠动机

消费者购买商品不是为了自己消费而是为了馈赠他人。这种现象在人情观念浓重的中国十分普遍,在其他国家或民族,这种消费动机也是比较常见的。馈赠是为了表达一种情感、增进双方的友谊,或为了纪念一件事情,或出于一种风俗习惯,或为了某种利益交换等,因此馈赠商品的挑选和购买标准是各不相同的。为了表达情感增进友谊,馈赠商品的实用价值与质量、外观一样重要,而为了纪念一件事情或出于一种风俗习惯,馈赠商品的象征意义与外观显得更为重要。

由于我国的法制体系还存在一些不完善之处,国内馈赠型行为蕴含了不少腐败现象,这是消费者心理研究中需要注意的问题,我们提倡健康、合理、合法的馈赠消费,反对一切形式的腐败消费。

12. 补偿动机

过去的消费动机不能转化为现实的行为,经过一定时间并且具备了相应的消费条件之后才出现的消费动机即补偿动机。消费动机出现之后,有些动机是以购买商品为最终目的并得以实现,有些动机被消费者本人压抑而不能很快地实现(压抑消费动机的原因有多方面,在后面再作分析),后来有条件实现这些消费动机时,消费者可能购买以前动机所指向的商品。

补偿型消费动机虽然较为普遍,但较少受到研究人员的注意。玩具市场、游戏娱乐市场在满足补偿动机方面具有典型性。儿童的需求十分旺盛,有些儿童对玩具的爱好十分强烈,但不可能被全部满足,成年之后,许多人"童心未泯"而购买儿童玩具一类的商品,这属于补偿动机的驱动。国内青年夫妇在生儿育女这一阶段,生活一般较为紧张,消费能力受到较大的限制,许多消费动机暂时被压抑,当他们步入中老年之后,工作已经稳定事业上有了一定成就,收入水平也较高,许多原来没有实现的消费愿望要在这个时候实现,人的精神面貌也因此而改变。学者把这一时期叫人生的"第二次青春期",是消费的又一次高潮,具有较强的补偿性。

13. 趋优动机

趋优动机是在商品消费过程中,选择高档品牌、奢华品牌,追求高档服务、追求生活极致的一类消费动机。随着人们生活水平的提高,国际高档品牌或奢华品牌大举进入中国市场,一部分消费者开始出现这一类消费动机。在消费与服务过程,高档品牌与奢华品牌的高价格、高贵与舒适的消费环境,构成了相应的"消费壁垒",与大众品牌形成反差,衬托出奢华品牌的魅力。有趋优动机的消费者并不都是高收入人群,中低收入人群也会出现这样消费动机,高档品牌或奢华品牌因其品种稀有、品质高贵,既是名人名家名流的身份象征,也是普通消费者追求生活品质的一种调节。

14. 心理平衡动机

心理平衡动机是由于消费者本人存在某些方面的不足,要通过消费商品来弥补个人的不足以取得心理平衡的消费动机。

严格说来这不是一种而是一大类消费动机。例如,"环境信赖型"消费者,在周围的人们都购买了某种商品时,他们也会购买同样的商品以达到与周围环境的心理平衡。消费中的流行、时尚、模仿以及攀比式的消费都是这一类动机的表现,尤其是在攀比式消费中,当周围的人消费了某种商品时,消费者会以无法自拔的行为方式购买相同的商品甚至购买更高一个等级的商品以取得心理平衡,这可能形成永无止境的攀比循环。

有些消费者因为改变自我形象而购买名牌商品、名贵商品或个性化商品来平衡心理,有些消费者因为自信心不足或者可能存在某些心理和生理上的缺陷,需要购买名牌商品、名贵商品来增强自我,因此这种动机也为企业生存创造了一些机遇点。企业通过营造名牌效应,为消费者弥补心理的不平衡创造条件,当然,这种纯粹商业化的趋利模式也给另一些不成熟的消费者制造了新的心理不平衡。例如,青年消费者过分重视个人消费的名牌效应而不重视自己的人格塑造,这种现象正受到社会学家的批评。

(二)主导动机

主导动机在商品消费中起着直接的推动作用。主导动机有时不如基本动机那样普遍,要依据商品类型和商品特性才能分析主导动机。表 7-1 中列举了四大类商品消费中出现的主导动机。

表 7-1　四大类商品消费的主导动机

类　　型	主 导 动 机	说　　明
食品消费	■ 新鲜 ■ 营养 ■ 健康美容 ■ 美味 ■ 烹调食用方便等	生活水平的提高与生活节奏的加快,对食品消费动机的影响最大
服装消费	■ 美 ■ 舒适 ■ 流行 ■ 表达个性等	服装价格普遍下降、品种逐渐增加,对服装消费的主导动机影响最大,但国内消费者的审美技能应当进一步成熟
家用电器	■ 省电 ■ 低噪声 ■ 高质稳定 ■ 性能安全 ■ 色彩外观与居室协调 ■ 操作方便等	国内家电产品用 20 年就接近了发达国家近 60 年走过的历程,消费者可选择的空间很大
美容化妆	■ 使用方便 ■ 效果快速 ■ 多重美容效果 ■ 没有副作用等	美容和化妆消费是社会文明的一个标志,但在快节奏的现代生活面前,消费动机转向速度化

有专家归纳,人们购买保险服务时的心理动机包括求得平安的心理、储蓄的心理、自私取利的心理、运气侥幸的心理、依赖的心理等。[①]

美国人的研究认为,在大众体育活动中,人们的动机包括如下方面[②]:

(1)身体健康:渴望拥有良好的身体状态,增强健康。

(2)承担风险:渴望参与有风险的、刺激的和挑战极限的运动。

(3)减轻压力:渴望减少焦虑、担忧和紧张。

(4)攻击:渴望给其他人造成令人厌恶的刺激因素,以试图减少或增加攻击程度。

---

① 谢敏,于永达. 保险消费心理及其影响因素[J].金融理论与实践,2003,4.

② [美]布伦达·G.匹兹,戴维·K.斯托特勒.体育营原理与实务[M].裴理瑾,译.沈阳:辽宁科学技术出版社,2005.

（5）联系：渴望与某物产生联系，建立认同感。

（6）融入社会：渴望和其他参与同一活动的人在一起。

（7）自我尊重：渴望提高对自己的积极看法。

（8）竞争：渴望参加竞赛或与他人竞争，通常是一种技能竞赛。

（9）成熟：渴望达到一个特定的目标。

（10）技能精通：渴望提高运动成绩。

（11）美学：渴望接近或部分表达体育的美、优雅、艺术和创意。

（12）价值提升：渴望通过体育提升价值，如忠诚和诚实等。

（13）自我实现：渴望实现潜能等。

以主导动机进行商品定位，体现了"以消费者为中心"的产品设计观念。如果商品定位不是从消费者的动机出发，而只是从厂商的利益出发，那么这样的营销方案只能是一厢情愿的方案，很容易导致经营活动的失败。例如，消费者更关注牙膏的功效及其持久性，如果企业过分强调美女的形象、买一赠一的促销方式，则对于消费者的吸引力并不明显。

前面介绍过，同一种商品的消费动机具有多样性和组合性，每一位消费者的动机不尽相同，使用动机分析技术可以找出消费者群体中普遍存在的基本动机以及起主要作用的主导动机，为商品定位找到依据。

三、 消费动机冲突与消费阻力

（一）消费动机冲突

当同时出现两种及以上的动机而只能实现其中的一种时，消费者就要面对动机冲突、动机压抑的问题。

生活是丰富多彩的，这是由消费动机的复杂多样性所决定的。受各种条件的限制，人们同时满足全部的消费动机又有一定的难度，所以消费动机之间的冲突是避免不了的，也是正常的。

消费的目的是从中享受商品的价值，但是消费活动可能给消费者带来一些不利影响或不良后果。要避免这些不利影响或不良后果，则涉及消费动机的冲突与回避问题。

把上述情况结合在一起考虑，消费动机的冲突有下面4种情况。

（1）正正冲突。即消费者产生了两种或两种以上的消费动机，这些消费动机不会给消费者本人带来不良后果，但因为条件所限只能实现其中的一种。例如，两个相同性能的手机品牌，消费者对这两个品牌都非常喜爱，但一般只购买一个品牌，消费动机出现正正冲突。

（2）负负冲突。即消费者面对两种或两种以上的动机并且不得不做出选择，而这些选择都可能带来不利的后果或利益上的损失，消费者为了回避这些不利的后果与损失，在动机上产生了冲突。比如近年来，国内商品房积压非常严重，大部分居民强烈地希望拥有自己的商品房，但收入水平两极分化加剧，许多低收入的居民根本没有经济能力购买这样的房子。同时商品房的售价每年都在上涨（有时还会疯涨），现在不购买的话，将来购买的价格还要上涨，所以低收入的消费者面临"买"与"不买"的双重不利动机冲突。

（3）正负冲突。即消费者要实现两种或两种以上的消费动机，而在实现第一种动机时会带来真正的消费价值，在实现第二种消费动机时会带来不利的后果，消费动机出现正负冲突。例如，网络购物已经成为城镇居民的重要购物方式，方便、快捷、品牌信息全面，但个人资料容易被盗、经常遭到骚扰信息的侵扰，像这样的现象就属于消费动机的正负冲突。对于这类动机冲突，工商企业应该着重解决消费者实现动机时可能带来的不利后果。

（4）正负双重冲突。即消费者要实现两种或两种以上的消费动机，每一种动机在带来消费价值的同时也可能带来不利的后果，出现动机之间的正负双重冲突。例如，巧克力的味道好但吃多了容易导致体型发胖；方便面食用方便，但因为部分方便面含盐量太高又有防腐剂，吃多了对身体也有不利的后果。消费者在购买这类商品时，动机上就面临正负双重冲突。

（二）消费阻力

在消费动机向行为转化的过程中，任何影响、干扰、阻碍、限制消费动机向前发展的因素都称为消费阻力。

对于营销人员来说，研究消费阻力如同研究消费动机一样重要，在具体的研究工作中，消费阻力研究与消费动机研究是紧密联系在一起的。

消费阻力可以分为内、外两大部分。内部阻力是指消费者自身对动机实现的压制，如信息太少可能产生的风险知觉、动机压抑、消费回避等心理因素，以及收入水平低、购买力不足等经济原因。外部阻力是指商品、服务及相关因素不符合消费者的期望，或商品与服务本身假冒伪劣，消费者阻止了消费行为的实现。表7-2是对消费阻力的归纳。

表7-2　消费阻力及营销策略

消费阻力类型		营销策略
内部消费阻力	● 消费信息不足：如没有任何消费信息、没有消费经验、没有参照群体等	● 建立网络传播渠道、加大广告投放力度、增加广告发布频率
	● 风险知觉：如支出风险、社会风险、形象风险等	● 理性诉求为中心、改变消费者态度为目标
	● 动机压抑与回避：如动机冲突、消费回避、社会禁忌等	● 情感诉求作引导
	● 个性方面：如态度消极或持有偏见、原有习惯稳定、消费观念不认同等	● 理性诉求与情感诉求并重
	● 生理性因素：如生理性排斥、没有需要等	● 没有有效策略 ● 维持品牌形象策略
	● 收入方面：收入过低、支出有限等	● 维持品牌形象
外部消费阻力	● 购买困难：如布货不均、物流不畅、供不应求等	● 需要调整营销策略、理性诉求为主
	● 商品质量：如质量不稳定、质量无法检验等	● 改进商品质量等
	● 商品形象：如商品形象与消费群体不一致、商品形象低劣、商品形象塑造手段低劣、形象代言人恶俗等	● 重塑品牌形象、重塑代言人形象
	● 商品进入衰退期：功能不全、式样老化等	● 维持或调整品牌形象
	● 商品价格方面：如价格过高或过低等	● 理性诉求为主
	● 营业环境差：环境布置差、服务质量差、相关条件差等	● 调整营销策略
	● 互动因素：群体规范、社会禁忌等	● 以形象代言人引导流行

1. 消费压抑

受多种因素的影响和限制,并不是每一种消费动机都能实现为相应的消费行为,如果消费动机不能实现,消费者本人就要控制自己的愿望,压抑自我的消费动机。

动机压抑是比较普遍的现象,心理学家弗洛伊德、勒温、马斯洛等都研究过这个问题。

动机压抑是正常的现象。人的愿望一般先于行为而产生,在愿望转变为行为之前,人们的愿望必然要处于被控制、被压抑的状态,当消费条件充足、实现消费愿望的困难比较小的时候,愿望才能转变为相应的消费行为。

前面分析过,有时多种动机才促成一种消费行为,这种现象实际上也包含了对消费动机的压抑,因为只有一种或少数动机才能得到实现,其他的消费动机必然要被压抑。

如果消费者的购买愿望很强烈,而本人具备的购买能力又不足,不压抑自己的动机的话,消费者可能以信用担保形式超前消费,也可能举债消费,还可能以不正当的手段来满足自己的消费愿望(如偷盗、抢劫、受贿等)。第一种方式必须建立在发达的社会信用体系之上,第二种方式可能会给以后的生活带来压力,第三种方式会导致消费行为的非法以至于走向犯罪。所以,从普遍的意义上讲,消费动机的压抑是正常的,也是必要的。

盲目攀比、不良消费风气在社会上流行,容易引起部分消费者的购买和消费愿望,不随波逐流、不盲目攀比的消费者需要压抑这样的消费动机。我国仍有一些地区在婚庆、节日、庆典等活动中大搞盲目的攀比,这样的消费动机应当被压抑。在餐馆就餐,随意丢弃剩余饭菜的现象仍然十分普遍,消费者其实只要稍加考虑,控制自己过量的、无意义的消费即可以避免浪费现象,这种场所的消费动机值得压抑。

就消费者个体而言,在消费愿望不能满足的情况下,压抑自己的消费动机可以变为一种强大的生活动力和工作动力,推动消费者更加努力地工作,准备更加充足的购买条件,将来在合适的状况下满足自己的消费需要与动机。

当然,消费动机的压抑也是有一定限度的。在日常生活中,压抑那些保证人们日常生活最基本的消费动机,会造成许多消极的结果,甚至引起愤怒、导致社会动乱。例如,人们日常生活中的穿衣、吃饭、居住等基本需要得不到满足,消费动机还要被压抑,就很容易造成社会动乱。一个地区一个群体的消费者,如果基本的消费动机在相当长时间内不能实现,就可能演变成一种强大的反社会力量,增加社会治安方面的问题,甚至冲击整个社会体系。而一旦商品供应出现好转,又会在初期引起不必要的抢购等问题。马斯洛在《人格与动机》一书中解释道,如果人们最基本的需要得不到满足,会导致严重的心理疾病,这些最基本的需要包括生理方面的需要和安全的需要,如比较充足的食物、比较安定的社会环境等。

随着信用消费方式的推广,一些工商企业为消费者推行信用消费,允许消费者先于自己现实的支付能力购买并消费商品,并在规定的信用范围内偿还预支费用,这对满足部分消费者的强烈动机具有一定补偿作用。

为了鼓励经济的发展,我国也在积极推广消费信用制度,具有良好信用的消费者可以享受超前消费的好处,其超前消费的额度随着信用程度的提高而提高。中国城市居民住房制度的改革,给没有能力或不愿意一次性支付购房款的消费者出了一道难题,银行实施的购房担保活动在一定意义上起到了信用机制的作用,对于解决困难户的购房难题有一定积极意义。

2. 消费回避

消费者主动约束自己的需要与动机,拒绝、回避、不购买或消费特定商品与服务的现象称为消费回避。

与消费动机压抑相比,消费回避是人们自觉主动的心理行为方式,人们会自觉地降低消费动机的强度,甚至不再形成消费需要;而动机压抑是消费者仍然保持一定强度的动机水平,只是出于自身或环境条件的限制,消费动机不能行为化,因此反而可能强化消费需要。

消费回避的原因有多种,商品本身的特点、消费者特殊的消费观、消费经验、消费习俗、消费者偏见、宗教信仰方面的要求等,可能导致消费回避。

衰退期商品容易导致消费者的回避。处于衰退期的商品在式样、功能、包装、价格等方面已经不为大部分消费者接受,消费者的兴趣已经转移到替代品上面去了,心理厌弃现象比较普遍,因此不购买衰退期的商品、拒绝消费这种商品也是正常的现象。商品价格过高或过低,会导致消费者的回避心理。太高的价格,对于许多消费者来说是一种购买阻力;过低的价格,尤其是相对同类商品下降幅度非常大的时候,可能引起消费者的警惕心理,形成回避心理。例如,数码产品市场上新品牌的价格相差极大,短时间这两种类型的价格都很难打开市场,直到价格与同类产品趋同的时候,销路才会出现转机。

商品形象或广告宣传不符合消费者的审美观念,可能导致消费者的消费回避。

商品宣传不足,消费者对商品的认知太少,可能引起一部分消费者的消费回避。商品宣传不足,消费者难以对商品有足够的信心,消费者对于商品认知太少,很难产生购买商品的动机。有些售货员在购物场所十分热情地推销商品,许多顾客避之不及、连躲带让。从顾客这一方面讲,是出于对商品的认知不足而产生的自我保护行为,避免上当受骗,遭受消费风险。

消费者的自我保护意识是消费回避的主要原因。比如商品本身存在质量问题、标签不符合要求、保质期不清楚甚至没有保质期、价格大大超过消费者的期望值、商品包装不合乎要求等,自我保护意识较强的消费者当然不会去购买这些类型的商品。

消费者偏见或成见是消费回避的重要原因。消费者的许多偏见来自消费经验和消费体会的泛化。例如,购买商品时经历的不满意,或者吃过亏,以后再遇到同类商品,消费者会主动地拒绝、回避,而事实上同类商品不都是坏东西。中国产品在国际市场上普遍存在品牌知名度不高的问题,一些心存偏见的消费者抱有拒绝购买"中国制造"的产品的态度,这个问题需要中国的企业界认真研究并加以解决。

特殊的消费观念是消费回避的原因之一。例如,畸形的形体审美观念会导致一些消费者对营养食品的回避。一些女性为了形体更苗条,除了拼命勒紧腰带之外,还对一些食品有深深的厌恶感,害怕吃巧克力、牛奶、糖果等食品,每一顿吃得小心翼翼,害怕别人当她们的面说肥、胖一类的字眼,出现严重的精神性厌食行为。这种近似虐待式的节食方式把一些女性搞到了皮包骨的地步,连完成日常工作所需要的精力也没有。我们不提倡为了苗条的形体而对营养食品采取完全回避的方式,其实畸形的节食也难以达到真正健康苗条的效果。

消费习俗是影响人们拒绝消费某些商品的又一个原因。例如,中国人结婚的时候,结婚礼物忌讳刀、剪子、锅一类,以及白色礼物,因为刀和剪子给人一刀两断、剪断缘分的不祥预兆,而锅一类的东西容易被误解为结婚就要分家的意思。结婚礼品以红色为主,象征着喜庆,虽然白色是一种很清洁的颜色,可是我国大部分地区的消费者把白色当作丧事的象征看待。

绿色环境保护运动,倡议消费者拒绝或回避某些商品的购买与消费。为了保护人类的生存环境,20 世纪 60 年代出现了绿色和平组织。该组织的宗旨之一是人类应该适度地消费,禁止残忍的屠杀动物,反对人们屠杀动物掠取皮毛的行为,反对购买、消费动物皮毛制作的裘皮衣服。在这种消费运动的影响下,许多消费者不再购买动物皮毛制作的裘皮服装,回避这类"残忍"的消费行为。

特殊的历史背景会要求人们拒绝、回避消费某些特定的商品。20 世纪 40 年代日本帝国主义侵略中国,为了抵制日货、宣传爱国主义思想,许多知识分子、青年学生、广大市民和一些工商行业的人员共同参与抵制日货运动,砸毁家中的日货,拒绝购买日本货物,视消费日本货物为耻辱,这是由当时的历史条件决定的。

第三节　消费需要与动机研究

一、 消费需要研究

对消费需要的研究一直是该领域的一个薄弱环节,它过于含糊,不好量化。

在研究方法上,一般以"直接询问式"方式发掘出消费需要的具体内容,如询问人们在生活中、工作中有哪些不方便之处,或有什么样的希望,或询问人们对于现有商品有什么样的要求等。

消费者的回答分"自由回答法"和"选择回答法"两种。

自由回答法可以得到更详尽的信息,回答范围很广,会给数据处理带来麻烦。如:

请你回想餐具清洗的过程,你使用洗涤剂时,关注的方面有哪些?包括洗碗剂、洗涤灵等。(追问三遍)

选择回答法的调查结果易于处理,回答速度也会快一些,当然可能漏失一些重要信息。如:

下面是平板电视可能的描述,你关注的功能有哪些?请在相应的序号上画一个圆圈。

1. 机身超薄	7. 能播放 3D 节目
2. 重量超轻	8. 连接计算机很方便
3. 接收高清节目	9. 画中画功能
4. 具有节目点播回放功能	10. 伴音音质优秀
5. 网络连接方便	11. 具有影院音效
6. 片源丰富	12. 其他

二、 消费动机研究

研究消费动机最简单的方法是直接询问式,即研究人员直接询问消费者选择、购买、使用商品的原因。直接询问式可用于常规性调查项目。对于复杂的消费动机研究,要使用联想分析、回归分析、因子分析等方法,研究应当限定在专门的环境,样本数量必须满足一定的规模,并配合专用的研究工具或辅助手段,计算机及专业软件是必不可少的。

(一) 直接询问式

在座谈会、入户调查、模拟购买等研究方法中,可以使用直接询问式调查消费者的动机。

例如,"这三种手机型号,为什么你选择这一种呢?"得到的答案是"尺寸恰好、握在手里合适""屏幕清晰锐利、色彩好""磨砂手感、显高档""上网速度快""朋友圈推荐这个型号"等,将这些回答结果归纳,购买动机分别是"大小合适""显示效果好""外观高档"和"朋友推荐"等。

(二) 联想分析法

在"潜意识"的内容中介绍过,有些动机消费者不能直接向研究人员说明,要运用一些间接的方法才能发掘他们深层次的动机。联想分析法是间接式的研究方法,这种方法来源于精神分析,是心理投射分析方法的一种,现在也用于研究消费者动机。

具体做法是,向消费者出示一种概念或样品,要求消费者立即回答他联想到的内容并马上用语言表达出来。向消费者出示的概念可以是商品方面的,如商品品牌名称、商品属性描述、商品功能描述等;也可以是广告方面的,如广告词、广告标语等;还可以是企业方面的,如企业名称、企业口号等。出示的样品包括商品原型、商品包装、广告样片、模特形象、企业标志等。

消费者用口头语言回答,要求简洁明了,不必作详细的表述。例如,向消费者出示"手表手机"的概念卡,消费者马上想到的是"手表""高科技""偷拍监听""苹果"等。这些结果有助于了解品牌的过去形象和购买动机。

联想分析法获得的结果主要是语言式的描述,信息量较大,语言描述可能比较详细,但是数据处理也比较麻烦,所以用于大规模的样本研究也有难度。

(三) 回归分析法

上述研究方法还不能从定量的角度分析动机及其强度,要达到这一研究目的,必须在大样本量的基础之上,对消费动机进行量化并提取动机特征。

在消费者购买某摄影产品的例子中,消费者"完全肯定购买"与"比较肯定购买"的驱动原因是否一致呢? 从统计的角度看,两者存在一定的差异,但差异不明显,如表7-3所示。

表7-3 消费动机分析   单位:%

原　　因	比较肯定购买	完全肯定购买	合 计 平 均
购买方便	20	22	21
广告引导	25	20	23
色彩吸引人	30	35	33
品种单一	15	12	13

续表

原　　因	比较肯定购买	完全肯定购买	合 计 平 均
价格优势	10	11	10
总　　计	100	100	100

对调查结果中的基础数据进行分析,就会发现每一种原因与动机强度之间的相关性,每一种动机的差异性也就表现出来了。在这个例子中,"色彩吸引人"与"购买方便"是真正驱动消费者购买该品牌的前两个原因,如表 7-4 所示。

表 7-4　消费动机相关分析

原　　因	比较肯定购买	完全肯定购买
购买方便	0.35	0.45
广告引导	0.43	0.31
色彩吸引人	0.57	0.69
品种单一	0.25	0.20
价格优势	0.13	0.19

说明:假设前提是购买与原因之间为线性相关,所有数据经重新编码才能作回归运算。

按照这个逻辑,我们可以从购买动机出发,寻找影响购买动机的最重要的原因,又称为一级因子,找到这些因子之后,再寻找对这些因子影响最大的二级因子,顺延至三级、四级因子等,由此建立一整套购买动机的数学模式。国外解释消费者心理的模式,基本上都是沿着这种思路进行的。至于每一种模式的不同,在于其理论基础的不同,如在强调品牌认知的营销思想指导下,会将品牌认知放置在模式的中心位置,在强调消费者满意度的营销思想指导下,会将消费者满意度置于模式的关键位置。

图 7-5 是某饮料品牌的购买动机模型,因子之间的连线表示一种因子对下一种因子影响,其中对购买动机影响最大的因子是消费者"信赖产品品质",这种信赖来自消费者头脑中对该品牌强烈的印象(即第一知名度)以及电视媒体的冲击[①](该模型中只涉及媒体属性)。

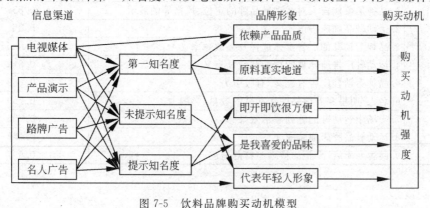

图 7-5　饮料品牌购买动机模型

---

① 该模型源自王詠博士参与的商业研究项目(1998)

（四）因子分析技术用于消费动机研究

消费者的动机具有复杂性、组合性的特点。消费者面对不同商品，其消费动机可能不同，并且存在相互交叉的现象。即使面对相同的商品，每一位消费者会出现多种动机类型。至于不同消费者之间，动机类型的差别就更大了。因此，企业面对一个十分麻烦的问题：如何把握消费者复杂多样的动机？

例如，一双运动鞋的消费，有人已经总结出上百种消费动机，并且每一种消费动机所起的作用不同。如何针对不同消费者的动机采取营销策略呢？使用统计学中的因子分析法，可以从消费者几十个、上百个复杂多样的动机中提炼主要作用的动机因子。动机因子的数目少，就容易被人们理解，依据这些动机因子制定营销策略就方便多了。表 7-5 是以方便取样得到的运动鞋消费动机因子分析。[①]

表 7-5　运动鞋消费动机因子分析

提 取 因 子	测 量 条 目	因 子 载 荷
产品属性	1. 运动鞋的质量和做工精细程度	0.962
	2. 运动鞋的轻巧程度	0.955
	3. 运动鞋的材质及舒适性	0.954
	4. 运动鞋的运动保护、防护性能及透气水平	0.950
	5. 运动鞋鞋底耐磨和防滑程度	0.948
	6. 运动鞋的耐穿性	0.948
	7. 运动鞋的款式设计(外观新颖、时尚等)	0.943
	8. 运动鞋的色牢度(鞋面或鞋内褪色程度)	0.940
	9. 运动鞋的保型性	0.928
	10. 运动鞋的价格	0.912
品牌个性	1. 运动鞋的品牌名称	0.93
	2. 运动鞋品牌风格品位与自我个性契合	0.921
	3. 穿着品牌运动鞋带来的优越感与自我形象提升	0.907
	4. 运动鞋品牌的标识、包装设计	0.901
品牌宣传与店面形象	1. 品牌形象代言人对运动鞋品牌的定位、风格等的展示	0.857
	2. 运动鞋品牌广告语	0.85
	3. 品牌运动鞋的广告媒体选择及播放频率	0.835
	4. 运动鞋广告所体现的精神和激励意义	0.819
	5. 品牌运动鞋广告有意义/有吸引力	0.789
	6. 名人/明星穿着该品牌运动鞋的数量、影响力	0.769
	7. 卖场中运动鞋的陈列展示效果	0.755
	8. 运动鞋品牌店面装潢	0.738
	9. 品牌专卖店/专柜的换鞋座椅舒适度	0.697

---

① 董楠. 运动鞋品牌形象研究[D]. 北京：北京工商大学硕士论文，2013.

三、 消费动机与策略制定

（一）消费动机强度与市场预测

当消费者回答，他"肯定要购买"某种品牌时，这种愿望转变为现实的购买行为有多大可能呢？真正的市场潜力应该是多大呢？如果不能分清动机强度与行为之间的不同关系，就会造成市场预测结果出现偏差。

动机强度的测量最早还是来源于心理学的研究，在实践中，已经被市场研究人员发展出相应的操作方法。以 5 级量表测量为例，一般计分方法是将"完全肯定购买"计为 5 分，"比较肯定购买"计为 4 分，说不好或无所谓计为 3 分。将这些分值与 100 分制对应，"完全肯定购买"与最高分 100 分等值，"完全肯定不购买"与 0 分等值，那么中间状态的动机的对应值是多少？这种 5 级量表在表述方面或用语方面好像是距离相等，但是在心理上并不真正相等。考虑到心理本身具有复杂性特点，我们假设该 5 级量表各个距离之间看成是相等的，因此"比较肯定购买"对应的 100 分制是 75％，"说不好/无所谓"对应 50％，"比较肯定不购买"对应 25％，如图 7-6 所示。

```
完全肯定购买 A      5          100%
                             90%
                             80%
比较肯定购买 B      4          70%
                             60%
说不好/无所谓 C     3          50%
                             40%
比较肯定不购买 D    2          30%
                             20%
完全肯定不购买 E    1          10%
                             0
```

图 7-6　动机强度的表示方法

在计算市场潜力时，有乐观型和保守型两种思路。

乐观型的计算是将"完全肯定购买"等同于百分之百购买，所乘系数为 100％，"比较肯定购买"所乘系数为 75％，中立及消极动机不予计算。

$$乐观预测 = \frac{\sum (A \times 100\%) + \sum (B \times 75\%)}{抽样比例}$$

在保守型的计算中，将"完全肯定购买"乘以系数 88％，"比较肯定购买"乘以系数 63％。其依据是"完全肯定购买"与"比较肯定购买"之间，不能按最高值计算，而应该按两者之间的平均值计算，100％ 与 75％ 之间的平均值为 88％，同样，"比较肯定购买"（75％）与"说不好/无所谓"（50％）之间的平均值为 63％，因此计算公式为

$$保守预测 = \frac{\sum (A \times 88\%) + \sum (B \times 63\%)}{抽样比例}$$

美国人预测市场更倾向于采用乐观型计算,而在中国进行动机分析和市场预测时,作者倾向于保守型预测,这是由于两国的文化差异不同而导致的。在美国进行消费者研究,人们习惯于接受研究人员的询问,倾向于表达真实的想法与动机,有意隐藏的行为不普遍。在国内进行消费者研究,言语表达的动机与真实动机之间有一定距离,采取保守的预测,可以减少市场预测的误差。

(二)消费动机与策略坐标图

分析消费动机的目的是为制定营销策略提供依据,应当把动机分析与策略制定结合起来。用坐标法表示这两个参数,动机与策略之间的关系就可以比较直观地反映出来。动机强度与满足状态均高的为"锦上添花"区,动机强度与满足状态均低的为"无效策略"区,其余两个为"维持现状""重点改进"区,这样可以为营销策略的制定找到明确的方向。

如图 7-7 所示,该产品的质量已经进入"锦上添花"区,但是影响消费者购买的两个动机"包装"与"维修",在策略上并没有达到理想的满足状态,这是企业经营管理中应该重点改进的方向。购物时给消费者赠送的"礼品"没有引起消费者太多的重视,所以企业不必实施这类营销策略。

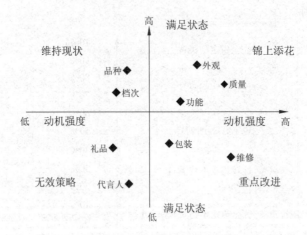

图 7-7 动机与策略二维图

第八章　　消费者决策与购买

　　本章介绍消费者决策的主要模式、消费者购买行为的统计分析。

第一节　消费者决策与准备

消费者做出购买决定的心理过程即消费者决策,是购买行为的前奏。基于消费者决策的研究而进行市场预测,具有较强的可靠性。

分析一次独立的消费行为的决策,从哪一个环节开始呢? 以前人们习惯从需要开始,需要既是驱动消费者行为的动力之一,也是推动市场向前发展的动能之一。 当前的消费环境已经天翻地覆,尤其是消费信息已经通过网络渠道、传统渠道以及相互交叉的渠道渗透每一个角落,消费者的决策起始点应当从信息获得开始,如图 8-1 所示。

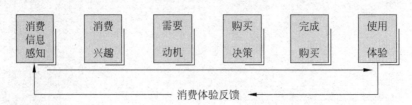

图 8-1　消费者行为流程简略图

如果把商品、消费者个性、消费环境、社会因素等考虑进来,这个流程图会相当复杂,如图 8-2 所示。

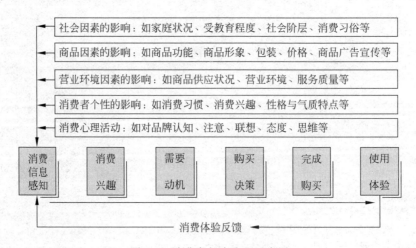

图 8-2　消费者行为流程示意图

消费动机向行为发展,并做出最终购买决定的心理过程称为消费者决策。消费者决策具有复杂性,不同专家有不同的解释。

这一心理过程的时间长短不一,视消费者需要的迫切程度、消费者的动机强度、消费者的支付水平、消费者对商品的了解与认知程度、购买前的准备状态、消费者的性格特点等因素而定。消费者在决策过程中,常常会思考商品的价值、商品的质量、消费之后的可能结果、同事朋友或别人使用这种商品时的经验等问题。遇到大件商品,消费者还要考虑如何得到真实准确的商品信息、自己的支付能力、商品价格的变化趋势等。

消费者在决策与购买准备过程中，需要付出一定时间和精力，为了得到决策前的重要信息，消费者还可能购买信息、聘请同事朋友帮忙甚至聘请消费专家参谋，这些付出可以称为"消费成本"，是购买商品之外的付出，包括费用付出与非费用付出。

一、 对消费者决策的解释

这里主要介绍解释消费者决策的六种学说，即消费者卷入理论、边际效用理论、风险知觉学说、认知决策学说、决策规则和顾客前景理论。这六种学说均起源于美国人的研究，传入我国之后，有些学者与管理人员按本地市场情况进行了修正。

（一）消费者的卷入

20 世纪 60 年代前后，美国的消费行为专家提出了"消费者卷入"这个概念，即消费者主观上感受客观商品、商品消费过程以及商品消费环境等与自我的相关性。主观上对于这些因素的感受越深，表示对该商品的消费卷入程度越高，称为消费者的"高卷入"，该商品则为"高卷入商品"，反之则称为消费者的"低卷入"及"低卷入商品"。

例如，购买一辆小汽车与购买一包方便面。消费者对前者的性能、质量、价格、消费环境、使用技能等方面的关注程度很高，购买决策过程比较复杂，属于高卷入商品；而对后者不会花费太长的时间与精力去了解商品功能与构成、消费环境一类的问题，决策过程相对比较简单，属于低卷入商品。

消费者卷入是购买决策中的心理活动，影响消费者对于商品信息的搜集以及商品性能的认识，最终影响消费者对于该商品的态度。研究消费者的卷入现象，可以从侧面反映消费者对于商品的认知及态度。这一原理也可以反过来解释，即从消费者的态度及认知程度，可以反映消费者对商品的卷入状态。

喜爱健身健美的消费者，会定期或不定期地购买健身健美的器材（如多功能健身健美训练器等），购买健身健美运动时穿戴的服装（如紧身衣、健美裤等）。为了了解科学的健身健美方法与程序，还需要购买健身健美的图书杂志，从电视、互联网、俱乐部等渠道观看健身健美运动方面的节目。为了长期维持健身健美的需要，还需要限制自己的饮食消费，并且注意饮食的营养成分、热能含量等方面的问题。因此，这类消费者的高卷入商品包括健身健美器材、运动衣、健美饮食等，高卷入信息渠道有专业的网络媒介、健身健美图书杂志、电视节目、俱乐部等。相对而言，他们对药品之类的商品及相关信息的卷入程度要低一些。

消费者卷入的形式大致可以分为以下 5 种。

（1）消费者对商品属性的卷入。如对商品品牌的感知、对商品性能的认识、对商品广告信息的主动了解等。

（2）消费者在营销环境中的卷入。如为了了解商品性能，对于宣传媒体投入的关注，对于促销活动的兴趣，在搜集商品信息、寻找合适价格的购物点以及与服务人员的交流中，消费者在行动上卷入了营销环境。

（3）消费者在人际交往中的卷入。如在与同事、朋友、服务人员的交往中，得到与商品有关的信息,了解他人消费商品的效果与体验,因此消费者在人际交往中有了卷入。

(4) 消费者在生活环境中的卷入。如在家庭生活、社会活动、休闲娱乐场所,消费行为受到了他人的影响(美国人把逛商店时所处的环境、用餐时餐馆里的环境等都包括在内)。

(5) 消费者在活动中的卷入。如上班期间、体育运动过程中、阅读时,消费者的行为卷入决策过程,得到了商品的有关信息。

在不同的市场环境下,上述5种消费者卷入形式有不同的卷入深度。例如,在美国的消费市场上,第一种和第二种卷入方式对于消费者的心理行为影响更大,即消费者更关注商品特性和营销环境,而在国内消费市场上,对第一种、第三种和第四种形式的卷入程度更高,即人们更关注商品质量、他人对商品的评价和消费体验。

消费者的高度卷入会导致消费者对于商品的情感加深,进而形成商品品牌的情感依恋,出于情感保护的需要,有些消费者会自觉地维护商品品牌的形象。这方面的一个很好的例子,就是美国消费者对于可口可乐公司的情感深度。1985年春天,可口可乐公司向全美消费者宣布要停止已经使用了99年之久的可口可乐老配方,代之以一种新的可口可乐配方。新配方的研制花费了400万美元,新配方的口感略有一点甜味,通过市场调查发现这种甜味与百事可乐的味道类似。这一消息一经宣布,就受到全美消费者的抱怨和抨击,有人直接写信或打电话给亚特兰大可口可乐公司的总部,威胁说美国将损失世界上最大的一项贸易,有的向当地零售商提出抗议,认为这种做法是对顾客的不尊重。从年轻的美国人到年老的美国人,许多人是喝着可口可乐长大的,一些年老的"可口可乐"人还组织了抗议游行,向总公司提交了要求其改变决定的抗议书,口号是:你们没有权利这样做!我们要喝原来的可口可乐!结果可口可乐公司研制的新配方只好暂且收藏起来,仍然使用原来的老配方向全世界生产世界上第一大饮料。

为了方便描述卷入程度与商品类型之间的关系,将"高卷入""低卷入"与商品的"理智型""情感型"构成卷入方格,如图8-3所示。

卷入学说也可以解释我国市场上的一些情况。考虑到我国消费者的消费环境,后三种卷入方式对于消费者的影响更为深刻。我国消费者重视人际交往,人际关系的干预现象比较普遍,消费者在家庭、朋友、亲戚、同事等方面的卷入较深,消费决策经常要参考这些人的想法和意见。

"消费者卷入"这一概念为消费者心理行为研究提供了一种新的思路。工商企业感兴趣的是,消费者决策时到底考虑什么内容? 基于"消费者卷入"这个概念,可以从商品类型、信息渠道、卷入深度等角度来分析消费者决策,并预测可能出现的购买行为。

	理智型产品	情感型产品
高卷入	汽车 大型家电 房子	珠宝 艺术品 高级礼品
低卷入	食品 饮料 清洁用品 小家电	化妆品 小型礼品 书籍

图 8-3 商品卷入类型方格

在我国研究大件商品消费的卷入问题,应该重点关注"信息不对称"引起的困惑。从理论上讲,人们购买房产、小汽车、昂贵的珠宝等大件或高档商品,或热水器等高风险商品时,消费者卷入的程度肯定会加强,但事实是,消费者的卷入程度并不理想。主要原因在于,消费者所获得的信息存在"不对称"的现象,比如购买房产时,消费者很难得到有关房产的交易流程、成本、质量标准、后期物业管理费用等信息。即使消费者对所购商品的主观卷入程度很高,而事实上卷入程度面临背离现象,消费者在这类商品的消费方面面临巨大的风险。2016年海淀区消费纠纷人民调解委员会调解的一个例子,反映了信息不对称对消费者的影响。张女士欲卖掉自己156平方米的现有住房,购置一套同小区116平方米的住房,通过同一家中介分别联系好买家和卖家,并看好房源。签完合同之后,卖给张女士116平方米住房的房主却迟迟不露面,导致后续合同无法履行。后来了解到,中介在张女士不知情的情况下,雇用他人冒充房主签订了伪造的房屋买卖合同。经调解委员会多次约谈、反复磋商,历时近3个月,中介一次性赔偿张女士60万元,并向张女士道歉。

因此,从理论上讲,消费者的卷入具有主观调控性,但现实生活中,还可能因各种因素的限制而影响卷入的程度。在消费高档、大件、稀有商品时,消费者本人并不是这些商品的专家,不具备相应的专业知识,导致不法分子的欺诈行为容易得逞。消费者卷入概念有助于法律工作者分析消费者权利的保护问题。

总的来说,消费者卷入这一学说可以提供一种重要的思路,但该学说的量化研究并不理想。

(二)边际效用

边际效用是经济学家提出的一种学说,现在已经应用于消费者决策及其行为分析。概括起来可以表述如下。

人们消费商品的时候追求商品带来的最大满意度,随着消费商品数量的增加,给消费者带来的总的满意程度也在增加。在总的满意程度增加的同时,每一单位商品给消费者带来的满意程度却在减少。

从表8-1中可以看出,消费60个商品单位至70个商品单位时,消费商品的数量增加了10个,而平均每个商品带来的满意度由1.3%降至1.17%。

出现边际效用递减的原因主要有两个方面:一是消费者消费新商品时,出于求新动机的影响,对于新商品的满意度很高,而随着消费商品数量的增加,消费者对于新商品会逐渐地适应,新鲜感逐渐降低,如果再继续消费这种商品,所得到的满意程度就会下降;二是消费者的需要得到了相对程度的满足之后,就会产生新的消费需要。马斯洛的需要层次学说可以解释这种现象:原有的消费需要变得相对不那么重要了,所以继续增加商品的消费数量,所得到的满意度不会同步增加,边际效用递减的现象就会出现。

表 8-1　消费商品的数量与满意度之间的关系

商品消费数量	满意度	每一单位商品得到的满意度	新增加商品得到的满意度
50	75%	1.50%/单位商品	—
60	80%	1.30%/单位商品	0.50%/单位商品
70	82%	1.17%/单位商品	0.20%/单位商品
80	83%	1.03%/单位商品	0.10%/单位商品
100	84%	0.80%/单位商品	0.05%/单位商品

从消费者边际效用递减的现象中,市场营销人员应该得到一定的启发:开发商品、占领

市场一定要从长远的眼光来看待消费者。商品一经开发并投放，经营管理者要迅速做好开发下一代新商品的准备，不管你的商品如何好、市场占有率如何高，消费者对于新商品产生适应心理、出现消费心理边际效用递减的现象是迟早要出现的。一旦消费者体验出现边际效用递减，消费者就会从心理上逐渐厌弃这种商品，主动寻找新的、感兴趣的商品。经营者如果不想方设法开拓市场，就会被同类商品的竞争对手夺走消费者。如果经营者不能正确地面对这种消费心理现象，必然导致生产经营的盲目性，而这并不是一个具有长远发展眼光的经营者的做法。

宝洁公司在开发市场时有一条成功的经验，就是尽可能细分市场，如宝洁公司开发了十几个品牌的衣物洗涤用品，消费者从中选择的余地大大增加，这样心理厌弃的出现可能相对延迟。

我国 20 世纪 80 年代有一句流行语："端起碗来吃肉，放下筷子骂娘。"生活水平得到了较大的改善，人们为什么还有不满情绪呢？可以用边际效用递减规律分析这种现象。随着人们生活水平的逐渐提高，原先能给人们带来许多满意的东西现在已经逐渐被人们习惯了，同样是这些商品，现在只能带给人们较少的满意，而不满意的程度在增加；同时消费者又在不断产生新的消费需要，人们对文化消费、旅游消费、家庭生活的方便型消费等方面提出了新的要求，这些新的需要不能得到满足的话，不满情绪必然出现。

边际效用现象还可以用来解释消费者搜寻广告信息的过程：一定时间内，可以认为消费者接受和加工广告信息的能力是不变的，在消费者愿意加工和利用广告信息的范围内，随着广告信息投放量的增加，广告的总效果也在增加并达到阈限值，如果广告信息持续增加超过阈限值，消费者将会放弃或停止接受加工广告信息，若媒体强迫消费者接受广告信息，边际效用将会转向负数，总效用也就越来越低，甚至向负效用靠近，消费者可能由潜在的购买者转变为抵抗者。[①] 这种现象可以为广告策略所借鉴。

（三）风险知觉

消费者在决定购买商品的时候，经常会面临一些两难的问题：购买商品带来满足、愉快的同时，也会带来一些不愿意、不希望的损失或者潜在的危险，甚至会带来一些现实的伤害。这些损失、危险甚至伤害是消费者清楚地意识到的，这就是消费者的风险知觉。

由于清楚意识到消费商品会带来损失、危险甚至伤害，消费者会尽量减少或避免这些不希望出现的后果，这种过程称为减少风险论。

消费者可能会遇到的风险知觉分下面四种类型。

第一种，购买了甲商品之后，影响对乙商品的消费，这是消费支出型风险。例如，中国居民小汽车消费的比例在逐步提升，对于普通消费者而言，购买小汽车这样的商品需要一段时间的积蓄过程，中低档的小汽车价格为 6 万～8 万元，中档价格为 8 万～15 万元，如此高的消费支出，日常生活其他的开支必须酌情节减。节减日常生活的开支就是一种损失，日常消费将受到影响。

第二种，当消费者使用某种商品时，可能会给他的社会关系带来不利影响，甚至损害、影响人际关系等，这是社会性风险。这种现象在风格新颖的服装、服饰类商品消费中比较典

---

① 徐红等. 消费者广告信息搜寻的边际效用与广告策略[J]. 中南民族大学学报(社科版),2004(7).

型。例如,在特定的生活或工作环境中,服装风格与同事、朋友相差较大,可能招致他人较多的注意和议论,有些消费者会产生一定的焦虑与担心。这种焦虑心理来自消费群体趋同性的无形压力,消费者本人会担心在生活群体或工作群体中失掉认同感(少数榜样型消费者除外)。在社会观念趋向于平均主义、内部联系相对紧密的消费群体内部,这类消费风险是比较常见的,在公共环境中过于暴露、展示自我形象的商品,容易引发这类风险知觉。

第三种,消费了某种商品之后,会给消费者本人的形象带来直接损害和危险,这是形象性风险。这类风险知觉的情况比较复杂,如食品消费方面,大家都喜欢吃一些营养成分高、味道可口的食品,但有些女性消费者为了身材健美,害怕吃多了之后体重增加、影响形体,所以购买这类食品之前头脑中已经产生回避心理。"转基因食品"的概念在市场上已经被热炒,有些消费者试图尝试,但又担心基因食品的质量标准是否达到了法律所规定的要求,这都是风险知觉造成的效果。

第四种,购买了某种商品之后,商品本身会给消费者带来麻烦甚至是潜在危险,这是功能性风险。例如,家用电热水器、煤气热水器可以给消费者的洗浴带来很大的方便,但因产品质量低劣或使用不当造成伤害甚至死亡的情况时常出现。购买或使用这种商品就要面临这样的难题,不购买的话,生活中有许多不方便,这样的风险知觉经常出现在购买质量差但供应量少的商品中。

消费者购买前知觉到消费商品的风险,必然要尽量减少或消除这种风险。消费者减少、消除风险知觉的方法有下面五种。

一是尽量全面地搜集与商品有关的信息,增加对该商品的了解。例如,通过网络、报纸杂志、电台电视台等宣传媒体来了解这种商品的特点,通过与服务人员的交谈来了解该商品,通过有消费经验的人来了解这种商品的使用效果等。

消费者对于商品的了解程度越深,对可能带来的风险与危害的认识也就越清楚,如果消费者认识到这种风险远远小于这种商品带来的益处,或可以用一定的办法减少风险的程度,消费者就会坚持原来的购买心理,完成购买行为。如果随着对风险的认识增多,发现消费这种商品可能带来的风险很大,消费者又无法自己来克服这种风险,就会放弃这种购买的心理。

二是购买之前尽量请人提出参考意见,邀请有消费经验的人一起购买,或挑选商品的时候尽量请人提出参考意见,找出商品的毛病和缺点,避免购买商品之后给自己带来的风险。在服装商品消费中,许多女性消费者愿意邀请同伴帮助挑选;在大件商品购买中,人们愿意请熟人或有经验的人帮助选购商品。

三是尽量认购那些知名度高、产品形象和企业形象都很好的商品,如品牌比较响亮的商品、名牌商品、在当地名气较高的商品,而尽量不去购买那些名气小以及消费者对商品的印象不深、功能与特性不太熟悉的商品。在商店选择方面,应尽量选择名气大、专业性强的商店。

四是保持原来的消费行为与品牌忠诚。如果明知有消费风险,又不能获得足够充分的信息,也不愿意花费相应的消费成本,消费者就可能维持原来的行为,继续购买已经习惯的品牌,避免购买不熟悉品牌的风险。

五是采取从众型购买行为。大家都在选择某种品牌,一定有相应的道理,即使不是最好的选择,也不应该是最坏的后果,因此从众型购买行为是消费者减少知觉风险的一种办法。

（四）认知决策学说

这一学说是从认知的角度来解释消费者的决策过程,强调影响消费者行为内外因素的整体性,而不是仅仅从某一个方面来解释消费者的决策。

消费者接收商品信息之后,要经过一个知觉选择的过程,并且消费者的人格、能力、态度、价值观等工商企业不可控制的因素会影响信息的接收和选择,信息的内容、结构、技巧、发布信息的传播者等工商企业可以控制的因素也会影响信息的接收和选择。消费者对于已经接收到的信息要经过一个记忆、储存的阶段,形成相应的态度,并与个人的行为准则、社会的行为准则等因素一起,整合为购买商品的决策,最后决定是否购买该商品。消费者的购买决策在商品环境中,还会表现出不同的卷入程度。

这一信息加工过程可以用图 8-4 表示。[①]

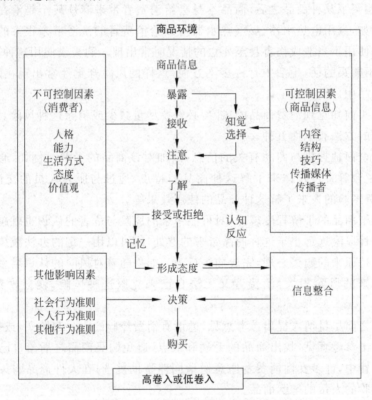

图 8-4　消费者认知决策示意图

从认知的角度来解释消费者的决策,包含了现代心理学和行为学的思想,比较切合当代消费者的实际状况。这一学说在分析影响消费者的内外因素时,包含的因素比较全面,如分析商品信息的特点对于消费者加工信息并作出最终购买决策的影响时,强调了商品信息的结构、信息内容、信息发布技巧、信息传播媒体以及信息传播者等因素对于消费者加工信息

---

① 任宝崇.消费者心理学[M].北京:华夏出版社,1989.

的影响。在分析消费者内在因素对信息加工及形成消费行为的影响时，把消费者的性格特点、态度、价值观、能力等因素包括进去了，也把消费者个人行为的准则等因素包括进去了，这是比较科学而又全面的做法。

研究人员使用相应的数学模型与分析技术，可以发现上述每一要素与消费者最终决策之间的相关性，因此，这一学说具有较强的实践操作性，这是该学说最大的可取之处。

（五）顾客前景理论

顾客前景理论（Prospect Theory）是由心理学家丹尼尔·卡尼曼（Daniel Kahneman）提出来的。1934 年卡尼曼（如图 8-5 所示）出生于以色列，1961 年获得美国加利福尼亚大学心理学博士学位，有着深厚的心理学和经济学功底。2002 年，丹尼尔·卡内曼与美国乔治·梅森大学的弗农·史密斯分享了当年的诺贝尔经济学奖。

卡尼曼提出的"前景理论"有三个基本原理：一是大多数人在面临获得的时候是规避风险的；二是大多数人在面临损失的时候是偏爱风险的；三是人们对损失的敏感高于对获得的敏感。

例如，如果人们面对这样两个选择：A 是肯定会赢 1 000 元，B 是有 50％可能赢 2 000 元，有 50％可能什么也得不到。人们会选择哪一个呢？大部分人都选择 A，这说明人是规避风险的。如果人们面对另外两个选择：A 是肯定损失 1 000 元，B 是有 50％可能损失 2 000 元，有 50％可能什么都不损失。结果，大部分人选择 B，这说明他们是偏好风险的。由此不难得出结论：人在面临获得时，往往小心翼翼，不愿冒风险；而在面对损失时，就成了冒险家。

图 8-5　2002 年诺贝尔经济学奖获得者，顾客前景理论的提出者，心理学家卡尼曼（1934—　）

我国著名的劳模张秉贵在介绍服务顾客的经验时谈到，给顾客称量商品（如糖果）时，第一次拿出的分量不要超出顾客所需，而是一点点地往上加，直到顾客所需要的分量为止，这样顾客会比较满意。如果第一次放在衡器上的商品分量太多，一点点地往外拿出，直到顾客所需要的分量，顾客的心里没有前者那样满意。这就印证了上面的说法，即大多数人对损失的敏感高于对获得的敏感。

卡尼曼的理论可以为我们分析消费者的决策过程并制定营销策略提供有益的思路。例如，在商店的抽奖中，相比一次性抽奖，多次抽奖中奖会给顾客带来更多的欢喜，所以分次分批的抽奖效果好于一次性抽奖。在向顾客解释产品或服务的不利时，一次性解释它们的全部不利，比分次分批解释其中的不利更好，这是处理公关危机的良好策略。向顾客同时介绍商品或服务的好处及不利时，先解释不利之处再解释其中的好处，会给顾客产生更高的满意度，因为后来解释的好处会冲淡前面所述不利的负面效应。

（六）决策规则

在哈金斯等人的著作里,总结了消费者选择品牌的5类决策规则。[①] 以消费者购买笔记本电脑为例。消费者关心价格、重量、处理器、电池时间、售后服务、屏幕质量6个指标,假如可选择的品牌有三星、华硕、苹果、联想和东芝5种,消费者对各品牌在各项指标上的评分见表8-2。

表8-2 消费者购买笔记本电脑决策案例

属性	各品牌得分(5分制)				
	三星	华硕	苹果	联想	东芝
价格	5	3	4	2	3
重量	3	4	5	3	4
处理器	5	5	3	5	5
电池时间	1	3	3	2	2
屏幕质量	3	3	5	3	3
售后服务	3	3	3	5	3

1. 最低要求式决策

对于产品的每一种属性,消费者设定一个最低要求,凡是符合最低要求的都在决策选择之列。例如,最低要求价格为3分、重量为4分、电池时间为2分、售后服务为2分、屏幕质量为3分。按照每一种属性的最低要求,联想的价格不符合条件,三星的电池不符合要求,其余属性都符合最低要求,华硕、苹果、东芝品牌进入消费者决策选择之列。

2. 最低标准式决策

对于产品的重要属性,消费者设定一个最低标准,凡是符合最低标准的都在决策选择之列。例如,考虑价格、重量、屏幕三项,每一项定为3分,除联想外全部品牌入选。

3. 排序式决策

将每一种属性的重要性排序,每一种属性也分别设定一个最低要求,凡是符合最低要求的品牌都在决策选择之列。

例如,按照重要程度的排列是:价格、重量、屏幕质量、处理器、售后服务和电池时间;各属性的最低要求分别是:价格3分、重量4分、屏幕质量3分、处理器3分、电池时间3分和售后服务3分。依次排序之后,华硕、苹果符合要求。

4. 排除式决策

这种决策方式与排序式基本相同,消费者将每一种属性的重要性排序,每一种属性也分别设定一个最低要求,凡是符合最低要求的品牌都在决策选择之列。与排序式决策不同的是,消费者依次挑选每一种属性中最好的品牌,如果第一种属性有两个最好的品牌,再比较下一种属性中最好的品牌,最终形成购买决策。

① HAWKINS,BEST, CONEY. Consumer Behavior—Implication for Marketing Strategy［M］. 7th. Chicago: Irwin, 1998:560-564. 因市场上有些品牌已经停售,例子中的品牌作了替换。

5. 综合式决策

消费者将产品属性的重要性与每一种品牌的评价得分综合起来考虑,综合得分最高的品牌是购买决策的首选。用公式表示如下:

$$A\text{品牌综合得分} = \sum(\text{属性重要性得分} \times \text{该属性评价得分})$$

例如,产品属性的重要性分值为:价格 30、重量 25、屏幕质量 20、处理器 10、电池时间 10、售后服务 5(总分为 100)。消费者对苹果品牌的评价为:价格 4 分、重量 5 分、屏幕质量 5 分、处理器 3 分、售后服务 3 分和电池时间 3 分。苹果笔记本的综合得分为:$30 \times 4 + 25 \times 5 + 20 \times 5 + 10 \times 3 + 10 \times 3 + 5 \times 3 = 420$,该分数居全部品牌得分的首位。

消费者在决策这一阶段的心理活动具有复杂性和隐秘性,每一个人的决策还带有消费者的个性特点,所以这些学说在解释消费者的决策过程中,都不免局限于某一个侧面。在研究和分析消费者决策的实际工作中,可以把这些学说中有益的思想综合起来,相互补充。

二、 消费者决策研究

国内学者研究了部分地区消费心理的预期结构及其影响因素,认为消费心理预期是由预测经历、信息量、价格知觉水平、信息来源与渠道、预测依据这 5 个因素构成的,并归纳出影响心理预期的五个因素,即性别、年龄、学历、职业和所在城市,其中男性在心理预期的准确性、事先采取相应对策的能力上,以及获得预期所需信息的主动性和数量等方面均比女性更占优势。[①] 这类研究结果对于分析消费者的决策过程有一定参考价值,值得进一步探索和发掘。

消费者对于小件商品的购买决策可能只涉及价格、品质、包装等几个因素,对于房子、小汽车一类的大件商品的决策,复杂性就大大增加了。

理想的状态是企业能够为消费者提供满足其需要的全部方案,如小汽车的价位可以从几万元到几十万元不等、可以挑选的颜色有几百种、内部装饰效果具有无限可选方案,但是这对任何汽车厂家而言都是难以实现的。满足全部消费者的需要不符合经济学原则,企业提供十几种或几十种方案组合供消费者选择,并且满足大部分消费者的需要,从经济学的角度看是可行的。

要遵循这条经济学的原则,就必须找出有效的办法,既能最大限度地满足消费者的需要,又能最大限度地达到企业的目的。下面要介绍的联合分析法就是从消费者决策的角度,选择消费者和企业都可以接受的模式。

仍以家用小汽车为例。消费者首要考虑的主要因素包括四个属性:汽缸容积、启停功能、免费维护年限、价格承受力。企业为每一种属性提供 2～4 种可选规格,如表 8-3 所示。如果按上述每一种属性的规格进行组合,小汽车到达消费者手里,将有 $5 \times 2 \times 5 \times 4 = 200$ 种最终的可选方案。加上小汽车其他方面的规格,企业很难为消费者提供全部规格组合。所以,企业只能从中抽取几种、十几种至多几十种方案予以实施。

① 石文典等. 我国城市居民消费心理预期的结构及其影响因素研究[J]. 心理科学,2003(3).

从众多组合方案中抽取有限方案实施的方法,一般采用联合分析法(conjoint analysis)。联合分析模块在 SPSS 等统计软件中可以找到,也可以使用专门的分析软件。将上述 200 种可选方案数据输入联合分析的模块中,假如抽取其中的 10 种方案作为产品测试方案,这 10 种方案如表 8-4 所示。

表 8-3　消费决策中的产品属性及规格(案例)

考虑因素	可选规格
汽缸容积	1 升、1.2 升、1.5 升、1.8 升、2 升
启停功能	无、有
免费维护年限	1 年、2 年、3 年、4 年、5 年
价格承受力	8 万元、10 万元、12 万元、18 万元

表 8-4　联合分析测试方案

测试方案	汽缸容积/升	启停功能	维护年限/年	价格范围/万元
1	2.0	无	2	8
2	1.0	无	5	8
3	1.8	无	4	18
4	1.2	有	2	10
5	1.2	无	5	10
6	1.5	有	3	8
7	2.0	有	1	18
8	2.0	有	3	18
9	1.8	无	1	12
10	2.0	无	3	18

将这 10 种产品方案出示给消费者进行测试,测试后获得的测试结果经过运算以两种方式表示,即"产品属性的重要程度"和"产品属性的效用"。前者指消费者对该属性的关心程度,分值越高,消费者对该属性越关心;后者指消费者对该属性的欢迎程度,效用值越高,消费者对该属性越欢迎。

最终的测试结果可以反映消费者对每一种方案接受程度的排名,生产者从排名中选择既能较好满足消费者期望又符合经济原则的产品方案。

三、 消费者购买准备

做出购买或消费决策之后到购买行为实施之前的过程,即消费者的购买准备。

小件商品的购买准备较为简单,一块肥皂、一瓶酱油、一包调料等,不需要做太多的购买准备,准备时间较短,从消费需要的产生到购买行为的实施可以迅速完成。

　　大件、高档商品的购买准备过程较复杂，花费时间较长，准备条件较多，在准备购买过程中，消费者心理还会受其他因素的影响甚至干扰，消费者个性也会影响购买的准备活动。

　　购买准备主要包括 4 个方面：确定线上线下购买、确定购买时间、准备支付方式、准备运输安装等。

　　(1) 确定线上线下购买。线上购买，有综合性的网购平台，也有专业性的网购平台，前者如天猫、京东，后者如苏宁易购、国美等。线下购买，消费者一般选择有经营特色的购买地点，如服务质量好、购物环境优美、购买比较方便、离居住地或工作地点比较近的购买地点。消费者对购买地点的选择会影响商业经营单位的效益。

　　(2) 确定购买时间。主要取决于消费者本人的工作、生活习惯等因素。线上购买，时间的限制性较少，几乎覆盖全天。线下购买，主要在下班之后或休息日购物。

　　(3) 准备支付方式。也分线上、线下支付方式。线上支付平台已经捆绑银行账户，支付十分方便。2016 年国内银行之间的手机支付免除手续费用之后，支付效率也进一步提高。线下支付分现金、银行卡(含信用卡)等。我国使用信用卡的总体比例不高，储蓄卡、手机支付的方式在大幅增加。商家推广的分期付款、白条购物的方式也在盛行，有助于刺激人们尝试新品、降低购买阻力。

　　(4) 准备运输安装。线上购买，消费者几乎不用考虑运输的问题，送货上门、上门安装的后顾之忧都解决了。线下购买大件商品，经营单位应当协助消费者或送货上门。有些商店规定，顾客购买一定金额时(如 1 000 元以上)返回顾客足够的运输费，不失为一种协助顾客减少购买准备的上策。

　　消费者个性影响大件商品的购买准备。环境依赖型消费者在购物准备过程中比较重视他人的意见，购买前要请一两个朋友或亲人作参谋，有了这些人员的参谋，购物后觉得踏实放心。购买专业性较强的商品，还包括安装条件的准备等。例如，音乐爱好者购买的多媒体管理控制(AV)中心包括大屏幕显示设备、高保真音响系统、影碟系统、激光唱片(CD)机等，使用 AV 中心对于居室环境有一定的要求。有些消费者并不精通家用电器的安装管理，要把这些东西安装好并调试出美妙的效果有一定的困难，如果经营单位能够提供完善的安装、维修服务，消费者就能迅速跃过购买准备的心理过程，实施购买行为。

第二节　购买行为分析

　　广义的购买行为是指购买决策形成，商品转移到消费者手中的全过程；狭义的购买行为是指消费者在网络上、在购物场所选择商品，支付费用并获得商品使用权的过程。两者的共同点是，商品的使用权必须转移到消费者手中。

　　购买行为(purchase behavior)是整个消费者行为(consumer behavior)过程中的关键环节。消费者的购买行为对市场有决定性影响：商品从生产者向消费者转移，必须经过购买行为才能实现，消费者只有完成了购买行为，商品才能从生产者处转移到消费者手里。企业资金的流通周转要通过消费者的有偿购买才能实现，消费者支付了费用之后才能实现生产者的价值回归。因此,生产、销售与购买之间形成了一条紧密关联的价值链。消费者只有完成了购买行为,才能保证整个价值链的正常运转。正因为如此,研究消费者的购买行为具有非常重要的现实意义。

购买行为的分析散见于企业管理、市场营销及品牌研究的资料中。企业管理人员习惯使用市场份额、市场占有率、品牌渗透率等用语,零售企业常用客单价等用语,时间上局限于当前的购买行为,测量数据分析不够精细。网络技术的发展及大数据技术的应用,给消费者购买行为的精细研究带来了重大变化,购买行为与消费者背景特征之间的深度分析已经成为主流,也给经营者跟踪消费者的动机带来了方便。

经典的购买行为分析包括 5 个维度,即所购商品品牌、所购品牌的费用支出、购买次数、购买时间和购买地点。

(1) 所购商品品牌:包括购买目标品牌、购买同类竞争品牌以及购买替代品牌三个方面。目标品牌是指客户的品牌(研究者为该客户服务);竞争品牌是与客户品牌竞争的品牌;替代品牌是指消费者原来使用的品牌无法得到时而购买的同类品牌,是客户的竞争品牌之一。

(2) 费用支出:在上述情况中,每次购买每一种品牌时,为每一件商品支出的费用,研究国内消费者一般以人民币表示。

(3) 购买次数:在固定的单位时间内,重复购买上述每一种品牌的次数,如每月购买某品牌的次数或每年购买的次数。

(4) 购买时间:购买行为的发生时间又可以分三种,即过去、当前与将来计划购买该品牌的时间。

(5) 购买地点:上述购买行为中,消费者所选择的购买地点,如百货大楼、专卖店、超市、小卖部等购物地点。

以上 5 个维度每一细项交叉组合,得出如表 8-5 所示的 9 种购买类型。

表 8-5　消费者的购买行为类型

购买时间	购买品牌	购买次数、支出费用及购买地点
过去	过去购买目标品牌	1. 过去购买目标品牌的次数、支出费用及购买地点
	过去购买竞争品牌	2. 过去购买竞争品牌的次数、支出费用及购买地点
	过去购买替代品牌	3. 过去购买替代品牌的次数、支出费用及购买地点
当前	当前购买目标品牌	4. 当前购买目标品牌的次数、支出费用及购买地点
	当前购买竞争品牌	5. 当前购买竞争品牌的次数、支出费用及购买地点
	当前购买替代品牌	6. 当前购买替代品牌的次数、支出费用及购买地点
将来	将来购买目标品牌	7. 将来计划购买目标品牌的次数、支出费用及可能的购买地点
	将来购买竞争品牌	8. 将来计划购买竞争品牌的次数、支出费用及可能的购买地点
	将来购买替代品牌	9. 将来计划购买替代品牌的次数、支出费用及可能的购买地点

以上所有的统计指标都可以在调查研究的工具中转换为具体的操作性条目(items),并将这些条目运用于现场调查以取得调查数据。

有关购买品牌、所购品牌次数、购买时间、费用支出及购买地点等数据,必须可靠而且有效。

一、 购买行为基本统计

1. 购买频次

在相同的时间单位内,分别计算消费者购买目标品牌、竞争品牌或替代品牌的总频次,一般使用"月"或"年"作为时间单位,以便按月或按年计算每一品牌的销售额。

$$购买频次 = \sum(消费者购买次数 / 时间单位)$$

2. 购买周期

在一定时间范围内,购买一次该品牌的平均时间,一般以天为时间单位。因为第一次购买行为没有时间参考的基点,只有进行了重复购买才有可能计算消费者的购买周期,具体的计算方法是,将第二次及以后的购买时间点与第一次购买的时间点之差进行平均,即得出该品牌的购买周期。

在实际研究中,为了被调查者理解上的方便,通常计算标准的时间单位内消费者购买过该品牌的总次数,得出该品牌的购买周期。将整个消费者群体的数值加以平均,得出该消费者群体的购买周期。计算公式为

$$购买周期 = \frac{标准时间单位}{标准时间单位内购买次数}$$

3. 支出费用

如果某品牌在较长时间内的标价相对固定,直接计算消费者每一次购买行为的费用支出并加以平均即可。对于标价变动较为频繁的品牌,或消费者每次购买量不同、费用支出有差异的品牌购买,需要累计标准时间单位内购买该品牌的全部费用支出,并以购买次数进行平均,得出每一次的费用支出。例如,快餐连锁店内的消费,顾客每次的消费额可能不同,需要累计一段时间内的费用支出。

统计消费者购买各品牌的费用支出,可以研究不同品牌之间的商品零售价格。由于商品的标价可能与实际销售的价格不一致,如有的商品折价销售,只有计算消费者实际的费用支出情况,才能比较商品实际的零售价格。快餐消费中,消费者印象中较深刻的是每次用餐后总的费用支出,所以以每次消费的费用支出为计算单位。

$$费用支出 = \sum(消费者购买该品牌的全部费用 / 标准时间单位的购买次数)$$

零售企业经常从这些数据中计算每位顾客每次购买行为的总费用,即客单价。客单价是零售企业经济效益相互参照的指标之一,比较直观,但用于分析顾客对特定品牌的购买行为显得过于笼统。零售企业发达的数据库系统为特定品牌费用支出的分析提供了方便。

$$客单价 = \frac{销售总额}{购买人次}$$

4. 销售规模

用消费者购买目标品牌或竞争品牌的频次乘以消费者每次支出的费用,可以分别计算目标品牌或竞争品牌的销售规模,加上时间单位,可以得到过去、当前各品牌的销售规模。

$$销售规模 = \sum（消费者每次购买金额 \times 购买频次 \times 时间单位）$$

总体销售规模这一统计数据相对粗放、直观,在一定意义上反映了企业的经营规模。这种数据与企业的经营效益之间没有必然的相关性。这一数据也可以通过零售监测来取得,但零售监测的数据不等于各品牌的实际销售数据,而且监测成本很高,所以通过零售监测获得的数据不如对消费者行为直接统计取得的数据那样直接,后者可能存在一定的误差,与抽样的准确度及调研过程的精确度有关。严格的调研质量控制可以降低统计误差。

5. 销售额分渠道统计

企业为了全面掌握不同渠道的销售效果,需要分别统计不同销售渠道的销售额,计算公式为

$$该渠道销售额 = \sum（消费者在该渠道每次购买金额 \times 购买频次 \times 时间单位）$$

二、购买行为数据分析

1. 市场占有率

这是营销管理人员非常关心的一项分析数据,利用目标品牌及竞争品牌的销售规模,可以分别计算各品牌在过去、现在及未来的市场占有率和市场份额,其中前两种指标可以作为衡量过去营销工作成绩的指标。未来各品牌的市场占有率是从消费者的角度来预测市场未来发展前景的指标。

$$市场占有率 = \frac{某品牌销售规模}{市场同类产品的销售规模}\%$$

2. 品牌占有率

有人习惯使用品牌渗透率(brand penetration)来表示品牌占有率。计算品牌占有率的原因有三个:一是市场上虽然每一品牌都有标价,但消费者每次选择不同的品牌或品种,每次支出的费用不同,消费者对每次费用留下的印象不深也不一定精确,但对于购物的次数却记忆清楚;二是有些大件商品,消费者可能只购买了一件,累计市场占有率不方便,研究者可以换一种计算方式,从消费者群体购买目标品牌与竞争品牌的频次中统计各品牌的占有率;三是从品牌占有率的分析入手,容易发现各营销要素的效果,如相同的价位为什么各品牌被光顾的次数不同?

$$品牌占有率 = \frac{某品牌购买总频次}{市场同类品牌购买总频次}\%$$

3. 品牌重复购买率

以消费者当前购买该品牌的比例除以过去的购买比例,即得出消费者的重复购买率。该比率以百分数表示。重复购买率越高,一般表示消费者喜爱该品牌的程度也越高,使用该品牌的习惯较为稳定;反之表示消费者的喜爱程度在降低,或使用习惯不稳定。该指标是衡量品牌忠诚度的指标之一。

$$品牌重复购买率 = \frac{当前购买该品牌的比例}{过去购买该品牌的比例}\%$$

4. 品牌购买趋势

以将来计划购买目标品牌或竞争品牌的比例除以现在购买该品牌的比例,得出消费者购买各品牌的趋势。该数值以分值表示。分值大于1,表示消费者的购买趋势在增强;分值小于1,表示消费者的购买趋势在减弱。

$$品牌购买趋势 = \frac{计划购买该品牌的比例}{现在购买该品牌的比例}$$

5. 品牌喜爱度

由消费者喜爱该品牌的比率除以使用该品牌的比率,即消费者对该品牌的喜爱度。这个数值越高,表示喜爱该品牌的消费者真正地实施了购买行为;这个数值越低,表示喜爱该品牌的消费者中真正购买该品牌的人较少,原因可能是销售渠道方面存在问题或商品的形象良好而商品的属性没有满足消费者的需要等。

$$品牌喜爱度 = \frac{喜爱该品牌的比例}{现在使用该品牌的比例}\%$$

6. 品牌替代率

品牌替代率用来表示消费者在一定时间范围内更换新品牌的比率。如果消费者计划购买的品牌没有现货,他可能会购买替代品牌。用购买替代品牌的比例除以原计划购买某品牌的比例,即得到品牌替代率。品牌替代率是衡量品牌在消费者心目中稳定性的指标,也是衡量消费者品牌忠诚度的指标之一。该数值越高,表示品牌被替代的比率越大,品牌的稳定性越差。

$$品牌替代率 = \frac{购买替代品牌的比例}{计划购买品牌的比例}\%$$

7. 品牌忠诚度

如果计划购买的品牌没有现货,消费者不会购买替代品牌,而是继续等待购买原计划的品牌,消费者的这种行为称为品牌忠诚度。计算方法是以当前仍然购买该品牌的比例除以过去购买该品牌的比例。

$$品牌忠诚度 = \frac{当前仍然购买该品牌的比例}{过去购买该品牌的比例}\%$$

品牌忠诚度与品牌重复购买度、品牌替代率的共同点是,三者都是衡量一定时间范围内消费者购买行为的变动性(变动性的反面即购买的稳定性),不同点在于品牌忠诚度侧重特定品牌的购买行为统计,而品牌重复购买率、品牌替代率侧重全部品牌的购买行为统计。

以上每一类数据的统计暗含了多个维度,如市场占有率,它除了指各个品牌在总体销售额中所占的比重之外,还包括计算总体销售额及各品牌销售量时使用的时间单位和市场范围这两个维度。许多分析报告忽略了这两个基本维度的说明。时间单位是指年、季度或月份等。市场范围是指一个经济区域、一个城市或全国范围内的大市场。如果上述统计数据还能标明其误差范围,则统计分析将更为完美。

第九章 消费体验与品牌忠诚

　　本章介绍消费者使用商品、享受商品价值的过程中形成的心理体验，即消费者满意度的构成，以及对特定品牌的重复性购买行为，即品牌忠诚度。

第一节 消费体验与满意度理论

消费者使用商品、获得商品价值的过程中，形成主观体验、产生情绪反应、做出主观评估和判断的心理过程称为消费体验。消费体验既是消费价值的反映，也是影响未来购买行为的重要因素。满意的消费体验会促使消费者重复购买商品。不满意的消费体验会阻止消费者的重复购买，还会招致没完没了的抱怨与投诉，这种消极影响向其他顾客扩散，导致更多顾客对这种品牌的抛弃。现代营销活动中"以消费者为中心"的思想，落实到具体的管理方案，几乎都是以提高"顾客满意度"为中心的方案，因此消费者体验在消费者心理研究中占有重要地位。

消费者享受商品并获得消费体验的过程，是商品价值得以发挥的过程。通过消费者的感受，商品的价值得以实现，并满足了人们对于生存和发展的需要，在一定意义上满足了人们对于幸福生活的愿望。

一、 消费体验与评价

把商品买回去之后，消费者就要使用它、享受它、消费它，商品的功能、质量、味道以及使用的效果等，会在商品的使用和消费中得以体现。消费者通过使用商品、消费商品，用自己的标准做出评价，这些评价既可能影响他的下一次消费行为，还可能影响其他消费者的行为。

研究消费体验的重点，是研究消费者在哪些方面的体验更深刻，哪些因素影响消费者购物后的体验，这些体验积累形成的消费经验又将如何影响下一次消费行为或影响他人的消费行为。

从消费者需要的满足程度看，接近或高于消费者期望的商品特性，消费者产生满意的消费体验会更深刻。消费者的满意体验具体地表现为：对于商品形象的肯定、对于商品经营单位和服务人员的信赖、对于商品价格的肯定与认同感等，在情绪上，消费者会变得较为愉快而积极。消费者亲身体验到满意的效果之后，对经营单位和服务人员形成愉快的记忆，一些消费者非常愿意将愉快的印象向其他消费者传播。

商品特性如果低于消费者的期望，消费者会有不满意的体验。这种不满意的体验表现为：对于商品形象的否定，对于商品经营单位的怀疑与不信赖，在商品价格与功能等方面产生不平衡心理，有吃亏上当感，在情绪上容易变得消极而不愉快。消费者会尽力避免这种吃亏上当的行为再次发生，有些消费者会把这种体验传播给其他人，希望他人不要吃亏上当，令其他消费者对商品或经营单位产生戒备心，最终损害该经营单位的企业形象。

除上述两种极端的消费体验外，更普遍的情况是消费者处于中间类型的消费体验，如对于商品或企业形象比较满意，或稍不满意、无所谓的体验等，所有这些体验都可以进行量化研究。

在消费体验中,消费者会做出如下评价。

一是对商品属性、商品质量等方面做出评价。消费者按照各种渠道得来的信息和判断标准来评价商品的质量,综合商品的功能、价格、包装和使用效果等方面来评价商品的质量。这种综合评价的方式类似于平衡效应,商品的价格高,消费者会要求商品的质量也要好,否则,会做出质次价高的评价。

二是对商品形象及品牌形象做出评价。商品形象和品牌名称会记在消费者的头脑中,形成记忆和印象,整个消费群体中的记忆和印象即构成为品牌知名度和美誉度。知名度和美誉度是影响消费者下一次选购商品的心理基础。

三是对经营者及其服务质量做出评价。包括对经营场所、购物平台、服务人员的评价等。

工商企业研究消费者的体验与评价,创造让顾客满意的要素,最终让顾客对商品、对品牌满意,对购物平台满意,对营业环境满意,促成顾客对品牌保持更高的忠诚度并在该平台、该营业环境保持重复的购买行为。围绕着让顾客心理满意的问题,当今的市场上形成了一整套理论,即"顾客满意度"理论(Customer Satisfaction,CS)。

二、 顾客满意度的概念

早期的市场研究表明,无论满意还是不满意的顾客都对公司的盈亏有较大影响,例如:

1 名满意的顾客会将他满意的体验告诉其他 4～5 名顾客。

100 名满意的顾客会带来 25 名新顾客。

争取 1 名新顾客的成本是保持 1 名满意顾客的成本的 5 倍。

每一次顾客投诉就意味着还有 20 名顾客有同感,只不过他们懒得说罢了。

问题得到解决的用户有 70% 的概率会成为企业最忠诚的顾客。

"顾客满意度"作为科学的概念是 1986 年由美国的消费者心理学家提出的。瑞典首先在全国范围完成顾客满意度的指标,被称为 CSB(Customer Satisfaction Barometer)。日本是较早引入顾客满意度体系的国家之一。日本 20 世纪 90 年代初在生产力指标上不如美国,却享有大额贸易顺差、强劲的经济及良好的产品声誉,原因何在呢? 关键是顾客的高满意度带来顾客对品牌的忠诚度,从而为企业创造了更多的利润。

顾客满意度是指顾客对商品、服务及相关因素的情感体验。这种情感体验会影响顾客本人及他人的消费行为,顾客的情绪体验越强烈,对顾客本人和其他顾客的影响力越大。这里所指的情感体验包括积极的方面,如消费商品中的愉快、满意等,也包括消费商品中的消极体验,如失望、气愤等。

顾客满意度理论是指研究顾客满意体验的形成机制,制定顾客满意体验的营销策略而形成的一整套思想体系和经营规则。顾客满意度不是决定顾客忠诚的唯一因素,但无疑是影响顾客忠诚度最重要的因素。顾客的满意与不满意情绪,不仅影响顾客个人将来的消费行为,而且会影响他人将来的消费行为。经营人员必须研究这种重要的影响因素。

下面介绍两种解释顾客满意度的思路。

第一种是解释顾客满意度的"双因素"法,这是从双因素理论发展而来的。双因素理论是由美国心理学家弗雷德里克·赫茨伯格（Frederick Herzberg）于1959年提出来的，他和同事们对匹兹堡附近一些工商业机构约200位专业人士作了一次调查，研究影响人们对工作满意和不满意的因素。结果发现，导致对工作满意的因素主要有成就、认可、工作本身的吸引力、责任和发展；导致对工作不满的主要因素有企业政策与行政管理、监督、工资、人际关系及工作条件等。

　　按照这一思路，影响顾客满意度的诸多因子中，有些因子是顾客要求企业必须做到的，如果做不到，顾客会非常不满意，这些因子即不满意因子，如食品的质量、家用电器的安全性能等；有些因子是顾客期望企业能够做到的，如果企业做不到，顾客没有严重的不满意，但是当企业满足了顾客的期望甚至满足程度超过了顾客的期望时，顾客会非常满意，这些因子即满意因子，如购物时较少的等候时间、商品增值服务等。如图9-1所示，影响顾客满意度的因子可以分为三个层次：第一层次是不满意水平；第二层次是期望水平；第三层次是满意水平。

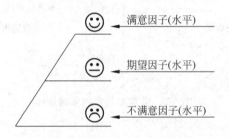

图9-1　满意度三层次图示

　　早期的双因子理论把"满意因子""不满意因子"及"期望因子"分别看待，认为这三个层次的因子在性质与类型上存在不同。[①] 近期的研究显示，从"期望因子"到"满意因子"在层次上、性质上存在不同，但在种类上可能是一致的，即满意因子是连续的变量，在期望水平和满意水平之间存在一个可接受的区间（或范围）。例如，礼仪服务：企业礼仪服务做得较好，顾客认为应当这样；企业礼仪服务做到很好，顾客的满意度会上升；企业一旦没有做好，这个因素会成为不满意因子。因此，在满意与期望的体验之间存在一个区间，这个区间称为可接受区间，区间的峰值为"理想水平"，区间的谷值为可"接受水平"。马谋超、徐金灿使用这种思路分析玻璃行业的服务质量体系，其结论是，"供货因素"的可接受区间最小，也就是说，用户对供货的要求非常严格，供货因素有严格的保障，用户才能真正满意，而供货因素稍有差错，用户的满意度会迅速下降。这一行业中的"服务礼仪因素"的可接受区间最大，也就是说，用户对这一行业的礼仪要求相对宽容。

　　第二种解释是顾客满意度的坐标图示法。将顾客满意度的数据与企业策略实施情况结合起来，构成顾客满意度策略图，横轴表示该因子的策略实施效果，纵轴表示顾客的满意度。所有满意度因子可以分为四大类：一是"锦上添花类"，企业的策略实施得当，顾客满意度高；二是"保持类"，企业策略实施效果平平，但顾客也还比较满意；三是"改进类"，企业策略实施

① 可参考 Richard L. Oliver. Satisfaction—A Behavior Perspective on the Consumer[M]. New York：McGraw-Hill，1997.

较好但顾客满意度较低,必须找出问题的根源,提高顾客满意度;四是"无效类",该类因子对顾客不太重要,或问题解决得较好,即使再努力改进措施,顾客满意度也不会提高。图 9-2 是某食品品牌的满意度图示。

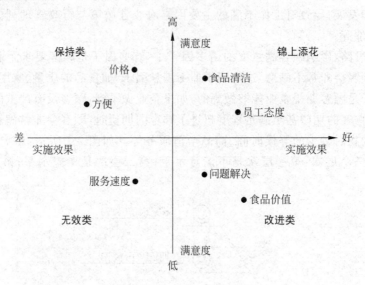

图 9-2　满意度与实施策略图示

三、　顾客满意度系统

影响顾客满意度的因素非常多,几乎每一个影响顾客的因素都会影响顾客的满意度,这是由顾客心理活动的复杂性决定的。这些影响顾客满意度的因素构成了一个系统,分析这个系统内各种因素影响力的大小,可以建立对应的营销与管理体系。

顾客满意度系统是指企业营销与管理过程中,以最大限度满足顾客的满意度为前提,来制定相应的营销与管理方案,目的是最大限度地维持固定的顾客群,最终稳定企业效益的一整套体系。

(一) 顾客满意度系统的构成

下面介绍顾客满意度系统的 5 个子系统,如图 9-3 所示。

1. 理念满意系统(mind satisfaction)

理念满意系统是指企业的宗旨、理念、经营哲学、价值观念和企业战略给顾客带来的满意。企业建立顾客满意度体系,从顾客角度出发制定经营理念,指导、调整企业的组织结构和运行方式,并通过各种方式传递给顾客,顾客获得认知、形成体验并做出反应。

2. 行为满意系统(behavior satisfaction)

行为满意系统是指企业的组织管理、公关宣传、标准行为模式等方面给顾客带来的满意,是在企业经营理念的指导下,以顾客的利益为出发点而制定的企业行为规范、行为机制、行为模式等。

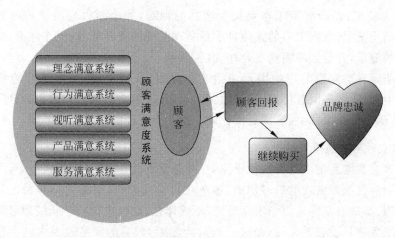

图 9-3　顾客满意度系统示意图

3. 视听满意系统（visual satisfaction）

视听满意系统是指企业对外传播的视听形象给顾客带来的满意。企业的名称、标志、标准色、标准字和应用系统等内容既要反映企业的理念，又要新颖、赏心悦目，顾客才能够得到积极的满意状态。

4. 产品满意系统（product satisfaction）

产品满意系统是指产品带给顾客来的满意，包括产品的功能、质量、设计、包装、品位和价格等因素，还包括企业根据顾客的个性需要设计出个性化产品等。

5. 服务满意系统（service satisfaction）

服务满意系统是指企业服务给顾客带来的满意，包括企业服务的保证体系与增值体系等。

前三个子系统与企业的识别系统（即 CI 系统）基本接近，所以有些人认为顾客满意度（CS）是在 CI 的基础上发展起来的，从字面上看有一定的道理，但 CS 系统与 CI 系统相比有本质上的飞跃。顾客满意度系统包含产品与服务两个方面的基础，这是顾客消费产品的真正价值所在，CI 系统主要是指形象识别系统，难以涵盖产品与服务。

在探索顾客满意度的因子构成方面，不同行业可以按自己的特色建立本行业的模型。

以速递行业为例，影响顾客满意度的因子包括速递时效性、上门服务情况、工作人员态度、服务规范性等，以及对服务中各项因素的满意度评价、对该服务的再次购买率、推荐率等。在快餐服务业，有的企业选择了五大类因子，分别是清洁程度、员工态度、服务速度、店内方便性、产品属性，每一大类可以再细分 10～20 个子因子，也有的餐馆企业选择了七大类因子，增加了问题解决与外卖服务响应两大类因子。

美国商务部于 1987 年设立了马尔科姆·鲍德里奇国家质量奖，其目的是奖励那些在产品与服务方面表现优秀的美国公司。马尔科姆·鲍德里奇国家质量奖的基本观点有 9 项：①质量是由顾客确定的，只有满足顾客要求的质量才是真正的质量、有效的质量；②高层管理者需要创造一种清晰的质量价值观，并将其融化在组织的日常操作中；③卓越的质量是要通过设计及执行俱佳的制度及过程来实现的；④不断改进必须成为所有制度及过程的管理内容；⑤缩短所有操作及程序的时间是改进质量的一个重要构成部分；⑥决策及操作必须以数据与事实为依据;⑦所有员工都要接受适当的训练,并全面参与质量管理的有关活动;⑧提高设计的质量、加强次废品的预防是质量管理系统的重要部分;⑨企业必须对供应商清楚说明质量的要求,并与供应商携手合作、改善质量。

其中关于顾客满意度的影响因素包括 8 个方面,分别是:①了解顾客的要求和期望;②顾客关系管理;③顾客服务标准;④对顾客的承诺;⑤解决质量方面的投诉;⑥确定顾客满意度;⑦顾客满意度结果;⑧顾客满意度比较。这 8 个方面的权重有所不同。

(二)建立顾客满意度系统

建立顾客满意度系统主要有两种思路:一种是要点式;一种是系统式。

前者是一些提纲挈领式的口号用语,服务项目容易操作,服务人员容易记忆,也容易得到顾客的反应,其缺点是容易流于表面形式,不成体系,难以进行科学化的顾客满意度研究,因为顾客的服务项目没有系统性,经过一段时间之后,顾客的满意度要素就会转移,原来的要点并不一定符合其后的顾客要求。例如,北京市百货大楼在改革开放初期推出了"十满意"等承诺服务,如电话购物、邮购、代客送礼及送货入室的便民项目,其效果在当时来看是好的,但是经不起时间的考验。

后者是实施标准化管理的企业制定的一整套体系,包括上述顾客满意度 5 个子系统的全部内容。

实施系统的顾客满意度系统,主要包括下面四个步骤。

第一步,建立顾客满意度模型。针对企业特点与目标顾客群的特征,提出顾客满意度的基本要素,即发现满意度因子。这些因子少则几十个,多则上百个,最终的因子数量取决于企业投资与回报的比例、对顾客的重要性以及操作的难度等。这个过程是调查研究的过程,有些资料上将其简称为顾客满意度模型探索(Customer Satisfaction Model Research, CSMR)。

第二步,管理制度的规范化和标准化。针对顾客满意度的因子,对企业的理念、组织结构、生产流程、品质控制、行为语言、标志体系等进行规范化和标准化。这些规范和标准可以参照相关的产品质量与服务质量控制标准。

第三步,培训与实施。顾客满意度系统的实施过程实际上也是企业管理制度规范化和标准化的实施过程。对企业全体员工进行思想教育、知识教育与行为训练,使全体员工真正理解顾客满意度系统的重要性,在工作的每一流程、每一细节,完全按照规范化和标准化的方式来执行该系统。

第四步,满意度系统的监控。顾客对企业的理念、产品、服务、行为等产生什么样的体验以及行为上的反应,要通过对顾客的调查跟踪与测试才能搞清楚,因此监控过程也是顾客的反馈过程。监控的结果一方面用于评价员工的工作质量,作为改进员工工作质量、实施奖罚的依据;另一方面用于改进顾客满意度的指标体系、调整各因子关系的依据。

建立顾客满意度系统,可以参考国际上通行的服务质量标准,即 ISO9004—2。

美国商务部的马尔科姆·鲍德里奇国家质量奖,对于建立顾客满意度系统、选择满意度因子,以及实施满意度标准有更重要的参考价值,因此下面给出有关服务质量标准实施的要点。

了解顾客的要求与期望

■ 通过访问、交谈和其他方式,识别细分市场、顾客与潜在顾客群,包括竞争者的顾客及其要求和期望。

■ 识别产品和服务的质量特征,以及这些质量特征对顾客或顾客群的相对重要性。

■ 与多种关键数据和信息进行交叉比较,这些数据和信息包括顾客的抱怨、损失和收益,以及有助于了解顾客要求和期望及关键产品和服务特征信息的绩效数据。

■ 评价并提高顾客要求与期望的有效性。例如,改进访问,接触其他顾客,分析或交叉比较。

顾客关系管理

■ 确保公司上下都能理解顾客要求的服务并做出答复。

■ 确保顾客能通过较方便的途径来评价、寻求帮助或抱怨。

■ 追踪顾客对产品和服务的满意度,获取改进信息。

■ 授权与顾客接触的员工恰当地解决问题,必要时可以采取额外的措施。

■ 制定顾客服务人员的具体要求、态度及其他方面的培训(认知、态度和道德标准)。

■ 在技术和后勤方面给予支持,以便服务人员提供及时有效的顾客服务。

■ 分析投诉信息、顾客成长和流失、损失订单,评估公司政策的成本和市场后果。

■ 评价和改进顾客服务过程。

顾客服务标准

■ 依据顾客的要求与期望选择规范的、客观的测量标准。

■ 全员参与制定、评价、改进和改变顾客服务标准。

■ 公司各部门都要制定具体要求或标准,确保有效地支持顾客服务人员满足顾客服务的标准。

■ 跟踪调查,确保关键的服务标准得到满足。

■ 如何评价和改进服务标准。

对顾客的承诺

■ 产品与服务方面的保证:理解、条件和信誉。

■ 公司为提高顾客对其产品和服务的信任和信心所做的其他承诺。

■ 过去3年中,公司的产品和服务改进如何体现在担保、保证和其他承诺中。

解决质量方面的投诉

■ 汇总对公司不同部门的正式和非正式的投诉及批评性的建议,在全公司做整体评价,并适时加以利用。

■ 确保顾客服务人员恰当地解决投诉。

■ 汇总顾客的反应情况。

■ 分析投诉以确定其内在原因,根据这些信息加以改进,如过程、标准及顾客沟通。

■ 评价公司对投诉的处理以改进公司对投诉的反应,并将其转化为预防性措施的能力。

确定顾客满意度

■ 所用方法的类型和频率,包括确保客观性和有效性的程序。

■ 按顾客群体细分满意度,决定与竞争对手相关的顾客满意度。

■ 满意度结果和其他表明满意的方面,如投诉、顾客的获得与流失的相关性。

- 从顾客满意数据中提取有效的信息,根据这些关键的产品和服务质量特征来决定顾客偏好。
- 顾客满意度信息运用于质量改进方面。
- 评价和改进确定顾客满意度的方法。

顾客满意度结果

- 按顾客群体划分产品和服务,找出顾客满意度趋势和关键的顾客满意度指标。
- 主要负面指标的趋势,这些负面指标包括抱怨、投诉、退款、打电话责怪、退货、再次服务、调换货、贬低、修理、保证成本和保证工作。

顾客满意度比较

- 与同行业一般的、领先的、世界领先的或公司关键市场中的其他竞争者在顾客满意度结果上进行比较。
- 独立组织(包括顾客)做的访问、竞争奖励、认知和评分。
- 顾客的成长或流失趋势。
- 相对于国内及国际的主要竞争者而言,公司获得或失去市场份额的趋势。

四、 顾客满意度研究与测量

顾客满意度研究是指研究顾客消费商品或服务过程中的满意指数,作为改进、监督产品质量与服务质量的依据。

科学、系统地研究顾客满意度并为企业提供决策依据,需要标准化的研究方法和测量指标。针对不同的行业、不同的商品特点及不同的研究目的,顾客满意度研究也就形成了各具特色的研究模式。例如,零售服务行业对顾客满意的测量一般使用"服务质量监测" (quality of service audit,QSA)这一概念,家用电器企业使用"顾客全面满意度"(totally customer satisfaction,TCS)这一概念,还有的企业使用"顾客经验监测"(customer experience monitor,CEM)这一概念。

开展顾客满意度的研究和测评,发布顾客对产品和服务的评价信息,对于促进企业改进质量和经营策略,加强质量管理工作具有重要的意义,顾客满意度已经成为我国宏观质量指标体系中的一项指标。2005 年 5 月 12 日,中国标准化研究院成立了"顾客满意度测评中心",数据采集系统采用美国 SawTooth 公司开发的计算机辅助电话调查(WIN CATI)系统。该院自主开发了中国顾客满意指数(CCSI)模型。该模型由顾客对产品的预期质量、感知质量、感知价值、顾客满意程度、忠诚度(顾客保持率)和顾客抱怨(投诉)6 个结构变量及其相应的指标构成,对于该领域的研究有一定的借鉴意义。

国内企业研究顾客满意度主要有三种方式:一是通过网络方式填写意见反馈,这种方式一般与线上购物结合,填写方便简洁,反馈速度快,数据统计非常及时,当然也可以在线下购物之后再通过网络方式反馈。二是在商品说明书中附上由顾客填写的评价表格或质量跟踪用的记录表,这种做法更为简便,顾客阅读说明书之后,随时可以将其填写的评价寄到公司,对于企业加强生产质量管理、及时搜集消费者的意见、及时处理顾客使用商品中遇到的问题有重要的积极意义。三是采用问卷调查的方式来收集顾客满意度结果,如随机抽样已经购买消费过该商品或服务的消费者,了解他们对于质量、外观、售后服务、商品使用情况等方面的评价。

（一）零售企业的顾客满意度

以传统的零售服务（含餐饮行业）为例,解释顾客满意度的指标应当包括 10 大类,其中"基本礼貌"类是服务人员与顾客初步接触时的质量;"服务质量"类是服务人员直接接触过程中的质量;"服务技巧"类是服务人员提供满意服务的重要项目;"店面整洁"类是对店面环境质量方面的评价;"货品、货架整洁"类是对货品陈列与管理质量方面的评价;"设备维护"类是对营业场所各类设备维护质量的评价,包括营业场所内外两类设备;"管理人员态度"是对非一线服务人员服务质量的评价;"促销广告"类是对营业场所内外各类促销广告的评价;"商品评价"是对所购商品质量是否满意的评价;"总体评价"是顾客对营业环境的综合性意见与评价。表 9-1 中列举了主要的测量指标,仅供相关人员参考,在实践中,应该针对不同行业的特点对这些指标进行改造。

表 9-1　零售服务业的顾客满意度测量指标（节选）

项 目 名 称	评 价 得 分					
	很好	较好	一般	较差	很差	得分
一、基本礼貌						
1. 进店时,服务员及时打招呼（如 5 秒钟）						
2. 招呼顾客时,目光亲切,眼神专注						
3. 服务员打招呼时看着您,言辞友善、面带微笑						
4. 招呼顾客时,使用了企业的标准用语						
……						
二、服务质量						
1. 服务员为您服务时态度认真,接待您的期间,没有跟其他人员谈论与服务无关的事宜						
2. 服务员真诚地对您说了"谢谢您"						
3. 如果您带有孩子,他们也被服务员招呼						
4. 场内设有儿童专用椅						
……						
三、服务技巧						
1. 主动向顾客介绍货品并提供所需规格、式样、颜色等						
2. 鼓励顾客试用试穿						
3. 顾客不满意时,主动、热情地给顾客更换其他的规格、式样、颜色,或介绍其他商品给顾客						
……						

续表

项 目 名 称	评 价 得 分					
	很好	较好	一般	较差	很差	得分
四、店面整洁						
1. 外部停车场、门前入口/人行步道清洁,无垃圾、废物、污垢,地面无油渍						
2. 门窗清洁,无多灰尘、指纹及污垢						
……						
五、货品/货架整洁						
1. 柜台和自助区清洁、有条理						
2. 商品上没有积垢、没有洒落,或陈列商品过少或过多的现象						
……						
六、设备维护						
1. 商场所有照明灯光设备使用正常,没有损坏、闪烁现象						
2. 商场音乐音量适中,不妨碍正常的谈话,但能清楚地听到广播广告声						
3. 更衣室整洁、门锁安全						
4. 商品的包装、纸袋、容器、托盆或器皿保持清洁完好						
5. 推车、购物篮摆放整齐,车内及篮内干净、没有脏物						
6. 停车场维护良好						
……						
七、管理人员的态度						
1. 管理人员礼貌待客,保持笑容						
2. 遇到顾客询问时,积极完成职责内的工作,不推脱						
……						
八、促销及广告						
1. 促销海报、吊旗和台卡清洁整齐						
……						
九、商品评价						
1. 商品包装完好,指示清楚						
……						
十、总体评价						
1. 计划购买的商品都买到了						
……						

计分方法:顾客评价为"很好"的计5分,评价"良好"的计4分,评价"一般"的计3分,评价"较差"的计2分,评价"很差"的计1分。

上述测量指标比较复杂,多者可达上百条,有些商业单位为了操作上的方便,将上述研究指标简化为十几个,基本信息不减少,而调查实施与结果处理的难度可以大大地降低。表9-2就是一个案例。

2004年,北京质量协会用户评价中心使用购物环境、服务质量、商品质量、投诉及处理、附加服务等方面共46项指标,对京城125家不同业态的商业零售企业进行评价,得出的商业零售业综合顾客满意指数为72.7,其中商场(购物中心)为71.3,超市为72.3,便利店为74.6。便利店在服务质量、商品质量、质量价格比等方面均高于商场、购物中心及超市等零售业态。

表9-2 零售全业顾客满意度调查表(精简版)

尊敬的顾客,您好:

非常感谢您光临本店,不论您是否在本店购物,都希望您阅读并填写如下内容。

对于下表中列举的项目,请您按照自己的体会做出相应的评价。您填写或回答的任何内容都没有对错之分。您的评价对于改进本店的工作,并为您提供优质的服务具有重要意义。

谢谢您的参与。

评价内容	评价分(请在相应的分数上画圈)					
	很满意	比较满意	无所谓	比较不满意	很不满意	不回答/不知道
热情服务	5	4	3	2	1	0
热心解决问题	5	4	3	2	1	0
商品陈列	5	4	3	2	1	0
买到想要的商品	5	4	3	2	1	0
商品价格	5	4	3	2	1	0
商品质量	5	4	3	2	1	0
广告宣传	5	4	3	2	1	0
购物环境灯光	5	4	3	2	1	0
购物环境音响	5	4	3	2	1	0
其他便利服务	5	4	3	2	1	0
总体印象	5	4	3	2	1	0
您来店的次数	1.来过3次以上;2.来过1～2次;3.第1次,计划好来的;4.没有计划,偶然路过;5.其他					
您家的距离	1.1公里以内;2.1～5公里;3.5～10公里;4.10公里以上					
您的职业	(略)					
您的年龄	_____岁					
文化程度	(略)					
您的电话		具体地址:				
您的姓名		填写时间:		年 月 日 时		

_____店

（二）顾客时间满意度

在研究顾客的时间满意度时，发现时间体验既可能表现为满意因子，也可能表现为不满意因子。例如，当服务提供商的服务时间符合顾客期望时，顾客表现为满意的态度；当服务提供商的服务时间不符合顾客期望时，顾客显著地表现为不满意的态度，起着不满意因子的作用。

对顾客的多种行为进行总结，发现顾客时间体验与满意度之间存在如图 9-4 所示的关系。

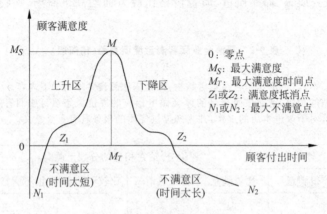

图 9-4　顾客时间满意度曲线

图中 0 为零点，M 表示顾客期望的最佳时间并得到最大满意，M_T 是最大满意度的时间点，M_S 是最大满意度，Z_1 或 Z_2 是满意度回到零点，N_1 或 N_2 是满意度降至最低点。

在 N_1 点，因为服务时间太短，顾客的期望得到最小程度的满足，满意度降至最低点；从 N_1 到 Z_1 是不满意逐渐减少的区间；从 Z_1 到 M 是满意度上升区，顾客满意度随服务时间延长而上升到最高点；从 M 至 Z_2 是满意度下降区，顾客满意度随服务时间延长逐渐降低，并回到零点（最长可忍受时间）；从 Z_2 开始顾客满意度开始下降，并随时间延长降至最低点。以旅游服务为例，假如旅游者到北京参加一个旅游活动，他认为最佳的旅游时间是 4 天（M 点），最长可以忍受的时间是 7 天；如果旅行社只安排 1 天活动（N_1 点），他会非常不满意；从 1 天到 3 天（Z_1 点），不满意度逐渐减少；从 3 天到 4 天，满意度会大大提高；超过 4 天，满意度开始下降，到 7 天的时候，这位旅游者的满意度完全消失（Z_2 点）；如果旅游时间还要延长，不满意的体验开始出现。

不同的营销策略可能改变顾客的时间体验，最终影响顾客的满意度。例如，商品与服务过程中充分的享受可以缩短顾客知觉的时间，最终提高顾客满意度。

第二节　消费者品牌忠诚

消费者在较长一段时间内，对于特定品牌所保持的选择偏好和重复性购买行为，即消费者忠诚度。高水平的忠诚度下，消费者表现出对该品牌保持强烈的选择偏好与高频率的重复性购买,甚至将该品牌视为唯一的购买选择。低水平的忠诚度下,消费者表现为选择偏好不强,重复购买的频率低等。

品牌忠诚度的高低是品牌之间相互比较而形成的。如果市场上的竞争品牌较少,消费者选择的机会本来就少,消费者不得不重复购买,但选择偏好不强烈。例如,我国消费者在电信、交通、医疗等服务领域,可以选择的品牌不多,这类重复性消费行为不能称之为品牌忠诚度。只有市场竞争品牌多,消费者可以自由地选择时,消费者对特定品牌保持的重复性购买才是真正的品牌忠诚。竞争品牌的增加,消费者选择商品的机会增加了,对于生活自由度的提高有很多好处,但对于厂商而言,市场竞争的压力也在加大。

厂家更关心的是如何让消费者对自己的品牌保持固定的、重复性的选择,即保持对该品牌的忠诚。较低的忠诚度或没有品牌忠诚意味着同类品牌之间更大的动态变化,同时意味着品牌之间的竞争加剧,每一品牌为争取更多的市场机会而投入更多的营销成本。高忠诚度意味着该品牌能够保持稳定的市场规模,该品牌面临的竞争压力相对要小一些,面对市场竞争而投入的营销成本也会更低,从宏观角度看,是以更为经济有效的手段运作品牌与市场。

作者没有系统地收集到国内的资料,图 9-5 是美国保险经纪人的顾客忠诚度与利润之间的关系图[①],可以佐证顾客忠诚度与企业盈利之间的正向关系。

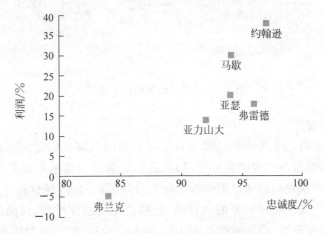

图 9-5 顾客忠诚度与利润的关系

品牌忠诚度的时间受商品特性与营销策略等因素的影响。消费者对于老牌日用品的品牌忠诚度时间可达几年甚至几十年之久,而季节性商品的忠诚度时间可能只有半年或稍长一点时间。

消费者的品牌忠诚度已经反映了企业在市场上的竞争力,国内外专家学者和管理人员已经形成一种共识,即消费者的品牌忠诚度可以纳入企业资产的评估指标。

---

① Frederic F. Reichheld,Thomas Teal. The Loyalty Effect[M]. Boston:Harvard Business School Press, Bain & Company,Inc. ,1996.

一、 品牌忠诚度的基础

每一位消费者对不同品牌的忠诚度千差万别,但归纳起来,保持高水平忠诚度的基础是一致的,包括五个方面的心理行为基础,如图9-6所示。

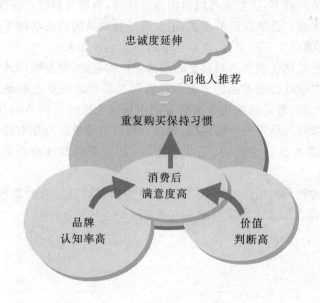

图 9-6 品牌忠诚度结构示意图

(一) 品牌知名度高

虽然消费者对于自己不忠诚的品牌也可能有较高的品牌认知度,但对于自己所忠诚的品牌,消费者必然表现最高程度的认知度,如未提示知名度与提示知名度都在100%或接近100%(有时存在抽样误差),总体评价与综合评价分值很高,总体评价得分超过4.5分(5分制),对于该品牌各个属性的评价分值也较高,包括商品的总体质量、商品的包装与形象、商品的档次、商品的服务质量、商品的价格适应性、商品的价值、对于消费需要的满足性等。这是消费者出现高水平忠诚度的心理基础。

(二) 对品牌的价值判断高

消费者对于价值的判断要通过价格反映出来。如果消费者认为商品的价格小于或等于商品的价值判断,购买阻力就小一些。如果商品价格高于商品的价值判断,购买的阻力大大增加。消费者对商品的价值判断影响忠诚行为,较高的价值判断会降低消费者的购买阻力,从而长期保持稳定、重复的购买行为。

(三) 消费者的满意度高

满意度是消费体验的综合表现形式,高的满意度才能促成消费者的重复购买。消费者的满意度降低了,下一次就不愿意再购买这样的品牌了,忠诚行为被中断。例如,在牙膏市场上,忠诚度高的品牌所获得的总体满意度接近满分,而忠诚度低的品牌,满意度得分低于3.5。

（四）消费者保持稳定性购买习惯

高的忠诚度，意味着消费者在较长的时间内，对于该品牌表现出较高频率的重复购买行为，与其他品牌相比较而言，消费者习惯性的购买行为与消费频率明显偏高。例如，快餐食品的消费中，忠诚度高的品牌，消费者购买的频率可达到每月 4～6 次，而对竞争品牌中的购买频率每月甚至不到 1 次。

（五）消费者向他人介绍推崇

忠诚度高的品牌，消费者乐意向其他消费者介绍或推荐，介绍购买这种品牌的渠道，介绍自己使用这种品牌的经验，希望亲朋好友分享消费这种商品的快乐等。这种行为在消费群体中具有示范作用，消费者的分享与推荐也推动了品牌形象的传播，并延伸了品牌忠诚度。

除了消费者自身的上述特征之外，忠诚度高的品牌还包括：长期稳定的商品质量；商品本身的特色，这些特色与消费者动机吻合；优美的营业环境与特色，与消费者的购买风格一致或接近；长期稳定的商品形象与广告诉求；相对稳定的消费群体也是一个重要因素，如果这个群体分化了，忠诚度也会随之分化。

二、 品牌忠诚度的测量指标

品牌忠诚度已经被列入企业资产评估的指标，高的忠诚度代表较稳定的消费习惯亦即稳定的市场份额，任何厂商都会珍惜这一稳定的市场份额，对忠诚度进行测量是必不可少的。

测量忠诚度的指标主要分为五大类，其逻辑关系是依照上述忠诚度构成的基础而确定的，即品牌认知、品牌经验、品牌价值、品牌习惯、向他人推荐。这些指标中，有一部分指标与消费者购买行为测量、顾客满意度测量、品牌形象测量等指标相互交叉，其中"重复购买率""品牌替代率""向他人推荐"等属于核心指标。

（一）品牌认知

品牌认知方面的测量指标，一般使用 5 个子指标：

（1）未提示知名度。即无提示状态下对于品牌的回忆率。

（2）提示知名度。即提示状态下对于品牌的回忆率。

（3）媒体认知。即对传播该品牌的媒体与特征的认知。

（4）商品属性认知。即对商品各属性及其综合性的评价，包括商品特色、商品优势等方面的认知。

（5）形象联想。即品牌个性、品牌特征方面的联想。

（二）品牌价值

测量消费者对品牌的价值判断，一般使用如下 4 个子指标。

（1）价格认知。即对该品牌实际价格的认知，如消费者认知、评价该品牌的价格是高还是低。

（2）价值评价。即对品牌价值做出的综合性评价，评价该品牌的价值越高，即认为越值得购买，消费者愿意付出更多的货币。

（3）价格需求弹性。即不同的价格等级水平上，消费者群体表现出不同的需求与接受程度。

（4）价格的延伸性。如果该品牌延伸到同类商品的另一品种，所表现出来的价格认同感。

（三）使用经验

消费者的使用经验一般使用 3 个子指标进行测量。

（1）使用时间。即消费者使用该品牌的时间，一般以年或月表示。

（2）满意度。即使用商品后，消费体验中的情绪与态度反应，包括积极、满意的反应或消极、不满意的反应。

（3）购买愿望。主观上购买该品牌的动机强烈程度。

（四）行为习惯

行为习惯方面的测量指标一般使用 5 个子指标。

（1）购买频率。在一定时间段内购买该品牌的次数。

（2）重复购买率。继续购买该品牌的比率。

（3）品牌替代率。即当前购买与过去购买相对，购买目标品牌的比率。

（4）品牌替代意向。缺乏目标品牌时，转向购买竞争品牌的意愿程度。

（5）购买趋势。即计划购买与当前购买相比，购买目标品牌的变动趋势。

（五）介绍推荐

消费者向他人主动介绍或推荐的行为，是反映品牌忠诚度的重要特征，使用下面 4 个子指标。

（1）推荐意向强度。即向其他消费者推荐的意向性或强度。

（2）推荐理由。消费者向他人推荐该品牌的优势、理由与消费经验。

（3）推荐渠道。消费者向他人推荐的购买渠道与消费方式。

（4）代购意向。忠诚型消费者为其他消费者代为购买的意向强度。

如上总结的品牌忠诚度的指标，即使在网络时代，其核心思想也是适用。当然，网络平台上的顾客忠诚度研究还包含一些新生的指标，如隐私保护、物流速度等。

邓爱民等人通过网络调研方式在全国范围内随机发放问卷，以探索网络购物环境中的顾客忠诚度影响因素[①]，共提取 6 个变量，其中"信任"不仅可以通过影响顾客满意度来间接地影响顾客忠诚度，而且可以成为顾客忠诚度的直接前因变量。"在线网站特性"和"线下物流服务质量"共同作用于顾客满意度的提升，并间接地影响顾客忠诚度的积累。"顾客满意度"和"转换成本"是网络环境下顾客忠诚度的主要影响因素，如表 9-3 所示。

---

① 邓爱民. 网络购物顾客忠诚度影响因素的实证研究[J]. 中国管理科学,2014(6):94-102.

表 9-3　网络平台上的顾客忠诚度研究

变　量	测　项
信任	1. 该网站上的信息是真实的； 2. 该网站不会做误导消费者的事情； 3. 该网站是完全值得信赖的； 4. 该网站能够兑现其对产品和服务质量的保证
在线网站特性	1. 该网站能够让我更有效率地完成网上购物； 2. 该网站注重保护用户隐私和支付安全； 3. 我与该网站的互动清晰且容易理解； 4. 该网站网页之间的链接较为顺畅
线下物流服务质量	1. 该网站对我发出的订单处理速度快； 2. 我订购的商品能够如期到达且完好无损； 3. 我能够及时查询到所购商品的最新状况； 4. 该网站对突发情况处理速度快,且退换货方便
顾客满意度	1. 我在该网站的购物经历很愉快； 2. 该网站提供的产品和服务到达我的期望； 3. 我与该网站在信息搜寻过程中的互动令人满意； 4. 我与该网站以往的交易过程符合我的期望
转换成本	1. 我非常熟悉该网站的购物流程； 2. 该网站提供积分累积兑换商品或者服务的活动； 3. 该网站会向我提供额外的优惠活动； 4. 该网站能够为我提供独特的产品和服务
顾客忠诚度	1. 当我需要购物时,该网站是首选； 2. 我会鼓励朋友在此网站上进行购物； 3. 我会向其他人讲述有关该网站正面的信息； 4. 如果别人向我征求意见,我会向他推荐该网站

第十章　消费兴趣与消费习惯

　　本章介绍消费者兴趣、消费习惯的类型，以及消费技能的构成。

第一节 消费兴趣

从注意商品信息开始，到购买决策、购买准备、购买行为及使用商品等一系列过程中，消费者会表现出长期的、稳定的、典型的心理行为特征。这些特征包括消费者的兴趣、消费观、行为习惯和消费技能等。

兴趣是人们积极地认识事物的一种心理倾向。消费兴趣是人们对于与消费有关的事物所持有的认识和心理倾向性。"兴趣"一词的专业术语与日常用语存在较大的差异，在日常用语中是指一时兴起。

兴趣是推动日常心理活动进行的一种力量。按照自己的兴趣所完成的事情会令人愉快，注意力相对集中，愉快的情绪表现得更强烈，思维与想象更为积极。

消费兴趣的持续时间一般较长，这种长时间的持续现象对于消费心理的影响更为持久。按照消费兴趣所进行的消费活动会给消费者带来更高的满意度。好奇、探索及对新鲜事物、神秘事物的兴趣，是人们普遍存在的心理活动。马斯洛说，兴趣、好奇、探究是人类心理的一种本质特征。

一、消费兴趣的特点

1. 指向性

有些消费者的兴趣集中于饮食消费，有些消费者的兴趣集中于音乐音响的享受，还有些消费者的兴趣集中于居室环境的布置等。所谓"萝卜白菜，各有所爱"，消费兴趣的指向性可能是消费观的具体体现，也可能是消费者受到消费环境的诱导而发生的兴趣。

2. 持久性

消费者对于自己感兴趣的商品，刚开始是觉得有趣，这种有趣的心理继续发展下去的话，会逐渐对商品形成爱好，有的消费者会在爱好的基础之上形成强烈的癖好，养成稳定的消费习惯。尽管消费者的兴趣程度不同，但是每一种程度的兴趣都会持续相当长的时间，还有的消费者会对自己所钟爱的商品"长恋不舍"，终生为之努力与奋斗。一些"发烧"级消费者具备超人的兴趣，包括邮品发烧友、音响发烧友、摄影发烧友等，他们对于专业市场的发展起重要的导向作用。

3. 效能性

处于兴趣的状态，人们的心理行为活动会产生重大的效能性影响，会表现出有意注意、有意记忆、积极情绪、积极思维等参与性更强的心理活动。消费者对于感兴趣的商品，在搜集信息、感知、思维和联想等心理活动方面非常活跃，购买行为比较积极，消费体会较深，并且会以更大的决心克服购买中出现的困难。

4. 迁移性

兴趣使人们喜爱这些事物，使人的心理活动集中于所感兴趣的事物，但是人的兴趣并不是终生不变的,随着时间的推移,有些兴趣也会逐渐发生变化。例如,对新商品发生兴趣,失去对原有商品的兴趣。新的兴趣持续一段时间之后,因为感官适应、注意力极限等因素的作用,人们的兴趣又可能向下一个新商品转移。

无论消费者具有什么程度的兴趣,兴趣总是有益于消费行为的实现,而消费行为的实现必然要以购买并消费商品作为结果,所以激发消费者的兴趣是营销工作走向成功的重要一步。开发令消费者感兴趣的产品,可以较长时间吸引消费者的注意,容易调动消费者的积极情绪,减少营销推广的阻力。同时由于消费兴趣具有迁移的特点,产品开发或提供服务项目应当具有连续不断的创新性,满足消费者不断发展的兴趣。

二、 消费兴趣的类型

(一)按兴趣程度细分

1. 癖好型

这是兴趣强度最大的一类,消费者长期以来对于特定商品形成了兴趣,甚至形成了消费习惯。一些消费者受经济能力等因素的影响,消费兴趣难以转变为消费习惯,但癖好型的消费者的消费动力十分强大,如果不能得到满足,有些消费者会有出现严重的心理不适感、失落感。一些严重依赖网络的网民、重度烟民、嗜酒如命的消费者都属于这一类中的极端类型。

2. 固定型

这类消费者有较长时间的消费经验,经过多次消费选择,对于特定商品已经产生了稳定的兴趣,这种消费兴趣不会轻易地丧失。例如,计算机爱好者对于计算机发展、计算机价格、计算机维修、计算机优化等有关事情,一直保持长久的兴趣。对他们来说,为别人推荐、选择、购买、维护计算机是一件令人高兴的事情。

固定型兴趣的消费者,既可能表现为对于特定品牌的消费习惯,如购买洗衣粉的消费者对于"碧浪"或"汰渍"等品牌的固定选择。兴趣也可能表现为对于特定风格的爱好,如服装消费方面对于服装风格的选择,有人对淡雅素装表现稳重端庄的形象兴趣最大,有人对以明亮的色彩显示自己活泼个性的兴趣最大。兴趣还可能源自消费者的特殊需要,如音乐素养较高的消费者对于与音乐欣赏有关的商品、特定风格的音乐作品会一直保持浓厚的兴趣。有些消费兴趣与生理需要有关,如长期体弱的消费者对滋补食品一直保持长久的兴趣和爱好。

3. 新奇型

这种程度的消费兴趣可能发生在任何一位消费者的身上,因为商品的功效、式样、外表、包装等特征具有新意而表现出消费兴趣。商品的风格、风味、品味等方面具有特色,消费者在这些特定的条件下表现出消费兴趣。在营销环境中,多种因素可以刺激人们产生这一类兴趣,如网络论坛推荐、流行风潮、榜样人物的消费示范、广告宣传等。新奇型的消费兴趣覆盖面广,发生兴趣的商品种类不限。

(二)按商品特征细分

从商品的角度,消费兴趣可以分为四类。

1. 对新商品的消费兴趣

新商品新颖别致的特征,容易引起消费者的兴趣。例如,美国 20 世纪 70 年代流行的健身圈(又称为呼啦圈)于 90 年代初传入我国。1992 年春节前后,以天津和北京两大市场为中心,在全国范围内迅速形成购买健身圈的狂潮。像这样的消费兴趣,完全是由于新商品的特点所引起的。

对于没有经历过的神秘事物或神秘体会,人们会有强烈的兴趣或好奇心理。娱乐场所的许多消费项目正是基于这种消费心理而设计的,如许多水上娱乐中心都设计了"戏水水道"项目,游泳者从光滑的管道口进入,滑入管道中,速度逐渐加快,管道里的光线或明或暗,经过自身不能控制的翻滚、碰撞、急转之后滚落到水池里。这种项目很有吸引力,许多人愿意冒险一试。究其原因,是这种项目给人新颖的体验和感受,容易引起人们的兴趣。

2. 对商品新式样的兴趣

例如,商品功能方面的改进、商品包装方面的变化、商品式样的翻新、商品促销赋予商品新的形象等,经常会引起消费者的注意和兴趣,也推动了市场的发展。在电视机市场上,早期的屏幕呈球面,画面看起来与实际效果有较大的差异,消费者的兴趣一直在关注纯平面电视机。1999 年前后,纯平面电视机的价格大幅度下降之后,纯平面的式样已经成为人们选购电视机的主流。2005 年之后,平板电视机(包括液晶电视机、等离子电视机)以其轻薄、省电、无辐射的优势出现在市场上,极大地吸引了人们的购买兴趣。随着平板电视机的价格不断下降,人们购买平板电视机的兴趣一直在上升。2015 年开始,曲面电视机开始时兴,那种宽大的视野效果与影院体验几乎无二,在互动方面远远超越影院。2016 年,虚拟现实(VR)技术进入市场,可以预计,未来 VR 显示占据电视机市场较大份额的趋势不可避免,轻巧方便的 VR 显示设备市场必将快速成长。营销者要跟踪消费者的兴趣点及转移之后的市场。

3. 消费者主动寻求商品新式样、新风格的兴趣

一种商品经过较长时间的消费适应,有些消费者逐渐出现厌弃的消费心理,他们会主动地寻找新风格、新式样的商品。这种兴趣与感官适应有关,也与消费者的求异心理有关。

这类兴趣在食品市场上表现得比较典型。改革开放之后,城市居民的生活水平有了很大程度的提高。大米是非常普遍的主食,但是天天吃大米逐渐让人觉得单调。20 世纪 90 年代,生活困难时期的窝头、红薯等食品又回到人们的餐桌上,这一兴趣转移的结果是食品市场粗粮结构比重加大。

主动寻求新式样、新风格的兴趣,还表现在追求商品的奇异特色上。对于求异型消费者来说,他们愿意想方设法购买那些难于买到的商品,并产生独一无二的拥有感和自豪感。在工艺品市场、收藏品市场及经过特殊加工的极品市场上,这类消费兴趣表现得较为普遍,经营者把握好商品的定价,有可能为企业创造较好的经济收益。2010 年北京文玩市场上曾卖出过一对 36 万元的百年三棱核桃,由此可见在消费兴趣的刺激下,这类商品的价格弹性空间很大。

4. 对被禁止或被限制的商品抱有好奇心和探究兴趣

人们探索事物奥秘的好奇心理来自人们最基本的心理需要,即了解、认识外部世界的需要。在商品消费中,被"禁止"消费的商品,常常容易激发人们的消费愿望。在市场营销策略中,有的厂商就有意制造一种气氛,调动人们的好奇心,消费者的购买兴趣反而增大。

有一家经营饮料的商店,门口贴了一条广告:"不许向里面看!"结果过路行人不仅没有照广告所说的做,反而都把脑袋伸向窗户,想看一看到底是什么东西不许人看,结果发现里面是餐饮的厅堂,人们正兴高采烈地饮酒娱乐,于是许多围观者在高兴之余也进店喝上一杯。《水浒》中武松对于景阳冈上的告示"三碗不过冈"不仅没有恐惧的心理,反倒要试一试喝过三碗之后到底会有什么后果,结果真的碰上了老虎,只好拼死一搏,反胜了老虎。这都反映了消费者在限定条件下的消费兴趣。

营销策略中的饥饿营销策略(又称"限定销售")正是利用了这种消费心理。厂商严格限制商品生产和销售数量,给消费者造成购买机会较少的印象,加重了消费者的购买兴趣。苹果产品、小米产品都试用过饥饿营销的策略,销售效果良好。运用饥饿营销策略有一个条件限制,就是市场缺少同类或相同风格的竞争产品,否则消费者很容易选择类似的竞争品牌,饥饿营销策略有可能弄巧成拙。

由于种种原因,不同社会体制之下都会禁止一些特殊物品、精神文化品的消费,事实上这些被禁止的消费品很难从市场上完全退却,许多人甘冒触犯法律的危险尝试这些被禁止的东西,由此产生连带性的社会问题,如毒品问题、精神污染问题、色情问题等,这些问题一直令政府管理机关头痛。有些奸猾狡诈的经营者故意囤积某些短缺商品,使消费者的需要满足受到了一定的限制,反而有可能产生更强烈的兴趣。这就为奸商哄抬物价制造了条件,这是利用消费兴趣的心理牟取暴利的一种不正当手段。

第二节 消 费 观

消费观是从价值观引申而来的。价值观是人们关于生活中基本价值的信念、信仰、理想等思想观念的总和,是人们对于生活与生活目标的看法或个人的思想体系。理想是价值观的最高体现。价值观反映了人们的地位、需要、利益及自我能力的主观特征,是人们用于衡量事物轻重、权衡得失的天平和尺子,起着评价标准的作用。

消费观是价值观的组成之一,是人们使用价值判断来衡量消费及有关事物的尺子,在这种判断标准的指导之下,人们会避开不利的、不喜欢的、价值判断不接受的商品和消费行为,而去追求积极的、价值判断为美好的商品和消费行为。消费观表现为一个稳定的体系,在具体的消费行为或商品消费过程中得以反映。

第一,消费观反映在人们对待消费与支出的价值判断上。有些消费者持有"储蓄优先"的观念。这些消费者的储蓄比例非常稳定,而且远远高于消费的比例,如果不这样做的话,会出现价值判断上不接受或心理不适感。这些消费者对待他人过分消费的行为抱有拒绝或怀疑的态度。有些消费者持有"消费优先"的观念。他们认为人生在世,应该好好地享受现代文明创造的丰富生活,过了这一生,一切都归于虚无。他们的消费比例大大高于储蓄的比例,甚至出现依靠商业信用透支消费的现象。他们在价值判断上不能接受过于节俭的生活方式。

第二,消费观反映在人们对待特定商品的价值判断方面。有些消费者在生活中偏重饮食消费,认为人间美味是最可靠的东西,吃到肚子里的才是好的;有些消费者偏重服装方面的消费,认为美丽的人生要靠美丽的服饰来陪衬,否则白白地虚度了一辈子,人生的价值又有几何?

第三,消费观反映在人们对待商品的式样或风格方面。这种现象在服装消费方面表现得淋漓尽致。例如,对待新潮、时尚型服装,有些消费者总是愿意赶在大多数消费者的前面购买和穿着,不管这新潮的服装是什么牌子,他们以能够穿到这样的新潮服装而自豪甚至陶醉,这是典型的榜样型服装消费者。有些消费者对于新潮服装总是抱有反感的看法,不仅不会购买新潮的服装,而且对于别人穿着新潮服装抱一些反感,这是典型的保守型服装消费者。

第四,消费观反映在对消费心理的推动方面。消费观是人们评价商品及消费的主观体系,与一个人的好恶紧紧地联系在一起,对于消费者自身的购物行为具有明显的影响。对商品持有积极消费观的消费者一般会积极地购买和使用商品;持消极消费观的消费者会回避甚至拒绝相关的商品和消费行为。

有一个故事形象地说明了消费观对消费效果的影响。两个人各买了一箱苹果放在家里,有些苹果熟烂了,他们对待这些熟烂的苹果就有不同的判断:有一个人先把烂了一点的苹果削开,扔了烂掉的部分,吃了好的部分,其余的苹果继续存放,但下次总是要处理烂苹果;另一个人直接把烂苹果扔了,先吃掉好苹果,下一次还是这样做。到最后,两个人扔掉的烂苹果数量一样多,但第一个人一直在吃烂苹果,第二个人一直在吃好苹果。不同的消费观念得到了不同的消费效果。

一、　几种典型的消费观

当前没有对消费观进行分类的统一标准,不同学者有不同的理解。有人从消费者的"自我概念""环境依赖程度""消费与储蓄""接受新商品态度"等方面进行。在霍金斯的书里列举了16种价值观,如"环境导向型"中分为清洁型、自然型等,这些分类在汉语里不容易被理解。

下面介绍几种典型的、在汉语中经常提到的消费观。

（一）实用型消费观

这类消费者十分看重商品本身的实用价值,商品的实用性是购买决策的第一考虑。例如,"我觉得它比较耐用""我认为它比较实惠""这东西没有什么花里胡哨的装饰,挺实在"等。他们不一定出于经济能力的限制而看重商品的实用性,经济能力较强的消费者也可能持有这种消费观。

（二）节俭型消费观

这类消费者认为储蓄比消费重要,在他们的收入中,储蓄的比例远远高于消费比例,在价值判断上个接受较高的消费,消费比例过高会出现心理不适或不安。"不存点钱心里不踏实。""不存钱? 将来有点大事小事,找谁去?""挣一个花一个,那是败家子!"他们选购商品时对于价格非常敏感,重视商品的实用价值。

(三) 传统型消费观

这类消费者重视过去的消费经验,经常以过去的消费标准或审美情趣来判断当前的消费行为。"我认为当年的产品质量可靠,现在的东西不经使""还是老型号的结实""(商品)口味变了,与从前不一样,原来的口味正宗"等。与节俭型消费观不同的是,传统型消费者不一定重视储蓄,他们的消费比例也可能较高,只是在选择商品的品牌、风格或式样等方面,受过去的经验影响较大。

(四) 炫耀型消费观

在购买和消费商品的过程中,十分注重别人的赞美性评价和良好的反映,把别人的评价放在第一位来考虑。他们希望消费商品的时候,能够得到别人的赞美和美好评价,甚至引起别人的惊讶、羡慕等。他们是这样评价商品的:"我认为这种东西挺吸引人""很新鲜,能出彩""很酷"。如果商品的特点不能达到这些消费目的或消费效果,他们就很难做出购买的决定。

(五) 独特型消费观

这类消费者在消费过程中其审美评价和审美标准追求独特或标新立异的效果。与普通消费者的不同之处是,他们对于商品的外观、色彩、质感、搭配与使用场合等方面都有自己独到的理解,愿意追求别出心裁的风格。一些青年消费者常常以消费个性来表达自己的自我,一些演职人员、艺术设计人员为了展示自己的工作风格与特点,常常表现自己独特的消费观。

国外学者把这类消费现象归纳为消费者的独特性需求(consumers' need for uniqueness,CNFU)。独特性需求高的消费者对自己与他人的相似程度特别敏感,他们追求特殊性的消费行为,以显出他们独立、创新、非从众的性格特点,如经常收藏珍奇物品、购买非大众化的特殊商品、率先接受新鲜产品等。国外学者编制了具有良好信度和效度的调查量表以研究这类消费者。国内学者也尝试求证这种现象,发现国内消费者的各项信度和效度指标都与国外已有研究结果基本保持一致,与年龄和经济收入水平的关系模式也与已有的研究结果相吻合。[①]

(六) 趋优型消费观

这类消费者重视消费对生活质量的提升,重视对名牌商品、奢华商品的选择。其中的奢华商品能够代表一定的身份或地位,由于品种很少、存量不多、服务对象相对专一,象征着消费者或拥有者的成功与成就。同时,这些奢华商品与大众商品之间存在较大的形象反差,衬托出这类消费者的消费个性。

在我国一部分消费者的收入水平大幅度提高、生活质量得到巨大改善、追求生活品质已成必然之势的情况下,研究趋优型消费观有一定的现实意义。但是,过分突出趋优型消费观的意义,而忽视中国贫富差距在继续拉大的危险,忽视另一部分消费者的实用型、传统型消费观,那就大错特错了。

消费群体的消费观具有复杂性、综合性的特点,对一个消费群体的消费观进行分析,需

---

① 陈阳等. 消费者独特性需求量表的研究[J]. 心理科学,2005(8).

要从统计的角度来考虑。美国安盛国卫保险公司对我国进行保险市场调查,发现国内城市居民的价值观念大致可以分为四类,即固执型、传统型、追随型、趋时型[①],见表10-1。每一类居民在看待与保险有关的事物时表现了不同的价值判断(以得分表示),如固执型的群体在对待"制订一项稳固的经济计划以防不幸亡故"这一项,明显低于其他群体的得分。也就是说,他们固执地认为,保险服务的意义不大。

表 10-1 国内保险市场的消费观

描 述	固执型	传统型	追随型	趋时型	平均
父母年岁大时,我愿意照顾他们	4.63	4.73	4.82	4.80	4.75
我愿意花钱满足子女教育需求	4.42	4.56	4.65	4.74	4.59
我想知道怎样能更好地使我的收入和存款免受损失	3.66	4.08	4.16	4.25	4.05
我想尽可能多地留给孩子们财产和积蓄	3.58	3.90	3.81	3.95	3.84
我不打算在我年老时依靠子女的经济资助	3.41	3.85	3.89	4.04	3.82
我正在制订一项稳固的经济计划以防不幸亡故	1.76	3.21	1.94	4.06	2.78

二、 影响消费观的因素

（一）消费观受到时代因素的影响

消费观是个人对于商品和消费方面的主观评价,很容易受到历史条件和时代的影响,消费者很容易带上时代的特点。在汉代,有一个皇帝喜欢穿紫色的衣服,结果全国上下都以穿紫色衣服为美。在"文革"期间,人们的消费观受强烈的政治环境诱导,以穿绿色的军装风格为最美。改革开放之后,人们的生活观念改变了,消费观也变了,"时间就是金钱""时间就是效益"成为新的价值观。在商品消费方面,为了体现个性、适应快速的工作节奏,以"方便、简单、实用"为评价和选购商品的标准。

（二）消费观存在年龄差异

青年人的消费观以追求新潮、反映个性、美观舒适为特征。在对大学生服装消费动机的研究中发现,大学生的服装消费以"心理舒适性"最为重要,穿衣打扮尽量追求漂亮、潇洒,令自我满意,同时要求服装消费"对自己的适宜性",以及通过服装行为来"表达自己的个性"。

老年消费者一般以节俭、实用型的消费观为主,追求商品特性的经济实惠,储蓄的动机较为强烈,对于商品品牌有一定的消费习惯和依赖性。中国老龄化现象日趋严重,老年人对于青年人消费观的认同感在加强,出现补偿性消费行为,他们在穿衣打扮、娱乐消闲方面,与青年人的方式相差无几,以年轻人的消费方式作为选择商品的价值标准,追求商品的个性。

---

① 资料来源:1997 年美国安盛国卫保险公司的市场调查报告。

（三）消费观受到地域特性的影响

我国民间有一句顺口溜："吃在广州，穿在杭州"，这反映了这些地区的代表性消费观念。在广州，人们把饮食消费活动放在日常生活的重要位置，讲究吃的花样、风味和营养；在苏州、杭州一带，人们讲究穿衣打扮，漂亮秀美的服饰消费为其他地区的消费者所羡慕。

我国的传统文化强调做人不要有明显的个性，这种文化模式深深地影响了人们的消费价值观，消费群体中的价值观趋同现象很明显。中国经济体制的改革为消费创造了空前巨大的市场，也以无法抗拒的力量改变着人们的消费观，给人们的消费观多元化带来了一个前所未有的释放空间，催生了各种各样奇异的消费方式。有的学者批判中国城乡的"消费主义"现象，即消费价值观上出现名牌效应（重视名牌）、广告效应（对广告的依赖）和符号象征（把商品符号加在消费者身上）。[①] 这种现象值得研究人员注意，因此也需要更多的专家、学者和有志之士大力倡导文明健康的消费观。

第三节　消　费　习　惯

一、　消费习惯概述

消费习惯是指人们在消费过程中，长期、稳定地保持重复性的行为特征。消费习惯是消费者心理中十分重要的特征，也是人们日常行为的重要反映。消费习惯是在人们长期的生活中慢慢积累而形成的，反过来又对人们的日常生活构成重大的影响。

在日常生活中，人们拥有千千万万种不同的消费习惯。例如，有人习惯每天喝牛奶（早餐喝或者睡前喝）。有人只购买特定的商品品牌，有人习惯选择特定色调的商品包装，有人更习惯使用特殊的商品形状，有人习惯食品的某一种口味等。每一位消费者个体可能同时保持多种消费习惯，并且在不同的商品消费中表现出不同的消费习惯。

消费习惯不同于消费兴趣，消费兴趣仅仅是消费心理的一种倾向性反映，并不立即表现为真正的购买行为，即使是在营业场所表现出相应的兴趣，也不一定变成现实的购买行为。而消费习惯是指现实中已经发生的购买行为，需要直接购买商品、消费商品才能满足消费者的习惯行为，所以消费习惯对工商企业的意义显得更大。对于习惯的品牌或商品，消费者的购买决策简单，购买行为经常重复。消费者长期存在这样的行为，会给工商企业带来直接的效益。

二、　消费习惯分类

可以按照消费习惯的指向性和消费习惯的意义，对消费习惯进行分类。

---

① 陈昕，黄平. 消费主义文化在中国社会的出现[R]. 北京：中国社会科学院社会学研究所，2000.

（一）按消费习惯的指向性划分

按消费习惯的指向性，可以细分为如下种类。

（1）对特定商品品牌的消费习惯。如习惯吃北京的"天源酱菜"，习惯使用"中华牙膏"，只购买"汰渍"牌洗衣粉等。

（2）对于特定商品类型的消费习惯。如习惯购买纯棉质服装，习惯现场观看戏剧或音乐演出（相对于电视节目观看或影像播放而言）等。

（3）对特定商品风格的消费习惯。如习惯购买淡色服装，习惯选择质感细腻的商品等。

（4）对商品特定属性的消费习惯。如喜欢新出现的科技产品，经常购买前卫时髦的商品等。

（5）购买商品时表现的习惯性行为。如习惯在某一网络平台、某一商店或某一位服务人员那里购物，习惯在安静的环境中购物等。

（6）商品使用过程中表现的习惯。例如，饮用饮料时，习惯冷饮或热饮；使用计算机时习惯播放音乐；习惯躺在床上打电话；习惯将商品包装收藏起来重复使用；习惯使用左手或右手（佩戴手表的一般是左手，使用剪刀一般用右手，握茶杯一般用右手）、习惯性的使用方向（顺时针方向拧紧，逆时针方向拧松）、习惯的商品的大小尺寸（如桌子、椅子为某一习惯高度，筷子、钢笔、书本、手机等手持商品的习惯大小）等。

（二）按消费习惯对消费者的意义划分

按消费习惯对消费者的意义，可以分为良性消费习惯、中性消费习惯、不良消费习惯或恶性消费习惯。

（1）良性消费习惯。是指行为习惯对个人或社会有益、有价值。消费者购买合法商品品牌的习惯并获得商品价值的习惯，属于良好的消费习惯；购买商品时，自觉地遵守社会公共道德，不与人争先恐后，等候时站立在"一米线"之外，属于良好的消费习惯；将废弃的商品包装正确地放入垃圾箱，用过的废电池放入专门的处理箱内，也属于良好的消费习惯。每天洗脸刷牙、保持仪表整洁与个人良好形象的习惯带来个人形象方面的满足感，是文明卫生的良好习惯。总的来说，随着社会生活水平的提高，良好的消费习惯是社会生活的主流。

（2）中性消费习惯。是指行为习惯对个人或社会的积极影响和消极影响都不明显。例如，人们购买商品的习惯时间，以及对商品质感、商品风格等方面的消费习惯。

（3）不良消费习惯。是指行为习惯对个人或社会造成了现实的或潜在的危害。例如，不正确、不规律的暴饮暴食习惯；在公共场合购物不遵守公共道德的习惯；消费商品之后，随意丢弃商品包装、塑料薄膜等习惯；消费不文明、不健康的商品；购买、使用国家法律禁止使用的东西等。

在不良消费习惯中，在公共场所吸烟是一种缺乏公德、危害自己的典型的消费习惯。吸烟者可以在短时间内稳定情绪，或者保持短暂的兴奋，因为兴奋时间很短，吸烟者需要不停地吸烟。但是，吸烟会严重地损害人体的呼吸系统，是导致多种呼吸系统疾病的罪魁祸首。吸烟除了对自身造成危害之外，也会对被动吸烟者的身心健康造成极大的伤害。据世界卫生组织的统计，为了治疗因吸烟而导致的各类疾病的费用，全球超过 2 000 亿美元。因此，不管什么程度的吸烟行为，都是有害的消费习惯。

良性消费习惯有可能向不良消费习惯转化。例如,习惯性少量饮酒可以说是一种良性习惯,适量饮酒可以促进血液循环,调动人的情绪,而经常性的过量饮酒以至于酗酒,就是不良的习惯了。过量饮酒不仅损害人体的肝脏等重要器官,而且使人在几小时甚至几十小时的时间内神智与意识模糊、控制力下降,使人的法律和道德观念模糊甚至失控,极容易滋生各种祸事。国外交通事故统计证明,酗酒行车是造成交通事故的主要原因,占全部交通事故的 50%~60%。

三、 消费习惯的主要表现

与工商企业经营活动密切相关的消费习惯主要表现为消费者对特定品牌、特定风格式样的消费习惯,以及特定的习惯行为方式等。

(一)品牌消费习惯

对特定品牌的消费习惯,表现为对特定品牌的喜爱及长期习惯购买这种品牌的行为。品牌消费习惯是品牌忠诚度的具体表现。例如,长期购买"奥妙"洗衣粉的消费者一直喜欢该品牌的气味,以及洗衣时感觉很舒服的泡沫;喜欢上海"大白兔"奶糖的消费者,认为"大白兔"牌奶糖的口感好、名气大等。

消费者对名牌商品的消费习惯是比较典型的消费习惯。购买名牌的习惯,既是消费者的行为特征,也是生活的组成部分。爱好和忠诚名牌的消费者以用名牌为乐,有人甚至达到痴迷的地步。

按照商品的类型可以对名牌消费习惯进行分类,如名牌服饰爱好者、名牌音响爱好者、名牌运动器械爱好者、名牌化妆品爱好者。在发达国家,有名牌汽车爱好者、名贵艺术品爱好者等。

名牌消费习惯因个人经济能力不同而有较大的差异,有些消费者只对一两种名牌保持消费习惯,有些消费者对多种名牌商品保持消费习惯。有些消费者爱好名牌的习惯历史短一些,因为名牌商品的价格非常昂贵,在没有足够经济能力的情况下,只好忍痛割爱。有些消费者爱好名牌的习惯历史特别长,有可能终生追求名牌商品而乐此不疲。

(二)商品风格的消费习惯

消费者对商品特性或商品风格方面的消费习惯,要依据商品的类型来分析。在食品消费方面,有人习惯甜食,有人习惯辛辣食物,不同地区的消费者存在各自的习惯。一般来说,我国江浙一带的消费者习惯甜食;四川、湖南、贵州、东北延边等地的消费者习惯辛辣食物;山西、甘肃等地的消费者习惯添加醋类调味品等。因为当前消费者的流动性较大,以地域划分消费习惯并不严格,事实上食用辛辣食物的消费者并不一定局限于湖南、四川、贵州等地,消费习惯在一定的范围内具有流动性。

在服饰消费方面,有人习惯选择丝质内衣,有人习惯选择皮革衣物制品,有人习惯选择浅色调,有人习惯选择浓艳的色调,还有人习惯选择黑灰等深色调。在鞋类商品消费方面,有些消费者习惯硬质鞋底鞋面,有些消费者习惯软质鞋底鞋面等。

在化妆品消费方面,有的消费者习惯选择特定的香型或特定的包装质感。因为人的皮肤性质不同,有的人只习惯使用中性的洗发水,有的人则习惯使用干性的洗发水等。

对于商品特定功能的偏好,也会表现出相应的习惯行为。在购买电器商品时,有人习惯选购具有自动调节功能的电器,有人习惯选择手动调节的多功能电器。自动挡小汽车是绝大多数消费者的选择,也有部分消费者习惯手动挡小汽车。

（三）习惯化行为方式

习惯化行为方式有 3 种类型与经营活动关系密切:一是对购物场所的习惯性选择;二是对购物时间的习惯性安排;三是商品使用过程中的习惯。

1. 习惯在特定的营业点购物

可能是消费者长期生活在该地区或商业圈,或者对该营业点的信赖度最高。北京市百货大楼因其历史背景优越,许多北京居民或来京旅游的消费者只认这家商店。除了这样的营业店之外,各地都有类似的经营单位,它们都拥有固定的顾客,这些顾客只到自己习惯的商店购买。网络平台也存在类似的现象,一些网民只在固定的几家网店购买商品。

对特定营业点的购物习惯,一是由于经营单位长期维持了良好的商业信用,顾客的忠诚度较高;二是顾客对特定的服务人员长期抱有信赖感,如服务人员热情周到、有口皆碑,或者顾客对服务人员十分熟悉,多次购物之后双方建立了较好的感情等。

2. 习惯性的购物时间

网络时代的购物时间已经完全走向自由化、随机化,但个人的购物时间还是存在一定的习惯和规律性,如有人的习惯性购物时间是中午,有人习惯晚上 8 点之后,这是由消费者特定的工作与生活规律造成的。像离退休人员、自由职业者一类的消费者等,机动的时间稍多一些。对于传统的实体经营店面而言,每天下班之后是购物的高峰。一个消费群体的习惯性购买时间,对于经营单位调整经营时间具有重要的参考价值,经营单位如果不考虑商业圈内的习惯性购物时间,将是经营决策上的重大失误。

3. 商品使用过程中的习惯

商品使用过程中的习惯反映在消费者使用商品的顺序、操作程序、调制方式、处理方法等方面,这类习惯对产品的开发和研制具有重要的影响。例如,在洗衣物的过程中,有人习惯把洗衣粉、衣物一起泡在水里,过一段时间再洗;有人习惯先用水泡一会儿,再加洗衣粉浸泡一会儿,过几分钟后清洗;也有人把洗衣粉混在衣物中,让洗衣机直接洗涤等。这些不同的习惯对洗衣粉厂家研制不同洗涤功能的品种具有重要的指导意义,因为不同的习惯要求洗衣粉清除污渍的效能不同。

四、 消费习惯与市场营销的关系

心理学家詹姆斯说:习惯就像是车轮,推动人们不断地重复着某种行为。

消费习惯对市场营销工作有着巨大的影响。对于生产企业而言,如果有较大比例的消费者习惯购买该企业的商品,不管是购买某一个品种还是购买全部品种,那么这家企业的营销工作压力可以大大减轻,销售工作无疑要轻松百倍。因为消费者购买他们习惯的商品,不需要反反复复地考虑,也不需要来回犹豫地挑选,不需要过多的宣传与推广,可以迅速作出购买决策,对习惯了的商品信赖感较强,购买之后也相当放心。

消费者的习惯是在长期的消费过程中慢慢形成的,企业为了长期巩固其在市场上的地位,应当采用引导和巩固消费习惯的策略。

与短期的促销工作相比,引导消费者形成习惯需要企业有坚韧不拔的精神。

(1)产品质量必须保持长期的稳定性。例如,习惯购买山西"老陈醋"的消费者,只喜爱"老陈醋"特有的味道,企业必须长期保持这种特有的"老陈醋"风味才能长期稳定住固定的消费群体。如果使用过多的化学原料或非天然原料,原有的特色风味丢失了,消费者的习惯也就会转移。当然这并不意味着商品所有属性都不能进行改进,只是任何花样翻新都要以保持原有的品质为基础,这样才能巩固消费者的习惯。

(2)产品要有长期的吸引力。要使消费者对商品保持高频率的购买行为,商品属性必须具有特定的吸引力。

名牌商品可以为厂家创造惊人的经济效益。企业塑造一个好的名牌,对于企业的发展具有不可估量的意义。上面分析过,消费者选择名牌商品的习惯主要来自产品稳定的品质和消费者自身的需要。企业创建名牌应该从两个方面着手:一是商品品质必须长期保持一致,商品形象要有吸引力;二是消费者定位要稳定,长期稳定的消费者群体是树立名牌的重要准备。

经营者除了利用消费者的习惯创造经济效益之外,还应该尽量尊重消费者的习惯,并为消费者保持消费习惯创造条件,这个过程也可以为企业创造价值。

例如,手机开机键的开发历程就是适应消费者习惯并营销成功的案例。早期的手机为了避免误拨、误接电话,使用按键组合方式开机,需要先后按压两个键才能使用;触屏手机流行之后,触屏上设置解锁图案或数字来开机;随着消费者对信息保密要求的提升,指纹解锁的功能出现了,这强化了手机信息的安全性能;有些高端手机甚至使用虹膜识辨技术来开机锁机,安全性能达到特工式的要求。从市场营销的角度看,每一次手机锁机功能的升级,都尊重了消费者的使用习惯,给消费者带来了新的兴趣点,也给企业带来了市场增长点。

改变消费者的习惯,可能使消费者难以适应,还会引起消费者产生一定程度的反感。例如,北方地区涮羊肉一般习惯只用纯羊肉,而不习惯在羊肉中掺一些驴肉、马肉等。虽然驴肉、马肉与羊肉的鲜美和营养程度相差不多,但人们还是不能适应这种新的消费方式,而只习惯原来的口味。事实上,人们只习惯吃羊肉的消费方式,在一定程度上加剧了北方地区的沙漠扩大化程度。

不尊重消费者的习惯,有可能导致新商品推广出现重大失误甚至导致企业破产。铱星手机的推广障碍就是一个典型。20世纪90年代,美国摩托罗拉等公司在地球的低轨道发射66颗卫星执行铱星计划,总价值达40亿美元,使无线通信世界真正实现无障碍。经过市场调查,发现人们对于这种新型通信工具的期望是,"价格比原有的GSM高一些,铱星手机比原有GSM手机贵一些(不超过50%)"。但是决策者认为,这种先进迅捷的通信手段肯定能够吸引大量的消费者,并且应与原GSM系统的价格拉开距离,在价格策略上,将铱星通信的费用定在原GSM价格的10倍以上。结果,在全球范围内真正购买这种通信工具的用户数极少,根本无法支付其运营成本。2000年,摩托罗拉等公司只好痛苦地决定将铱星卫星坠毁地球,此后虽然在其他公司的支持下,卫星仍能保持在天空上运行,并转为军事用途,但其商用业务至今没有真正运营。这就是在经营决策时不尊重消费者的价格习惯而导致的失败。

在对待消费者的习惯方面，必须禁止恶意利用消费者习惯来牟取暴利甚至犯罪的行为。公安机关在河南、四川、湖北、北京等地多次查获不法分子在餐馆食物中添加违禁原料。有些人不明真相，只是觉得食品的味道很特别，多次食用之后，便逐渐对这类食物有了一定的依赖性和食用习惯。这种营业行为就属于非法利用消费者的习惯，有关部门必须坚决打击这类犯罪行为。

五、　消费习惯研究

消费习惯是在较长时期内形成的稳定性行为方式，并且在较长时间内不容易被改变。从本质上看，消费习惯是消费者对于商品品牌、营业环境、商品属性、商品风格等方面的行为忠诚。消费习惯对于稳定市场并且保持工商企业经营管理活动的连续性具有重大意义。充分研究消费者的习惯，充分尊重消费者的习惯，经营者的成功概率会高得多，风险性也会小得多。

研究消费习惯主要从如下 5 个方面着手。

（1）消费频率的探索。研究消费者对特定品牌的消费，以单位时间内总的消费频率来表示，一般使用每周、每月、每年等时间单位，计算公式为

$$消费频率 = \frac{该时间段的消费总数}{标准时间单位}$$

为了理解上的方便，有时将该计算公式颠倒，计算消费者每次购买的时间周期作为计算消费习惯强度的指标。这两者在实质上是一致的，例如，按第一种方式计算，消费者饮用酸奶的频率是 10 次/月；按第二种方式计算，结果是消费周期为 3 天/次。

$$消费周期 = \frac{标准时间单位}{标准时间单位内的消费次数}$$

（2）习惯强度的划分。消费频率的数据汇总之后，要对消费习惯的强度进行分类，例如牛奶消费中，消费频率从每人每月 0.5～25 次，按累积消费量 20%～60%～20%划分为 3 个区间，如图 10-1 所示，消费习惯的强度分别是：

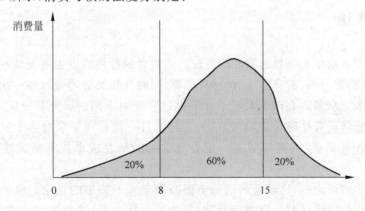

图 10-1　消费习惯的强度划分

高度消费——每月 16 次及以上；

中度消费——每月 8～15 次；

低度消费——每月 7 次及以下。

（3）不同消费强度的消费者特征探索。按照上述消费强度的划分标准对消费者进行分类，再探索不同消费者的个人特征，如个人偏好、食品消费的价值观与态度、购买行为特点、收入状况等。这些信息是企业制定营销策略的基础。

（4）形成消费习惯的原因研究。某些消费习惯的形成表现为对商品性质的指向性，如食品的消费习惯，表现为消费者对于口味、风味方面的偏好等，因此消费者习惯的巩固主要依靠企业不断强化商品特定属性，强化消费者的需要。在牛奶消费中，小型零售包装的方便性、消费者强身健体的意识，以及对牛奶中微量元素的关注是形成习惯的主要原因，这些原因的分析为下一步营销工作提供了基础。

有些目标消费群没有形成长期稳定的消费习惯，还需要研究低度消费习惯的原因。

（5）营销策略的探索。研究人员综合上述各种因素，探索企业可能采取的营销策略，从商品属性、消费者偏好、商品宣传、消费者的认识情况、社会性因素的影响，以及过去的习惯强度等方面来考虑这个问题，从中找到可能引导消费者形成习惯的对策。例如，当前牛奶制品的营销策略主要侧重产品品质、特定的营养和微量元素的补充 3 个方面。

第四节　消费者性格

性格是一个人的心理特点的综合反映，包括前面所谈到的价值观、习惯、态度以及情感特点、意志品质等方面。在心理学的有关著作中，一般不使用"性格"，而是使用"人格"或"个性"表达这种含义。由于中文的"人格"一词带有很强的道德色彩，如人格高尚、人格低下等，所以本书中仍然使用"性格"一词，只在介绍西方心理学家的人格理论时，酌情使用"人格"一词。

一、性格理论

性格是心理活动中十分稳定的心理特征。消费者的性格特点主要反映在一些稳定的心理行为方面，如消费习惯、消费态度、情感特点等，同时性格又必须通过每一次具体的消费行为才能反映出来。众多的心理学家对于性格做过系统而深刻的研究和分析，这些研究结果可以为我们研究消费者性格提供参考依据。当然，每一位心理学家对这个复杂的心理现象所做出的解释各有侧重，不能指望某一位心理学家的研究成果能够圆满地解释所有人的性格。

性格心理学的理论中，比较著名的是美国心理学家卡特尔的理论。他通过统计分析认为，人格中有 16 种特质，例如：含蓄—开朗；智力高—智力低；情绪激动—情绪稳定；信任—猜疑；空想—不空想等。可以用这 16 种人格指标来加以衡量。卡特尔的理论多用于基础研究,在消费者心理学中应用不多。

美国心理学家阿尔波特对于人的性格做了 6 种分类,他认为人格主要有理论型、经济型、艺术型、社会型、政治型、宗教型。理论型性格的人求知欲强,他们的兴趣主要在于观察、分析、推理方面,好钻研,自制力强,对于情绪的控制能力较强,这类消费者也称为理智型消费者。经济型的人倾向于务实,从实际出发,注重财力、物力、人力和效率等因素,在消费行为中这一类消费者对于商品的价格、商品的质量等很关心。艺术型的人重视事物的形象美和心灵的和谐,善于审视美好的情景,善于享受各种美好的情趣,视美的价值高于一切,以美的价值和标准来衡量事物,这一类消费者注重商品的美感价值,善于发现商品中美的含义。社会型的人以爱护他人、关心他人作为自己的一种职责,为人善良随和,宽宏大量,乐于交际,这一类消费者在与人打交道时,尊重他人,容易形成融洽的关系,能够热情帮助他人解决问题,一般很少挑剔。政治型的人对于权力有极大的兴趣,十分自信,自我肯定,讲原则守秩序,这一类消费者较少与人冲突,也有的人十分自负,比较专横,态度傲慢,容易与他人发生冲突。宗教型的人是指那些重视命运和超自然力量的人,有比较稳定甚至很坚定的信仰,如相信某种宗教或类似的精神信仰,他们回避现实,自愿克服比较低级的欲望,乐于沉思和自我否定,这一类消费者比较复杂。

阿尔波特的理论在通俗的著作中常常被引用,主要原因是他对于性格的分类简单明了,容易记忆,但现实生活中的人格远远不只是 6 种类型,所以这一理论的实用性也就受到了限制。

艾森克也是美国的心理学家,他分析性格中的内倾和外倾、兴奋与抑制方面的理论,其影响力比较大,尤其是关于内倾和外倾的分析(类似于我们日常所说的性格内向和性格外向的特点),对于其他学科的影响较大。外倾型的人热情外向,内倾型的人比较被动。

除此以外,对于人格的分析最有权威性的是美国明尼苏达大学的明尼苏达人格理论和MMPI人格调查量表。明尼苏达人格理论对于人格做了全面完整的分析。但由于该理论只被专业的心理学人员所掌握,所以该理论也只是在比较特殊的场合应用。例如,对于服务人员的人格分析,服务人员容易与顾客发生冲突的人格特征等研究领域,这种理论的分析技术十分复杂,如果把这种技术运用于分析消费者行为,其应用成本太大。因为不管顾客有什么样的性格特点,经营单位的服务宗旨都应该是尽量满足他们购买商品的合理需要,即使他们对于商品的某些需要不合理,他们的性格中存在某种问题。这类问题一般不是由经营单位去研究。

二、　性格与消费者行为

消费者的性格特点会在商品信息收集、购买准备、购买商品、使用和消费商品过程中反映出来。在这些过程中,消费者在营业环境所表现出来的性格与经营者的关系最为密切。消费者的性格主要表现为如下四种类型。

（一）自由型

这类消费者一般有较高的经济收入,购买能力较强,选购商品的品种和花色较多,比较注意商品的外观,与服务人员接触时态度比较随便,能接受服务人员的推荐和介绍但不会依赖服务人员的意见和建议,一般有较好的购买技巧。

(二)顺应型

这类消费者的性格比较随和,一般没有特殊的癖好,消费观念追随大众,随着时尚的变化而变化,受同事、邻居、朋友等社会群体因素的影响较大,也比较容易接受广告与其他促销手段的宣传,在购物场所愿意接受服务人员的诱导和推荐。

(三)保守型

这类消费者的性格一般比较内向,怀旧心理较重,留恋过去的商品式样和商品风格,对于新商品有一定的抵制情绪,常常抱有怀疑的态度,甚至对别人消费新商品存有偏见。

(四)节俭型

这类消费者由于经济能力的限制,生活简单而有条理,重视消费计划,不重视商品的外表,也不重视商品的品牌与名气,重视商品的内在质量,重视收集商品的各种信息,便于从中挑选物美价廉的商品,对于服务人员的推荐和介绍保持较为客观的分析态度,经常按照自己的购物经验来购买,习惯在中低档商店购买商品。

除了这 4 种性格类型外,消费者在购物场所还会表现出一定的典型性格特征。表 10-2 是经营人员总结出来的顾客性格类型,以及针对这些顾客的性格类型所采取的服务策略。[①]

表 10-2　顾客性格类型与服务策略

顾客类型	行为表现	服务策略
辩论型	对服务人员的介绍持有异议;从中找错;购买决定谨慎、缓慢	出示商品,使顾客确信商品是好的;介绍商品知识
带气型	刚生完气,心情不好;稍遇到惹人恼怒的事,就会一触即发,勃然大怒;行动就像事先预备好的	避免争论。坚持基本事实,根据顾客要求,出示各种花色的商品
果断型	知道自己要的是什么样的商品;自信;对其他商品不感兴趣	服务人员说话简洁,不与顾客争论,自然销售,在恰当时机注入意见
犹豫型	敏感、不自在;顾虑多,对自己的判断没把握,恐怕考虑不周出差错	对顾客友好、尊重,实事求是地介绍有关商品的益处和优点,帮助顾客做出决策
疑虑型	不相信服务人员的话;不愿受人支配;要经过谨慎的考虑才能做出决定	出示商品,让顾客察看、触摸,并以制造商品的商标做后盾
实际型	对有实际根据的信息感兴趣;对服务人员介绍的差错敏感,注意看商标	突出介绍商标,并结合商品的真实情况,提供详细信息

厂家推广商品或塑造商品形象,有时要进行消费者性格调查。从理论上讲,企业应该生产适合每一位消费者的形象与身份的商品,但在实践中这是难以实现的。通行的做法是,从一个消费群体提取几种主要的性格类型,在这几种性格类型的基础之上,塑造几种乃至十几种商品形象,按照现代营销的策略,选择性格相似的代言人作为这些商品形象的代表。

这种做法是符合经济规律的,但却经常遭到社会学家的批评。批评者认为区区可数的

---

① 黄桂芝. 零售经营学[M]. 北京:清华大学出版社,1999.

几种或者十几种商品的形象并不能真正代表多样化的现实生活,而且通过商品形象来塑造自我形象的做法也是不良的选择。这个话题比较复杂,暂不详述。

第五节 消费者技能

在商品供应匮乏的时代,谈论消费者的消费技能是一种奢望,即使存在这样的技能,也只是表现在如何尽量节俭,减少支出,把家庭的消费降到极低点这类技能。商品供应大大丰富之后,消费者的消费技能才得以逐步发挥,消费者认知商品、评价商品、选购商品的技能也随之丰富并得到发展。

同样一台家用电脑,消费者 A 可以用它打字上网,处理工作中的文档,记录生活中的趣事,使用快捷键速度如飞,还可以将它与家用娱乐设备连接,制作家庭电子相册,编制家庭生活影像纪录片。在电脑出现故障的时候,善于使用优化电脑的软件系统,解决一些常规的软件问题和硬件麻烦。同样一台家用电脑,在消费者 B 手中,他知道开机之后的打字程序,但不知道中文输入法的设置,知道电脑可以上网搜索信息,但不知道上网连接的安全管理,知道电脑可以提供很多有趣的娱乐功能,但不知道这些功能藏匿在什么地方。一旦电脑发生故障,经常是束手无策,当电脑中的重要文档丢失时痛心疾首,等等。

从消费者 A、B 使用电脑的情况可以看出来,人们在消费、使用特定商品的时候,其消费技能存在差异,消费技能影响人们享受商品的利益和消费体验。

消费技能是消费者为了尽量达到满意以及完美的消费效果而形成的一种能力。消费技能在消费者心目中占重要地位,是生活技巧的组成部分。追求消费过程的快乐和最大程度的满意,是人们自觉消费的原则,消费技能是基于这种原则而形成的,任何一位消费者都会自觉地形成自己的消费技能,尽可能使自己在消费过程中得到最大的快乐与满足。当然,不同的消费者,其消费技能是不同的。

一、 消费技能的组成

可以从三个方面讨论消费技能的组成:一是基本消费技能,包括消费者对于商品的感知辨别能力,对商品及相关信息的分析和评价能力,购买商品过程的决策能力等;二是专业消费技能,与消费者的专业知识有密切的关系,在消费过程中不具有普遍性,如家用电器的操作等消费技能即属于这一类;三是消费者权益的保护能力,主要是运用合法手段和渠道保护自己的消费权益。这三个方面的消费技能是相互联系在一起的,不应该分开讨论。

(一) 基本消费技能

1. 感知辨别能力

每个人的感觉知觉拥有自己的特点。例如,手感方面,有的消费者手感细腻,摸一摸衣服的面料就能判断它的质量,并且推断出大致价格。手感不太敏感的消费者很难凭手感判断出衣服面料的质量。在饮食方面，有些美食家不仅可以从酒的颜色判断酒的生产年代，还可以从酒的气味判断酒的原料与产地，从酒的口感判断真正的生产者并推断酒的酿制过程，而一般的饮酒者不具备这样的辨识能力。消费者的感知辨别技能会深深地影响最终的消费体验。感知辨别技能强，消费者对消费体验的期望水平就高，在一定意义上增加了消费者对商品的挑剔程度。

2. 分析评价能力

分析评价能力反映在消费者收集商品信息、分析评价商品信息的来源、评价他人的消费行为、评价购物环境等方面。评价能力是消费技能中比较复杂的一种技能，既包括获得信息、分析信息的能力，也包括以相应的标准来判断消费信息的能力。

分析评价能力强的消费者，收集商品信息相对主动，他们对商品信息有比较全面的认识。有些消费者掌握的商品知识相当多，他们时常给自己满意的商品打上分数，从中再做选择。例如，有些女性消费者购买服装时给待选的服装打上分数，最满意的多打一些分，稍微满意的少打一些分，然后按照自己的选择标准和支出水平从中选出满意的服装。所谓的"货比三家"，就是说消费者进行多种商品的比较之后，才做出自己的评价和判断，选择自己满意的一家。

在网络时代，分析评价能力强的消费者，对网络信息的获取与筛选拥有自己的方式，善于从不同信息渠道获得不同角度的评价。对于特定品牌的正面、中立、负面评价，分析评价能力强的消费者能够从中总结出特点或规律，发现这些信息中哪些是其他顾客的真实反馈，哪些是商家水军的虚假信息。

在分析评价商品的能力中，消费者会使用审美的标准来评价商品，这种评价能力称为消费者的审美能力。随着人们生活水平的提高，对美的需要水平也会随之提高。典型的例子是美容方面的消费。我国20世纪80年代初期，大部分地区开始兴起形象美容，那时自我美容的条件不成熟，一般要去专业的美容厅。90年代初，许多消费者已经掌握了自我美容的基本技术，审美能力提高了，除了大型美容项目必须去美容厅之外，中小型的美容项目可以在家里完成。另一个例子是居室的美化。20世纪90年代末期，随着房产体制的改革，全国范围内出现了突发性的居室装饰美化热潮。这个市场包括室内装修和装饰、室内艺术品陈设、室内绿化等项目。还有一个例子是国内古玩、收藏、艺术品市场的兴起与繁荣。这些市场的发展，既反映了我国居民生活水平的提高，也反映了消费者审美能力的提升。

消费者的审美能力具有差异性特点。例如，在服饰消费方面，有些消费者通过名牌服饰品来塑造自己的形象，有的消费者认为打扮漂亮并不一定需要昂贵的衣服或装饰品，爱美不一定要多花钱，几十块钱甚至几块钱的衣服，这些消费者可以变换花样，穿出漂亮的效果，这是审美能力的差异性表现。

消费者的审美能力具有社会性特征。在美容化妆方面，不同的社会环境有不同的审美标准：美洲女性的肤色较深，化妆时习惯使用浓彩。我国大部分女性推崇淡妆淡抹的效果，这符合我国女性皮肤光洁白皙的特征。

有些消费者的分析评价能力弱，不能对商品或相关信息进行正确的评价，购买行为时常依从于各种促销宣传，如果经营者暗中作祟，消费者的权益就会受到损害。

3. 购买决策能力

购买决策能力反映在消费者选择商品时，能够正确地做出决策，购买让自己满意的商品等方面。

消费者对商品的卷入深度、对商品的认识程度、使用商品的经验及使用商品的习惯,是影响决策能力的首要因素。消费者对于商品的卷入越深,对商品的认识程度越深,消费者使用商品的经验越多,购买决策的速度就越快。

消费者的性格、思维特点是影响购买决策能力的重要因素。有的消费者面对自己喜欢的商品,能立即做出购买的决定;有的消费者即便遇到自己喜欢的商品,也会犹豫不决。这些在很大程度上取决于消费者的性格特点。

在特定的购物环境中,消费者的购买决策能力明显受环境影响。例如,商品价格上涨,出现大量抢购时,平常决策速度快的消费者会及时地做出判断,以最快的速度加入购买的队伍中,而平常购买决策较慢的消费者,面对这些特定的购物环境会产生更多的心理矛盾和冲突,或者盲目地加入购物的队伍、盲目地抢购,或者犹豫不定、错失购物良机,最后懊悔不已。

(二)专业消费技能

专业消费技能与消费者的专业知识有密切的关系,如大型家用电器的操作技能、专业影像器材的使用技能、专业运动器械的使用技能等。如果消费者具备相应的专业知识和消费技能,就容易得到满意的消费效果。

专业消费技能是针对特定的专业商品而言,专业商品的种类成千上万,因此专业消费技能也有多种多样的表现。

家用电脑及相关的数码产品已经走入寻常百姓家庭,许多人购买电脑用来处理文字资料,作为通信的工具。有些望子成龙的家长,不管自己和孩子是否具备操作电脑的专业知识,觉得别人买了自己也不能落后,花上几千元买一台回家,结果因为缺乏使用电脑的基本知识,家用电脑只是作为玩游戏的机器。这就说明,专业消费技能是消费者使用专业商品的前提。

(三)消费者权益的保护能力

在市场监管体系尚不完善的社会,消费者权益的保护能力是消费技能中的重要组成部分。我国市场上还存在许多侵犯消费者权益的问题,而解决这些侵犯消费者权益的问题,一方面必须依靠更加完善的法律制度;另一方面需要消费者增强自我保护的能力,当侵犯消费者权益的问题即将发生或已经发生的时候,消费者能够维护本人的消费权益。当然,消费者以自身的力量来保护消费者权益是社会经济发展中最缺乏效率的办法。

消费者权益的保护能力取决于消费者本人对于正当的消费者权益的正确认识。具体表现为,消费者对权益的认识程度、消费者正确掌握的法律知识、消费者保护自我权益的评价标准(有人自认倒霉,有人非要讲理不可)等。我国某些行业长期处于垄断经营,消费者权益保护的意识明显落后,许多消费者不懂得消费者权益会受到法律保护,或者不善于运用法律的手段寻求消费者权益的保护。消费者权益的保护能力还取决于消费者能否有效地运用法律手段保护自己的正当权益,在运用法律手段时能否正确地采取措施,如保护现场、保存各种资料,采取正确的投诉渠道等。

依据《产品质量法》中的有关规定,消费者应该从以下三个方面来维护自己的基本权益。

一是消费者的社会监督权利。消费者有权就产品的质量等方面的情况向生产者和销售者进行咨询，向技术监督部门和工商行政部门申诉，消费者的组织可以就消费者个人受到的权益上的损失向人民法院起诉。

二是消费者一旦发现产品质量及相关问题，有权要求销售单位修理、更换、退货。销售单位对于产品的质量问题必须承担有关的责任，这是法律对于消费者和销售单位所规定的责任和义务。

三是消费者因为购买和消费产品而造成各种损害时，如人身伤亡、财产损失等，消费者有权向这种产品的生产者和销售者的任何一方要求赔偿。法律规定了消费者要求赔偿的四种渠道，包括通过消费者协会的协商解决、消费者协会与技术监督对于所发生的问题的调解、其他仲裁机构的裁决、向人民法院提出申诉。

二、 消费技能的表现

消费技能在获取信息、选择商品、购买决策以及消费体验过程中表现出来，消费技能有高有低，可以分为四种，即老练型、熟练型、略知型、生疏型。

（一）老练型

这类消费者对于所购商品不仅非常了解，而且有长期的消费经验，对商品的性能、价格、质量、生产情况等方面的信息非常熟悉。他们可能是特定商品的专家，即使消费经验不多，也可能在很长时间内对该商品有浓厚的兴趣和爱好，或者长期熟悉该商品的生产和销售。因此，这类消费者对商品的了解和熟悉程度有可能超过经营单位的服务人员。例如，一个音响发烧友对于音响器材的了解程度远胜于一个参加工作不久、对音响器材兴趣较低的服务人员。

老练型消费者在购物时，注重商品的内在质量，注重从总体方面综合评价商品的性能。他们注重亲身感受商品的性能，理智地接受广告宣传或服务人员的推荐。他们在选购过程中比较冷静，如果服务人员以不适当、不内行的方式介绍商品，会引起他们对服务人员的戒备。例如，一个长年饮用保健茶的老年消费者，对于市场上各种保健茶的品种非常熟悉，服务人员的热情推荐、广告的狂轰滥炸可能使他偶尔尝试新的品牌，但难以在较短时间内获得他对新品牌的信赖。由于老练型消费者对商品质量的鉴定能力很强，即使购买了服务人员认为并不吸引人的商品，他们也能自得其乐，满心欢喜。老练型消费者因为消费经验丰富，能够比较准确地预测市场的变化。经济条件好、购买能力强的老练型消费者经常成为特定商品的消费榜样。

（二）熟练型

相对于老练型消费者来说，熟练型消费者的消费技能只是略为逊色。老练型消费者毕竟是少数，而熟练型消费者的人数则远远多于前者。

熟练型消费者对于特定商品具有比较丰富的消费经验，对于商品的价格、质量、性能等比较熟悉，但是如果要让他们真正鉴定商品某一方面的特征，他们偶尔会出现"吃不准"的情况。熟练型消费者购买商品时一般不需要别人的参谋，但在有些情况下，因为自己觉得"吃不准"而可能偶尔请人参谋。他们一般不反对服务人员和广告宣传所提供的商品信息，但不完全听从各类宣传介绍,他们会主动分析和判断这些商品信息。有些熟练型消费者使用商品的时间相当长,但是因为知识结构、消费兴趣等方面的原因,还没有达到老练型消费者那样的程度。例如,老练型消费者对于小汽车的每一种构件、构件来源、生产历史、外观形象、不同型号的功能差别、价格差别、启动声响、安全驾驶、行驶体验、保养成本、维修方式、保险理赔等方面了解得清清楚楚;而熟练型消费者可能只对外观形象、价格差异、行车常识、行驶体验等有限的几个方面比较熟悉。

(三)略知型

这类消费者略微具备一些商品方面的知识,或仅仅掌握少量的商品信息,自己消费经验较少或没有消费经验,主要是通过其他人的介绍、网络信息、广告及厂商宣传等途径来了解商品,对商品的了解程度不深,甚至只听说过却从来没有使用过该商品。

略知型消费者购物准备不充分或没有购物准备,购物动机不明确甚至没有购物动机,经常是在浏览信息或在商场促销过程中形成购买动机或促成购买行为。因为他们对商品了解不多,所以比较愿意接受服务人员的介绍,希望有其他顾客现场购买,通过他人的购买与消费来了解商品的特点、证实商品的品质。如果服务人员的态度热情而又诚恳,并且给他们以可信赖的印象,他们会很快形成购买动机;如果服务人员及购物环境给他们的印象不好,他们可能不再形成购买动机,只是一个冷静的旁观者而已。

(四)生疏型

生疏型消费者在某类商品的消费方面不具备基本的消费技能,缺乏消费信息。例如,市场虽然销售过但消费者本人没有接触过的商品,或者市场上没有销售过的全新商品,消费者不具备购买和消费这种商品的技能。

生疏型消费者了解商品的渠道主要是亲朋好友的介绍、广告宣传、厂商推荐等。一般而言,他们需要多方收集商品信息作为购买决策的支持,购买决策过程较缓慢。同时,消费者的消费观、消费兴趣、性格等因素对购买决策过程有重大影响。

生疏型消费者中,有一类消费者的愿望良好,但缺乏消费商品必要的知识,致使消费目的走向误区,造成错误的甚至严重的消费后果。例如,有些望子成龙的父母给未成年子女食用大量的营养品和滋补品。这些营养品与滋补品含大量的激素成分,孩子服用之后,造成身体早熟、畸形等问题。这类生疏型消费者必须转变消费观念,学习消费知识。

消费者技能分为老练型、熟练型、略知型和生疏型,只是一个相对的概念。每一位消费者可能在某类商品消费时表现为老练型,而在另一类商品消费时表现为生疏型。对于同一类商品,也会表现出从生疏到熟练的技能变化。这些差异因人而异,与个人生活环境、生活经验以及消费兴趣、个人是否有意识培养自己的消费技能等因素有关,其中消费者的经验、消费兴趣和主动培养消费技能的意识起重要作用。例如,手机产品已经成为大部分消费者的生活必需品,人们使用这类商品的技能,就是一个从生疏到熟练的发展过程,开始使用基本的通话功能、短信编写功能、信息分享功能,后来逐渐熟悉照相功能、导航功能、文档处理功能等。

三、 消费技能的培养

消费者主动掌握商品信息、了解商品知识、逐渐积累消费经验等,可以慢慢培养自己的消费技能。消费者个人培养消费技能的方式,主要分三类:一是消费经验积累式;二是消费知识积累式;三是消费兴趣驱动式。

前两种方式属于被动地形成消费技能。消费经验积累式是指消费者有了一定的消费经验之后,会在此后的购物行为中参照以前的经验。如果此前购买和使用商品的经验令人满意,消费者会继续保持购买的愿意;如果此前的消费体验不如意,消费者可能改变原来的购买选择。消费技能在这样的过程中逐渐形成。知识积累式是指消费者在有意无意之中,接受网络信息、听取亲朋好友介绍推荐、接受广告的宣传等,对商品逐渐有了一定程度的了解,对于购买和使用商品有了一定的认识,逐渐形成自己的消费技能。

兴趣驱动式是主动形成消费技能的自觉形式。在这种情况下,消费者会主动收集商品信息。当他们得到了难以收集到的商品信息或购买商品时,有可能表现出兴奋的陶醉心理。受共同的兴趣和爱好影响,这类消费者之间会主动交流商品使用的知识和消费技能,各类论坛、爱好者协会就是在这一基础之上形成的。兴趣驱动式的消费者为了得到某种满意的消费体验,会压制或牺牲其他方面的消费并且乐此不疲。他们可能是特定商品消费的真正权威,是真正老练的消费者,外界许多因素难以改变他们的消费,一些欺骗性的促销手段对他们也难以奏效。

有些企业采取一些营销策略,以培育消费者的技能,引导消费者自觉或不自觉地选择厂商推荐的商品品牌或商品类型,这被称为消费者教育策略,如消费者进厂参观、参与生产流程、体验消费过程等。

国内一些企业在广播、电视、报纸等媒体上,详细介绍辨认优质商品的方法以及如何识别假冒伪劣商品的特征等,以提高消费者在辨别商品方面的技能,达到保护名优商品、保护消费者自身权益的目的。

有学者提出,需要培养消费者的网络交易能力。这方面的交易能力包括四个方面:一是普及互联网方面的知识,包括互联网的基本知识,对互联网利弊的认知,上网技巧(注册、浏览、清除技巧),网络安全技巧(安全级别设置、不良网站屏蔽拦截)等;二是互联网信息素养的培养,包括通过互联网搜集所需商品和服务有关信息的能力,对网上商品和服务信息的分析能力,网上信息提取存储能力,个人消费意愿的表达能力,互联网的生存能力等;三是培育消费者为信息服务付费的消费理念;四是培养消费者网上交易的伦理观念,如发布诚信的信息、不从事任何消费欺诈行为、不恶意透支、不恶意退货等。[1]

---

① 万卫红. 网络营销条件下的消费者培育[J]. 当代财经,2005(12).

第十一章　消费群体的心理

　　本章介绍消费群体的细分方法以及消费群体内部的交流与沟通。

　　消费者以群体的形式出现,市场才可能规模化,经营效益才可能最大化。对于企业来说,只有面对一个消费群体,其生产和经营才可能形成规模效应,不管这个消费群体是现实的还是潜在的。单个消费者难以支撑企业的规模化经营,研究消费群体可以为企业经营效益的最大化提供依据。

　　消费群体是由具体的消费个体构成的,消费个体的需要千差万别,商品开发必须具备不同花色品种和不同风格,才能满足大部分消费个体的不同消费需要。网络交易技术的成熟,为满足单个消费者的需要提供了便捷条件,使得过去难以实现的个性化需求得到满足。从经营者的角度讲,满足一个消费群体的需要才能支撑一个企业的运营有了新的思路和发展空间,许许多多具有个性化需求的消费者在网络平台上向生产厂商提出要求,这些消费者构成了一个存在诸多不同需求的差异型群体。相对过去的消费者群体而言,细分消费者群体的指标、方法有了新的内容。

第一节　消费群体细分

消费群体这一概念是从社会群体的概念引申而来的。社会群体是人们在相互交往的基础之上所形成的团体或组织,处于这个团体或组织中的成员具有共同的特征,或者具有共同的目的,或者从事共同的活动,或者具有共同的需要,每一个人在这个群体之中充当一定的角色,群体内部具有成文或不成文的规范来约束群体内的成员。

具有相同或者相近消费特征的消费者称为消费群体,如信息渠道与购物相同、购物行为相同、收入水平相近、年龄相近、工作性质与职业相同等。有些著作中称他们为消费阶层,划分消费阶层的主要是参照社会阶层的划分标准,消费阶层不完全等同于社会阶层,如专业性商品的消费者能够构成一个消费阶层(一般仍称为消费群体),而社会阶层很难找出对等的概念,因此消费阶层这一概念具有一定的局限性。

消费个体是指单个消费者及其消费心理行为。因为人们的生活方式包含了家庭生活,所以消费个体也包含了以家庭为单位的消费。

我国的家庭模式在快速裂变,但家庭观念相对稳定,人们很愿意维持稳定的家庭。家庭建立过程中花销很大,研究人员必须重视对家庭这一消费群体的研究。我国消费者十分重视人际交往,十分注意与周围环境保持良好的人际关系,尽量不出格,注意听取别人的意见和反映,愿意参考别人的看法,购买商品时比较注意别人对于商品的评价,愿意参考别人已有的消费经验等。因此,研究消费者心理行为必须针对我国消费者的人际关系特点,研究消费者所在的群体对其成员的影响。

传统的营销路径是厂商开发产品之前先对消费者进行细分与定位,找准相应的市场和消费群体再进行生产。网络时代的消费者细分有所不同,消费者通过网络反馈的信息成为厂商开发产品、推广产品的决策依据,厂商与消费者之间的互动性增强了。

细分消费群体的指标主要分两大类。

第一类是通常意义的统计指标,国家政府有关部门对这些指标进行了统计,如消费者的社会与人口特征指标、消费者生活环境指标等。具体指标包括消费者的年龄、性别、家庭人口、职业职务、收入水平,消费者所处的地理位置、所在地区的经济特征等。这些指标中,有些指标的稳定性很强(如性别等),有些指标的变动性较大(如收入等)。

第二类是消费者的心理行为指标,如消费者的兴趣爱好、价值观、消费习惯、消费需要、品牌认知、使用频率、消费体验、品牌忠诚度、网络社区等。这些指标中,消费习惯、消费价值观等具有相对的稳定性,而消费需要、品牌认知、消费体验等具有较大的变动性。

一、统计指标

国家政府部门发布的消费者统计数据,直接反映了消费群体的状态、规模及消费者对商品的需求,这些指标和数据是细分消费群体的基本依据。例如,我国每次人口普查之后,政府会公开提供人口的总体规模、年龄分布、婚姻状况分布等资料。

国家政府部门的统计数据作为细分消费群体的指标,具有不可替代的权威性和特定时间内的准确性,这些统计指标是在普查的基础上建立起来的,而商业调查很难达到普查那样的精度。另外,政府部门的统计指标是在法律的名义之下,要求相关部门或责任人提供准确的数据,不得以任何理由伪造数据,这就为政府部门统计数据的准确性提供了相应的保障。例如,全国性的人口资料,全国性或地方的总收入,汽车、房产等大件商品的消费总量等,以及与消费者研究有关的企业经营方面的统计数据等,任何商业性调查都难以达到政府统计的准确度。

但是政府部门的统计数据具有时间滞后性、部分数据不公开的特点,这是这类数据的最大缺陷。当年发表的统计数据一般都是上一年度的情况总结,时间滞后性的特点十分明显,许多商业性经营者不可能使用上一年度的数据作为本年度的决策依据来制订下一年度的工作计划,这在时间上跨越了三个年头,这个缺陷只能通过商业性研究机构提供现时的数据来加以弥补。另外,政府收集的数据有相当一部分不公开发表,商业研究难以直接使用,即使公开发表,还需等待漫长的解密过程。由于个别人员的责任心不强,政府统计还存在作假的问题。

统计指标可以分为地理指标、人口统计指标、社会指标以及心理行为指标,每一大类可以细分为不同的二级指标。在菲利普·科特勒等人合著的《营销管理》[①]中列举了相应的一级指标和二级指标,而在亚洲版中没有列举这些二级指标,这可能与网络平台的发展有关。网络为消费者提供了充分的选择空间,经营者可以比较方便地满足消费者的个性化需求,消费者群体过于细分反而有僵化的嫌疑。本书从学理演变的角度,列举了细分消费群体曾经使用过的二级指标,并与我国消费群体细分的指标进行对比,如表 11-1 所示,其中我国消费群体的细分在地理分布、工作状态、职业划分、职务类型等指标方面存在一定的差异,收入水平方面中国与美国的差别更大。

表 11-1　细分消费群体的统计指标

科特勒的细分指标	我国的细分指标
地 理 指 标	
地区:	地理范围:
太平洋海岸山区、西北部、西南部、东北部、东南部等	东北地区、西北地区、华北地区、华中地区、华东地区、华南地区、西南地区、经济特区
城市规模:	城市规模:
低于 5 000 人、5 000～20 000 人、20 000～50 000 人……多于 4 000 000 人	小城市、中等城市、重点城市、大型城市、超大城市
人口密度:	城乡差别:
都市、郊区、乡村	农村、小城镇、中小城市、大城市
气候特点:	气候特点:
北方、南方	北方、南方

---

① ［美］菲利普·科特勒,凯文·莱恩·凯勒著. 营销管理［M］. 王永贵,等,译. 上海:格致出版社,2015.

科特勒的细分指标	我国的细分指标
人 口 统 计 指 标	
性别：	性别：
男性、女性	男性、女性
年龄：	年龄：
<6 岁、6～11 岁、12～17 岁、18～34 岁、35～49 岁、50～64 岁、64 岁以上	婴幼儿、少年儿童、青年、中年、老年
家庭人口数：	家庭人口：
1～2 人、3～4 人、5 人及以上	1 人、2 人、3～4 人、5 人及以上
家庭生命周期：	家庭生命周期：
青年单身、青年已婚无子女、青年已婚有 6 岁以下子女、青年已婚最小子女 6 岁以上等	初婚期、生育期、满员期、减员期、鳏寡期
	家庭类型：
	单身家庭、丁克家庭、传统三口、混合型家庭等
收入：	收入水平：
<10 000 美元、10 001～15 000 美元、15 000～20 000美元、20 000～30 000 美元、30 000～50 000 美元等	极低收入、较低收入、中偏低收入、中收入、中偏高收入、很高收入、极高收入
职业：	职业：
专业和技术人员、管理人员、行政人员和企业主、办公室销售、手工艺人、工头、操作员、农民、退休人员、学生、家庭主妇、失业	农民、普通工人、公司商贸管理人员、国家机关人员、军人警察、医药卫生人员、文教科研人员、财政金融保险人员、个体经营者、学生、离退休无业等
民族：	职务：
北美、拉丁美洲、英国、法国、德国、意大利、中国、印度、日本等	职员、专业技术人员、企业管理人员、党政机关干部等
种族：	工作状态：
白、黑、亚裔、拉丁裔	在职、下岗、离退休、留职等
受教育程度：	受教育程度：
小学或以下、中学肄业、高中毕业、大学肄业、大学毕业	小学及以下、初中高中中专、大专大学、研究生及以上
宗教：	宗教类型：
天主教、基督教、犹太教、伊斯兰教、印度教、其他	不信教、佛教、道教、伊斯兰教、基督教、天主教等
社 会 指 标	
社会阶层：	社会阶层：
下下层、次上层、劳动层、中层、上中层、次上层、上上层	主要依照收入水平划分

二、 心理行为指标

从消费者心理行为来细分的指标，主要包括品牌认知、品牌使用频率、消费体验、品牌忠诚度、网络社区的参与情况等，如表 11-2 所示。

表 11-2　细分消费群体的心理指标

科特勒的细分指标	我国的细分指标
生活方式：	生活方式：
文化导向型、运动导向型、户外导向型	简朴型、时尚型等
性格个性：	性格个性：
强迫型、交际型、领导型、野心型	主动积极型、消极被动型等
准备程度：	准备与认知程度：
不知晓、知晓、已了解、感兴趣、渴望、准备购买	没有认知、提示认知、未提示认知
消费态度：	消费态度：
狂热、积极、不关心、消极、敌对	热情、积极、无所谓、消极、否定
追求利益：	追求利益：
质量、服务、经济、速度	功能、质量、价格、服务等
使用状况：	使用状况：
从未用过、以前用过、第一次使用、经常使用等	从未使用、以前使用、首次使用、经常使用
使用场合：	使用场合：
普通场合、特殊场合	普通场合、特殊场合
使用频率：	使用频率：
不常用、一般使用、常用	偶尔使用、一般使用、经常使用
品牌忠诚：	品牌忠诚：
无、中等、强烈、完全	无忠诚、中等忠诚、高度忠诚、绝对忠诚
	消费群体的组织性：
	紧密型、松散型

以饮料品牌 A 为例，消费者心理行为方面的信息包括：对于饮料类型的选择；饮料口味的偏好；饮料购买地点的偏好；购买饮料的价格敏感区间；饮料与食物的食用特征；日常娱乐项目的偏好；文化消费品的选择；社会人际交往的特点；对于公众人物的关注程度；对自我形象的意识等。

使用消费者的心埋行为指标来细分消费群体，其步骤大致可以分为五步。

第一步，使用严格的抽样调查方法，收集消费者的心理行为与个人背景等方面的信息。

第二步，数据录入、整理并标准化，数据录入相应的计算机程序之后，需要对所有数据进行标准化处理。

第三步，使用特定的统计方法对这些数据进行运算，如使用聚类分析或判别分析法，由计算机识别出特征接近的消费者。这些特征接近的消费者可以称为消费群体。

第四步，通过计算机再次运算，分别统计已经细分的消费群体在心理行为方面的数值及每个群体内部的差异性。如果差异不明显，说明细分比较精确；如果差异比较大，说明细分不一定精确。研究人员依靠集体与个人的经验来判断其细分结果是否具有相应的实用价值。

第五步，对已经细分的消费群体进行概念性描述与命名，它涉及细分结果对于营销推广、产品形象建立、广告策略选择等环节的操作意义，优秀的命名可以迅速提升目标群体的形象。

表 11-3 是饮料品牌 A 的消费者细分之后四个群体的特征描述。

表 11-3　饮料品牌 A 的消费群体细分

指　　标	群体 1	群体 2	群体 3	群体 4
年龄分布	20～30 岁为主	30～50 岁为主	16～35 岁为主	16～40 岁为主
性别构成	女性为主	男性为主	男性为主	无明显差异
收入水平	中高	中	高	中低
饮食习惯	喜好零食	讲究规律	无规律，不爱零食	有规律
饮料偏好	酸奶	茶饮料	偏好不明显	偏好不明显
口味偏好	甜、酸	清淡、辣	新奇、未经历的	无偏好
购物决策	常有同伴	常无同伴	常有同伴	随意
商场选择	大商场	无偏好	大商场	无所谓
人际交往	固定朋友为主	固定朋友为主	朋友广泛	朋友广泛
同性明星	中度关注	低度关注	中度关注	中度关注
异性明星	高度关注	中度关注	高度关注	中度关注
……	……	……	……	……
群体命名	青春女性	中年男性	激情男性	生活平稳型

群体 1 的典型特征是女性为主、年龄较小、有活力，可以命名为"青春女性"；群体 2 的典型特征是男性为主、年龄稍大、生活规律化，可以命名为"中年男性"；群体 3 的典型特征是年龄跨度大但总体年龄偏小、男性为主、生活规律性不强，可以命名为"激情男性"；群体 4 的特征是生活规律、男女性别无明显差异、对社会明星的关注度低，可以命名为"生活平稳型"。针对这四种消费群体的营销策略是不同的。例如，群体 1 的营销策略应当以大型商场和个性化明显的餐饮店、休闲店为主要渠道，群体 4 应当以便利店为主要营销渠道；在形象代言人的选择方面，群体 3 应当聘用前卫性的、有一定反叛精神的形象代言人，群体 4 与群体 3 刚好相反，决不可以聘用前卫性的形象代言人，而应当聘用朴实、稳重一些的形象代言人。

对网络用户进行细分，超越了传统意义上的细分范围，指标体系既包括消费者的统计指标,也包括网络用户参与网络社区的指标等。当前的研究仍然处于探索性阶段。

邓之宏运用探索性因子分析等方法,研究消费者在网络团购中的六个动机维度[①]:愉悦、便利、安全、服务、价格、社交,再以层次聚类和 K-means 聚类相结合,由此将消费者网络团购分为四类,分别是热衷型、社交型、实用型和稳健型,并对网络团购运营商提出了相应的管理策略,如表 11-4 所示。

表 11-4　网络团购消费者类型与策略建议

类型	行为特征	运营策略建议
热衷型	既追求购物的效率,又注重购物的乐趣; 消费者以女性居多; 收入较高; 每年团购次数和每次的团购金额都较大	增进购物的经济性和便利性; 注重购物中的情感因素,做好网站的美学设计; 提升消费者的购物体验和愉悦感
社交型	年轻而富有朝气; 受过良好的教育; 热爱社交; 容易受到亲朋好友的影响而参与网络团购; 喜欢通过团购为亲朋好友购物	通过 BBS、QQ 和微信等渠道构建消费者虚拟社群; 提升消费者的社交体验,增进沟通交流; 网络零售商应注重礼品的宣传和促销(尤其在节假日期间)
实用型	以涉世未深的年轻人居多; 收入状况一般; 每次团购消费金额不高; 注重便利、价格和服务等功利因素; 不太注重享乐因素	提供性价比高的产品; 开展价格促销活动; 提供各种便利措施; 利用提高网站服务质量等手段吸引这类消费者
稳健型	以男性居多; 成熟稳重; 每年团购次数及团购金额较少; 非常注重购物安全和商品价格; 不太关注享乐因素	消除消费者对网络团购安全性的担忧; 完善在线安全认证机制,提供额外的安全保障措施,采用第三方支付服务等; 切实保障消费者的隐私不被泄露,增进消费者对团购网站的信任; 网络团购零售商还可以通过有效的价格促销来吸引这类消费者

三、　消费者数据库与市场细分

将消费者心理及相关研究的数据资料系统地储存起来,并以科学有效的方式管理,这种系统的资料称为消费者数据库。消费者数据库是市场营销和战略管理决策的支撑体系,也是消费者群体细分的具体依据,如图 11-1 所示。

消费者数据库可以分为三大类。

第一类是相对稳定的信息,包括消费者的背景资料,如姓名、居住地、性别、职业、家庭地址、家庭收入、家庭人口及家庭大件商品拥有状况等信息,有时称为消费者背景资料数据库。

---

① 邓之宏. 中国消费者网络团购动机及其类型研究[J]. 统计与信息论坛,2015(10):97-103.

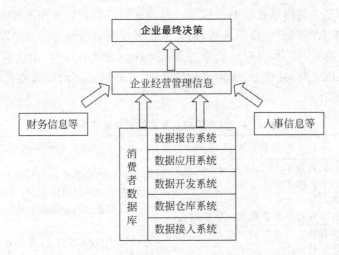

图 11-1　消费者数据库用于消费者细分和企业决策

第二类是相对动态性的信息,如消费者价值观、满意度、态度、广告接收效果等,一般把这类信息纳入生活态度数据库。

第三类是网络平台上形成的网络用户数据库,如网民上网起始时段、上网时间、浏览网站、浏览专题、品牌点击量、点击转化率、购买品牌、支出价格、购物评论等。

技术手段先进的咨询机构可以把这三个数据库统合起来,形成关系紧密、数据链清晰、统计分析效率高的整体。

（一）消费者背景资料数据库

消费者背景资料具有相对的稳定性,如消费者姓名、性别。就一个具体的家庭而言,这些信息的稳定时间长短不一,而对于一个消费者群体而言,这种信息的稳定性时间则较长。消费者背景资料数据库主要包括:

(1) 消费者姓名;

(2) 消费者年龄及生日;

(3) 消费者性别;

(4) 消费者受教育程度;

(5) 消费者宗教信仰;

(6) 移动通信号码;

(7) 邮箱;

(8) 家庭住址;

(9) 消费者工作状态;

(10) 消费者职业及单位名称;

(11) 消费者家庭人口及构成;

(12) 消费者家庭关系;

(13) 消费者家庭收入;

(14) 家庭社会阶层归属;

(15) 家庭生活状态及信用程度;

（16）家庭特殊偏好；

（17）家庭消费决策模式；

（18）家庭购物地点偏好；

（19）家庭购买时间习惯；

（20）家庭购买频率；

（21）不动产拥有状况；

（22）大件商品拥有状况等。

上述背景资料主要有三个来源：一是商场里顾客结账后的底单，通过计算机系统可以进行长期系统的跟踪研究，可以建立每次购买量、客单价、购买频率等行为习惯方面的数据库；二是人口统计部门的数据储备，部分数据是公开发表的，商业机构或研究单位可以有偿使用；三是专业研究机构独立实施调查项目收集的信息。

有关人口特征方面的数据比较容易得到。国内外有公开的人口统计基本资料，各地区也有相应的资料储备，有关经济发展的统计资料中也涵盖了人口方面的统计资料。例如，一个地区的经济统计年鉴包含家庭结构、人口年龄结构、人口分布、人口就业情况等人口资料。

美国劳工局（Bureau of Labor Statistics）长年进行"消费者消费情况调查"（Consumer Expenditure Survey，CE），其基本样本规模是 1 万户。[①] 它调查美国家庭户的消费情况，并据此计算消费价格指数（Consumer Price Index，CPI）。该调查数据能反映不同特征的消费者在不同商品上的消费势态，因此成为研究消费者购买行为的重要信息来源。国内已经借鉴了该指标体系。

国内外一些商业机构对国家或地区的统计资料进行汇总、改编，并做深度加工，制作成专门的数据库，以商业方式对外出售。

当前比较热门的数据库营销，包括企业数据库营销和消费者数据库营销，其中消费者数据库营销必须基于消费者的背景资料。

在消费者背景资料数据库的运用方面，日本的 ORICOM 公司拥有成熟的技术。该公司以地理信息系统（GIS）为基础，建立了翔实、直观、具有交互动态控制的消费者数据库，用于顾客信息管理、服务质量跟踪、广告效果评估（主要是户外广告）、潜在市场开发等方面。[②]

（二）消费者生活态度数据库

消费者的价值观、自信心、兴趣、态度、满意度以及对营销活动的印象、心理评价等信息，不像人口特征那样容易统计或表示。由于人的心理活动会随时间和环境的变化而不断改变，因此，获得这些动态心理资料需要使用连续跟踪的调查方法，才能得到真实准确的信息。

国外研究机构有比较成熟的消费者生活态度数据库，以商业形式出售。

生活态度数据库中有一种 AIO 数据库，AIO 分别指消费者的行为（activities）、兴趣（interests）和观点（opinions），是消费者生活风格研究中最重要的组成。在发达国家和地区，AIO 研究已经是消费者研究中具有独立体系的常规性项目，并积累了系统的研究资料。AIO 研究结果既是生产型企业制订计划的重要参考信息，也是服务型企业提高服务质量的

---

① 资料来源：www.bls.gov/cex/home.htm

② 资料来源：www.oricom.co.jp

参考依据,还是广告公司、公关公司、咨询公司研究消费者的重要渠道。

AIO 研究中,对消费者调查要提出 100 多个,甚至多达 300 个问题,调查问卷具有相当的长度。因为调查的指标很多,采访样本量必须超过 500 人。表 11-5 是 AIO 研究中常用的调查指标。

表 11-5　AIO 研究指标

行　　为	兴　　趣	观　　点
工作类型	家庭兴趣	对待自我
个人爱好	居室兴趣	社会热点
社会活动	工作兴趣	政治方面
娱乐活动	社区兴趣	商业方面
假日行为	消遣方面	经济方面
社区活动	潮流方面	教育方面
购物行为	食物方面	产品方面
体育活动	传媒方面	未来方面
俱乐部活动	成就方面	文化方面
……	……	……

在电通研究所的消费者监测项目中,监测指标与上述 AIO 相似,以家庭主妇为例,其监测指标包括如下内容。[①]

(1) 背景资料:家庭主妇的定义、样本规模、生活背景、行为特征等。

(2) 购买指标:收入支出状况、购买心理、信息来源、购物场所、购买频率、购物金额、商品拥有状况、购买计划等。

(3) 行为指标:作息时间、衣着行为、饮食行为、居室行为、媒介接触等。

(4) 生活观念:意识特征、生活爱好、价值观、兴趣等。

在美国,还有两个著名的消费者生活态度数据库,即生活态度与价值观监测系统(Values Attitudes and Lifestyles,VALS)和生活方式监测系统(Lifestyle Monitor)。这两个数据库是在全美抽中 2 500 个消费者的心理特征数据。其中 VALS 是 1978 年由 SRI 公司组织实施的,包括消费者媒介偏好及购买行为方面的数据,1989 年之后改进为 VALS 2 版。该版本对态度与价值观等方面的心理学指标进行了扩展,有 42 道题目(2016 年版),如"我经常对理论问题有兴趣""我喜欢学习艺术、文化和历史""我更喜欢制造东西而不是购买东西"等,消费者从"完全同意""有些同意""有些不同意"或"完全不同意"4 个等级中选择最符合自己想法的选项。所有的监测指标参与统计分析,将消费者分成不同的类型,这些类型就是市场细分与制定目标市场的基础。[②] VALS 2 版本将消费者分为 8 类生活方式(VALS 1 版分 9 类),图 11-2 是这 8 类消费者生活方式的细分示意图。

---

①　柴田亮介著. 电通情报系统[M]. 东京:电通公司出版事业部,1993.

②　资料来源:www. strategicbusinessinsights. com/vals/presurvey. shtml

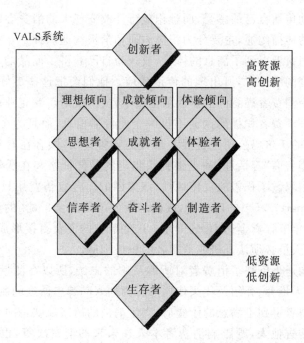

图 11-2　美国人的 8 种生活方式细分

使用这类数据库作为营销参考的用户十分广泛,包括金融、保险、旅行社、汽车制造商等。

外国咨询机构在中国市场收集过这类信息,但是受种种原因的限制,这些信息很少在媒介上公开发表。

国内暂时还没有自成体系的、完整的生活态度数据库,其原因可能是国内经济成长很快,研究者的兴趣在于市场的成长与扩张,对产品或服务与消费者购买力之间的直接关系更为关注,还没有深入到研究人们的生活态度这一层次。

国内有些企业建立了客户满意度、服务质量满意度等方面的态度数据库,主要供本企业的经营管理决策使用。目前只能见到少量的、地方性的或区域性的零碎资料发表,并且带有浓重的商业性质。国内长期系统的消费者态度数据库还需待以时日。

第二节　消费群体对成员的影响

消费群体影响其成员的主要方式包括:消费群体的内部沟通,群体内部的从众、模仿、流行心理,群体规范对成员的影响等。

一、　消费群体的内部沟通

消费者认知、购买、使用、消费商品,会形成心理感受、做出心理评价,有一种向其他消费者转告、传播、沟通这些感受和评价的愿望,这种现象会自觉不自觉地影响其他成员的心理。

有些消费者不仅主动传播自己的感受,而且积极行动改变他人的消费心理行为。

消费群体内部的传播沟通,主要分为积极沟通和消极沟通两种。

积极沟通是当消费者得到了满意的体验,或认为自己获得了商品的真正价值,或消费者的愿望得到较大程度的满足时,所出现的传话效应。他们会把这些美好的消费经验转告他人。积极沟通不仅令消费者满意的消费效果得到了宣传,也对工商企业的生产、经营活动产生良性的反馈作用。消费者积极的沟通不仅为企业传播信息,而且为企业节省了大量的宣传资金。例如,美国的沃尔玛公司是世界上最大的零售集团,顾客在有意无意之间谈起"沃尔玛公司是最大的零售商"等话题,或是谈到沃尔玛的最低价格和在沃尔玛的购物经验等,相当于无形中给沃尔玛做了积极的宣传,所以该集团的广告宣传费用只占营业额的0.5%。相对凯玛特公司(Kmart)2.5%的广告费,或西尔斯公司(Sears)3.8%的广告费而言,专家分析,沃尔玛实际上每年节省资金达10亿美元。这些节省的资金直接形成了企业的利润。从这方面讲,经营管理人员必须认真研究消费者的积极沟通。

消费者满意的沟通也反映了消费者对所购品牌的忠诚,所以在测量消费者的品牌忠诚度时,把消费者向他人推荐、介绍及代买代购等行为列入品牌忠诚度的测量范围。

消极沟通是消费者得到不满意的体验后,产生消极的情绪反映,并且有一种强烈的愿望把这种不满的情绪转告他人,既影响消费者本人在未来的消费决策,也影响其他消费者的心理。

不满意的消费者可以分为采取行动与不采取行动两类。不采取行动的消费者会留下不满意的态度;采取行动的消费者会出现五种情况,即抱怨、不再购买、向朋友诉说、向政府与组织投诉、诉诸法律。

消费者如果遇到经营单位的欺骗、强卖、威胁、侮辱等问题,或发现质量方面的问题,商品功能与实际宣传不相符合,或商品使用过程出现破损、腐蚀、伤人、中毒、爆炸等伤害消费者身体和心理健康的问题等,消费者的利益会受到不同程度的损害,消费者必然会以各种方式表达这些不满,如图11-3所示。

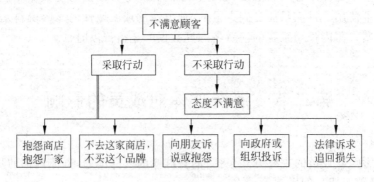

图 11-3　不满意顾客的行为模式

(1)抱怨。消费者抱怨经营单位的服务质量或商品质量。有些专家认为,一位消极的消费者会向10位以上的消费者抱怨,他们抱怨商店也抱怨厂家,他们向家里人、向同事抱怨,还可能向过路人抱怨。抱怨像迷雾一样令其他消费者心生疑虑,对经营者或商品品牌失去信赖。

（2）转移。不满意的消费者最省力气的方式，就是不再光顾那家令人抱怨的商店，也不再购买这个品牌的东西。如果说消费者本人出现这种转移现象，其消极的后果也只是人数不多的不满者，问题是他们已经向其他消费者传播了 10 倍以上的不满意信息，这种转移现象可能会以 10 倍以上的速度放大。

（3）投诉。包括向公众媒体、政府管理部门及法律机构投诉，运用法律手段保护自己的利益等方式。企业对抱怨的消费者不予重视也不解决问题，消费者必然会诉诸法律讨回公道。

如果消费者的利益受到损失而企业仍然采取"无所谓"的方式，消费者可能同时使用全部的投诉手段，一旦大众媒体也轰轰烈烈地参与进来，企业倒闭或品牌死亡的日子也就不远了。一个典型的例子是"三株口服液"。曾经是山东的明星企业的"三株"，因为湖南某消费者服用之后不明原因致死，消费者的控诉演变成媒体的控诉，产品销售走上绝路，从此"三株"一蹶不振。

不满意消费者在群体内的沟通具有爆炸性特点，经营者必须及时指定专人负责解决这些问题，解决的时间越早越好。如果确系消费者利益受到了损失，经营者必须及时赔偿消费者遭受的损失，及时中止其不满意情绪的传播，并且利用公关与宣传手段向广大消费者澄清事实，那些没有直接受到利益损害的消费者会逐渐认清事情的本质，消极沟通可能得以消除。

网络平台的发展增强了网络社区的影响力，网络社区实际上变成了一个网络消费群体，消费者通过网络平台的信息交流与共享功能，扩大了相互之间的模仿、决策参考行为，相互之间的影响力大大增强。网络口碑成为影响消费者之间的信息传播、影响品牌形象的重要因素。

黄文彦等通过验证性因子分析发现，网络口碑的两个维度"论据质量"和"来源可靠性"均对顾客感知价值和购买意愿产生正向的影响。[①] 消费者在网络环境下不仅关注口碑的正面和负面，更关注网络口碑信息本身的论据质量和来源可靠性问题，如表 11-6 和图 11-4 所示。

表 11-6　网络口碑的变量

网络口碑变量	网络口碑测量子项
A. 论据质量	A1 网络口碑信息内容的相关程度 A2 网络口碑信息传播的及时性 A3 网络口碑表达的准确性 A4 网络口碑信息的完整性
B. 来源可靠性	B1 信息来源的专业程度 B2 信息来源的可信程度
C. 顾客感知价值	C1 相对价格，该产品是值得的 C2 相对其他产品，该价格值得
D. 购买意愿	D1 购买时会参考这些评论 D2 评论改变了我的想法和态度 D3 评论对我的购买决策产生影响

① 黄文彦. 网络口碑质量对顾客感知价值和购买意愿的影响研究[J]. 消费经济，2013(10)；48-53.

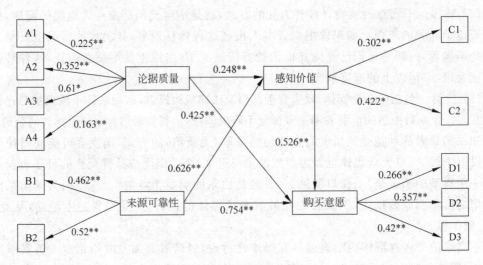

图 11-4　网络口碑变量之间的关系

　　商家在网络口碑建设过程中,要提升网络口碑的论据质量,要激励消费者及时在知名度较高的网络社区发表对产品或服务的较详细和可信的正面评论,保持网络口碑的正面性、及时性、准确性和有用性,对于消费者的模糊的或负面的评论,商家需要及时与评论者进行沟通。商家可以建立自己的网络社区,并宣传自身客观真实的口碑信息,以强化信息来源的可靠性。

二、　松散型与紧密型消费群体

　　松散型消费群体是指成员之间虽然具有某些共同的社会、心理行为特点,但是每个成员之间的交往并不密切,消费者之间表现得相对松散。例如,我们可以把南方地区或北方地区的消费者称为相应的消费群体。在消费方式上,南方消费者存在许多共同的特点,但是大部分南方消费者相互之间并不存在密切的交往,北方消费者也是如此。松散型消费群体中,一般不会出现榜样型或领导型消费者,消费成员在消费观、消费兴趣,尤其是消费态度方面,不会表现出像紧密型消费群体那样的趋同性。

　　在网络平台兴盛之前,消费群体的内部关系比社会群体的内部关系(如工作群体)要相对松散一些。在特定的条件下,这种松散的关系有可能发展成紧密的协作关系。例如,追星族消费者对榜样型消费者的崇拜,在追随者之间会出现暂时的紧密关系,他们可能分享榜样者的资料(如分享影视明星私人生活的资料,共同追求榜样者的纪念物)等。当具有共同利益的消费群体受到损害时,这些消费者也可能紧密地联合起来保护他们的权益,协调一致采取共同的行为措施,与损害他们权益的经营者交涉,而一旦被损害的权益得到了保护或补偿,这一消费群体就会自行解散,紧密的协作关系回到松散状态。

　　紧密型消费群体是指成员之间不仅具有共同的社会、心理行为特点,而且大部分成员之间可以相互交流,表现出一种紧密的群体关系。例如,家庭是一个紧密型消费群体,同事、朋友之间可能构成为一个紧密型消费群体,具有共同爱好的发烧友也可能成为紧密型消费群体。紧密型消费群体之中经常会出现榜样型或领导型消费者,消费成员在消费观、消费兴趣,尤其是消费态度方面表现出较强的趋同性。

一般而言,紧密型消费群体对待特定的商品类型或商品风格抱有强烈的消费爱好,消费者之间有稳定的联系方式,他们经常在一起交流各自的消费经验,甚至形成固定的消费者组织来共同享受消费商品的乐趣,共同保护自己的权益。

无论松散型消费群体,还是紧密型消费群体,消费者个体都可能以他们作为参照群体,将参照群体使用的品牌纳入选购之列,将这些品牌的联想纳入自我建构之中,形成自我形象与品牌之间的连接。如果由某一品牌联想到某参照群体适合使用某品牌(即该品牌形象与该参照群体一致),消费者愿意参照群体一致的品牌来构建、表达自我;如果人们由某个品牌联想到某参照群体不适合使用某品牌(即该品牌形象与该参照群体相悖),消费者将回避这些品牌来构建、表达自我。杜伟强等人邀请 84 名本科生参与心理实验[①],证实了这些现象的存在。

紧密型消费群体中,最典型的是发烧友群体,英文是 fancier,意思是对某种东西着迷、懂行的意思。发烧友所迷恋的所谓“发烧”商品类型主要集中在电脑(软件和硬件)、音响、音乐唱片、影片、摩托车、摄影、小汽车等,甚至生物标本、商品标签、商品包装盒等。各种爱好者协会如摄影爱好者协会、集邮爱好者协会、音乐音响发烧友(audiophile)协会、电脑发烧友协会、摩托车发烧友协会等属于紧密型消费群体。

典型的发烧友消费群体表现出下列消费特征。

(1) 对于他们所迷恋的商品有着强烈的需要。如摩托车发烧友对与摩托车有关的信息极为关注,把自己绝大多数的业余时间与精力都放在操作、玩弄摩托车上面,从中体会到最大的乐趣与幸福。音响发烧友对于音响及有关商品抱有强烈的消费需要,除了工作之外,绝大多数时间与精力都放在欣赏音响和音响器材、了解音响市场的最新动态等消费过程中。这些发烧友如果离开了他们所迷恋的商品,便可能产生不同程度的心理不适。有些发烧友有时置自己的工作和生活于不顾,失去正常消费的理智。

(2) 发烧友之间有较多的信息交流。因为大家都有共同的消费兴趣和爱好,他们十分乐意在一起交流消费经验,得到更多的消费体会,发烧友之间经常交流商品与发烧器材。国外一些摩托车发烧友组成专门的俱乐部,经营专业性商店,共同享受其中的乐趣。互联网技术的发展,为这些发烧友们提供了前所未有的信息交流方式,他们不仅可以以最快的方式获得别人经验,而且可以使用直观的方式向他人演示自己的操作。一些发烧友之间因为这种交流而成为真正的朋友。这种交流活动使发烧友这一特殊的消费群体在他们发烧的商品领域,具有精深的消费经验,他们对于商品的要求之严格、鉴别力之强,非一般消费者所能企及。这是与普通消费者最明显的区别。

(3) 发烧友消费群体对于所迷恋的商品消费量很大。发烧友在长期而且强烈的消费乐趣支配下,经常竭尽全力去购买他们所喜欢的发烧商品,一旦获得了相应的消费满足之后,或在新的消费需要的激发下,又会购买新的发烧商品,并乐此不疲。这种行为使得发烧友消费大量的发烧商品,形成 个稳定的发烧市场。例如,在电脑市场上,推动电脑新型号、新式

---

① 杜伟强,于春,玲赵平. 参照群体类型与自我——品牌联系[J]. 心理学报,2009(4):156-166.

样或奇异品种消费的主要是那些电脑发烧友,他们愿意尝试最先进的型号、购买最新型的配件、使用别人不敢购买的奇异器件、尝试别人不敢使用的配置,甚至使用说明书上禁止使用的操作方法来考验电脑的性能与自己的能力,从中获得他人难以得到的快乐,这些行为催生了一个巨大的配件市场。

(4)发烧友消费群体的行为常常引导着市场的消费方向。发烧友经常从发烧商品中获得从未有过的新奇感和消费经验,体会莫大的愉悦和幸福,并且经常向其他消费者宣扬这些消费体会和愉悦,进而激发他人的兴趣,引发他人对同类商品的消费需要。发烧友最先尝试的经验,往往使他们自觉不自觉地成为某种商品的榜样人物,是跟随型消费者模仿的对象,他们的经验往往成为别的消费者避免走弯路的重要指南。例如,在摄影发烧市场上,发烧友在摄影器材方面的最佳搭配方式,对于其他消费者具有榜样和示范作用。

三、 意见领袖与代言人

消费群体内有一些成员具有强大的影响力,他们的一言一行可能被其他消费者仿效,他们的消费方式就是其他成员的榜样,他们对某种商品的推荐会迅速引起市场的消费高潮,有可能带领消费者步入一种新的消费时尚。这些消费者可以被称为领袖型消费者、榜样型消费者或消费代言人。他们可能是社会上的名人,他们在市场上引起的消费波动称为名人效应,这些名人在建立企业形象方面具有强大的震撼力。

名人往往是公众注意的焦点,企业宣传经常使用名人来吸引注意力。图 11-5 就是手表企业借用名人来吸引公众的注意力的例子。许多名人作为品牌形象的代言人,他们所宣扬的行为方式成了消费者的参考模式,在一定意义上减弱了普通消费者的决策能力。

图 11-5　名人示范仍然是名表的常用营销策略

消费者关注的影视明星、歌星、体育明星、著名社会活动家、著名政治人物等,都可能成为名人。对普通消费者来说,名人代表了一种理想化的生活模式。对于自我意识正在成长的青少年,影视明星的影响力不亚于他们的父母。

百事可乐的名人效应最具传奇色彩。在与可口可乐的交锋中,百事可乐使用独具特色的名人效应为自己赢得了市场。1983 年,百事可乐与流行音乐巨星迈克尔·杰克逊签订合约,以 500 万美元的代价聘请他作为"百事巨星",并制作了以迈克尔·杰克逊的流行歌曲为配乐的宣传片,推出"百事可乐,新一代的选择"的宣传计划。1984 年间,97％的美国公众至少看过 10 遍这个宣传片。宣传片播出后不到 30 天,百事可乐的销售量就开始上升,使百事可乐成为 1984 年普通可乐市场上增长最快的软饮料。在我国香港地区,百事可乐推出张国荣作为香港的"百事巨星",展开了一轮中西合璧的音乐行销攻势。不久以后,百事可乐聘请女歌星麦当娜为世界"百事巨星"。20 世纪 90 年代百事可乐在我国香港地区和内地推出刘德华作为形象代言人,"每一次选歌和出唱片,我都有自己的选择。追风,那不是我的性格……每一个人都有自己的选择,我选择百事"。90 年代末期,百事可乐在我国香港与内地推出王菲、郭富城、珍妮·杰克逊、瑞奇·马汀 4 人组合的形象代言人,名人效应又一次产生轰动。

著名专家也有可能成为特定商品的名人。这些专家是指在某一专业领域受过专门的训练、具有专门的知识经验或特长的人,如医生、律师、教师、美容师等专家。著名专家在介绍产品、推荐服务时具有一定的权威性,能够在较短的时间内令消费者产生信赖感。需要注意的是,我国广告法规定,医生等职业人员不能直接出现在宣传药品的广告中。

除了上述名人作为领导型消费者之外,一些成功人士也经常作为代言人出现在各种宣传媒体上。这些成功人士不仅能够增加企业宣传的说服力,也给消费群体展示了成功人士的形象。例如,克莱斯勒汽车公司的老总李·艾柯卡(Lee Iacocca)、雷明顿(Remington)公司的老总维克多·凯恩(Victor Kiam)、马休特(Marriott)连锁店的老总比尔·马休特以及我国广西桂林西瓜霜发明人邹节明在宣传中,都是以成功人士的形象出现的。

马谋超、王怀明等人的研究表明,使用这些名人帮助企业或产品宣传,要注意名人应该具有良好的背景(如艺德好),他们的个性特征应该与产品特性接近。[①]

四、 消费流行与从众

在消费者心理行为中,没有什么现象能比消费流行更具市场震动性。当流行风潮吹来的时候,到处出售流行商品,男女老少津津乐道于流行的商品,宣传媒体上充斥着对流行商品、流行行为的报道和渲染,许多企业因为流行风潮的到来而大获其利,也有一些企业因为流行风潮的冲击或没有赶上流行的节奏而蒙受巨大的损失。消费者对于流行商品的消费量增加,可能导致对同类不流行商品的需要量减少,这些企业的厄运从此开始。

流行是特定时期特定范围内,大部分消费者出现相似或相同消费行为的现象。流行的内容既可能包括商品的品种,也可能包括商品的式样、商品的风格等方面。

流行过程一般表现为一定的周期性,可以分为流行酝酿期、流行发展期、流行高潮期和流行衰退期 4 个时期。

(1) 流行酝酿期。时间一般较长,可能来自社会文化、产品生命周期等方面的原因,如某种风格服装流行了很长一段时间,人们期待新的变化。流行酝酿期也可能来自市场运作者的努力,他们发现了市场的契机,做好了引发流行的准备。

(2) 流行发展期。其标志一般是由领导型、榜样型或权威型消费者开始示范性的消费

---

① 王怀明. 制约名人广告效果的因素探讨[J]. 心理科学进展,2002(3):342-349.

行为。这些人可能是名人，如电影明星、歌星等，还可能是该行业具有权威性的消费专家，如美食家、资深的发烧友等，也有可能是普通的消费者，他们广泛的消费兴趣与独立的个性引发流行风潮。权威型或榜样型消费者的示范性消费会引起其他消费者的模仿。模仿者具有更大的主动性，以模仿榜样型消费的行为而感到愉快。有些消费者对名人、明星十分敬佩或迷恋，从内心里崇拜他们，甚至视这些名人、明星的消费行为为唯一的标准，达到迷信般的程度，这是消费流行中的崇拜现象。由于这种崇拜现象的出现，名人、明星所使用商品品牌的市场会受到影响。名人、明星今天使用品牌 A，崇拜者也会选择品牌 A，明天使用品牌 B，品牌 B 的红运随之降临。消费者的崇拜行为推动人们的兴趣从一个品牌转向另一个品牌，进而引发新的流行风潮。在网络时代，这些流行的消费行为也构成了"网红"的样本，他们的消费示范行为甚至为一些小产品带来流行风，如图 11-6 所示。

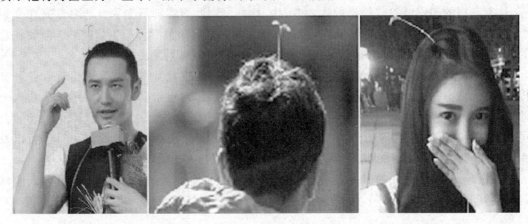

图 11-6　有趣的头饰小商品也能创造一阵流行风潮（网络图片合成）

（3）流行高潮期。群体内大部分消费者已经自觉或不自觉地卷入了流行当中，大部分消费者采取相同或相似的消费行为，导致另一些消费者自觉或不自觉地跟随他们的消费行为，以保持与他人行为的一致性，避免心理上的矛盾与冲突。像这种因流行而导致消费者做出与他人相同或相似的消费行为现象，叫作从众消费现象。正是从众行为的出现，导致更大范围内更多消费者做出相同或相似的消费行为，形成更大规模的流行浪潮。

（4）流行衰退期。流行高潮中所见过的消费热情已经逝去，大部分消费者的兴趣已经转移到别的商品方面去了。

消费行为的流行现象导致流行高潮内购买流行式样或流行商品的人数大大增加，商品销量急剧上升。那些符合消费者流行口味的商品，会在流行周期内获得巨大的经济效益。我国改革开放之后，曾经出现过几次大的消费流行，如 1980 年开始流行的邓丽君录音制品，1984 年流行的君子兰花卉盆景，1990 年开始流行的电子游戏、寻呼（BP）机，1995 年影音光碟（VCD）进入流行高潮，同年手机开始亮相中国市场并从此改变人们的生活形态……

进入 20 世纪 90 年代以来，我国市场上的流行风潮越来越多，流行的节奏也越来越快，加上现代化宣传媒体的引导作用，流行风潮对于人们的影响也越来越大，参与流行的消费者更加主动。在营养品消费方面，流行过微量元素滋补品、补钙品、活性菌饮料、灵芝保健品等。这些流行风潮中，还包括一些借高科技名义的欺诈性消费流行（如基因核酸保健品、所谓的脑黄金深海鱼油）；在旅游休闲方面，名胜风景点曾经是人们旅游休闲的主要去处，现在开始流行挑战惊险、野外生存等旅游休闲项目。

消费流行的原因可以从经营者、消费者两个方面来分析。

从经营者的角度看，许多流行现象是由经营者推动并受益的，它们制造种种消费气氛，引导消费者进入流行的节奏中。法国巴黎是世界时装的一个窗口，在这里表演的时装式样在一定程度上代表了下一个季度时装流行的趋势。这些所谓的流行趋势，主要是由时装的生产者和销售者联合起来制造的一种流行气氛，借助巴黎这一时装流行中心的"权威性"影响，引导消费者的穿衣打扮自觉不自觉地跟随这种流行趋势。

为了增加流行的威力，加速流行的节奏，企业经常通过明星的示范行为来引导流行。例如，周润发被奥妮公司用作形象代言人，将"天然植物洗发液"概念成功地导入市场，流行高潮持续了4年左右。国内的这些案例中，明星为企业创造了巨大的流行动力，是带动市场进入流行高潮的重要元素。当然，流行性产品自身无法克服的特点决定了流行高潮的短暂性，在下一个流行高潮到来之前，企业必须重新注入新的元素，否则流行过后就是萧条。

从消费者的角度看，具有共同特征的消费群体有了自觉的、相同或相似的心理需要，才可能形成流行高潮。在解释流行的深层消费者心理方面，有的学者应用心理学家荣格的理论来解释服装流行的心理。荣格认为群体的意识和行为可以通过"心理能"来观测和分析，心理能（也称"力必多"）会因人的好恶而被分配到不同的兴趣和行为中去，这种分配有以下两个原则。

第一，等值原则。人在一种活动上的心理能降低，那么在另一种活动或行为上的心理能会同等地增加。从市场的角度上看，消费者的购买力是等量的，当人们对于一种商品的兴趣减少时，对于另一种商品的兴趣便会增加。

第二，均衡原则。心理能趋向于从较强的位置向较弱的位置转移，时装流行正是这种现象的反映。流行高潮意味着流行的意识由高层次的名都、名店、名模向下一层次的密集区扩散，由流行意识强的青年人向其他年龄的人传播。正因为心理能可以转移，心理能也可以被引导，向着健康、生动的方向发展，形成日新月异、有张有弛的流行现象。

21世纪初，人们也正预测未来的流行趋势，例如，服装方面将流行环保型生态服装、智能化服装、体贴型服装、美容造型式服装，服装色彩多元化；纳米技术将得到普遍运用、纳米化商品将会逐渐流行并且呈现多样化趋势；节能型商品将占主导地位，石墨烯衍生出的节能型商品将逐渐进入市场；回归家庭生活方式将是一种美好的理想，但方便型、快捷式商品仍将是满足快餐式生活的必备品；娱乐产品方面，VR产品必将成为主流，并且与网络、通信、办公系统等融合，形成一个庞大的VR市场。

第三节　主要消费群体的心理

按照市场营销的目的进行市场细分，可能形成几十个甚至上百个消费群体，这对于满足大多数消费者的愿望来说是必要的，但是企业只可能定位于其中有限的几个或十几个市场，这是由企业资源的有限性决定的。

这里仅分析基于消费者性别、年龄而细分的消费群体,为经营管理者提供基本的参考思路。

一、 男女消费群体

人的性别心理特征不只是男女两类。从消费群体的角度看,一般细分为男性消费市场和女性消费市场。同时,作为家庭生活成员的男性或女性,与单身生活的男性或女性,在消费方式、决策模式、选购商品的特色方面也存在一定差异。

(一) 男性消费群体

男性所表现的心理特征是:刚强粗犷、心胸开阔、意志坚强、决策果断迅速、以事业为重、富有探索意识和冒险精神、喜爱体能型运动等。

在消费者心理行为方面,表现出下列基本特点。

(1) 重视从整体上收集商品信息,考虑事物比较周到。相对于女性消费者,男性消费者能够比较全面地从总体上评价商品的优缺点,注重商品的质量、性价比、产地等方面的特征,实用型消费动机要比女性消费者突出。在挑选大件耐用消费品、家用电器之类的商品时,具备的商品知识普遍比女性多,决策考虑更为周到,自信心也比较强,是大件商品、家电商品、高科技产品等商品类型的主要购买者。

(2) 决策、购买速度快。大多数男性消费者注重事业发展,对家庭日常消费品的关心较少,购物时通常缺乏足够的耐心去挑选、比较,也没有女性消费者那样细心,一旦有了购买意向,购买决策速度快。男性消费者这种快速决策与购买的现象,有时容易导致奸商隐瞒实情、乘机欺诈。

(3) 中年男性保守、节俭的消费心理比较突出。中年男性往往是家庭经济的主要负担者,求廉、节俭心理虽然不及同龄女性消费者,但比青年男性消费者明显。这个年龄段的男性消费者独立自主性很强,购买决策较少受到广告宣传、商业环境气氛的左右。

(二) 女性消费者

女性的心理特征表现为情感丰富,情绪变化大且观察比较细腻。她们的语言能力较强,联想丰富,重视家庭和睦与稳定,重视外表与形体的美感。

(1) 女性是家庭消费品的主要购买者。女性一般负责家庭收入的管理,这种现象在城市居民中更为普遍。多次调查表明,全部消费品的销售额中,由妇女购买的家庭消费品占 55% 左右,由男士购买的占 30% 左右,由男女共同购买的占 11% 左右,由孩子购买的占 4% 左右,因此妇女是家庭消费品的主要购买者。日用品营销策略所针对的目标群体主要是女性。绝大多数女性消费者看重家庭生活,不像男性那样将事业看得重于一切,她们希望通过女性特有的方式安排家庭生活,将家庭布置得更舒适、雅致,富有生活情趣。

(2) 认知细腻,决策带有较强的情绪性,容易受到环境的影响。因女性的情感丰富细腻,遇到感兴趣的商品时容易产生购买愿望,也容易受到周围环境的影响,迅速形成购买决定。女性购买决策时很容易受直观以及商品外观的诱惑,美观的商品包装、鲜明的橱窗陈列等都能激起女性消费者的情绪并使其产生购买欲望。

（3）自我意识较强，联想丰富。女性消费者在购买决策中经常进行商品的自我比拟，联想商品的消费效果。很多女性逛商店的目的并不是购物，而是通过逛商店产生的联想满足一种心理愿望。图11-7对男性与女性的购物路线做了幽默的对比。有些女性仔细地询问了价格及质地之后，却并不付钱购买。女性消费者经常通过同伴的评价、宣传媒体上的比照等方法，来反馈商品对自我形象的影响。对于自己满意的商品，具有强烈的推荐愿望；对于自己不满意的商品，传话效应比较突出。一旦市场上相同的消费风格掩盖了自我形象的效果，又会产生厌弃的心理。

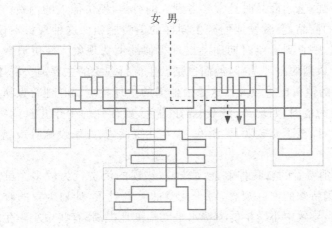

图 11-7　男女购物路线幽默图

女：费时 3 小时 56 分，花费 200 元；男费时 5 分钟，花费 5 元

（4）观察仔细，对商品的价格敏感。中年妇女以料理家务的居多，需要安排全家的日常生活，对日用消费品考虑得比较周到。因消费经验丰富，观察商品较为仔细，经济上精打细算，对商品的价格较为敏感，求廉的动机比较突出，讨价还价现象比较普遍，容易受便宜货的吸引，一旦遇到减价甩卖，趋之若鹜的多半是女性消费者。

二、 不同年龄的消费群体

按照年龄指标，消费者可以分为婴幼儿消费群体（0～3岁）、少年儿童消费群体（4～16岁）、青年消费群体（17～35岁）、中年消费群体（36～55岁）、老年消费群体（56岁及以上）5类。因研究目的不同，各年龄段的划分标准会做出相应的调整，如中年消费群体还可以细分出36～45岁、46～55岁两个年龄阶段，老年消费群体可以分出56～65岁、66岁及以上两个年龄阶段。

婴幼儿属于特殊的消费群体，他们是最终的消费者但不是消费决策者或购买者，他们的父母、亲人或其父母的朋友、同事等是决策者或购买者。下面分析4类消费群体。

（一）少年儿童消费群体

少年儿童属于未成年消费者，自我意识没有成熟，道德观念还需要继续完善，对于自我的控制能力不强。少年儿童没有独立的经济能力，他们表现出如下特点。

（1）实现消费的经济条件必须依赖他们的父母长辈等。由于他们没有独立的经济能力，必须由他们的父母长辈来支付消费商品的现金。他们的父母长辈会参考他们的消费愿望，许多父母长辈的消费爱好和兴趣会代替他们的消费愿望，尤其是低龄儿童消费者，父母几乎包办了他们的全部消费决策与购买行为。

从这个角度上讲，营销的重点不是那些少年儿童消费者本人，而是代替他们决策或购买的父母长辈等。

（2）模仿性消费动机比较强烈。少年儿童消费者由于没有成熟的自我意识，认识商品真正价值的能力不强，选购商品时经常参考别人的行为，模仿他人的消费。同龄人购买了某种式样、某一品牌的商品，会激发他们产生同样的消费愿望。这种现象不仅十分普遍，而且会持续很长的时间，一直到青年时期还会出现类似的消费现象。模仿消费是少年儿童与青年消费者形成流行风潮的心理基础，他们也是产生流行现象的主要消费群体。

（3）文化娱乐的消费比重较大。这是由他们的生理特点和心理特点所决定的。少年儿童娱乐用品有特定的范围，如玩具、游戏、娱乐设施、娱乐性的少年儿童读物等，这些商品的消费量是如此之大，以至于儿童玩具、游戏、少年儿童读物、娱乐设施等市场一直是长盛不衰的消费市场。

（4）少年儿童消费者的自我控制能力较差，错误的消费行为较多。虽然他们没有个人收入，但是由于我国特殊的家庭观念，对于儿童的关爱过重，计划生育的政策更加重了人们对儿童的溺爱心理，导致中小学生的消费水平大幅度地提高，有些中小学生的消费水平大大超过了当地普通居民的消费水平。

（二）青年消费群体

国际上的统计数字表明，青年约占总人口的1/5，我国青年人数近3亿，约占总人口的1/4。青年消费群体在自我意识方面已经相当成熟，道德感也比较完善，对于自我的控制能力也比较强了，一部分青年人在校学习，一部分青年人已经具备独立的经济能力，消费行为具有很强的自主性。由于自我意识的成熟，青年消费群体在选择商品的兴趣方面带有十分明显的个人偏好，相对于其他消费群体而言，青年消费者的探索意识和冒险意识非常突出，他们的体力和精力正处于人生的最高峰，在消费商品方面具有最大的潜力。

（1）青年消费者敏感性强，对于新商品能一直保持强烈的兴趣。青年消费者不像老年消费者那样拥有长期的消费习惯，他们的消费经验也没有老年消费者那么多，他们的顾虑少，好奇心强，总是以一种新奇的心情来尝试新的商品。强烈的好奇心与敏感心，是一部分在校学生消费额大幅度上升的原因之一。

（2）青年消费者追求明显的消费个性，追求消费时尚，追赶流行与消费风潮。[①] 自我意识的成熟，对自我形象的关注，以及自我表达能力的增强，都给消费赋予了明显的个性。他们对新鲜事物抱有极大的好奇心，愿意亲自去体验这些新奇的消费方式。他们愿意以独特的方式来显示自己的成熟，表达自我的个性，他们没有太多的顾虑，公开坦然地以消费的方式表达自己的态度，他们日渐成熟的自我意识也希望得到社会的承认，所以经常以个性化的

---

① 刘利兰. 青年的消费心理特征及对企业营销的启示[J]. 南京师大学报(社会科学版),1997(1):14-18.

消费方式来表达自己,如穿着不同标志与口号的文化衫即属于这种消费。他们重视品牌甚至不重视价格,即使多花钱也要购买进口或名牌产品,是名牌商品的最有力消费群。他们的心理负担少,即使上当受骗也不像老年消费者那样耿耿于怀。

(3)青年消费者在购买决策中带有较强的冲动性。他们的购买决策具有较强的情绪性,容易受社会、环境、权威人物等因素的影响,部分青年消费者容易产生消费崇拜现象,跟随明星人物的消费方式,在购物场所也容易受到营销人员的诱导。

(4)大部分青年消费者因为结婚而必须实现一次庞大的消费。我国大部分青年消费者在这一年龄段结婚,需要购买一大批大件商品,包括小汽车、彩电、电冰箱、洗衣机、高档家具等,有一部分人还需要购买独立的住房,这些商品需要一大笔消费支出。在结婚期间购买的商品要求新潮、漂亮、喜庆,趋同于市场上的流行风格。有些新婚者还要大办婚礼宴席、租用豪华高档的娱乐场所等,这些消费方式培育了庞大的婚庆市场。

(三)中年消费群体

中年消费者的收入水平最高,支出能力最高,消费商品的覆盖范围广泛。他们的思维反应十分敏感,消费技能强。中年消费者上有老、下有小,家庭负担重。在工作单位他们往往是骨干力量,担任重要的职务,工作压力大。他们已经开始意识到人生的顶峰即将过去,晚年生活即将来临,不得不着手安排储蓄与保险计划。他们的身体状态已经不如青年时代那样强壮,但又保持了青年人那样的行为方式,体力上时常有一些今不如昔的感觉。这些特征对消费者的心理有着重大影响。

(1)中年消费者消费角色的多重性。中年消费者上要赡养老人、下要抚养小孩,不得不负担家庭生活的大部分或全部开销,在消费活动中同时充当多种角色,他们不仅要为家庭消费的其他成员做出决策,还要亲自为他们购买。

(2)中年消费者的消费范围十分广泛。中年消费者必须面对复杂繁重的家庭生活,商品消费的范围十分广泛。日常生活用品必不可少,许多家庭消费的大件商品要在中年期间购买,儿童消费品和儿童教育是家庭消费的重点之一,因赡养老年人需要购买老年必备品,因为自己体能上的变化以及日益繁重的工作压力而不得不注意保健品消费,尤其是中年妇女的生理变化更为明显[①],在服装、化妆品、食品、保健品等商品的消费方面比任何时期都广泛。

(3)中年消费者的消费技能最强。中年消费者的智能达到顶峰,消费经验非常丰富,普通商品的消费技能已经非常熟悉,中年消费者的习惯比较稳定,有些人已经形成了系统的消费观。有些中年消费者在勤俭持家、精打细算方面形成了自己的风格。

(4)个性化消费重新出现。中年消费者的收入比较稳定,为他们满足过去压抑的消费动机准备了实现的条件。自我意识的成熟与定型,使他们对个性化的消费方式有了相当的自信心。中年消费者的个性化消费不再是青年消费者那样跟时尚赶时髦,而是以自己独有的审美观来做出判断。有些中年消费者没有其他经济负担,甚至坚持独身生活,他们的消费个性更为明显。

---

① 吉福林. 中年女性消费行为特点与营销策略[J]. 市场与人口分析,1997(1):19-21.

（四）老年消费群体

现阶段我国老年消费群体两极分化现象十分明显：一部分老年群体仍然可以保持较高的收入水平，他们可能是在岗、在编人员，或者他们拥有自己的特长、有能力继续劳动，他们的经济能力很强；另一部分老年人因退休、离休、下岗等原因不能继续劳动，或已经丧失劳动能力，他们的收入水平不高，甚至失去了收入来源。就老年消费者自身的行为特点而言，主要表现为如下方面。

（1）老年消费者的消费经验丰富，消费习惯稳定。在长期的消费生活中，他们积累了丰富的消费经验，有比较稳定的消费习惯，有稳定的消费兴趣和爱好，一般不愿意轻易地改变这些消费习惯，对于自己习惯了的商品十分熟悉，对商品的挑选比较严格。

（2）老年消费者经常以过去的经验来判断新商品。老年消费者长期的消费习惯和稳定的爱好，使他们不容易接受新的商品与新的消费风格，消费习惯难以调整或改变，对待市场上的新商品一般趋于保守，这给新商品推广或营销带来了一定的难度。

（3）部分老年消费者的补偿性消费动机强烈。在子女成家立业、经济负担逐渐减轻、自己的收入仍然保持在高峰期间，一些老年消费者会出现补偿性消费动机，即所谓"第二次青春期"。他们在美容、服装打扮、营养食品、健身娱乐等商品的消费方面，具有与青年消费者一样的强烈的消费兴趣。

（4）对第三代的消费关注。这与我国传统的家庭观念有关系。只要老年消费者仍然持一定的经济能力，他们一定会关心第三代的成长与生活。一部分收入要用于第三代的消费与支出，支出内容主要包括儿童玩具、儿童营养品、游戏娱乐用品等，以及给第三代的零花钱。

（5）认识能力与消费技能逐渐下降。老年消费者虽然十分挑剔，但因为观察能力下降，对于假冒伪劣商品及欺骗性的经营手段不如青年消费者那样敏感，或因为观察能力有限，加之心地善良而容易上当受骗，蒙受消费利益损失的现象时有发生。

第十二章　社会因素与消费者心理

　　本章分析消费习俗、家庭等因素对于消费者心理的影响。

　　文化习俗的影响具有普遍的渗透力,这种渗透力在不同的亚文化环境下又表现出不同的特征。在影响消费者心理的社会因素中,家庭的影响占据重要的位置。

第一节　文化与习俗

一、文化差异

虽然大家都知道文化的内涵,但迄今为止,很难以让所有人满意的方式清楚地叙述"文化"这一概念。文化一般是指一个社会的知识、信念、艺术、法律、伦理、风俗习惯等内容构成的复合体。生活在社会环境中的人,都浸透在文化的氛围中,没有人能够脱离文化的影响。

文化具有复杂性和多样性的特点,它包含的内容丰富,人们所拥有的知识、语言、观念和艺术行为等,这些事物本身就具有复杂性的特点。这种复杂性还表现在亚文化的特征,大到几个国家,小到一个乡村、一个团体长期形成的行为规范与行为标志,除民族、语言、地域这样的亚文化表现外,亚文化还包括不同的社会阶层、不同的价值观等,如图 12-1 所示。

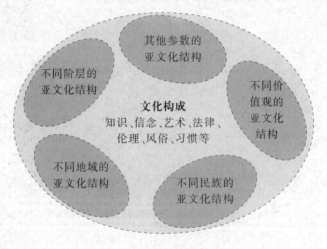

图 12-1　文化与亚文化结构

不同文化背景给消费者心理造成的差异,在不同国家、不同民族之间较为显著。

在服装消费方面,不同国家、不同民族的文化差异较大。中国的女性消费者穿着短衣皮裙,可以较好地显示女性曲线的美丽,尤其是黑色皮裙与中国女性的白皙皮肤之间具有较大的反差,在美感上容易产生更强烈的愉悦效果,但是在西方国家,女性穿短衣皮裙一般是色情职业的标志,这是非常典型的文化差异。国内厂商向西方国家出口产品时如果不注意这种文化上的差异,其销售效果可能很差。

在化妆品方面,美国人与日本人的文化差异也是明显。在美国,肤色略为深色是富裕阶层的象征,因为只有生活富裕的人才有足够的时间和金钱享受休闲活动,去海滩晒太阳、旅游的机会越多,皮肤也就会越黑,因此使用化妆品习惯深一些的色调。而日本人的皮肤属于东方人的皮肤类型,崇尚白色。在日本,艺人化妆以白色作为最高境界。在这种消费习俗支配之下,日本人对美国人那种略为深色的化妆品缺乏购买兴趣,而在美国人眼里,日本人的化妆品市场是一座难以攀登的富士山。

商品的象征意义在不同民族之间表现出较大的差异性。例如,中国人喜欢的紫罗兰,法国人却敬而远之。法国人认为紫罗兰是失恋的象征,所以中国用兰花作装饰的衣物或有关工艺品,在法国却难觅知音。中国人喜欢的水仙花在西方消费者的眼中也是一种不良的象征,暗喻自恋与自怜。

不同社会阶层所表现的文化特点,在社会经济比较稳定的国家反映尤为明显。例如,美国人认为上层社会包括宗教领袖、大学教授、大艺术家等,消费风格上以传统、朴素、自成风格作为特点;而蓝领工人、低收入者等的消费风格具有追随明星、追求名牌等特点;大多数处于中间层的中产阶级,在消费风格上具有追求快速方便、重视长远投资与储蓄等特点。

商品的销售必须研究不同文化的差异性,如果厂商仅仅以自己的愿意和喜爱来推销商品,忽视当地文化的特点,则必将在市场上碰壁。

二、 消费习俗

消费习俗是指一定范围内,消费者遵守约定俗成的、长期稳定的消费行为习惯。消费习俗带有浓重的地方气息,是构成地方文化的重要组成部分。

在讨论我国文化对消费者心理的影响时,与其使用“文化”这个大的概念,不如使用“消费习俗”这一概念更为直接。从“消费习俗”的角度来研究消费行为,既容易理解,又具有代表性,“习俗”本身也是文化构成中的核心概念之一。

虽然我国地域辽阔,不同地域之间的差异性很大,我国每个民族也保持着一定的民族特色,但是我国一直强调大统一的思想,不同民族之间的文化特色以交流、互补、学习、包容为主要特征。

我国消费习俗中,以饮食、服装消费方面的差异较为典型。

在饮食口味上,人们常说“东辣西酸,南甜北咸”。在主食结构方面,南方以大米为主,早、中、晚正餐都需要烧炒相应的配菜;北方以面食为主,辅以少量的大米,食用面食时不一定需要烧炒配菜,只简单地做一些面卤即可。

在副食结构中,南方十分强调汤的重要性,吃饭时必须喝汤,这个消费特点在广东人那里发展到了极点,煲汤是广东人日常生活中的重要组成部分;而北方人对于汤的兴趣不大,北方许多人对于生吃大葱、大蒜倒是情有独钟。

南方城市居民宴请客人,更倾向于照顾客人的饮食意愿,强行劝酒的现象越来越少见了。许多北方地区(尤其是东北、西北、内蒙古等地)在宴请或社交场合,劝酒的现象比较普遍,并且以客人喝醉作为好客的标志。

服装消费风格受地理气候因素的影响较大。南方人喜爱轻便型服装,要求简洁、大方、舒适,质料方面的适应面较多。南方伏热天气时间长,穿夏装的时间较长,并且在服装色调上相对明亮、丰富。北方人更强调服装的实用性,因为寒冷季节较长,要求服装合体、保暖,色调上相对稳重一些,质料倾向于皮革制品、毛、绒等,外套服装比南方消费者相对厚实一些。

改革开放之后,南北消费习俗的同质化现象在加速。例如,上海的小吃已经进入了北方许多城市,四川的麻辣风味在全国各地开了花,新疆、内蒙古风味的烧烤食品也在南方城市流行。服装消费的同质化现象尤其明显,流行时尚的服装风格可以迅速在全国范围内普及。这种同质化现象的出现,是现代化商业快速发展的结果。有些学者批评这种商业行为对多元化文化的破坏作用,但从提高生活水平的角度来看,企业追求商业利润的驱动力起到了一定的积极意义。

三、 节日消费

节日是文化习俗的一个组成部分,各个国家、各个地区的传统节日是多种多样的,这些传统节日在丰富人们的精神生活、调节生活节奏的同时,还深刻地影响着人们的消费心理行为。

(一)节日分类

节日可以分为下面六大类。

(1)气候性节日,如元旦、中秋节等节日。

(2)国家的节日,各国的纪念日、建国节日均属此列。

(3)民族性的节日,如我国的春节、端午节,蒙古族的那达慕,日本的樱花节,巴西的狂欢节等节日。

(4)宗教性节日,如圣诞节、复活节、伊斯兰教的斋戒节等。

(5)国际性节日,如五一国际劳动节、儿童节、三八妇女节等。

(6)其他类型的节日,如情人节、母亲节、双十一节等。

节日会对人们的消费具有十分明显的影响。节日消费影响了国家的经济态势,所以出现了一个新名词"假日经济"。

(二)节日消费的特点

节日消费具有如下特点。

(1)满足平日无法实现的消费愿望。平常难以满足的消费愿望,会借助节日的来临而得以满足。成年人在节日期间选购商品的时间比平时多一些,因此购买比例大大增加。虽然节日期间人头攒动限制了一些消费者的兴趣,但大部分人仍然需要在节日期间购物,并不因为人群的拥挤而却步。儿童的消费愿望因父母平常繁忙而难以实现,在节日期间一般会得到满足。2015年春节期间(大年初一至初七),我国全国实现社会消费品零售和餐饮业总额约6 780亿元。近年来由"淘宝"等电商创造的"双十一"活动,成为以价格战为导向的大型购物节,2016年11月11日一天,阿里巴巴的交易额就达到1 207亿元(其中移动端占比为81.87%),网络平台上充满了电子交易的喜悦气氛。

(2)节日期间的消费行为容易出现相互模仿的现象。节日期间购物的消费者人山人海,消费者个体彻底包围在人群之中,会不自觉地受到他人的影响,从众行为比较普遍。当某种商品或品牌的销售场面火热的时候,也是更多消费者参与购物的时候,热闹的销售场面提升了商品的吸引力,降低了消费者对商品风险的知觉,消费者的从众心理发挥着潜在的推动力。

（3）节日期间专用商品消费量大增。例如，在我国的春节，除了进行正常的食品方面的消费之外，还要购买春节所用的商品，如春联、春节礼品、祭奠用品等。

在国内已经流行的情人节里，情人们要互送情人礼品，如情人贺卡、鲜花、情人纪念品等以示关怀和友爱。在国外，节日期间要消费大量的装饰性商品等，如日本的樱花节期间，在室外观花赏花要消费大量的摄影用品、方便食品、工艺品以及为外地游客准备的纪念品。

在我国，人们愿意把婚礼这一人生重大活动放在节日期间举行，因此节日期间对结婚用品的需求量相当大，一般是平时的几倍甚至十几倍。

（4）节日旅游、休闲消费出现急速增长的趋势。这是人们生活水平普遍提高之后的最显著的表现。中国旅游热持续不衰，不仅促进了消费，也推动了国民经济的发展。我国居民外出旅游多选在节日和休假日，因而形成节日旅游非常集中的独特景观。2015 年国庆期间 125 个传统热点景区 7 天共接待游客 2 962.17 万人次，全国零售和餐饮企业实现销售额约 10 820 亿元。

节日期间的休闲消费越来越受欢迎，春节、国庆长假为人们提供了放松身心的好机会，除购物、聚餐等消费方式外，健身、泡温泉等休闲活动已经流行，滑雪、自驾游、包车游等休闲消费开始出现。

虽然节日期间会引发强劲的购物高潮，但是节日之后出现的"疲软"现象值得研究。消费者的购物兴趣在节日之后急剧下降，尤其是春节之后，零售商业会进入淡季。另外，节日期间不愿意过节的现象有发展壮大的趋势，有人批评这是对传统文化的遗弃，这里暂不讨论它的文化意义，仅就对消费者的影响而言，是值得营销研究人员注意的。

四、宗教因素的影响

宗教信仰是人们对世界的一种特殊看法，不同的宗教信仰即表现出人们不同的观念以及相应的行为方式。世界上三大宗教信仰分别是佛教、基督教和伊斯兰教。

宗教对消费者心理的影响表现为：影响消费者对商品种类的选择；影响消费者对商品式样及外观等方面的选择；影响消费者选购商品的行为方式；影响消费者禁忌商品的类型；影响宗教信仰者对宗教用品的选择。

在商品种类选择方面，虔诚的佛教徒禁止食用肉类食品，提倡素食，把消费动物性食品看成是对神的不尊重、不虔诚。佛教徒消费的宗教用品有香火、爆竹、神像、护身符、专用纸张等。普通消费者因为对佛教的好奇，也会购买佛珠、佛像等佛教用品，这类商品已经成为旅游行业的重要纪念品。

因为佛教徒提倡清心寡欲的生活，饮茶成为一种日常习惯，茶饮料的大量消费已经使茶成为世界上的三大饮品之一。

伊斯兰教的信徒被禁止食用猪肉及猪肉制品，被禁止使用以猪的成分为原料的制品，如以猪油为原料制成的化妆品、调味品等。2001 年印尼警方拘捕了日本味之素公司在当地分公司的 6 名管理人员，因为负责审核食品的宗教机构宣布，该公司所生产的印尼人每天使用的一种味精调味品含有伊斯兰教义禁止取用的猪肉酶。伊斯兰教的信徒被禁止饮酒，他们认为酒是魔鬼引诱人们争斗的东西,在赠送礼品时,不要向伊斯兰教教徒赠送酒类等商品。向伊斯兰教地区出口商品时应该尊重他们的宗教习惯。

在印度教的经典中,牛是湿婆大神的坐骑,神圣无比。牛被印度教徒视为神圣,杀牛、吃牛肉,都是对印度教的亵渎。2001 年麦当劳在印度的公司遭到指控,因为在其出售的薯条炸制过程中使用了牛油。示威者包围了新德里的麦当劳总部,向麦当劳餐厅投掷牛粪块,并洗劫了孟买一家麦当劳连锁店,还要求总理下令关闭印度国内所有的麦当劳连锁店。最后,以麦当劳向印度全国做出详细解释并道歉了事,道歉信在网站全文公布。这次印度爆发的抗议浪潮,使麦当劳在这个南亚次大陆国家大伤元气。

基督教信徒信奉上帝,圣诞节是他们的重大节日。在圣诞节期间,全体工作人员放假休息,节日前后是一次购物的高潮。在圣诞节期间,还要消费大量的节日用品,如圣诞节日卡、圣诞礼品等。信奉基督教的人通常忌讳数字"13",在西方许多国家,商品编号不用"13",电影院的座位号也不用"13"。

第二节　家庭与消费者心理

家庭是社会结构的基本单位,也是消费的基本单位。

家庭的多种功能与消费心理密切相关,包括经济功能、情感交流功能、赡养与抚养功能、教育功能等。经济功能是指为每一个家庭成员提供生活的条件和保障;情感交流功能是指家庭为成员提供充分的思想与情感交流;赡养与抚养功能是指家庭抚养未成年家庭成员、赡养老人和丧失劳动能力的家庭成员;教育功能是指家庭成员接受价值观并学习社会行为模式。

我国消费者受传统的家庭观念影响较深,收入支配主要采取以家庭为中心,日用品的购买是以整个家庭为消费单位,家用电器消费如彩电、电冰箱、洗衣机等,具有典型的家庭购买特征,至于小汽车、房产等大型商品的购买,主要采取以家庭为中心的购买模式。家庭成员之间的消费心理相互影响,未成年消费者需要成年消费者给予消费方面的帮助、引导和教育。不同家庭成员之间还存在消费角色的合作与分工。可以说,家庭对于消费者心理的影响比其他因素要深刻得多,影响的时间也要长得多。

一、家庭结构影响消费心理

家庭结构包括家庭类型、人口结构、家庭成员的教育结构、年龄结构等。

(一)家庭类型

国内还没有有关家庭结构与分类的准确的、系统的统计资料,家庭结构虽然稳定,但从统计学的角度来看,整个社会的家庭结构具有动态性特点。从各种散见的资料中可以推断,国内家庭结构仍以三口之家为主。具有现代社会特色的丁克家庭、单亲家庭、独身家庭等所占比例会逐渐提高。

最新的研究资料表明,现代社会的家庭类型多达 11 种,这里举出其中的 7 种(见表 12-1)。

表 12-1　主要家庭类型一览表

家 庭 类 型	解　　释
传统三口之家	父母亲加一个小孩
三代同堂家庭	具有血缘关系的三代人共同居住
夫妻二人家庭	夫妻两人没有小孩
丁克家庭	高收入、无小孩的夫妇
单亲家庭	父母一方加小孩,细分类型达 5 种以上
单身家庭	只有一人的家庭
同性恋家庭	家庭成员生理性别相同,角色分工不同

传统的三口之家,实际上相当于家庭生命周期中的"生育期"至"满员期"之间,夫妇年龄一般为 25～45 岁,小孩的年龄为 1～18 岁。夫妇二人的消费具有典型的中、青年人消费特点,因为同时在养育小孩,小孩日常消费与教育支出占据较大比重。

(二)家庭人口

人口多的家庭,成员可达 5～8 人,少者只有 1～2 人。

我国家庭人口在城乡之间虽然有较大的差别,但计划生育政策对人口的控制十分严格,家庭人口数量比较稳定。第五次全国人口普查显示,我国家庭每户平均人口为 3.44 人。一些小样本的抽样调查显示,我国城镇家庭每户人口 3 人的占 51%,大于 3 人的只占 34%。

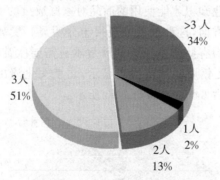

图 12-2　我国家庭每户人口数

家庭人口数主要从如下 4 个方面影响家庭消费。

(1)影响商品的消费数量。家庭人口数多,商品的绝对购买量就大,而家庭人口数量少,商品消费数量相对较少。

(2)影响以家庭为购买单位的商品消费数量。如电冰箱、电视机、小汽车一类的消费,主要是以家庭为消费单位,城市居民家庭全少拥有一台电视机、一台电冰箱。一个地区的家庭户数决定了这类商品在该地区的消费量,因此一个地区的家庭数目是预测大件商品消费的基本参数。当这个地区的家庭数目出现增长时,市场潜力就会增加。

（3）影响消费的决策过程。家庭人口数多，一般来说商品信息的来源比较广，相互之间可以参考消费经验。

（4）影响家庭生活水平和消费质量。在家庭收入为定数的情况下，家庭人口数多，那么人均消费水平就会降低，父母为子女操劳时间长，父母的生活质量随之降低，子女的生活质量也会不同程度地下降；而家庭人口数少，家庭消费水平就会相应地提高。

（三）受教育程度

受教育程度影响家庭成员获取商品信息的方式。

受教育程度不同，在获取商品信息、阅读商品介绍、理解使用说明、接受广告宣传等内容时，会有所差异。受教育程度越高，消费者的理解能力通常越强，收集商品信息的能力强，购买决策受周围环境的影响较少，愿意相对独立地做出购买的决定；而受教育程度越低，文字理解能力通常越低，尤其是对于专业性较强的商品说明，会因为消费者的受教育程度不同而产生较大的差异，当消费者面对难于理解的商品信息时，会转而求助易于理解的替代形式，如购买其他品牌甚至中止消费。

美国的调查研究发现，受教育程度影响消费者对媒体的态度和选择。中学文化程度的消费者有43％喜爱收看电视节目，因为电视媒体比较直观形象，而大学文化程度的消费者只有26％的人喜欢收看电视节目。小学文化的人有7％认为收看电视节目是浪费时间，而大学文化程度的人中有30％的人持这种看法。文化程度越低，受电视媒体的影响越大；文化程度越高，受电视媒体的影响越小。由于不同文化程度的消费者对待电视媒体的态度不同，电视媒体对消费者行为的影响程度也就不同。受教育程度高的消费者容易受文字水平较高的报纸媒体、杂志媒体的影响，他们能从中获得更多的科学知识和生活信息。

受教育程度影响商品种类的选择和消费技能。受教育程度越高，消费技能会相应地提高，特别是一些需要一定专业知识才能使用的商品对家庭成员的受教育程度要求较高。

在文化、休闲娱乐消费方面，这种现象表现得十分明显。受教育程度越高，人们选择文化消费的倾向性越强烈，因为有些艺术形式的欣赏本身需要欣赏者具备必要的文化素养和艺术训练。2009年北京市文化局的调研报告显示，北京文化演出市场的观众构成，仍然以大学及以上学历的人为主，占64.7％，如图12-3所示。

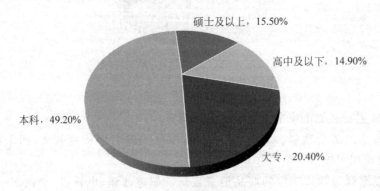

图 12-3　2009 年北京演出市场观众构成

二、家庭生命周期

近年来美国人将家庭生命周期分为 11 个阶段,如表 12-2 所示。

表 12-2　美国人的家庭生命周期

家庭生命周期		婚姻状况		小孩情况		
		单身	已婚	无	小于 6 岁	大于 6 岁
年轻 (小于 35 岁)	单身 I	✓		✓		
	新婚		✓	✓		
	满巢 I		✓		✓	
	单亲 I	✓			✓	
中年 (35~64 岁)	单身 II	✓		✓		
	推迟满巢 I		✓		✓	
	满巢 II		✓			✓
	单亲 II	✓				✓
	空巢 I		✓	✓		
老年 (大于 64 岁)	空巢 II		✓	✓		
	单身 III	✓		✓		

在我国,家庭生命周期一般分为 5 个阶段,即初婚期、生育期、满员期、减员期及鳏寡期。对于具体的家庭而言,不一定完全按照这个顺序严格排列,有时会出现顺序重叠、交叉、跳跃的现象。总体来看,这 5 个阶段是一般家庭的普遍过程。

(一)初婚期

初婚期是指从结婚登记成为合法的夫妻并建立家庭,到生育第一个子女这一时期。

我国初婚期的消费特点是:消费支出额大,消费水平高,突击性消费行为明显,购买商品讲究时髦与流行。人们普遍把结婚看成人生的一件大事,操办婚事隆重热烈,消费大量的婚庆用品与新家庭的必备品。

结婚期间购买的主要商品有家用电器(包括电冰箱、电视机、洗衣机、高级音响等),室内用品(包括床具、床上用品、家具等),结婚时所用的服装等。食品消费也是很重要的一部分消费,大操大办的主要表现就是在食品消费方面。

亲朋好友赠送的婚庆礼品也是初婚期的特色商品之一。30~40 年前,人们赠送热水瓶、锅碗瓢盆之类的东西;20 年前人们赠送工艺品、日常生活用品等;现在的婚庆礼品以朴素的、简单的形式为主。

生活水平的提高,促使结婚纪念品的消费增加,如结婚戒指、婚纱纪念照等。部分新婚夫妇把旅行结婚作为婚礼形式的补充,在一定程度上增加了旅游市场的收入。

我国住房制度的改革,使得初婚期购买独立住房成为新时期的重大支出,许多初婚家庭要通过多年的积蓄才能完成购买行为。

我国青年夫妇的结婚日子,一般都选在喜庆节日,如春节、五一节、国庆节、元旦前后等,结婚用品的购买时间一般也在这些节日前后,这种习惯对节日消费高潮起到了推波助澜的作用。

(二)生育期

从第一个孩子的出生,到最小一个孩子被抚养成人,这一阶段称为生育期。对只生一个孩子的家庭来说,生育期近20年,一些家庭有及两个以上子女,生育期相对延长。

在家庭的生育期,家庭支出的一部分将用于后代的培养和教育,消费商品包括儿童食品、儿童文化娱乐品、儿童教育、儿童服装等。我国青年夫妇在刚刚结婚时,受收入水平的限制,有些消费需要不能得到满足,进入生育期之后,收入状况有一定程度的改善,在满足孩子消费需要的同时,一部分收入将用于补偿性消费。

(三)满员期

从子女长大成人到结婚分居这一阶段,属于满员期。子女长大成人,就要开始为他们的新家做准备,这一阶段的家庭人口数最多,家庭成员基本上全部生活在一起。在独生子女家庭,满员期可持续较长的一段时间;在多子女的家庭,生育期尚未结束,满员期即已来临。

在满员期,子女已长大成人并且开始有一定的经济收入,家庭的总收入处于最高峰,总的消费水平很高,有能力共同购买大件的商品,子女的消费经验也开始成熟,他们能够共同参与商品的评价、选择和购买活动,有些家庭,子女已经成为购买商品的主要决策者。

满员期的支出主要用在两个方面:一是满足整个家庭成员的消费需要;二是为子女结婚分居而进行的家庭储蓄。前者能够直接影响当前的日用品消费市场,后者对房地产行业、大型家电行业等市场构成重大的影响。受家庭消费观念的影响,储蓄型家庭的储蓄比重大,省吃俭用现象比较常见。

(四)减员期

子女成家立业,陆续组织新的家庭或消费单位,家庭人口逐渐减少的阶段称为减员期。

在减员期之内,父母的总收入可能达到最高水平,因为家庭人口数的减少,人均消费水平会达到很高的水平。在这一阶段,父母的收入主要用于三个方面:一是子女结婚时所需要的各项支出,这一支出所占的比例较大,它转变为初婚期的消费支出;二是用于家庭的储蓄,以应付意外灾祸和养老储备等;三是用于第三代的消费补充。受传统家庭观念的影响,老人对第三代的关心较多,消费补充较大。对中小学生的"零花钱"所做的调查发现,这些学生的"零花钱"有相当一部分是爷爷和奶奶给的。

减员期的消费行为特点分化更加明显。收入水平高的家庭,消费愿望的满足更为充分,因为子女已经成家立业,父母自身的经济负担已经大大减轻,他们已经具备充分享受、充分消费的条件。

但是对于收入水平不高的家庭来说,其消费特点刚好相反,原来不能满足的消费愿望会被进一步压抑和克制,消费变得更为慎重,购买决策更为周密,对商品的价格变化变得更为敏感,更愿意选购物美价廉的商品。因为购买高档商品的愿望一直受到压抑,对高档商品的消费兴趣可能进一步降低,对新潮和时髦消费的忍受度也会降低。这类消费者十分注意家庭的储蓄。

（五）鳏寡期

夫妻一人去世之后的时期,称为鳏寡期。夫妻一人去世,将会使家庭产生巨大的心理行为变化,家庭经济也随之发生巨变,原来的经济收入可能锐减。

赡养老人是我国的传统美德,老人与子女共同生活的比例较高,因而消费受子女的影响较多。

但是随着社会观念的改变,老人与子女共同生活的比例在下降,与西方发达国家的特点相似,老人消费与子女消费的特点各自独立。不与子女一起生活的老人,消费受习惯、个人兴趣和收入水平等因素的影响较多,他们的消费经验十分丰富,消费决策慎重。

对于有劳动能力的少部分老年人来说,他们可以取得一定的经济收入,由于消费行为比较谨慎,用于储蓄的比例较高,因此收入水平不能直接反映他们的消费水平。对于没有劳动能力的一部分老年人来说,维持正常生活的消费主要依靠以前的积蓄、退休金或者社会救济与福利补助等,变为一种被动的消费。

进入 21 世纪,我国老龄化现象更加突出,鳏寡家庭的数量大幅提高,北京、上海的老年人口已经超过 30%。许多老年人退休之后无所事事,老年娱乐消费市场一直没有得到很好的发展,这是一个巨大的潜在市场。有些企业尝试开发老年市场,但遭到失败,其主要原因在于它们没有认真地研究老年消费者的心理特点。

鳏寡家庭重新组建新家庭的现象已经被社会习俗普遍接受,孤独老人确实难以忍受漫长、寂寞的个人生活,但最新的调查显示,这类新家庭的调整期较长,消费方面的变化不大。随着社会体系的演变,我国的老年家庭有可能像发达国家一样,在旅游消费、保健消费、临终关怀等方面得到健康、完善的服务。

三、　家庭收入

毋庸置疑,家庭收入是家庭消费中的决定性因素。

家庭收入与家庭成员的工作职业、受教育程度及家庭成员中具有劳动能力的人数等有直接关系,家庭成员的消费必然同时受到这些因素的影响。

近 30 年,我国家庭收入水平的变化较为复杂。在改革开放的早期,高收入的家庭主要是个体经营者。随着改革开放的深入,部分外资企业的职员、企业主、市场意识超前的专业技术人员、演艺人员等进入高收入阶层。从税务部门的稽查情况看,进入高收入的行业包括垄断性行业(电力、电信等)、专业性中介服务业(律师事务所、会计师事务所)、新兴产业和涉外企业、娱乐业、高等院校等,进入高收入阶层的人员包括个体私营业主、企业承包人、营销人员、高收入行业的企管人员、演艺人员、保险经纪人、教师、医生、设计师等。

2012 年《中国统计年鉴》中,城镇居民不同收入等级与耐用消费品拥有量之间,除自行车、助力车两项之外,其余项与收入之间表现出很高的相关性,相关系数大于 0.8 以上,见表 12-3。

表 12-3 城镇居民收入等级与耐用消费品拥有量的相关性(2012 年)

指 标	总平均	最低收入户(10%)	困难户(5%)	较低收入户(10%)	中等偏下户(20%)	中等收入户(20%)	中等偏上户(20%)	较高收入偏上户(10%)	最高收入户(10%)	收入与拥有量相关系数
平均每人全部年收入/元	26 958.99	9 209.49	7 520.86	13 724.72	18 374.80	24 531.41	32 758.80	43 471.04	69 877.34	
摩托车/辆	20.27	21.74	19.07	25.10	24.69	21.06	17.71	15.02	12.43	−0.825
助力车/辆	34.47	29.93	27.21	37.13	37.51	37.55	34.79	29.34	27.66	−0.319
家用汽车/辆	21.54	3.96	3.17	8.25	11.84	17.89	27.00	36.86	57.78	0.998
洗衣机/台	98.02	90.04	87.44	94.73	97.32	98.77	99.81	100.96	103.63	0.855
电冰箱/台	98.48	83.31	79.18	92.75	97.19	99.87	102.08	104.24	107.86	0.84
彩色电视机/台	136.07	113.19	110.02	120.72	127.09	134.68	142.74	154.34	168.46	0.977
计算机/台	87.03	46.35	39.35	64.68	76.70	86.43	98.46	110.76	132.39	0.951
组合音响/套	23.63	9.49	7.37	14.71	18.89	22.73	28.39	33.59	41.36	0.965
摄像机/架	10.00	1.60	1.10	3.61	5.48	8.78	12.90	17.72	25.01	0.992
照相机/台	46.42	13.52	9.90	24.40	33.64	44.70	58.02	71.38	89.12	0.969
钢琴/架	2.81	0.35	0.26	0.77	1.46	2.25	3.44	5.03	8.35	0.999
乐器/件	4.64	1.39	1.29	2.02	3.29	4.51	6.41	6.47	8.81	0.96
微波炉/台	62.24	30.06	23.97	43.65	54.23	65.13	74.05	80.55	86.31	0.888
空调/台	126.81	52.48	42.00	77.07	98.87	124.63	151.11	181.08	223.64	0.969
淋浴热水器/台	91.02	65.82	59.55	78.67	87.12	92.92	98.09	103.00	109.78	0.881
消毒碗柜/台	19.51	8.37	6.54	12.25	14.24	17.77	22.79	29.91	37.66	0.985
洗碗机/台	0.88	0.28	0.21	0.41	0.53	0.74	1.07	1.49	2.12	0.995
健身器材/套	4.27	0.58	0.62	1.35	2.24	3.32	5.47	7.68	12.08	0.997
固定电话/部	68.41	51.18	48.79	59.20	64.05	68.27	74.57	79.33	83.47	0.917
移动电话/部	212.64	181.20	169.35	205.48	210.44	214.35	218.12	224.32	232.66	0.822

据 2014 年的资料显示,我国城镇居民的收入水平划分为 5 个比例相同的档次,与之前的分类方式有明显差异,如图 12-4 所示。

中、低收入者不到高收入者的 1/10,其消费主要是满足基本生活日用品的需要。有人认为,国内高收入阶层的财富拥有量很大,所以高收入阶层的市场潜力巨大,但他们忽视了一点,即这些高收入者的日用消费不会显著地超出平均水平。

总的来说,家庭收入水平高,表现为整个家庭的购买能力强,市场调查和预测的首要指标是家庭收入,可以直接将家庭收入与日用品消费的购买力按常数换算。高收入家庭各成员的消费愿望容易得到满足,购买前的积蓄与准备时间短,消费需要很快可以转变为购买行为。从国家的统计数据看,高收入家庭对高档产品的热情很高,在教育、文化、信息、保健、休

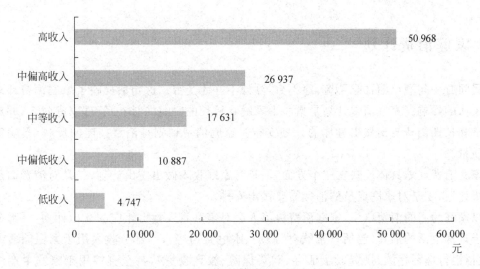

图 12-4　2014 年城镇居民人均可支配收入

闲、住宅消费方面所占比例较大。

　　国内高收入人群在消费方面存在严重的两极分化现象。受教育程度低的高收入者以满足自尊的需要为主，冲动性的购买行为较多；而受教育程度较高的高收入者以享受性需要为主，理智性的消费较多。只是在追求高档商品和名牌商品方面，这两类人群表现出共同点。

　　中等收入的家庭在满足家庭日常消费之外略有结余，受教育、住房、医疗改革的影响，这部分家庭的生活压力猛然增大，对预期支出的不确定增加了，而对预期收入的信心显得不足。中等收入家庭虽然没有负债或负债不多，但消费心理趋于保守、消费十分谨慎。这部分家庭主要由政府公务员、国有企业职工、普通科教文卫人员、个体经营者、少数农村中比较富裕的农民组成，他们的恩格尔系数在 40% 左右。随着我国经济的高速增长，一部分中等收入的家庭迅速迈向高收入家庭，这类消费者在私人汽车、名牌时装、文化娱乐和子女教育方面的消费支出较多，已经成为市场上的一个活跃群体。[①]

　　低收入的家庭面临的基本问题是生存问题。2014 年国家统计局的资料显示，按照现行标准（年收入低于 2 300 元）我国还有 7017 万贫困人口，他们的主要消费还停留在基本生存支出方面，储蓄极少，衣、食消费接近总消费支出的 70%，一旦遭遇疾病或意外以及子女教育等方面的支出，家庭生活将更加困难。他们是我国的弱势群体。他们的"存钱养老""保障不善""偏重预防支出"心理趋向十分明显，抑制性消费心理十分普遍。他们注重商品的质量，对商品的价格变化比较敏感，愿意购买物美价廉的商品，购买决策比较慎重，理智性的购买行为较多。他们的家庭收入较低，非日用性商品的现实购买力不强，即使他们的购买力达到了购买大件、高档商品的水平，转变为现实购买力的比例也不高。但是，这些家庭时常出现"慷慨大方""喜欢享乐、缺乏远见"的消费现象，常常不自觉地违反约束条件而损害其他的消费动力，如在"婚、丧、嫁、娶"时，不惜倾家荡产，大办宴席，欠下一生都难以还清的消费债务。[②]

　　① 耿黎辉. 我国不同收入群体的消费心理与行为研究[J]. 商业研究，2004(22)：83-87.
　　② 刘恒新. 我国弱势地区的弱势心理对经济心理动力的影响[J]. 四川师范大学学报(社科版)，2003(11)：41-46.

四、家庭消费计划

民间有一句顺口溜:"吃不穷,穿不穷,算计不好才受穷。"这句话反映了家庭消费计划对家庭生活的影响。家庭消费计划是指一个家庭在较长的时间内,统一管理家庭收入,并对日常消费和长期消费支出做出具体的计划安排。家庭消费计划是消费技能的反映,影响家庭消费质量。

家庭消费计划具体反映在三个方面:一是对家庭收入做出支出计划;二是对消费商品做出购买计划;三是对家庭成员的消费需要做出安排。

以家庭为主的消费单位,家庭消费决策人会对家庭收入做出相应的支出计划,一部分收入用于日常生活的消费(包括日常饮食、服装、水电交通等),一部分收入用于家庭储蓄或投资(包括银行储蓄存款、投资股票证券、购买保险、教育投资),甚至直接用于家庭生产经营等,还有一部分收入用于临时性开支,如请客送礼、旅游娱乐等。

家庭消费活动中的大部分商品为全体成员共同使用,因此,家庭中的主要决策人会对家庭所购商品制订相应的购买计划。制订家庭消费计划的人在一定程度上影响所购商品的品种和购买数量。有些大件商品的购买需要一段时间的家庭储蓄,家庭消费计划影响家庭储蓄时间的长短。如果家庭消费计划不周全,甚至没有消费计划,则购买力不能集中,许多大件商品的消费愿望难以实现,产生"有钱却受穷"的消费体会。如果整个家庭没有消费计划,消费质量将随之降低。

为家庭成员做出消费安排,包括为儿童消费者购买商品、为家庭成员的教育进行消费安排、为子女婚姻而进行家庭消费储蓄计划以及为促使家庭购买而提供商品信息等。

家庭消费计划可能限制一些成员的消费行为,总的来说,善于制订家庭消费计划的家庭,整个家庭的消费质量较高。正因为如此,有的人把上面那句顺口溜改为"吃不穷,穿不穷,算计好了不受穷"。

五、家庭消费角色分工

家庭消费角色分工是指一个稳定的家庭内部,每位成员在消费过程中存在分工合作的现象,在分工合作的消费过程,有些成员所起的作用相对大一些,有些成员所起的作用相对小一些。家庭消费角色的分工,主要影响商品购买的决策过程。

这种角色分工的现象主要取决于家庭的权威类型。从社会学的角度讲,家庭权威类型分为 5 种:丈夫权威型、妻子权威型、合作依赖型、独立支配型和子女权威型。在消费方面,所谓的"丈夫权威型"或"妻子权威型"并不能在一切商品决策中起决定性作用,但在不同商品类型的购买决策中,丈夫、妻子或子女所起的作用可能不同。

例如,五金工具、剃须刀一类商品,购买者或使用者主要是男性消费者,购买决策者主要是男性;香水、口红、唇膏等化妆品的消费对象主要是女性消费者,购买决策者主要是女性。这就反映出不同商品的购买分工是有区别的。

　　一个典型的丈夫权威型家庭,消费决策会带有相应的男性色彩,如对大型的电器设备、机械用品、五金工具等商品,丈夫在购买中所起的作用十分明显。在典型的妻子权威型家庭,购买服装、家庭室内装饰品、化妆品等商品时,妻子的作用会显得重要一些。而在一个相互依赖的家庭中,购买决策的分工不是很明确,以两方相互商量、相互参谋的决策形式为主。

　　在独立支配型的家庭,双方收入水平通常较高,购买决策比较独立,一般不干涉对方的购买决策,也不强求对方与自己的消费爱好一致。

　　在子女支配型的家庭中,可能因为夫妻双方的年龄较大,或因为子女的购买技能较高,这类家庭的购买决策带有明显的青年消费者特点,如对新商品的兴趣较为强烈,购买决策的速度较快等。

　　研究家庭消费的角色分工,有助于营销人员塑造品牌形象并正确选择代言人。针对家庭消费中真正的决策者实施营销策略,才能有的放矢。

第十三章　商品与消费者心理

　　本章介绍商品与消费者心理之间的互动关系。

　　商品是消费者满足需要、实现消费体验的必要条件。

　　消费者对商品的态度、选择与购买行为，决定了商品在市场上的前途，而且决定了商品生产者、商品经营者能否在市场上继续生存下去。

　　市场运行的规则其实很简单：企业以消费者为出发点，生产出消费者更容易接受和购买的商品，企业才有生存和发展的条件；企业以自我欣赏、自我陶醉为出发点，生产出消费者不接受、不愿意购买的商品，企业迟早要遭到淘汰。

第一节　商品分类

一、按工业标准分类

　　这种思路是按工业生产、管理和流通环节进行分类。国内外有统一的商品分类标准。例如,按照国际海关组织的进出口产品分类标准,商品可分为几十个大类,每一大类可以分为几千、上万个品种,这是目前比较全面的一种分类方式。这种分类存在缺陷:它不能按营销的目的对商品进行分类,而且劳务服务产品也没有纳入分类之列。[①] 有人将其简化和调整,分为轻工日用、电子电器、纺织服装、化学化工、能源冶金、电脑网络、五金机械、农林牧渔、医药保健、食品饮料烟草等 13 类。

二、按营销目的分类

　　这种思路是按照市场营销的目的与消费者的心理因素进行分类。例如,按消费商品的年龄特征,可以分为老年商品、青年商品、儿童商品等;按商品的品牌形象,可以分为高档商品、中档商品和低档商品;按商品使用者的性别特征,可以分为男性商品、女性商品和中性商品等;按产品的形态,可以分为实物商品和劳务(服务型)商品等。市场细分越来越细致,上述分类中,每一大类可能再细分出更小的市场并赋予相应的名称。表 13-1 总结了市场营销活动中常用的商品分类术语,并作出简要解释。

表 13-1　按市场营销目的对商品进行分类

分类方法	基本解释
消费者卷入	高卷入商品——消费者购买决策复杂; 低卷入商品——消费者购买决策简单快速
品牌知名度	高知名度商品——消费者对该品牌耳熟能详; 中知名度商品——消费者能再认该品牌; 低知名度商品——消费者难以再认该品牌
品牌忠诚度	高度忠诚商品——消费者经常重复购买; 中度忠诚商品——消费者偶尔重复购买; 低度忠诚商品——消费者几乎不重复购买
产品生命周期	引入期商品——刚进入市场,价格高销量低; 成长期商品——知名度有所提高,同类商品跟进; 成熟期商品——知名度达到顶峰,同类品牌竞争激烈; 衰退期商品——消费者开始厌弃,商品逐渐退出市场

---

　　① 中国海关. 中华人民共和国海关统计商品目录 2000 年版[M]. 北京:石油工业出版社,2000.

续表

分 类 方 法	基 本 解 释
商品信赖度	高度信赖商品——购买之前对商品的信赖程度高； 中度信赖商品——购买之前对商品的信赖程度适中； 低度信赖商品——购买之前对商品的信赖程度低
服务类型	体验型服务——服务过后立即形成体验与评价； 信用型服务——基于信用接受服务,不能立即评价效果
商品价格	高价商品——价位高,象征意义明显； 中价商品——价位中等,象征意义比较普通； 低价商品——价位低,象征意义低

例如,按消费者的信赖度,可以把商品分为高度信赖、中度信赖、低度信赖商品。高度信赖商品是指消费者购买前,对该商品的质量与提供者必须高度信赖,否则不予购买。其深层次的原因是这些商品的潜在消费风险高、不良消费效果难以消除,如汽车、家庭劳务、保险、大家电、大部分食品等。食品如果变质,轻者导致身体疾病,重者致死,消费者购买前必须相信所购食品没有任何程度的变质。低度信赖商品是指商品给消费者可能造成的潜在风险较小,如家具、小装饰用品、文具、小日用品等商品即使给消费者带来风险,其程度也不如高度信赖商品那样严重。这种提法是针对某些商品质量不稳定、生产厂家不负责任等现状而引入的,消费者的信赖期望构成了消费者自身利益的一种保护机制。消费者的信赖期望会直接影响消费者卷入,并且影响消费者对商品的认知、决策速度以及对商品品种的选择。

有学者将服务产品分为体验型和信用型。体验型服务是指消费者接受该服务之后,就可以对服务的品质或好坏做出评价,如宾馆服务、景点服务等。信用型服务是指消费者接受该服务之后,难以立即对其好坏做出客观评价,而是经过一段时间之后,才能验证其服务质量,之前选择该服务的依据是相信该服务的信用,如医疗服务或保险服务。

第二节 商 品 功 能

商品功能可以简单地分为两大类:一是商品的基本功能;二是商品的心理功能。

一、 商品的基本功能

商品的基本功能取决于商品本身的物理性质,如商品的结构、成分、功效指标等。

商品的基本功能包括:

(1) 实用的功能。商品的使用价值能满足人们消费商品时的实用型动机,如生理需要等。

(2) 方便的功能。商品的功能可以为消费者减少操作的麻烦,带来许多方便。

(3) 舒适的功能。商品能为消费者的感觉与消费体验带来舒适。

（4）耐用的功能。商品的品质好，稳定性高，经久耐用。

（5）实惠的功能。商品的性能价格比很高，相对来说经济实惠。

（6）安全的功能。商品能为消费者的使用带来安全感等。

二、　商品的心理功能

商品的心理功能在于满足消费者的心理需要，如满足人们审美的需要、身份象征的需要等。商品的心理功能与消费者对商品的认知理解以及社会习俗对于心理功能的约定俗成有关。我们在"消费动机"的有关章节分析过美感动机、表现动机、健康动机、安全动机、储备动机、留念动机、补偿动机等，这些消费动机的满足其实反映了商品的心理功能。

接下来分析商品的三种心理功能。

（一）象征功能

商品的象征意义符合消费者的心理需要，能象征消费者的身份或地位等。商品的象征功能通过商品风格与品味、商品档次、商品价格、商品外观、品牌个性等形式表达出来。

（1）品牌个性的象征意义。即品牌本身具有强烈的个性特征，消费者通过该商品的品牌特征来代表自身的个性或身份。商品品牌的象征意义表现在特定的品牌、象征特定的风格，如"可口可乐"象征着青春与活力，"耐克"象征着运动与力量等。在北京，朋友之间饮酒更愿意选择"二锅头"，代表实惠与随意。商务伙伴之间饮酒，更愿意使用"五粮液""茅台"之类的品牌，价格高、品质好、名气大，象征出手大方。奢华品的象征意义更为强烈，例如，路易威登（Louis Vuitton，LV）手提包是高价与昂贵的象征，有人形容"背 LV 就是背钱"，这种提包的拥有者用无声语言和自豪感告诉周围的人：我的财力不同一般。一瓶男用香水克莱夫基斯汀（Clive Christian）的售价为 3 万英镑，使用者不仅看重这种香水的品质与魅力，更看重它非凡的品牌象征意义——"我追求极致的生活品质"。品牌个性与消费者自我形象的塑造结合起来，形成了构建消费者自我形象的因素。

（2）商品价格的象征意义。高价商品象征着购买者的富有与良好的经济实力，以及较好的社会地位，购买者从他人对自己实力以及社会地位的肯定中获得一种自信心。

（3）商品风格的象征意义。格调高雅的商品象征着消费者较好的修养与艺术欣赏能力，新潮时髦商品象征着消费者青春的气息。

（4）商品外观的象征意义。外观精致细腻象征着消费者良好的观察力、手感比较灵敏，外观粗糙大方象征着消费者为人处事的豁达与粗放等。

（5）商品色彩的象征意义。国内消费者把红色看成喜庆的象征，把白色看成素洁典雅的象征，把绿色看成稳定与安静的象征等。

有些商品的象征意义是人们长期生活中赋予的一种习惯，如玫瑰花是爱情的象征、牛仔裤是休闲的象征等。这些象征意义并不是商品本身的客观特性所决定的，而是人为因素赋予的意义。这种人为的象征意义并不构成商品的客观使用价值，但是在实际的营销工作中，这种人为的象征意义确实为工商企业带来了一定的经济效益。

（二）审美功能

商品本身能够为消费者的审美活动创造美感，不管这种商品是艺术品还是非艺术品，给消费者产生美感是商品的高层心理功能之一。

商品满足消费者对于美的需要,可以通过商品本身包含的美的价值来实现(如艺术品一类的商品),也可以通过商品外观美观漂亮的设计来实现,还可以通过商品本身为消费者创造美的环境来实现,如装饰性商品对居室环境的美化等。

随着商品价值中设计成分的增加,商品形象的美、商品品牌的美已经成为衡量商品美的标准之一,商品形象美已经成为吸引消费者的一种重要方式。例如,人们对于苹果手机的喜爱,源于它简洁精致的外观设计,使用过程体验的流畅舒展感。当然,这种美感价值的增加给一些设计者造成了一种错觉,以为商品本身并不重要了,市场营销的重点是推销商品的设计与美。我们反对这种片面的看法,商品本身的基本功能并不因美的设计而发生本质的变化,美的商品设计只能更好地体现商品的基本功能,但不能代替商品的基本功能。苹果手机在美感方面超越同类,但它的功能并没有超越同类,因此美感不如苹果的手机在功能定位方面仍然可以满足许多消费者的需求,市场仍有巨大的拓展空间。

(三)商品的标记功能

男女消费者在选择商品的式样和品种方面存在较大差异,习惯化的行为方式已经使商品带有明显的性别标记,有些商品表现为男性特征,有些商品表现为女性特征,有些商品表现为中性特征,还有一些表现为偏男性或偏女性特征,如图 13-1 所示。

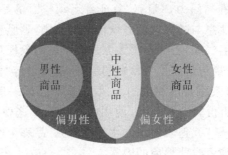

图 13-1　按商品使用者的性别分类

一般来说,化妆品、头饰用品等商品具有较强的女性特征,而西装、领带等商品则带有典型的男性特征,这是在消费过程中人们赋予商品的一种性别标记。

性别标记对新商品开发、商品定位过程影响较大,准确的性别标记可以迅速占领市场,不准确的性别标记会导致市场策略的失败。

近年来,商品的性别标记既有典型化发展的趋势,又有中性化的现象。

在美容、健身、营养品市场上,性别标记的典型化现象比较突出,如男性营养品与女性营养品的特征非常明显,前者强调体能的补充与增强,后者强调体内的平衡与肌肤的美容。至于电脑市场上,也有不少企业尝试性别特征明显的产品设计,如图 13-2 所示。

中性化趋势与现代社会生活节奏快速发展密切相关,社会开放程度越大,中性商品会越来越发达。在服装消费方面,有些女性消费者更愿意穿着西装扎上领带,显示自己的豪爽之气;男性消费者所穿的 T 恤衫上印着花花点点的图案,五彩缤纷,具有女性服装的色彩。在香水市场上,一些女性香水品牌减少了浓烈程度,增加了花香、果香等成分,这样男女消费者都可以使用了。

图 13-2　女性化的电脑外观(图片来源:TCL 公司)

第三节　商品名称的心理效应

商品名称是企业对商品赋予的称谓,命名的方式可以从商品功能、商品形象、商品产地、商品的象征意义等方面着手,一般以文字形式表示。

商品商标是为消费者识别该商品而设计的一种符号,一般以图形的形式表示,或以图形和文字相结合的形式表示,或以文字加文字变形的形式表示。商标是具有法律效力的商品象征符号。

有些商品的名称与商标统一,如摩托罗拉,既是通信产品的品牌名称,也是注册商标;有些商品的名称与商标不是一致的,如"联想",商品名称可能包括电脑主机、电脑配件、软件服务等,而商标标志是"lenovo",两者是不一致的。

商品名称与商品商标在传达商品的信息、引起消费者的注意、给消费者以一定的美感、激发消费者需要等方面具有共同之处。

一、 商品名称的心理效应

商品名称的心理效应主要表现在如下方面。

(1) 商品名称便于消费者的认知。商品的基本功能、商品特点、商品外形等包含了多方面的信息,商品名称可以对这多方面的信息加以概括或综合,消费者认知该商品时,便可以依据商品名称做出判断。如"上海手表""北京烤鸭"等,消费者可以从该商品名称中认知到它的产地;"胃得乐"药片、"静心口服液"(原"太太口服液")等商品的名称能让消费者认知到商品的功能。

(2) 商品名称便于消费者对商品形象形成记忆,对企业形成一定的印象。例如,"小天鹅洗衣机",由于人们对于天鹅的印象十分深刻,小天鹅的形象尤其可爱,无形当中对这种牌子的洗衣机的印象记忆便更为深刻。

（3）商品名称能够诱发消费者的情感联想。有些商品名称具有相当的美感，消费者在认知这些商品名称的时候，会在心里产生一定程度的美感，为消费者购买该商品形成良好的情绪。例如，"光明家具"，当消费者购买了这样的家具时，能产生一种明朗、喜悦的情绪；"立白洗衣粉"，人们会联想到洗衣粉立即可以把衣服洗得干干净净；"美加净"，让人联想到使用之后漂亮又干净。

二、 商标的心理功能

商标的心理功能主要表现在如下方面。

（1）商标具有象征意义，并且可以强化商品的形象。从商标的法律意义上讲，商标必须具有显著的特征。商标如果不能达到这方面的效果，将很难取得商业上的成功。

（2）商标具有加深消费者印象的作用。精美的商标能在瞬间抓住消费者的注意力，加深人们对商品形象的记忆。在商标设计的过程中，经常用到明快的色彩组合和可爱的动植物形象等。

第四节　商品包装的心理效应

一、 商品包装的重要性

商品包装的功能表现在两个方面：一是物理功能，即商品包装起着保护商品、显示商品性质、传递商品信息等作用；二是心理功能，即商品包装起着吸引消费者注意、引起消费者兴趣、象征商品意义等作用。

商品包装的象征功能表现得最为明显，它代表商品的质量、象征某种含义、代表一定的消费习惯。

有些消费者把商品包装的质量当成商品本身的质量，如果不能了解该商品的内部质量，则经常凭商品包装的特点来作判断。商品包装的色彩、造型及其特殊意义，也象征着商品的意义，如红色包装象征喜庆、白色包装象征素洁等。购买商品是为了表达情义，或为了送礼，因此，首先要求商品的外包装令人满意，而且要求商品包装的象征意义符合表达情感的需要。

"人靠衣服马靠鞍""三分人才七分打扮"，这样的道理在商品包装中同样存在，商品包装是美化商品的外部因素之一。

在购物环境中，顾客面对没有消费经验的商品，商品包装便是顾客认识商品的第一渠道。包装的美观程度与包装质量直接影响顾客的选购与决策，精美的包装为质量上乘的商品锦上添花。精美的包装无疑为商品销售起到无言的推销员的作用，总是会吸引消费者注意力,让消费者产生拥有它、购买它的兴趣。

形象不好甚至劣质粗糙的包装,不仅损害了商品本身的形象,而且在无形中阻止了消费者的购买,严重地影响了商品的销售,并直接影响厂商的经济效益。20 世纪八九十年代,劣质商品包装曾经是影响我国大陆出口商品形象和销售效益的关键因素。同样质量和重量的茶叶,我国台湾商人使用精美包装,出口换汇可以得到 10 美元,而大陆厂家只经过粗糙简陋的包装,出口换汇只能得到 1 美元。当前这个问题已经有所好转,我国大陆出口产品的包装质量有了巨大的进步,但内销产品的包装质量仍然存在较大的问题。

发达国家或地区的厂商十分重视商品包装和设计,包装设计要做出独立的预算计划,在商品包装设计中,首先考虑商品包装对消费者的吸引力。

香水行业有一句名言:"精美的香水瓶是香水最佳的推销员。"法国的"莱雅"集团公司生产高档化妆品,公司生产的化妆品品种多达 500 种以上,占世界化妆品的 17.7%。公司在科研方面拥有 2 500 多人,科研费用占营业额的 4.9%以上,每开发一种新的化妆品,需要投入5 万~50 万美元的科研费用于商品包装的设计研究,整个商品包装的费用占商品成本的15%~70%不等。

二、 商品包装的设计

商品包装是商品的组成部分。由于它既有保护商品的基本功能,又有吸引注意、象征商品的心理功能,在商品包装的设计过程中,必须同时考虑这两方面的因素。

(一) 商品包装设计的统一性

商品包装设计提倡统一色彩、统一形象的原则。

统一色彩、统一形象在商品销售过程中起着强化记忆的作用。当消费者在第一个零售点见到该商品时,可能会对该商品的形象产生一些印象。当消费者在第二个零售点见到该商品时,统一的色彩或统一的形象会唤起消费者的记忆。当消费者在第三处见到该商品时,消费者对该商品的印象会进一步加强。

在零售商业的设计中,通过全新的 CI 形象,使消费者更容易识别统一的视觉形象和商标形象,CI 设计的原则使消费者在不同购物场所接受视觉刺激的效果达到最大化,从而对商品形成更深刻的印象。

(二) 包装色彩的协调性

色彩搭配的协调性是指色彩设计本身必须具有美感,与商品的特性及商品使用环境协调配合。

白色、浅灰色是高雅素洁的颜色,重量感较轻,适合大多数商品包装设计,可以减轻消费者对商品的重量感。黑色具有重量感、压力感,适合需要重量感的商品设计,如传统的音响器材、部分电器商品等。红色是一种温暖兴奋的颜色,用于喜庆商品、礼品商品的包装设计是较为适合的,但要注意红色不能用作心血管药物的包装色,因为红色容易激发这些病人的不安情绪。绿色具有青春、安静、自然的联想,适合旅游商品、生鲜食品包装等设计。灰色具有模糊性特点,在清洁的环境里,灰色包装设计令人可以产生高雅的联想,而在色彩不协调的环境下，可能令人产生不洁的联想。

（三）包装携带的方便性

包装设计应当充分考虑包装携带的方便性，不管是商品运输包装还是商品零售包装。便于携带包括消费者便于开启、密封。四川涪陵榨菜闻名全国，但早期采用瓦罐类包装，包装太沉重，易碎且难于搬运，后来改用塑料包装，销路才逐渐打开。

（四）包装的系列化

系列化的包装设计包括两个方面的内涵：一是指包装风格能够形成系列化；二是指包装的价格档次形成系列化。

在提倡系列化设计原则的基础上，还应该针对不同的消费市场和不同消费者设计商品包装。例如，针对女性消费者设计的商品包装，应该以色彩鲜艳、造型新颖精致等特点为主；而针对男性消费者设计的商品包装，应该以造型大方、手感别致等特点为主。

商品包装的设计风格应当考虑不同消费者的年龄特征，儿童商品的包装设计应该以色彩鲜艳、形象鲜明等特点为主。青年商品的包装设计必须突出个性与特色，造型还必须具有方便实用的特点。老年商品的包装设计应该以色彩柔和、造型大方为主。

透明包装在中国有广阔的前景，因为商品质量一直是困扰消费者的一个难题，透明包装有助于消费者看清商品的内部式样，大致判断商品的质量。一些高科技产品、服装、食品等，使用透明包装有助于消费者辨认商品的型号及属性。

第五节　商品生命周期与消费者心理

市场上的商品遵循周期性的生存规律。这个周期一般分为商品导入期、成长期、成熟期、饱和期和衰退期五个阶段。

不同种类或不同品牌的商品，每一阶段持续生存的时间可能不等，但是任何商品都不会超越这一生命周期。在商品生命周期的每个阶段，消费者会表现各种各样的消费心理，而一个消费群体的心理特征会表现出一定的共同性和规律性。

一、　商品导入期

对于消费者而言，导入期的商品意味着消费者面对新的商品。

与市场上原有的商品属性相比，任何一种属性出现的创新、变革和调整的商品即称为新商品。这些变化包括商品品质、式样、标记、名称、包装等物理属性，以及向消费者提供的运送、维修、安装、使用、保证、付款优惠等服务，因此新商品可以分为新发明商品、革新型商品、改进型商品、新品牌商品、新形象商品等几大类。新发明商品是指市场上从未有过的商品，如国内市场上刚出现时的手机电视、VR 眼镜等。革新型、改进型商品是指市场上有过同样类型的商品，但新商品在物理属性、后期服务方面存在不同，如 IT 娱乐市场上的 MP4 播放机(相对于 MP3 播放机)等。新品牌商品是指商品的品牌已经更新,如 Lenovo(原品牌名为 Legend)等。新形象商品是指市场上存在过同类的商品,但该商品的包装、标记、名称、使用方法等是全新的,或者消费者对商品的价值理解是全新的,如 Thinkpad 电脑(原来属于 IBM 公司,当前属于联想公司)。

在商品导入期,商品以全新的形象出现,一般只有少数消费者率先购买,如图 13-3 所示。这部分消费者以求新、求异及好奇的消费心理为主要特征,他们乐于接受新鲜事物,对新鲜事物十分敏感,有明显的个性,有很强的自信心,有独立自主的行为方式,一般不受群体因素的影响。如果该商品的消费需要较高的技术技能,那么这类商品的追求者一般是知识水平较高或具有强烈嗜好的消费者。工商企业应当重视这类消费者追求新商品时所起的榜样作用。

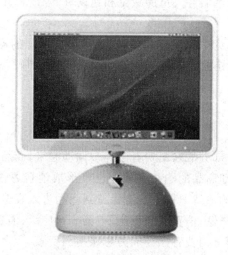

图 13-3 苹果电脑的外观设计具有强烈的个性,常常引领市场潮流

对于大部分消费者来说,他们对导入期商品的有关信息了解很少,对商品的特点几乎一无所知,了解该商品主要依靠以往的消费经验。由于大部分消费者对新商品的了解很少,所以除了保持对这种新商品的兴趣外,多数消费者处于继续了解、认识并收集新商品信息的阶段,在得到比较充足的信息之前,他们一般不会轻易改变原来的消费习惯。

二、 商品成长期

商品进入成长期之后,购买人数增加,已购买者及准备购买者的信息交流相对较多,人们获得商品信息也相对容易,了解商品的兴趣及愿望更加强烈。

在商品的成长期开始购买该商品的消费者一般具有好胜、求新的心理,愿意赶潮流、赶时髦,他们是商品信息的主要传播者。

但仍有少数人对成长期商品抱有观望的态度,他们希望商品的功能有更多变化以适合自己原有的消费习惯,商品价格能够适合他们可接受的消费水平。

三、 商品成熟期

商品进入成熟期后,市场上新商品的特点已经非常突出,新商品的优越性已经得到了消费者的普遍认可,对商品的认知度已经很高,购买人数日益增加,销售量已大大递增,该商品已经形成稳定的市场,在竞争品牌中,占有较大的市场份额。

由于购买该商品的人数相当多,模仿性购买行为相当普遍,从众心理表现得比较明显,模仿与从众行为会推动更大规模的消费流行。在商品成熟期进入购买行列的消费者,一般具有随和、从众等心理特点。他们对商品的情绪性反应一般不强烈,购买时较多参考周围人的意见和评价,一般愿意采纳服务人员的意见和建议,广告以及其他促销手段对他们的影响较大。

进入成熟期之后,许多竞争品牌已经出现,并且形成激烈的竞争局面,消费者对商品的选择能力增强,部分消费者由第一品牌开始转向购买其他品牌。

四、 商品饱和期

商品进入饱和期后,大部分潜在消费者已经被调动起来,商品的销售量已达到顶点。

多数消费者对于饱和期商品的购买和使用已经形成消费习惯,对于商品特点和商品功能的评价相对满意。他们的消费习惯能一直保持到商品进入衰退期甚至更长的时间。

饱和期的商品因为价格低、消费习惯稳定、市场分布广泛、消费者购买方便等特点,继续吸引众多消费者,其中一部分消费者已经成为忠诚型消费者。

有少数消费者在商品饱和期才加入购买行列,他们的个性明显偏于保守,以追求实用的消费动机为主,或者因为固有的消费观或经济能力所限,他们收集商品信息的渠道较少,关心新商品的兴趣也较少。

还有一部分消费者的兴趣开始向其他商品风格转移,一是他们受其他风格的商品所吸引;二是他们对原有商品的某些特点开始不满,需要寻找替代品,“心理厌弃”现象开始出现。

五、 商品衰退期

商品进入衰退期后,其功能和特点已经完全落后于大部分消费者的需要,大部分消费者已经失去对该商品的新鲜感,心理厌弃日益明显,购买人数明显减少。随着该商品所表现的缺点越来越突出,人们对该商品的不满意议论越来越多。

大部分消费者期待更适合他们需要的新商品出现,或者已经将消费兴趣转移到其他商品上去了。

少数消费者出于商品价格低廉、长时间所形成的消费习惯、对该品牌的情感性忠诚、生理或心理性依赖等原因仍然购买这种商品。极少数消费者在商品衰退期才加入购买行列,这些消费者对新商品抱有成见,对赶潮流、赶时髦持反感态度。他们对新商品的信息了解很少,不愿意改变原有的消费习惯,或者是经济能力十分有限,无法在新商品刚进入市场时加入购买行列。

第六节　商品价格

一件产品转变为商品,已经包含了生产者赋予的价值。商品进入流通之后,依照商品的价格进行交换。

商品的销售价格是消费者为取得该商品的使用权而必须支付的、客观性的货币数量。在购买行为过程中,消费者的头脑会对商品的客观价格作出相应评价,如消费者会认为这一价格偏高或价格适中、价格偏低。不管消费者是否购买,这种客观价格在头脑中的反映是一直存在的,我们把消费者头脑中对客观价格的反映叫作主观价格。主观价格同时也是商品形象的组成部分。

按照商品的客观价格,可以将商品分为低价商品、中价商品和高价商品等。相同的价位可能给消费者带来相同或不同的心理压力;反之亦然。但是这种心理上的反映还必须依据商品的品种与类别作具体分析。食品的高价位与家用电器的高价位可能是完全不同的价格级别,而对消费者最终的决策影响却可能相同。

一、 主观价格与客观价格的关系

商品客观价格是依据经济活动的规律确定的,而主观价格是客观价格在人们头脑中的一种反映,两者的性质不同。

虽然主观价格是依据客观价格形成的,但是主观价格与客观价格经常存在相互背离的情况,即经常出现这样的现象:商品标价适中,但消费者认为商品的标价偏高或商品的标价偏低。

主观价格与客观价格的背离,给企业营销管理工作提供了更多的运筹空间。企业通常并不按照生产成本来定价,而是运用消费者的心理特点来调整价格,以便更灵活地掌握企业的利润空间。

主观价格受多种因素的影响,列举如下。

(1) 消费者对该商品真实价格的了解程度。消费者对商品生产过程中的真实价格了解得越多,主观价格与客观价格背离的程度就越小,因此在主观价格与客观价格之间存在一种回归关系。

(2) 消费者的需要程度。在一般情况下,消费者的需要越强烈,希望在购买过程中遇到的阻力越小,希望所标出的价格尽可能在消费者承受的范围之内,即主观价格向下背离。如果消费者的需要程度低,购买愿望不强烈,对客观标价并不关心,则主观价格不能反映真实的客观价格,可能与客观价格存在较大的上、下背离。

(3) 消费者的动机。人的消费动机是多种多样的,不同的消费动机会导致消费者的主观价格向不同方向背离。对于日用消费品来说，主观价格一般会向下背离，商品的价格越低越容易被消费者接受，客观价格稍微向上变化，便会引起很大的心理反应，认为商品的价格偏高。消费者出于安全、社交等消费动机，通常希望商品的价格高一些，这样显得商品的安全性更好、商品的象征意义更大，一般不愿意购买价格尽可能低廉的商品。出于满足自尊的动机，消费者通常希望商品的客观价格高一些，这样才能满足消费者自尊的心理动机，显示他们的购买能力。高价商品也会限制其他消费者的模仿行为而令他们满足，他们专属的拥有感才能显示其独一无二的特点。大众化的商品、价格偏低的商品并不能满足消费者的这类动机。

（4）消费者的收入水平。收入水平越低，消费能力越低，希望商品的价格越低越好，主观价格向下背离。因此，收入水平是影响主观价格的一个重要因素。

（5）商品本身的客观价格。客观价格越高，主观价格发生背离的程度越低，这是消费活动中经常出现的一种现象，如低价商品价格上的变化在消费者心里所引起的波动较大，而高价商品价格上的变化在消费者心里所引起的波动却较小。这种心理现象经常被奸商所利用。

（6）商品各属性之间的平衡或补偿性。当商品一个方面的价值未达到消费者所期望的标准时，消费者会在商品的另一方面寻求一定程度的平衡或补偿。例如，商品的质量不完美，但商品价格比较低，消费者便能接受该商品而购买；反过来说，如果商品的质量很好，消费者也很乐意接受该商品的高价格。

消费者经常在商品质量与价格之间产生补偿心理，除此之外，也会在商品的品牌与质量之间、商品包装与价格之间、商品功能与价格之间产生补偿心理。这种补偿现象在营销策略制定中有较大的参考价值，根据这一特性，可以制定出更加适应于消费者心理的营销方案。例如，对于质量好的商品、品牌形象好的商品，可以采取高价定价策略，这样做可能舍弃一些低收入的消费者，对于保护大部分消费者的补偿心理是有益的。

影响主观价格的其他因素中，包括零头价格问题。零头价格容易使消费者发生知觉上的错误，引导消费者的主观价格向下背离。长期稳定的价格体系也会影响主观价格，消费者容易形成价格方面的定势，主观价格会随着时间的延续渐渐向客观价格靠拢，其背离的程度会渐渐减小。另外，商品的供求状况、社会性因素对消费者观念的影响，会使人们的主观价格上下变化，消费者之间的主观价格也有不同，会相互参照、相互影响。

二、 主观价格与定价策略

商品的客观价格主要由两方面构成：一是生产成本；二是企业利润。商品一经生产定型进行流通环节，其成本实际上是相对固定的。如果商品定价高，企业的利润大，一般来说消费者的购买难度加大，决策周期延长，商品销售周期延长，最后导致利润回收难度加大；如果定价低，消费者的购买难度降低，商品销售速度加快，但企业的利润小甚至亏本。

因此，商品定价的实质，是企业对消费者心理与企业利润空间的综合控制。下面从消费者主观价格的角度，谈谈定价的有关策略。

最好的定价方法是：商品的客观价格与商品的主观价格相符合，这样消费者在价格上的阻力比较容易克服,选购商品时购买决策的速度也会较快。

消费者的主观价格不仅取决于客观定价,还取决于消费者对商品信息的了解程度,包括对商品的特点、功能、生产过程、商品价值等方面的了解。消费者的主观评价好像一架天平,对商品的价值了解得多一些,主观上所认为的价格会高一些。相反,对商品的价值了解得越少,主观上认为商品的价格便低。因此,商品定价策略不仅仅是一种数字上的标定,还要运用相关的营销策略为价格策略配合,如应该尽可能让消费者了解商品的生产过程、商品的特点及商品的实际价值,缩小主观价格与客观价格的背离程度。如果对商品属性的宣传具体、详细,对商品的特色功能、商品价值及服务加以突出,消费者的主观价格会相应地升高。

（一）依据商品生命周期定价

在商品生命周期的各个阶段,消费者存在不同的消费心理。在导入期、成长期,虽然多数消费者存在观望的态度,购买人数少,但是那些已经购买该商品的消费者普遍存在追求新潮、满足自尊的消费动机,他们具有消费榜样的作用,也拥有榜样消费的心理,高价策略适合这部分消费者。

在商品成熟期、饱和期和衰退期,应该采取低价、降价的定价策略,以便吸引那些滞后消费者,包括保守型消费者、低收入消费者。

（二）高价定价策略

高价定价的心理依据是,消费者普遍抱有"一分钱一分货"和"便宜没好货"的观念,所以得出质量好的商品必然价格高的推论,反过来说,价格高的商品,商品的质量肯定不错。有些消费者购买过一些低价劣质商品之后,对于劣质商品的印象很坏,虽然在价格方面自己得了便宜,但是商品质量令人十分失望,于是对低价商品存在较多的戒备心,反而容易产生"质优价高"的评价。

质量优秀的商品、知名品牌的商品,适合高价策略。高价策略与消费者的主观价格容易达到平衡。如果价格偏低,消费者可能出现逆反心理,改变对知名品牌的商品形象。

（三）零头定价策略

商品定价标出一些零头,如 9 角 8 分、1 元零 7 分、519 元 4 角 3 分等,这些零头价格中多数出于心理定价的考虑。

大部分消费者在购买商品的时候,潜意识当中希望商品的价格能便宜一些,少花钱又能买到自己满意的东西,同时还存在"归类"的心理现象,9 角 8 分的商品,很容易让人联想到 1 元这个价格,但是商品只卖 9 角 8 分并没有超过 1 元,不会归到 1 元之列,消费者心理产生缩小的知觉,主观价格向下背离。由于主观价格偏低,消费者购买决策更容易进行。实际上对于经营单位来说,这 9 角 8 分与 1 元的利润相差不大,但对加速消费者购买并提高商品周转率却有较大的促进作用。同样,消费者会认为 98 元的商品还没有超过 100 元,975 元的商品还没有超过 1 000 元。零头价格的原理,是把本来就是小数的价格保留下来,把可能会出现的整数价格定为小数价格,制造主观价格向下背离的心理效应,消费者既感到没有吃亏,又觉得商品的价格比较合理。

价格尾数与中国人的文化习俗结合起来,会对一些价格尾数形成偏爱。陈毅文等人的网上交易价格研究表明,人们对价格尾数 8、0、5 的偏爱远高于其他尾数,如图 13-4 所示。

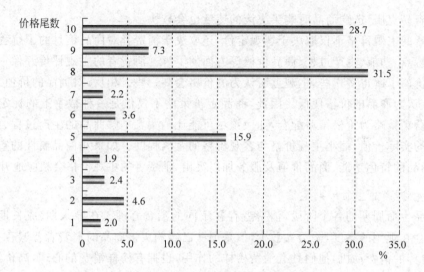

图 13-4　网上交易价格尾数出现的百分比

（四）涨价与降价策略

商品涨价与降价的一般规律是,涨价后消费者的购买难度增加,消费者主观价格向上背离,购买决策和购买速度减慢。降价时消费者购买的难度减小,主观价格向下背离,购买的决策与购买速度会加快。

市场上的价格战通常是以降价的方式开幕,以惊人的低价格对消费者的主观价格形成冲击,扫除消费者在价格方面的决策阻力,加快消费者的购买决策,在市场上迅速形成购买高潮。第一批消费者购买低价位商品后,为第二批消费者的涌入市场创造了强烈的示范性气氛,这种低端价格战与节日促销活动结合,会迅速提升品牌的市场占有率。而市场规模的扩大,有利于商品进一步降低成本,带动整体市场的价格下降,最终使同类商品得以普及。这种价格战在我国电视机行业表现得非常典型:1990 年前后 21 英寸直角平面彩电价格高达5 000 多元,2001 年已经降至 1 000 元左右,2006 年降至 600 元左右;2006 年 40 英寸平板电视价格在 1 万元以上,2012 年降至 4 000 元,2016 年降至 1 000 元。价格的大幅下降促进了整个市场的发展。

当前市场上较少使用涨价的策略,这是市场经济发展的必然结果。只有极少数艺术收藏品、珍贵稀有商品等偶尔使用涨价的策略,以提高收藏者的身价与收藏品本身的文化价值。

但是在我国的市场上也存在一些反常的现象,即买涨不买落。我国刚刚开始建立市场经济的体系,消费者刚刚经历过温饱型的生活方式,许多人对于商品匮乏的印象仍然记忆深刻,加之有些商品的供求关系仍然被利益集团所垄断,有些消费者在商品涨价的时候,又唤起了过去的回忆,出现争购涨价商品的现象,而到了商品价格下跌的时候,购买的愿望又不强烈了。

买涨不买落的心理可以应用于营销活动之中。在公平竞争的原则下,适当提高商品的价格,可能提升商品的档次,拉开与低端产品的距离。但是必须注意,这种策略不能乱用,否则会适得其反。有些奸商以"××商品要涨价了"等语言暗示顾客,希望早点把东西卖出去,消费者如果知道内情会嗤之以鼻。当前比较典型的例子就是商品房方面的价格畸形现象。大部分商品房的价格节节攀升，刺激普通老百姓紧张的购房心理。同时，大量商品房持续积压、销售不旺，老百姓其实非常清楚是有些奸商在其中作祟。另一个例子就是成品油的消费，受行业垄断经营的影响，用户的价格心理常常受到同样的操纵。

第七节　产品测试

产品是商品的前身，新产品生产并投放市场之前，必须经过产品测试阶段。产品测试是指产品研制单位收集消费者对产品概念、产品原型、产品属性、产品价格等方面的意见和建议，进而改进产品以满足消费者需要的过程。

产品测试包括三种情形：一是产品概念测试与筛选；二是产品原型测试与筛选；三是产品价格测试与定位。

一、产品概念测试

产品概念测试（有时简称为"概念测试"）是指将产品概念描述给目标消费者，以获得系统全面的评价与反馈，改进完善产品概念的过程。产品概念可以用文字、符号、多媒体或实体形式来表示，比较理想的方式是呈示产品的实体或多媒体形式。为了测试方便及商业上的保密需要，经常使用文字或图画形式来描述产品概念。

产品概念测试是降低新产品开发失败率的有效方法。从测试方案中可以选出目标消费者群最感兴趣的产品概念，挑选市场前景相对看好的产品方案，并做出初步的评估，以明确未来的产品研发方向。

产品概念测试的步骤主要分5步：

（1）新产品理想属性的全面描述；

（2）新产品属性的分类与分组；

（3）分类属性的概念化与图示；

（4）对潜在消费者进行测试；

（5）测试结果评估。

概念测试的设计方案中，可以使用联合分析法（conjoint analysis），这种方法便于区分消费者认知产品属性的效用价值。将产品属性的不同级别与规格进行组合，要求消费者根据自己的想法给不同的组合打分或排序。测试结果能够清晰地告诉测试者新产品最大的吸引力在哪里，营销策略的侧重点在哪里。

一、产品测试

产品测试是将产品原型或产品成品提供给消费者，由消费者根据自己的体验、感受对产品属性进行评价,系统地获得消费者的意见和建议的研究过程。

产品测试的主要目的是发现新产品的缺点与问题,评估产品属性的组合,评估产品的使用效果,收集消费者的意见与建议,发现产品对各个细分市场的吸引力,发现营销计划的创意点,最终评估新产品的市场前景。

因产品类别不同,产品测试的方式也各不相同。

根据产品测试的环境,可以分为现场测试和留滞测试。

现场测试是将消费者集中在一个固定的地点,在研究人员指导下,消费者对新产品进行全面的体验、感受和评价,这种形式多用于贵重型、高度机密型、细腻的消费行为研究,以及时间要求紧迫的产品测试。测试环境可能是特定的,如专业性的研究环境,也可能是仿真环境,如仿真型购买环境。被测试的消费者可以同时参加测试,也可以分批分组参加测试。

留滞测试是将新产品发放给消费者并让其带回生活或工作环境中去,在现实中对新产品进行试用,最终由研究人员定期收集消费者对产品属性的评价、意见和建议,这种形式多用于日用品、食品、非机密产品的测试。

根据测试产品与真实产品的关系,可以分为模型测试与原型测试。

模型测试是将产品制作成模型,与真实产品存在一定的差别。消费者通过观察、试用这种模型,预想真实产品的使用效果并做出评价。例如,手机、计算机等产品的测试,因为产品需要改进的属性较多,真实产品需要在测试之后才能确定,多使用模型测试。

原型测试是将未来市场上可能销售的真实产品提前提供给消费者试用,直接观察产品的使用效果并做出评价,如食品、药品测试等产品测试,未来市场销售的产品与测试的产品没有本质上的区别。原型测试对于评估真实产品的销售具有重大意义,测试过程只是在产品包装、色彩、少数属性等方面会有一些改进和变化。

(一) 产品测试操作类型

1. 单品测试

单品测试过程中,消费者每次只测试一种产品并作出评价。新产品的原型可能有多种,需要将其分组,每次要求消费者对其中的一种作出评价。

单品测试不需要与其他产品同时进行比较。因为受人体生理与心理条件的影响,完成一种测试之后需要清除消费者对该产品的使用效果,才能进行下一种测试。例如,饮料、食品等产品的测试,第一种产品测试完成,必须清除该产品留下的味觉、嗅觉等,以减少不同产品之间的相互影响与测试次序误差。

在进行产品留滞测试时,一般使用单品测试。因为研究人员不在现场观察,也无法进行现场的使用指导,消费者只能集中注意一种产品,自己将测试的结果记录在调查表上,或定期由研究人员入户记录测试结果。

2. 配对测试

配对测试是将两种或两种以上产品同时交给消费者,由消费者从中作出比较性的评价,这是一种典型的心理学测试方法。配对测试的目的在于从不同的方案中选择最优的产品方案,或者与竞争对手相比,寻找更加有效的竞争依据。

在配对测试过程中,需要对配对组合中的每一种产品进行试用,全面评价每一种产品的属性。由于复杂的心理原因,每一种产品分别测试的统计结果可能显示一定程度的接近性甚至完全一致,这样不利于营销人员作出决策,所以消费者对每一种产品作出评价之后,再对这一产品组合进行比较,作出选择性的判断。

被测试的产品可能不只两种,可能有三种甚至更多。测试的产品组合按照公式 P_n^2 进行。为了消除系统误差,测试的产品组合要进行内部顺序和外部顺序的轮换,这样测试组合方案很多,消费者可能难以忍受。研究人员可以将组合方案分为两组或四组,每一组由相同特征的消费者测试。

配对测试一般在专门的场地进行,需要配备专业性的记录设备,主持测试的人员也需要进行专业训练。当然,少数产品配对测试是在消费者的生活环境中进行的。有些研究机构为了加快测试速度,有时也将测试安排在大街上进行,其质量控制较为麻烦。

（二）测试指标

产品测试的指标主要包括 9 个方面,因产品类型不同、研究目的不同,这些指标可以有一定程度的取舍。

1. 产品外观/产品属性测试

具体指标包括:

（1）对产品外观的总体评价;

（2）对产品色彩的评价;

（3）对产品形态的评价;

（4）对产品外观质感、手感的评价;

（5）对产品气味、口感的评价;

（6）对产品音质、音响效果的评价;

（7）对产品舒适度的评价;

（8）对产品外观档次的评价;

（9）产品外观存在的缺憾与问题等。

2. 产品质量测试

具体指标包括:

（1）对产品质量的总体评价;

（2）对产品质量的信赖度;

（3）对产品质量的满意度;

（4）对产品质量的缺憾评价。

3. 功能效果测试

具体指标包括:

（1）对产品效果的期望;

（2）实际使用效果的评价;

（3）使用效果与设计效果的对比;

（4）使用效果中的问题等。

4. 服务质量测试

具体指标包括:

（1）对产品服务的期望;

(2) 对产品服务的总体评价;

(3) 对产品服务项目的评价;

(4) 服务项目的缺憾与问题等。

5. 产品价值价格测试

具体指标包括:

(1) 对产品价值的评价;

(2) 对产品价格的期望;

(3) 对产品预定定价的评价;

(4) 可承受的价格范围;

(5) 定价与购买意向的关系。

6. 使用方法测试

具体指标包括:

(1) 对产品使用方法的总体评价;

(2) 对操作手册使用说明的理解程度;

(3) 对操作手册使用说明的评价;

(4) 操作手册使用说明中的缺憾等。

7. 情感反应测试

具体指标包括:

(1) 对产品的总体好感度;

(2) 对产品的总体态度;

(3) 对产品属性的态度;

(4) 对产品外观的态度;

(5) 对产品服务的态度等。

8. 总体评价

具体指标包括:

(1) 对产品的总体满意程度;

(2) 对产品的总体档次评价;

(3) 产品总体形象评价;

(4) 与同类产品相比的产品位置等。

9. 购买意向测试

具体指标包括:

(1) 购买的兴趣程度;

(2) 购买的可能性;

(3) 购买的计划性;

(4) 推荐该产品的意向;

(5) 实现购买的阻力等。

上述测试指标中,质量测试与产品功能测试占有重要的地位。

消费者对于商品质量的主观评价与商品的客观质量密切相关,但两者不完全相等。有些商品的质量属于中等级别,而消费者却作出良好的评价;有些商品的质量属于顶级,而消费者的评价却不理想。这种反常的现象经常出现在质量上乘、包装较差的国产商品中。

消费者对产品功能的评价与商品的实际功能也存在一定的差距。商品的功能很强,消费者未必喜欢,有的消费者面对复杂多变的商品功能,只觉得眼花缭乱。而对于另一类消费者而言,商品功能如果不齐全,可能会引起他们十分强烈的不满。这类消费者追求功能的全面性,具有浓重的现代科技的消费气息(因为商品功能的改进大多依赖现代的高科技)。他们在选择竞争品牌的时候,如果某品牌多了某一种功能,购买的兴趣会大大增强;如果缺少了某一种功能,购买兴趣将立即消减。至于这种功能是否实用或是否重要其实并不紧要。

研究消费者对于商品功能的评价一般使用自由回答法。自由回答法可以诱发出消费者较多的答案,发现消费者新的消费兴趣和爱好,找出发展新式样商品的潜在可能。如果商品的功能较少,也可以使用选择回答法或排序法来研究。

三、 价格测试

价格策略在营销活动中十分敏感。价格定位准确,消费者的购买阻力小,企业的收益可以最大化,并且可以对竞争对手构成巨大的压力。如果价格定位不当,消费者的购买阻力加大,企业的收益可能减少,或者被竞争对手抓住致命的弱点夺走市场份额。价格定位无疑是营销活动中必须慎重决策的大事。有专家认为,中国市场上的大多数消费者对品牌的关注刚刚开始,价格决策对营销的成败往往起决定性的作用。

传统的定价方法是依据产品销售价格与企业收益之间的关系,这在以产品为中心的时代比较典型。进入顾客为中心的营销时代之后,这种方法的效力在降低。

价格测试是指在制定价格策略之前,研究人员测试消费者对新产品价位的承受力与可接受程度,在企业收益与消费者可接受区间选择最佳的价格定位,避免企业因价格定位不当招致的灾难性后果。

企业研发新产品面对如下问题时,必须进行价格测试:一是市场长期疲软,需要通过价格策略创造新的局面;二是重新塑造品牌形象,需要重新调整价格;三是竞争对手的价格威胁加大,企业的价格策略需要跟进,必须进行价格测试。

2016 年吉利汽车开发了一款博越 SUV,在投放市场之前,让消费者来参与其价格的制定过程。正式定价的策略是在消费者竞猜价格的基础之上,适当降低一点,同时优惠首期购车的顾客几千元不等的购置税。这种做法除了吸引人气之外,对于了解消费者的价格预期、压制竞争对手的价格优势,具有重要的操作意义。

价格测试一般与产品属性测试结合在一起进行。不同的价格水平与产品属性交叉,形成"产品价格—产品属性组合",由消费者作出综合性的评价。

价格测试有三种方式。一是消费者对同类产品的价格承受力,这是决定产品价格区间的重要指标。二是消费者对测试产品不同价格水平的评价,这是一种主观的判断,不涉及购买行为。为了甄别消费者主观判断的偏差,经常使用对称性评价方法,从"定价便宜"到"定价太贵"两个方向进行测试,其交叉点作为适宜的定价。三是消费者在不同价格水平的购买可能性,这是判断市场潜力的重要参考尺度。测试结果用示意图表示,见图 13-5~图 13-7。

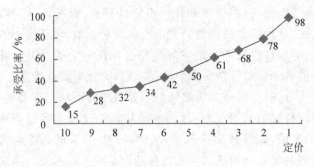

图 13-5　价格与承受力的关系

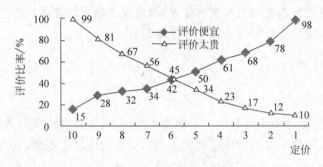

图 13-6　价格评价交叉曲线

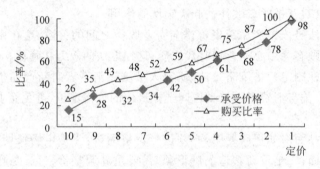

图 13-7　承受价格与购买比率关系

　　网络平台带来了新的定价模式。消费者之间可以跨越时间与地域交流沟通,合作组成团购群体,与商家之间进行价格洽谈。同时,商家为了扩大销售规模并减少销售成本,也会主动搭建团购平台,并因此降低商品价格,吸引消费者参与团购活动。因此,团购成员与商家之间的价格谈判具有博弈的关系,其中团购持续时间起着显著的影响作用。唐尧等人研究网络团购定价与持续时间决策之间的关系[1],发现团购销售的价格折扣具有优势,但会给购买者带来一定的消费决策延迟。他根据消费者的时间敏感性和异质性对团购决策的影响程度,将市场细分为时间敏感型市场和异质型市场,针对这两种市场分别研究团购的最优定价和持续时间决策的关系。在商家收益最大化的原则下,团购的最优价格与持续时间总存

　　① 唐尧等. 网络团购下的定价与持续时间决策[J]. 管理科学学报,2015(9):12-23.

在一定的函数关系,但这种关系会因市场特征不同而发生变化。无论商家处于何种市场,最优团购持续时间的设定原则均是保证在规定期限内到达的顾客都会进行购买,这说明虽然延长团购时间可以提高顾客的到达数量,但同时也会增加顾客的等待成本,这并不是商家的最优策略。此外,在面对时间敏感型市场时,商家具有唯一的最优策略,而在异质型市场中,商家拥有低价和高价两种候选策略。因此,在实际工作中,要对市场作出细分,进而确定最优的团购价格策略。如果顾客的异质性较低,则建议采取低价团购策略。如果顾客的异质性足够高,则应该采用高价团购策略。

第十四章　品牌形象与广告

　　本章介绍品牌形象的特性、品牌形象对消费者的影响，以及广告在品牌形象塑造中的作用。

第一节　品牌形象影响消费者心理

一、品牌及品牌形象

品牌以特定的形象符号作为标记，是商品价值或服务价值的综合体现。

品牌形象是构成品牌的要素在人们心目中的综合性反映及主观评价，如品牌价值、商品属性、品牌标记等给人们留下的印象，以及相应的主观评价。

具有较高知名度、美誉度的品牌即名牌，名牌是品牌中的佼佼者。

品牌形象的基础是产品及其服务，只有把产品品质控制好了，服务经营好了，才有可能经营好品牌及品牌形象。

有些书中对品牌的解释是：用来识别特定商品或劳务的名称、术语、符号、图案以及它们的组合。现代营销中，品牌概念已经演化出"品牌价值""品牌忠诚""品牌资产""品牌策略""品牌管理"等子概念。按照这样的定义，能说品牌的价值就是品牌符号与图案的价值吗？品牌忠诚是对这些品牌符号与图案的忠诚吗？答案显然是否定的。国内一些企业在品牌管理或品牌形象建设方面仍然存在误区：一是把产品的商标、标志、符号等同于品牌的形象；二是把产品的包装形象等同于品牌形象；三是忽视品牌形象中的产品属性或产品基础；四是把阶段性产品形象等同于企业品牌形象；五是有些企业没有明确的定位，频繁地更换品牌形象；六是有些企业不重视品牌形象建设。

二、品牌形象对消费者的影响

品牌及品牌形象对消费者的影响主要表现为以下四个方面。

一是影响消费者的认知。在满足消费需要日益方便的时代，消费者产生需要的动力有落后于企业生产的趋势，往往是企业已经生产了相应的商品，经过营销手段达到消费者，消费者才认知这些商品，而这样的认知过程明显受品牌因素的影响。消费者对于已经熟悉的品牌的新商品的认知较为容易，而对于不熟悉、不了解、从未认知的商品，消费者的认知需要较长的时间。

二是影响消费者的选择与决策速度。名牌商品、老字号的商品容易引起消费者的购买。消费者在购买这类商品时，风险与决策阻力小，决策时间短，尤其是对追求高档名牌的消费者购买名牌商品时会毫不犹豫。有些消费者对著名品牌或老字号品牌有着长久的消费习惯，购买决策过程更快，消费者购买著名品牌或老字号品牌的商品更为放心。

三是影响消费群体的购买行为。一般规模大、形象稳定的品牌，在市场上的影响大，在消费者心目中的印象深刻，在消费者头脑中处于显要的位置。由于了解该品牌的人比较多，消费者之间对这类品牌的议论多、信息传播广，消费者处理该品牌的问题时可以相互参考，购买该品牌容易产生从众行为。

四是影响消费者的自我意识和自我形象。成熟的品牌具有稳定的象征意义和品牌个性，许多消费者会依据自己的价值观或消费兴趣来选择品牌，把品牌作为自我形象的代表，在消费者个性与品牌个性之间达成一致，或者用品牌的形象来塑造自我的形象。

有一种观点认为，网络交易和大数据技术降低了消费者对品牌的依赖度，品牌的吸引力在降低，品牌的价值在降低。这一观点是片面的，既不符合当前真实的市场情况，也不符合心理学的规律。例如，作者统计 2013—2016 年各年国内手机市场排名前 10 位的市场份额累计分别为 65.90%、83.40%、81.20%、79.60%（如表 14-1 所示），说明品牌的占比优势非常明显。

表 14-1　手机品牌前 10 位中国市场份额

排序	2013年品牌	2013年份额/%	2013年累计/%	2014年品牌	2014年份额/%	2014年累计/%	2015年品牌	2015年份额/%	2015年累计/%	2016年品牌	2016年份额/%	2016年累计/%
1	三星	24.6	24.60	三星	27.8	27.80	三星	24.8	24.80	三星	22.2	22.20
2	诺基亚	13.9	38.50	苹果	16.4	44.20	苹果	17.5	42.30	苹果	16.8	39.00
3	苹果	8.3	46.80	联想	7.9	52.10	华为	8.4	50.70	华为	9.3	48.30
4	LG	3.8	50.60	华为	6.2	58.30	小米	5.6	56.30	联想	6.1	54.40
5	中兴	3.3	53.90	LG	5.4	63.70	联想	5.4	61.70	小米	5.8	60.20
6	华为	2.9	56.80	小米	5.2	68.90	LG	5.3	67.00	LG	5.0	65.20
7	TCL	2.7	59.50	酷派	4.2	73.10	TCL	4.0	71.00	TCL	4.0	69.20
8	联想	2.5	62.00	索尼	3.9	77.00	OPPO（欧珀）	3.8	74.80	OPPO（欧珀）	3.9	73.10
9	索尼	2.1	64.10	TCL	3.3	80.30	步步高VIVO	3.3	78.10	步步高VIVO	3.4	76.50
10	宇龙	1.8	65.90	中兴	3.1	83.40	中兴	3.1	81.20	ZTE	3.1	79.60

网络平台及大数据技术影响并扩大了消费者选择品牌的范围，在强化优势品牌的市场份额的同时，也会加速小品牌的出局。因为小品牌的市场萎缩而判断网络时代的品牌价值与品牌份额在降低，是典型的"鸵鸟思维"。

三、品牌形象的特性

（一）多维组合性

多维组合性指品牌形象是由多种特性组成，而不是单维的特性构成整个品牌的形象。小汽车的品牌形象既包括小汽车的性能指标、外观指标、价格指标、生产企业的背景等维度，也包括小汽车厂商的服务态度、品牌风格等维度，还包括消费者的认知、态度、美誉度评价、价值评价等心理指标，以及消费者的使用经验、满意度、品牌忠诚等行为维度。

（二）复杂多样性

由于每一位消费者的情况不同，对品牌的认知、理解以及使用情况不一样，各品牌在市场上的覆盖率有差别，企业信息与产品信息的传播效果有差异，因此品牌形象表现出复杂多样性的特征。

（三）相对稳定性

品牌形象在相对较长的一段时间内会保持稳定性。符合消费者愿望的企业理念、良好的产品品质、优质的服务等因素是保持品牌形象长期稳定的必要条件。那些优秀的品牌因为消费者长期的喜爱与消费习惯，其形象长久地保持稳定性，能够几十年甚至上百年不动摇。

（四）脆弱性

品牌形象的脆弱性特点指不管是一些重大的事件，还是一些轻微细小的事件，都可能迅速改变原有的品牌形象。品牌的脆弱性与稳定性并不矛盾，这是由品牌形象本身的心理属性所致。虽然建立品牌形象必须具备强有力的客观基础，如长期稳定的产品质量、长期稳定的企业规模、标准化系统化的服务体系等，但是因为人的心理具有流动性、易变性与复杂性等特征，在周围环境与事实的影响下会出现相应的心理变化，导致品牌形象随之发生变化。当然，这些心理上的变化要从统计学的角度来理解。个别消费者的心理发生变化，品牌形象可能会出现轻微的波动，品牌形象在市场上会保持总体上的稳定，而消费者普遍的心理波动可能会导致品牌形象的重大改变。

（五）可塑性

通过企业的努力，可以按照企业的意图建立品牌形象，或对原有的品牌形象进行改造，增加品牌的新内容、新特征，甚至重新塑造品牌的形象。例如，诺基亚的品牌形象，在 20 年前是品质优良、结实耐用、技术先进的手机代表，后来的产品开发过程中，智能操作系统没有跟上时代的步伐，消费者对诺基亚的评价变成了技术落后、界面简陋等负面词汇。现在诺基亚摆脱微软的控制，独立运营，消费者满心期待诺基亚的新产品推出。

四、品牌形象的构成

品牌形象的构成包括五个方面，即品牌认知、产品属性认知、品牌联想、品牌价值和品牌忠诚，如图 14-1 所示。

品牌认知是构造品牌形象的第一步，是指人们对品牌名称、企业名称、商品标志、品牌特定符号、专有产品名称等的认知状态，一般使用回忆法来测量，其中对品牌名称的认知一般使用知名度表示。

产品属性认知是构成品牌形象价值论的基础，在国内市场产品质量不稳定的时期，强调产品属性的认知具有特定的意义。产品属性包含了品质属性、功能构成等产品的自然特征，这是消费者获得商品价值的基础，如果没有这些基础，消费者购买形象再好再美的商品，也只能说是一种误导性的浪费，而不是正常的消费。有些狂想型营销者在建立品牌形象时，完

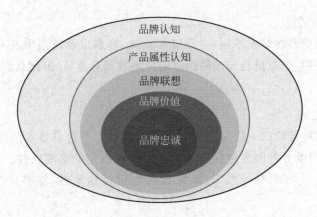

图 14-1　品牌形象的构成

全无视产品的属性，认为只要自己的点子好，把知名度拔高，什么东西都卖得出去。这种观念对于产品质量不稳定的中国市场来说是非常有害的。

品牌联想反映了品牌在消费者心目中的稳定性。心理学研究表明，人们对于一件孤立的事物难以形成稳定的记忆，那些稳定的、长期的记忆总是与生活中有关的信息联系在一起，并形成具有一定逻辑性或非逻辑性的联系。正因为如此，我们将品牌联想列入品牌形象研究的范围，并细划出相应的指标。这些指标以语词联想形式表示，对这些语词进行分类整理标记，可以描画出品牌形象的轮廓。

品牌价值是消费者对品牌的价值评判。消费者购买之前的思考一般是："我买了它值不值?"消费之后的判断一般是"它非常值得""无所谓"或"不值得"。这些都可以归纳为品牌的价值评判。在测量中，以人们对商品价格的评价、价格承受区间（价格需求曲线）、主观价值判断来表示。

品牌忠诚是企业建造品牌形象的落脚点。研究消费者的品牌忠诚指标，要从消费者的购买习惯、向他人的推荐等角度出发。

品牌形象的塑造是一项长期而系统的企业工程，企业需要从理念、产品质量管理、产品形象设计、服务体系、企业行为、员工作风、企业标识等方面来系统地塑造品牌形象。品牌形象的塑造是一个庞大的体系，难度较大。这种难度增加了企业塑造品牌形象的阻力，结果许多企业只是以一种简便的方法来塑造品牌形象，用 CI 体系代替品牌形象系统。其实这两者并不完全相同，CI 即 Corporation Identity，是企业形象识别的意思，而品牌形象是品牌构成的各种要素在人们内心的综合性反映，品牌形象所包括的内容远大于 CI 所包含的内容。

品牌形象的五个方面可以再细分为相应的指标。这些指标都是消费者与品牌形象互动过程的测量维度。

（一）品牌认知

（1）未提示知名度，即未经提示对品牌的回忆率，回忆的内容包括品牌名称、品牌商标、品牌特定标志与记号、企业名称等。习惯上把品牌名称、商标与企业名称当作知名度测量的主要内容。有的研究人员将未提示知名度再细分为第一知名度（top of mind，TOM）和总体未提示知名度。第一知名度是第一个回忆的品牌，总体未提示知名度是回忆的全部品牌数的汇总。

（2）提示知名度，即经提示后人们对品牌的回忆率，回忆的内容与未提示知名度相同。

提示知名度与未提示知名度一般并称为知名度，是衡量其品牌形象的重要指标。从知名度可以推断消费者对于品牌的第一印象。在现代社会，要说服消费者购买其连品牌名称都不知道的商品，并不是件容易的事情。

（3）认知渠道，即消费者认知该品牌的信息渠道或传播媒介，如消费者是通过网络、电视、广播、杂志、报纸、路牌等中的哪些渠道认知该品牌的。

（4）广告认知度，即广告传播品牌形象时，消费者对广告内容的认知状态。

（5）广告美誉度，即以广告传播品牌形象时，消费者对广告是否满意等方面的情绪性反应。现代品牌塑造过程中频繁地使用品牌形象代言人，品牌形象代言人的社会声誉与行为品德构成了品牌形象的组合之一。

（二）产品属性认知

（1）品质认知。消费者对产品的物理属性及其质量标准的心理反应，认知结果主要受消费者个人的感受影响。

（2）档次认知。消费者对产品品质及质量档次的主观评价，评价结果主要受消费者的需要与态度影响。

（3）功能认知。在正常状态下消费者认知产品所达到的功能与效果。

（4）特色认知。与同类产品相比，认知该品牌具有独一无二的特点，由于这种认知具有专一性，消费者对该品牌的良好记忆会得到强化。

（三）品牌联想

（1）词语联想。由该品牌首先联想到的语词，一般采用前3个联想到的语词。词语联想是研究品牌形象中比较直观的指标，如一提到"海信"这一名称，你会联想到什么呢？有些消费者会回答"空调""电视机""电器""电脑""青岛市"等，将所有调查结果的前三个词累计起来，作为品牌联想的属性描述。

近年来，品牌延伸的研究逐渐多了起来。从词语联想的结果中可以发现与原品牌关联度高的领域，这些领域是品牌延伸的重要依据。

（2）档次联想。即消费者直接评价该品牌的档次。

（3）美誉度联想。即消费者对品牌产生的喜爱或满意方面的情绪反应及评价，这是追求品牌忠诚度的企业必须重视的指标。美誉度高的品牌其市场价值与市场潜力巨大。美誉度不等于知名度。知名度高的品牌，其美誉度可能较高也可能较低，如垄断性行业的知名度高，但美誉度不一定高，其他因素在其中起作用。企业要想长期稳定地保持固定的消费群，维持品牌形象中较高的美誉度是必不可少的条件。有些商品的知名度较高，可能维持一段时间的市场销量，但美誉度不高，长期的市场份额并不稳定。

（4）理想使用者。即消费者认为消费该品牌最合适人物的联想，是品牌形象定位或重塑的重要依据。理想使用者与现实消费群可能一致也可能不一致，是否需要调整应以企业的战略目标为依据。

（5）理想形象。即不考虑现实的条件与限制，消费者期望该品牌的理想形象。理想形象既是品牌定位的重要依据,也是企业发展新产品的动力。

(6)品质联想。即消费者由品牌品质联想的信息,是品牌档次联想的补充。

(7)消费缺憾。即购买或消费该品牌后产生的消极评价和消费期望,是理想形象的补充。

(四)品牌价值

(1)价格评价。消费者心理上对品牌价格的态度,即价格偏高、适中或偏低等主观判断。

(2)价格需求曲线。以消费者的主观愿望来评价品牌的理想价格,该理想价格的统计集合即构成消费群体的价格需求曲线。

(3)价值评价。即消费者以"是否值得"等价值尺度对品牌做出的评价,价值评价对消费者的决策有重大影响。

(五)品牌忠诚

(1)品牌使用率。消费群体中使用该品牌的比率,反映品牌的覆盖状态。

(2)购买意向。消费者主观上倾向购买该品牌的意向及理由。在实际操作中,还需要研究购买意向在时间维度上的特征。

(3)满意度。消费者消费、使用产品时的满意度。

(4)忠诚度。在较长的时间内,消费者重复购买该品牌的比例与习惯。

(5)推荐率。已经购买或消费该品牌的消费者,向其他消费者推荐的可能性及推荐行为。

(6)购买环境。消费者对购买地点与环境的选择偏向,与品牌的渠道定位有直接关系。

品牌形象经过定量研究,能够为品牌定位或重塑提供科学基础,其中现有品牌形象与理想品牌形象之间的指标可以转换为品牌形象定位图,这个品牌形象定位图与企业的理念、企业优势资源结合起来,便可以找出企业准确的形象位置,如前述的空当市场与定位。

第二节　广告塑造品牌形象

广告对品牌形象的塑造有着不可或缺的作用。网络技术的发展动摇了传统广告的地位,但从整个社会的信息传播规律看,广告的基本功能一直渗透在生活的方方面面,并且借助网络的力量,扩大了新型广告的影响力。

一、广告要素

广告是商品经营者或者服务提供者通过一定媒介和形式直接或者间接地介绍自己所推销的商品或者服务的商业广告活动。

广告的功能主要表现在下面三个方面。

一是向消费者传播商品的信息,增加消费者对商品的认知,促进消费者购买,同时加快商品的流通。

二是向消费者传播消费知识,改变消费者的态度,引导消费者由中性的、消极的态度转变为积极的、主动的态度,增加消费者对商品的购买频率。

三是向消费者传播商品与企业信息,树立企业形象,塑造品牌形象。

构成广告的要素有四种,即商品及其信息、广告创意、传播媒介、消费者(接受),如图14-2所示。

图 14-2　广告的四要素

商品及其信息包括两层含义:一是存在真实的商品,因为现代广告与商品存在不关联的现象,广告中所宣称的商品不一定真实存在(有可能是欺诈性广告),因此真实商品的存在是广告传播的一个必要前提;二是商品信息,如商品的属性介绍、商品使用与购买信息、生产者背景等。

广告创意是艺术地向消费者传递广告信息的技巧,是广告的灵魂。优秀的广告创意立即冲击消费者的感官,并引起强烈的情绪性反应,是塑造品牌形象、降低购买阻力、促进购买行为的有效因素。而拙劣的创意只会增加消费者的反感,导致消费者对商品对企业的美感度下降,并最终导致消费者中止对该品牌的购买。

传播媒介即广告传播的介质和手段。不同的传播手段具有不同的感染力,网络广告的渗透力强,电视广告的影响面大,路牌广告形象高大、明亮。

消费者即接受广告信息的人群,也是购买商品、消费品牌的用户。消费者是决定广告效果的终极要素。

二、　广告流程

广告活动的流程,主要分为如下五个基本步骤。

第一步,确定广告对象。通过市场调查,确定广告活动的目标,明确谁需要这种商品,向这些消费者推销商品品牌是否合适。

第二步,广告策划与设计。通过消费者分析,发现目标市场的消费者喜欢什么样的广告形式,喜欢在什么情况下注意广告或观赏广告,喜欢什么样的广告创意。广告人基于这些研究来策划出令消费者容易接受的广告创意。

第三步,选择广告媒介。即选择合理的、有效的手段把广告信息传达给消费者。这个过程不仅涉及广告媒介的选择问题，还涉及媒介发布时间、发布位置、发布频率的安排问题，使有限的广告资源发挥更大的效果，对消费者产生更强大的影响力。

第四步，广告实施。包括广告费用的落实，广告发布的具体操作，广告发布跟踪。

第五步，广告监测与反馈。广告发布一段时间之后，对广告影响消费者的效果进行监测和评估，包括研究消费者的心理变化和购买行为变化等。

上述广告活动的五个基本步骤都离不开对消费者心理的研究，只有客观认真地研究了消费者的心理之后，广告活动才有针对性，广告信息的传达才能准确到位，对消费者的影响力才可能最大化、最优化。

三、广告对消费者的影响

广告对消费者的影响包括如下六个方面。

（1）吸引注意力。广告以新颖奇特的方式吸引消费者的注意力，甚至以怪诞、惊险、幽默的方式冲击消费者的神经，在人们注意广告的瞬间，对广告所宣传的品牌名称、品牌口号等内容产生记忆。

（2）传播信息。广告向消费者传播商品信息，使其通过广告了解商品的功能、特点、价格、购买地点、销售服务等特点。这些信息是人们形成消费需要、做出购买决策的必要条件。

（3）情感诉求。广告以情感方式打动消费者，引起其情绪与情感方面的共鸣，使消费者对商品产生一定的好感，在好感的基础上进一步产生信赖感，即使消费者没有购买行为，也会相信商品的质量和信誉。

（4）进行说服。广告在传播商品信息、引起情绪共鸣的同时，逐渐影响消费者的态度，并说服消费者改变原来的态度，促使消费者逐渐喜欢商品并购买商品。名人广告、专家广告的示范作用会增加广告的说服力。

（5）指导购买。广告宣传模式化的购买行为，渲染购买或消费商品之后的美妙效果，给消费者明显的示范作用，指导人们的购买与消费行为。

（6）创造流行。广告以完全雷同的方式，成千上万遍向消费者重复同样的内容和诉求，利用大众流行的社会心理机制创造轰动效应，激发更多消费者购买或消费。

上述六种影响中，第一种影响首先发挥作用。广告在引起消费者注意之后，才有可能产生后面所谈到的心理影响。不经过这一步骤，消费者对于身边的广告"视若无睹"，广告活动就等于白做了。研究消费者接受广告的心理，首先要研究广告引起注意这一关键环节。

广告活动包含许多具体的技巧，如广告定位、广告词、广告创意、广告画面、广告音乐等。

（一）广告定位

广告定位是通过广告的影响确定品牌形象在消费者内心以及在市场上的位置的过程。

为什么需要广告定位呢？

广告定位的重要性在于以清晰明确的方式，在消费者心目中形成强有力的、稳定的形象，便于消费者选择商品、快速决策并购买商品。

广告定位与消费者需要和企业的发展战略有关。例如，奶制品饮料主要包括牛奶、酸奶、混合奶三大类型。牛奶的营养价值高、生产相对简单,但是东方人对牛奶的营养成分吸收得不好,因为体内分解牛奶蛋白的酶系统不发达。酸奶比牛奶要好一些,因为酸奶中的蛋白物质被乳酸菌进行了初步分解,人体吸收相对容易,所以酸奶比牛奶更适合东方人的身体,但是许多人不习惯饮用酸奶,尤其是年龄较大的男性消费者,酸奶的口味与饮用酸奶的形象难以被年龄较大的消费者接受。因此,市场上出现了一个空当,即口味适合度高、营养吸收程度高的奶制品饮料。混合奶可以较好地弥补这一空当市场,企业定位就可以从这一空当市场进入。在广告创意中,需要重点突出这一空当市场的信息,如混合奶的口味与口感具有较高的适合度,营养成分比较容易被人吸收等,如图 14-3 所示。

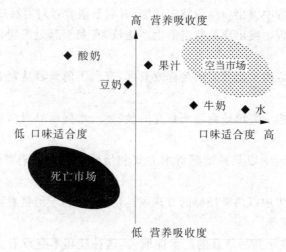

图 14-3 空当市场与品牌定位

广告定位与商品信息的不对称有关。市场上小件商品的属性有十几种或几十种,大型商品的属性可达成百上千种,消费者关心的可能只是其中的几种属性,因此广告信息的传播就有一个取舍问题,这个取舍问题其实就是定位。广告设计创作人员必须分析商品的各种属性,充分表现商品的某一方面或某几个要点,有针对性地选择其中的部分信息。高明的创意者绝不会在广告中向消费者无休止地唠叨商品的全部属性。

下面两则广告在广告信息的选择上是完全不同的。前者用语较多,广告信息面面俱到,缺乏重点;后者用语较少,广告词精练简洁,但给消费者形成鲜明有力的商品形象。后者重点突出服装店改变人们形象的服务特点,以鲜明的广告定位影响人们的选择,加速购买决策。

本店面料柔韧性好强度高,挺括塑形,弹性适度,抗皱免烫。

手工缝制工艺,有体温的剪裁。

尊贵专享服务。

购西服套装及大衣,享受来回免邮调换服务。

无忧购物,尊贵体验,再不必担心尺码不合适。

××服装网店

> 请把她带到我们服装店来吧，
>
> 我们会把她打扮成可爱的新人！
>
> ××服装店

下面介绍常用的广告定位技巧。

（1）质量定位：广告中强调商品的质量品质，增强消费者购买商品的信心。

（2）价格定位：广告中突出商品的价格档次，一般来说，低价位可以加速消费者做出购买决策，高价位可以突出商品的高档次。

（3）功能定位：广告中突出商品的特定功能，有利于消费者对商品属性的认知。

（4）产地定位：广告中突出商品特定的生产地域，有利于满足消费者对商品产地的特殊偏好。

（5）名称定位：广告中突出商品的名称或商标，有利于消费者从繁多的商品种类中方便地识别该品种。

（6）空当定位：广告中突出该商品所具有的独特性，增强商品对消费者未满足需要的重要性。

（7）情感定位：广告中以某种情感诉求方式和情感内容感染消费者，增加亲切感和信赖感。

（8）奇异定位：广告中以离奇怪异的方式表达信息，有利于消费者在奇异的表达方式中对商品形成特定的记忆等。

广告定位的技巧在于商品信息的艺术性取舍，这种技巧本身没有正确与错误之分。好的技巧会产生良好的效果并容易感动消费者，不好的技巧难于对消费者产生吸引力。

有些奸猾商人利用广告定位的技巧进行欺诈性宣传，值得人们警惕。例如，之前市场上宣传的"核酸营养品""逆生长素"等产品，都属此类。

（二）广告词

优秀的广告词念起来抑扬顿挫、朗朗上口，令人过目不忘。优秀的广告词不仅能让消费者产生鲜明的印象，还会自然而然地传播给别的消费者。下面这些广告词就有这样的效果。

"味道好极了！"（雀巢咖啡的广告词）

这条平平常常的广告词，已经成为中国人表达美好事物的口头禅。

"今年二十，明年十八！"（白丽香皂的广告词）

这条广告词对女性消费者的诱导力量如此巨大，它在潜意识中满足了消费者永葆青春的渴望。同时，这条广告词也招来一些人的非议，他们认为广告向消费者进行了虚假的许诺。从广告艺术的角度讲，这条广告词是一个非真实的夸张，因为人不可能出现今年 20 岁、明年 18 岁这种违背自然规律的现象，它是艺术的夸张，所以并不违背广告管理的法规。

"白天吃白片不瞌睡，晚上吃黑片睡得香！"（白加黑感冒药广告词）

这条广告词的好处，在于向消费者清楚明了地表述了商品的使用方法，不用再添加其他语言，即描述了这种药片的好处。

"真诚到永远！"（海尔广告词）

海尔的广告词，在中国当前的社会背景之下具有强大的诱惑力，社会普遍缺乏诚信，而这家企业宣称自己永远真诚,人们在怀疑之余,日渐认清企业的本质,可能加速培养消费者的信赖感。

（三）广告创意

广告创意是指以种种艺术的手段来表达广告信息的过程和表达结果。创意的目的是以最直接的方式打动消费者。广告作品必须新颖有力,迅速抓住人们的注意,并形成清晰明确的印象,以触发人们的消费愿望。

广告的表达过程要借助种种素材,并将这些素材艺术地组织在一起。广告创意有时叫作广告诉求。广告的诉求方式分为两大类:一是理性诉求方式,或理性广告;二是情感诉求方式,或情感广告。理性广告(rational advertising)是指为消费者提供商品的事实、消费理由或消费根据的一类广告,通常是展示商品的特性、用途、使用方法等关于商品事实性的信息(有人称之为"理由广告""理论广告"或"说明广告")。情感广告(emotional advertising)是指刺激消费者的情绪或情感反应,进而传达商品信息、满足情绪需要的一类广告(有人称之为"情绪广告"或"感性广告")。由于人们对情感种类及定义没有一致的认识,所以一直没有一个被普遍接受的情感广告的分类标准。

下面两则广告分别使用了典型的情感诉求和理性诉求方式。前者用诗意的语言表达消费的美丽体验,后者以数据传达房产的优势。

不施雕琢的唇更美

等待伊人来

心绪何陶然

等待春天来

喜悦上眉尖

心情多闲适

舒畅每一天

那时候

唇上染出了光辉灿烂

染出了高雅的微笑

明朗的色彩

映出心灵的莹润

————ＸＸ口红系列广告语

在香蜜湖,在望郡,离尘不离城,交通方便。

每天节约 10 分钟,

会让爱人上班少了 10 分钟忧心的期待,

会让自己多了 10 分钟的安静,

舒适 10 分钟,欢喜 10 分钟,

在时间的长河里,多拥有 10 分钟是幸福的。

————ＸＸ房地产广告语

在现实生活中,理性与情感是交织在一起的,并没有严格的界限。广告界发布的广告,多数兼有理性特征和情感特征,如上述那样典型的例子并不普遍。

(四)广告画面

精美的广告画面会在消费者接触广告的一瞬间冲击消费者的头脑,吸引消费者的注意。梦幻般的风景、精致的构图或是靓男靓女的美丽,广告设计者把这些手段和技巧表现到极致,达到美化品牌形象、打动消费者的目的。

在广告画面的设计中,广告设计者认为有三种素材具有永远的魅力,即儿童、自然风景和美人,所以许多广告画面使用这三类素材来提升广告的喜爱度,强化品牌的视觉形象。不管是什么国家,也不论是什么民族,对于儿童的喜爱是人性中普遍的规律,儿童纯真可爱,人们会放松成人世界里的警惕和戒备,儿童的幼稚又令人怡然发笑。自然风景是满足人们好奇和自然美感的重要形式,也是城市居民希望延续的生活空间,广告中的自然风景可以唤起人们潜在的兴趣和希望。靓丽的女人和英俊的男人,是人们审美观的理想体现,一个时代的美人往往是这个时代人体美的标准模式,是人们自我意识中希望达到的理想状态,广告中的美人具有潜意识的亲和力和情绪感染力。

(五)广告媒介的影响

影响消费者的广告媒体主要包括网络、电视、广播、户外,以及报纸、杂志、直邮、礼品、POP 广告等。

(1)网络媒介。这是二十多年来发展最快的传播媒介,它快速地挤占了传统媒介的地位和市场,在品牌形象塑造中起着后来居上的作用。

网络媒介具有时效快、覆盖面广、网上传播无阻拦、具有互动特征、信息可以下载等许多特点。随着移动网络的快速成长,网络媒介传播商品更趋于方便、快捷。网络媒介与网络调查、大数据监测等技术结合起来,可以跟踪消费者的行为,成为数据库营销的利器。

网络可以将分散在世界各地的消费者联合起来,即使这些单个消费者对经营者的贡献率不高(如一位顾客可能只在网站上购买一件 10 元的商品),互联网把这些贡献率很小、数量庞大的消费者整合起来,经营者的盈利空间仍然很大。这些贡献率很小但数量庞大的消费者在统计图上像一条不起眼的长尾巴,这类经营模式被称为长尾模式。

大数据的挖掘功能使得网络媒介的广告投放更加精准、高效。通过分析网络用户的浏览习惯、信息关注类型、喜爱度、忠诚度等指标,广告可以投其所好,向有消费需求和消费能力的潜在消费者展示其精准的信息传播能力和独特的说服魅力。

大数据挖掘功能也使得品牌定位的互动感得以加强,消费者对品牌的归属感和品牌选择权更加精细。建造强势品牌是商家的战略目标,是降低经营成本、提升企业资产的不二法则。传统的品牌塑造中,商家一方占据主动位置;大数据时代的品牌塑造中,消费者的参与度大大加强,品牌与消费者双向互动。商家通过大数据可以精准定位到潜在的消费者,消费者通过网络平台可以在品牌社区中尽情表达自己的想法、体验评价和愿望。双方的互动性、参与度、精准度都有了实质性的飞跃。

网络媒介正逐渐与传统媒介融合,未来将难以分清什么是传统媒介、什么是网络媒介。

网络作为一种传播媒介仍然有较多的缺陷,如国内网络的覆盖范围还不如传统的电视媒介那样宽广,无线传输系统不如广播电视媒介那样发达,终端显示系统也暂时没有传统媒介那样方便,上网操作还需要一定的技能,上网者的分布与社会人口结构不对称等。这些缺陷有可能需要较长的时间才能逐渐解决。

(2) 电视媒介。电视媒介是世界范围内影响力最大的广告媒介,信息量极大,信息内容很广。数据显示,2014年国内人均每天收看电视节目的时间为162分钟。由于电视媒介的信息比较全面,视、听信息均具备,适合向消费者传播任何形式的商品信息。在介绍品牌的功能、特点,树立企业的形象等方面,电视媒介的效果俱佳。电视媒介还可以编排出不同的情节来吸引消费者。但电视广告需要重复播放,对中小企业来说,其费用仍然偏高。

(3) 报纸媒介。报纸是与电视媒介平分秋色的大型传播媒介。虽然它难以编排出精彩的故事情节来吸引人们的注意,有时黑白印刷的效果还不见得美观,但报纸媒介的信息保存时间比电视媒介要长得多,介绍品牌的特性很具体,而且报纸的容量很大,不像电视媒介那样比较拥挤。

(4) 杂志媒介。杂志一般以彩色印刷为主,以精美的图案吸引消费者的注意力,阅读杂志显得轻松自如,不像电视媒介那样令人目不暇接。

(5) 广播媒介。广播媒介传播的品牌信息,消费者收听起来比较方便,广播的适应面广,人们接受听觉信息要比视觉信息显得方便,广播媒介的传播成本也较低。

(6) 实物媒介。日益繁荣的经济活动创造了日渐繁多的实物媒介,如免费样品、免费试穿试用、免费品尝、展览展销会,以及向社会组织、社会团体、社会活动提供的各种实物赞助等形式。实物媒介容易增强人们对品牌的信赖感,可信度较高,同时成本也较高。

(7) 户外媒介。户外媒介是一类综合性的传播形式,它几乎成了一个地区或一个国家经济繁荣的标志,包括户外的路牌、灯箱、招贴等形式。这类媒介的影响面大,一经设置往往要经过较长时间才能更换,传播信息的时间比较长。户外媒介的面积、体积一般较大,给消费者印象很深。人们倾向于根据巨大而美观的户外媒介来推测企业的实力,户外媒介对树立品牌形象具有重要影响。

(8) 体育运动会。体育运动会作为一类传播形式,在传播商品信息、树立品牌形象方面的影响日益凸显。这主要表现在两个方面。一是在场内,体育竞赛场上,通过广告围板为现场观众和场外观众展示商品品牌信息。当今的奥运会或世界杯足球赛,每届都能吸引400万以上的现场观众观看比赛,这些观众必须接受现场围板广告的信息辐射。二是在场外,借助网络、电视等手段,吸引大量观众的注意,如每届奥运会都能吸引全球超过三四十亿人的场外观众,观看比赛的人次达200亿以上。如此庞大的观众数量,是传播商品品牌信息的良机。

第十五章　营业环境与消费者心理

消费者购买商品分线下交易和线上交易，营业环境因此也分为两大类。

一是提供实体经营场所的线下营业环境，简称营业环境。

这类环境具有固定的地点，又细分为两种：提供实物交易的环境和提供服务消费的营业环境。提供实物交易的环境包括超级市场、专业店、专卖店、百货店、便利店等。在这些营业场所中，以超级市场所占份额最大。提供服务消费的营业环境包括提供旅游、餐饮、休闲、文化艺术等服务消费的地点，如旅游景点、饭店、音乐厅等。这类营业环境也拥有相对固定的场所。消费者进入营业环境，会注意营业环境的外部特征，会观察营业环境的内部情况，浏览自己感兴趣的事物，寻找需要购买的商品，选择希望购买的品牌。有些消费者与服务人员接触，希望服务人员提供相关信息，帮助他们做出选择。因此，营业环境中服务人员的态度、服务质量、营业环境的布置、周边环境等因素会影响消费者的满意度。

这类营业环境分为外部环境和内部环境。外部环境包括选址、建筑特色、周边环境布局等；内部环境包括内部装饰布置、商品摆设、POP广告设置、营业环境服务体系等。

二是提供网络交易的线上交易环境，简称网络交易。

在网络交易环境中，消费者以网络方式联接信息发布者，获得商品信息，在线上（及线下）比较商品的特点，形成决策之后，一般以网络方式支付货款，完成交易。网络交易的后台，如网络技术系统、商品储存物流系统等，一般不对消费者开放，但这些系统的运行状况会影响消费者的评价和决策，如网络响应速度、物流配送速度等会影响消费者的决策与满意度。

第一节　外部环境

一、门面装饰

门面装饰就像人的脸面一样重要。门面装饰常常依靠门联和招牌来加强消费者对营业环境的印象。

（1）门联。我国有利用门联装饰门面的悠久历史，常常利用精练的对联作为门面装饰，如图15-1所示。天然居是一家餐馆，门联是"客上天然居，居然天上客"，上句较为通俗易懂，而对联的下句用了一个具有震撼力的回文句式"居然天上客"，对于用餐客人的尊敬到了至高的地步。

图 15-1　门店的门联体现了一种文化

（2）招牌。招牌是营业单位的名称及其相应的装潢形式，通常把它叫作"商业牌子"。除了在牌匾上书写营业单位的名称之外，还使用灯箱、路牌等形式对营业单位的名称加以突出，其中以灯箱给人的印象最为深刻。商业活动越发达，灯箱招牌的使用也就越多。有些门面的装饰使用木制的材料，用油漆写上美术字，这种方法现在用得越来越少。使用金属材质制作的牌匾较多，金属牌匾的字体美观、抗腐蚀能力强，金属的质感和光泽给人以华丽、光彩的感觉。一些实用性光学技术也用到了营业环境的门面装饰上来，如使用光纤照明技术、激光照明技术，用电脑控制灯光以产生动画效果。

（3）广告装饰。门口悬挂广告的制作水平越来越高。灯箱广告最为常见，以其绚丽的光效果吸引人们的注意。灯箱广告中以日光灯、白炽灯、霓虹灯和发光二极管（LED）作为基本光源，所产生的视觉效果最好，灯箱可以设计成不同的字体、不同的色彩，还可以形成不同的运动方式。在繁华的都市里,闪闪烁烁的广告常常让人百看不厌,这些美丽的广告也为美化城市的夜晚起了一定的积极作用。

二、 周边环境

周边营业环境影响消费者对营业环境的辨认,也可能影响消费者购物的方便程度,如周边的商业氛围、交通条件等因素。

(一)交通条件

交通条件越方便,消费者购买商品的困难就越少;交通条件越差,消费者购买商品的难度就越大。

消费者由居住地或工作地到达营业场所以及购物之后的运输等问题,都受交通条件的影响。当前,国内经营单位为购买大件商品的顾客提供免费送货上门服务。一些经营单位采用替代的办法,顾客购物后返回一定金额的交通费,顾客可以用这笔钱租用交通工具,这也不失为一种良策。

一些消费者拥有自己的交通工具,他们只需经营单位提供存放交通工具的场地。这在商业密集的大城市和商场集中的黄金地带,确实是一个十分麻烦的问题。我国快速的经济增长没有储备足够的服务空间,这个问题在未来较长时间之内会困扰经营单位与拥有交通工具的消费者,需要各方面努力共商良策。

(二)商业圈中的马太效应

当消费者在一家商场购物或消费时,他们可能同时在附近的营业场所游览、观光或继续购买,这种现象属于营业环境中的规模效应(也称马太效应)。例如,去北京王府井大街,不仅要去北京市百货大楼、新东安市场,也可能去工艺美术大楼、中国照相馆等著名营业环境,还可能顺便逛一逛内联升、瑞福祥等老字号,如图 15-2 所示。去福建武夷山旅游的游客,可能还会去厦门、福州、泉州等附近的旅游点看一看。

图 15-2　王府井大街密集的商业群

营业环境形成马太效应的条件是,营业单位的地理位置接近、营业性质比较接近或者相互兼容,消费者在这个商业圈中可能产生持续的消费动机。

马太效应是大型营业环境规划中必须考虑的重要因素,它能够带动周边地区的经济活动。马太效应有利于商业企业为顾客提供"一站式"的服务,顾客可以在一个购物点买到更多的商品或服务。它方便了顾客购物,降低了顾客每次购物或消费的成本。经典的商业圈规划设计,一般以 500 米、2 000 米为范围,500 米商业圈是人们步行购物的合适距离,2 000 米是乘坐 2～3 站公共交通工具购物的合适距离。

第二节　内 部 环 境

理想的营业环境应当尽可能为顾客购物或消费提供方便,使顾客得到最大程度的满意。在顾客购物或消费之后,让他们把满意的体会转告其他顾客,为这个经营单位传播美誉,同时还能吸引他们再一次光临。因此,营业环境内部的总体布局、服务质量及相关的便利服务等,对于吸引顾客并留下良好的印象具有重要意义。

一、 总体布局

总体布局是指营业环境内部空间的总体规划与安排。总体布局的原则是视觉流畅、空间感舒畅、购物与消费方便、标识清楚明确、总体布局具有美感。良好的布局不仅方便顾客,减少麻烦,而且在视听等效果上给人以美感,这是吸引回头顾客、保持顾客忠诚度的因素之一。

我们提倡优美方便的营业布局,但是在国内经常会遇到不良的建筑结构与营业环境,这给消费者带来了麻烦与不便。

最典型的例子是北京西客站的设计,其建筑风格不伦不类,建筑结构没有长远规划与考虑,内部布局的不合理给旅客带来了许多麻烦。因为大部分旅客来火车站的次数不多,熟悉程度比不上居住地的商场,大部分旅客完全不清楚车站内部的行走路线,下车之后进入地下通道,再从混乱的地下广场到达地面,难以分清东南西北。乘公交汽车的旅客要花很长时间才能找到合适的线路,去地面乘出租车的旅客要在忙乱拥挤的路边才能找到排队处。

二、 柜台布置

设置营业柜台的基本要求是:①方便顾客观看;②方便顾客挑选;③方便顾客行动;④方便商品摆设;⑤美化整体营业环境;⑥有效利用营业空间展示商品。

为方便顾客观看商品,柜台设置的高度应当接近消费者的习惯高度。例如,我国成年人的平均身高为 1.7 米左右,视线高度一般为 1.5～1.6 米。为了方便顾客毫不费力地浏览、观看所摆设的商品,柜台设计应当参照人们的正常视线高度,如图 15-3 所示。如果商品的摆设位置过高,顾客仰视时比较费力,会让顾客产生较大的心理距离;如果商品摆设位置过低,顾客需要低头寻找商品,在人多拥挤的情况下,顾客不容易发现这些商品,减少了商品被人注意的机会。

图 15-3　营业环境中布置雅致的柜台

有些经营单位布置营业柜台时,会有意无意出现"死胡同"现象:顾客沿一个方向观看了一面柜台的商品之后,必须折回来再观看一遍商品才能走到另一组商业柜台去。他们以为这样可以增加顾客观看商品的机会。其实这种布置方式是不可取的;顾客折回来观看商品,必然与走入这组柜台的顾客相遇,造成柜台内顾客人数增加,带来拥挤、忙乱等问题。有些消费者只是观光性的浏览闲逛,并没有购物计划,他们一见到"死胡同"般的柜台布置就会后退,结果反而减少了顾客观看商品的机会。因此,应该避免"死胡同"式的柜台布置。

三、　内部音响

营业环境的音响主要包括三个方面:一是背景音乐,目的是调节营业环境的气氛,调动顾客的购物情绪;二是经营单位播放的通知信息(各种通知、寻人启事等);三是服务员演示商品而产生的音响(如商品广告信息)。除此之外,还有顾客与服务人员的交谈声、少数配套设备发出的声音等。

营业环境中播放适度的背景音乐,可以活跃购物的气氛、调节顾客的情绪,还可以缓解一些顾客紧张的购物心情。经营单位播放背景音乐已经成为一种普遍的现象。

在播放背景音乐的时候,基本的要求是音质清晰,音乐题材适合相应的营业环境。负责这项工作的人员最好能掌握一些音乐方面的知识,最好具备音乐的专长。音乐题材适合该营业环境,是指音乐所产生的心理和情绪反应要与营业环境基本一致。如果营业环境销售的商品具有浓郁的地方特色,则可以播放一些民族音乐;如果营业环境的现代气氛较浓,则可以播放一些现代轻音乐;如果营业环境的档次高,则可以播放古典音乐、爵士乐等;如果商品的艺术色彩较浓,则可以播放一些带有古典风格的音乐。以青年消费者为主要对象的营业环境,可以多播放一些流行音乐;以老年消费者为主要对象的营业环境,可以多播放一些古典味较浓的音乐。

播放背景音乐时切忌音量过大。过大的音量反而会造成顾客心情紧张,过于强劲的音乐会刺激心脏承受力弱的顾客使其产生慌张的反应,这种现象在老年顾客身上比较突出。我国一些中小型营业商店普遍存在噪音过大的问题。如果噪声超过 60 分贝,会严重影响人与人之间的交谈,当噪声强度达到 80 分贝的时候,会给人们带来很大烦恼。

播放广告信息的音响应当清晰。广告信息中包含有语言人声,而语言人声容易受到周围噪声的掩盖,影响人们的理解,如果清晰度高,受周围噪声的影响就会小。中、低档商业营业环境经常出现一个问题,即不同柜台分别播放不同的广告信息,音量很大而且相互干扰,顾客找不到一个安静购物的地方。这样的广告信息破坏了营业环境的美感。

营业环境播放音乐涉及音乐作品的版权问题。中国保护著作权的有关法律规定,营业单位播放任何形式的音乐都必须取得著作人的同意,并(可能)支付相应的作品使用费用。未经著作人同意而使用播放音乐会导致法律纠纷。在国内,管理音乐家作品使用权的民间机构是中国音乐家协会。

四、 内部照明

营业环境的内部照明分为基本照明、特殊照明和装饰性照明三种类型。

基本照明是保证顾客能够清楚地观看、辨认方位与商品而设置的照明系统,一般布置在营业环境的顶部,以白色灯光为主,色温在 6 000K 以上,照明强度应当在 600 流明以上,光照分布均匀。在水果、蔬菜、肉制品、熟食、面包等区域,照明应当在 1 000 流明以上。

基本照明除了给顾客提供辨认商品的照明之外,不同灯光强度也能影响人们的购物气氛。基本照明较强,人的情绪容易被调动起来,就好像在阳光普照的时候或者在阳光明媚的海滩上一样令人感到心旷神怡。麦当劳或肯德基一类连锁店,其基本照明都很充足,人们一进入营业环境就立即感到一种兴奋。基本照明比较弱,人不容易兴奋,可能让人产生平缓安静的感觉,或者一定程度的压抑感,商品的颜色看起来有些发旧。销售古董一类商品的场所可以把基本照明设计得弱一些,但在日用品营业场所的设计中应该避免这一点。

特殊照明是为了突出部分商品的特性而布置的照明,主要目的是凸显商品的个性,以便更好地吸引顾客的注意。装饰性照明是为了营造一种特殊的气氛或情调而在营业环境中设计的照明,目的在于调节顾客情绪,烘托企业形象,给顾客留下美好的印象。特殊照明和装饰性照明一般都使用彩色光源,对于商品和整体的营业环境来说都会产生一种烘云托月般的效果。

在利用特殊照明调节顾客情绪、影响购物气氛方面,有不少研究结果和成功的例子值得我们参考。温色调能够刺激人产生一定程度的兴奋情绪,购物行为比较容易进行;而冷色调能够抑制人的情绪兴奋,不利于购物行为的进行。在食品店、餐厅、酒店客房等营业场所,一般尽量采用橙黄色、黄色、橘红色、橘黄色、淡红色等暖色调的灯光作为特殊照明,有利于让顾客产生家庭般温暖的感觉。在冷饮店,一般采用白色冷光源作为照明,而很少使用温色调光源。一些酒吧、咖啡厅需要将温色调的光照与冷色调的光照结合起来使用。娱乐性舞厅等一般采用红色与各种彩色灯光混合的照明方式。

五、 POP 广告

POP 广告是指在营业现场设置的广告形式。POP 广告形式繁多、式样各异,包括在营业场所附近及周围设置的广告标志、大型广告牌、广告气球、广告标语、灯箱与霓虹灯广告、营业场所播放的广告音响等,以及为特定商品设置的悬挂广告、在柜台上放置的广告印刷品、使用影像设备播放的电视广告片、服务人员与推销人员现场所做的人身广告等。

POP 广告直接与顾客接触,是影响顾客的最后一个广告环节。顾客一边选购,一边受到 POP 广告的影响。

POP 广告有助于唤起顾客潜意识中对于商品品牌的认知记忆。顾客在其他场合下见过的商品形象或品牌形象,在 POP 广告的刺激下可能被重新唤起。POP 广告起着刺激顾客回忆、唤醒过去形象的作用,可以快速缩短顾客与商品之间的距离。

POP 广告是向顾客传递商品信息的工具,无形中起到推销员的作用。有些顾客可以自己阅读 POP 广告中的内容,有利于减轻服务人员的工作强度。

POP 广告也是美化营业环境的一种手段。整洁的 POP 广告悬挂、漂亮精美的广告招贴、彩色灯箱霓虹灯广告、优美舒缓的广告音乐等,都可能带给人们视觉和听觉上的愉快。发达国家与地区的营业环境优美,其中一个重要的因素是它们重视购物现场 POP 广告的设计美感。

现代营业环境无不重视 POP 广告的设置,把 POP 广告作为吸引顾客的一个重要手段,投入了较多的人力和物力用于 POP 广告设计。商业性经营单位在 POP 广告方面的支出一般占到 0.2%~2.0%,多的可达 5%~8%。生产性企业的广告活动也延伸到了营业环境,它们把 POP 广告作为推销商品的最后一步妙棋,企业把一部分广告费、促销费、公关活动费,甚至展览展示费都划入 POP 广告费用之列。

布置 POP 广告,应该注意以下几个主要问题。

(1) 避免 POP 广告设置凌乱,没有规则。有些经营单位的广告悬挂吊绳不直,广告横七竖八,广告灯胡乱地缠绕在附近的树上;柜台上广告印刷品放置凌乱,广告标志不整齐、不规律;广告张贴随心所欲,给人的感觉比较混乱,破坏了营业环境的整体美感。这个问题是非专业设计人员造成的。

(2) 避免 POP 广告的设计不统一,整体效果差。这种现象是由于广告主的 POP 广告与营业现场的环境气氛不统一而引起的。营业环境里汇聚了众多厂家的产品,各个厂家可能将自己设计的 POP 广告布置在营业环境,不同厂家有不同的风格,有些厂家以灯箱广告来吸引人,有些厂家以服务人员的人身广告见长,有些以广告叫卖为主,风格不统一,必然导致营业环境的整体效果很差。

（3）避免POP广告音响混乱，引起顾客情绪上的反感。例如，利用广告录音带、广告录像带、服务人员的叫卖等广告音响来推销商品，柜台之间采用的形式不同，播放的广告内容也不同，有些低档音响的声音尖锐刺耳，顾客感觉营业环境的声音混乱无章，令人心烦。这是POP广告缺乏必要的管理所致。

（4）避免POP广告管理不善，影响广告的作用。例如，灯箱广告出现断裂、掉字现象；营业环境外部广告标志与广告牌被自然因素破坏、人为损毁，出现倒塌等现象；广告招贴出现被污染、涂抹、撕毁等现象。由于管理不善，这些问题不能得到及时解决，容易使顾客对营业环境产生萧条败落的印象。所以，加强对POP广告的管理是十分必要的。

第三节　营业环境的服务

营业环境的服务既包括销售商品时提供的直接服务，如服务人员的接待、结算、送货服务等，也包括为方便顾客购物与消费，并使其获得最大满意度而提供的配套服务体系，如寄存、小憩等服务。

一、服务质量体系

服务质量体系是营业单位为顾客提供优质服务的全部要素和支持系统的总称。经营者建立完整的服务质量体系应该参照中华人民共和国国家标准 GB/T19004-2000[①]，该部分的内容主要是针对服务质量而设立的。商业、旅游、餐饮、航空等服务性企业都可以参考这一国家标准。

该标准对服务及提供服务的要求包括：最高管理者应以增强顾客满意为目标，确保顾客的要求得到确定并予以满足；最高管理者应通过以下活动，对建立、实施质量管理体系并持续改进其有效性所作出的承诺提供证据。

- 向组织传达满足顾客和法律法规要求的重要性；
- 制定质量方针；
- 确保质量目标的制定；
- 进行管理评审；
- 确保资源的获得。

为了满足顾客的需求和期望，经营者应当：

- 理解顾客的需求和期望，包括潜在顾客的需求和期望；
- 为顾客和最终使用者确定产品的关键特性；
- 识别并评定组织在市场中的竞争能力；
- 识别市场机会、劣势及未来竞争的优势。

---

① 参考资料：中华人民共和国国家标准 GB/T19004-2000"质量管理体系业绩改进指南"

在与顾客的沟通方面,包括倾听顾客的意见并做出反馈,解决与顾客(包括内部顾客)沟通中的困难。经营者要对以下有关方面确定并实施与顾客沟通的有效安排,包括:

- 产品与服务信息;
- 问询、合同或订单的处理,包括对其的修改;
- 顾客反馈,包括顾客投诉。

在服务体系中,经营单位需要对顾客做出服务承诺。经营单位对顾客的承诺越具体,顾客对服务质量承诺制度的满意程度越高,对经营单位的信任感就越强,觉得购买风险就越小,顾客对服务质量、对商品的满意程度也就越高。[①]

二、 便利服务

便利服务能够促进顾客满意度的提高,如宽大的休息空间、方便的寄存服务等。近年来,国内营业环境中的便利服务水平提升较快。

(1)营业时间。确定营业时间是经营单位的常识性问题。营业时间的安排具有较强的地域性,我国南方一般安排在8:00开门营业,北方一般安排在9:00开门营业。大型经营单位的时间安排涉及企业经营成本问题,如果营业时间过长,人力成本和设备维护成本会急剧上升。

(2)支付系统。除现金支付外,国内网络支付系统出现快速增长,如支付宝、微信支付等,这就要求大、中、小型经营单位都能同时采用网络支付体系。当前国内支付系统存在的问题是,如何保密用户的信息、如何适应老年消费者的习惯。

(3)寄存服务。这是一项比较特殊的服务项目。由于我国特殊的国情,交通状况还不可能在短期内得到较大的改善,购物时人们不得不赶较远的路程、携带较多的其他物品,这给顾客继续购物带来了许多的不便。经营单位如果能增加寄存一类的服务,会大大减轻顾客购物时的负担。大型商场设置物品寄存处不仅是商场管理的需要,也是国内大中型城市建立商业营业环境的必要条件。有些大型商场不仅可以寄存物品,还能代管小孩(如"宜家家居"),这种做法省去了父母购物时因小孩拖累造成的麻烦。

(4)冷饮室。经营单位设置小型的冷饮室,让顾客坐下来喝点饮料,缓解一下疲劳,这样的设计十分周到。在人群拥挤的营业环境,空气质量不高,人们很容易感到疲劳。顾客一旦累了,又找不到适当的方式休息,则容易离开这种环境。设置一些冷饮室,可能会占用少量的营业面积,但是对于保持现场顾客继续购物大有益处。如果不能增加冷饮室一类的场所,适当地增加一些供顾客休息的座椅,对于吸引顾客大有好处,也是一种商业文明。

(5)公共卫生间。不论经营单位的规模如何,都应该设置公共卫生间,这是商业性营业环境的基本要素,也是文明社会的基本要求。与 20 年前相比,国内营业环境的这一便利服务已经大为改善,但问题仍然比较普遍。一些中小型商业经营单位、旅游景点、公共交通系统等虽然设置了公共卫生间,却不能定期维护,也没有洗手液、卫生纸之类的辅助用品,内部臭气熏天,秽物四流,苍蝇乱飞,服务质量还需要进一步提高。

(6)公用电话。设置公用电话是方便顾客购物的基本条件之一。国内私人移动电话的

---

① 徐栖玲,常松. 商场服务质量承诺制度作用分析模型[J]. 中山大学学报(社科版),1998(6):46-51.

普及率已经很高,但是设置适量的公用电话仍然是必要的。

三、 促销活动

促销活动可以增进与顾客的沟通,让顾客直接受益,并提高营业效益。

促销形式包括消费折扣、优惠券、有奖销售、纪念礼品、表演节目等。消费折扣、优惠券及有奖销售这三者的本质是相同的,但在操作手法上存在不同。

消费折扣可以直接让利给顾客,一次消费一次性受益,最受消费者欢迎。国内推出的折扣点因行业不同、产品不同而有很大的差别,消费者一般可以得到 5% ~ 10% 的折扣。一些特殊的产品可能出现离奇的折扣幅度,例如,一些保健品、电子产品或航空服务的价格可能出现 50% 甚至 80% 以上的折扣幅度。

有奖销售可以直接将奖金或奖品发放给消费者,会给消费者带来一些实惠。例如,连续购买某品牌的饮料并收集足够多的系列标志之后,可以得到明星用品、纪念用品等奖品。有奖销售为国内企业所热衷,其游戏规则一般由企业自己制定,有时产生了奖励结果之后,企业可能变更其规则解释,所以有奖销售常常出现欺诈行为。工商管理部门对有奖销售制定了一些管理办法:对于故意以有奖销售吸引顾客但并不能给他们真正带来好处的做法予以处罚,宣传材料上许诺的内容必须兑现,最高奖励金额不得超过 5 000 元人民币等。对于理性的消费者来说,他们很清楚有奖销售中能够得到奖金的比例,按照这个比例去购买商品而得奖的希望是很小的,所以他们不会去玩这种没有实际收益的游戏。

发放优惠券也能给顾客带来实惠。偏爱价格优惠的消费者愿意领取这种优惠券。国内发放优惠券存在一些问题。一是顾客不能一次得到优惠券的全部好处,可能需要多次购物与消费才能获得第一次优惠券的好处,于是为得到第一次优惠券的好处,而不得不进行第二次、第三次消费。这样有可能进一步刺激顾客购买那些可买可不买的商品,因此这种优惠券有商业欺诈之嫌,降低了使用优惠券的期望。二是顾客需要第二、第三次购买才能用完优惠券,这对生活节奏紧张的消费者来说实在是一种麻烦,有时消费者并不领情。据日本的有关调查显示,优惠券只有 50% 左右的回收率,如果将优惠券送到顾客家里去的话,只有 10% 左右的回收率。

赠送纪念品或礼品的做法越来越普遍了,这些纪念品或礼品本身与广告宣传结合,效果良好,如旅游、交通、文化娱乐、餐饮等行业。给消费者发放纪念品或礼品可以给消费者留下美好的回忆,如登长城之后赠予的纪念品。国外一些零售企业偏爱赠送鲜花一类的东西。如法国一些经营单位通过调查发现,以家庭为主的购物过程中,主要决策者是家庭妇女,经营单位就准备了一些鲜花,不管这些主妇是否购物都会得到一束鲜花。这种做法受到女性顾客的喜欢。

送贺卡是日本一些经营单位经常采用的促销办法。经营单位把来过的顾客姓名、地址等内容全部记下来,并送给他们一张贺卡作为纪念。当顾客再次光临经营单位的时候,服务人员查出顾客的姓名、地址,并且正确地称呼这些顾客的姓名。全球连锁经营的希尔顿酒店也采取这种方式接待客人,令再次光临该酒店的人十分感动。

营业现场的表演活动已经为大家所熟悉,包括互动式的文艺表演、游戏娱乐节目、有奖销售摇奖、产品演示、专家咨询、消费者示范等,一般都要在营业现场搭设表演台作为标志。随着经营单位对公共关系的重视程度的提高,经营单位把现场表演用作改善企业公共关系的组成部分。某些紧俏商品、名牌商品或低价位的商品可能会很快被消费者抢光,而没有特色的商品、组织者缺乏激情等因素,可能导致现场表演活动难以取得促销效果。

营业场所的现场表演常常给周边环境造成污染,如声响过大、宣传品乱扔,有时因人群过多而妨碍公共交通,需要警力来维持秩序。

第四节　服务人员与顾客的心理沟通

一、　购买过程的心理沟通

顾客进入购物环境,主要分三种情况:一是有明确的购买计划,他们走进营业环境之前,头脑里已经构想了需要购买的商品,进入营业环境之后,头脑里主要的意识集中在他们希望购买的商品方面;二是只有购买动机、没有明确的购买计划,进入营业环境之后寻找商品或服务,被各种营销因素所影响,逐渐有了明确的决策并实施购买或消费,同时,有可能产生新的购买消费愿望,进而促成新的购买行为;三是进入营业环境之前,头脑中没有任何购买动机,只是在浏览闲逛过程中被商品和促销所吸引,并对商品发生兴趣,产生购买愿望,形成购买动机,进而实现购买行为。

这一基本过程可以用图 15-4 表示。

进入营业环境 → 注意商品 → 感知商品 → 发生兴趣 → 产生联想 → 明确动机 → 购买决策 → 购买进行

图 15-4　营业环境中购买行为的进行

在这个过程中,服务人员既要为顾客提供服务,又要促成顾客的购买行为,应如何与顾客进行有效的心理沟通呢?

(1)接待。服务人员自然而甜蜜的微笑,常常能令顾客产生亲切感。标准的问候方式是说一声"您好!""欢迎光临"等。接待仅仅是对顾客到来的一种表示,要想了解顾客的需要,服务人员应当与顾客进一步交流和沟通。有些服务人员接待顾客的第一句话就是"买点什么?"或"要点什么?",这种问话方式过于简单,服务人员素质不高,是对顾客心理的不正确理解。

(2)展示。向顾客展示商品陈列的位置,指引顾客如何观看商品。如果商品离顾客较远或观看不方便,应该把商品放到离顾客较近的位置。对于名贵商品、不公开陈列的商品,应该在条件允许的情况下,由服务人员打开商品的包装,方便顾客观看,展示后再妥善地放回原处。热情地向顾客展示商品,是增进顾客信赖感的有效方法。

(3)介绍。服务人员介绍商品的功能、使用方法、结构特点、与其他商品相比所表现出来的优点、商品的价格、购买这种商品之后会得到什么样的服务、维修服务的情况如何等。

服务人员介绍商品必须客观准确,不能有欺骗顾客的现象,服务人员的表情应当热情自然。

(4) 推荐。当顾客对商品有了一定程度的了解和认识之后,可能进入了购买决策阶段,这时服务人员应当对商品的功能和特点进行比较,向顾客推荐商品,利于顾客较迅速地做出选择。

有些服务人员为了多推销商品,喜欢介绍商品的优点,回避商品的缺点。如果商品本身没有质量方面的问题,向顾客适当地介绍一两个缺点,反而更容易让顾客觉得可信,从而有利于商品的销售。例如,顾客购买音响设备时,对于买国产还是买进口的没有主意,服务人员介绍了几款国内、国外品牌的组合音响之后,又对国内、国外几种品牌的组合音响作了缺点方面的比较。"这些国产品牌虽然音质没有达到顶级,但在家里欣赏音乐一般不需要太大的音量,在小音量时与进口品牌的音质相差无几。而进口品牌的音质好,是需要开到中等音量时才能感觉到。音量大对左邻右舍的影响较大,比较起来,还是国产货比较适合一些。"顾客听了这样的推荐后,做出了购买国产音响的决定。销售国产音响品牌的利润可能比进口品牌的利润低,但是购买速度加快了。

(5) 促进。如果顾客处于买与不买的两难状态,服务人员可以适当地用一些语言和行为来促进他们做出决定。例如,更详细地向顾客介绍商品的价格、质量、包装、功能、服务等方面的优越性,询问他们是否急需这种商品,在别的地方购买是否方便,还需要提供什么样的服务。如果顾客需要其他的服务形式,可以与经营单位的负责人详细商谈等。这些做法可以打消顾客的顾虑,促使顾客迅速做出购买的决定,也可能中止一些不合适的购买行为。

在促进购买的过程中,不能以欺骗性的手段来诱导顾客的购买,如谎称商品存货不多,别的地方没有同类商品,没有这样好的质量,没有这样低的价格等。有些顾客的购物经验较多,能够识破服务人员的谎言。这使得顾客难以与服务人员建立信赖关系。

(6) 成交。顾客做出购买决定之后,下一步就是付款成交。为顾客选好需要购买的商品,将商品包装好并打好包装带,准备好包装袋,为顾客详细说明售后服务的内容和服务地点。服务人员清点顾客的现款或完成网络支付,为顾客准确填写购物发票。对年老或行动不方便的顾客,服务人员应该帮助他们做好商品搬运工作等。

(7) 送客。购买成交之后,服务人员必须礼貌地与顾客道别,向他们说一声"欢迎您再来""欢迎您再一次光临""欢迎您对我们的工作提出意见"等,给顾客留下一个良好的回忆。有些经营单位给顾客赠送鲜花等纪念品,更能给人服务周到、待客礼貌的感受,受到顾客的欢迎。

把顾客的购买行为与服务人员的行为过程归纳起来,就可以看出服务人员与顾客的配合,如图 15-5 所示。

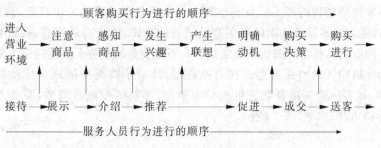

图 15-5　服务人员与顾客的心理沟通

上述服务过程依据了顾客购买行为的基本过程。按照这个步骤来做服务,服务人员与顾客之间容易交流,相互之间容易建立信赖关系,这对于服务人员提供优质服务有较大的参考意义。

二、 优秀服务人员对顾客心理的影响

国内的个案研究表明,服务人员可以分为创新型、交际型和道德型三类。创新型服务人员具有冷静理智、创新进取、平等现实、情绪稳定、兴趣广泛及洞察力敏锐等特征。交际型服务人员具有口才出众、自信顽强、大胆聪慧、善解人意、交际广泛、应变能力强但不乏依赖性等特征。道德型服务人员具有职业道德、谦虚坦诚、责任感强等特点。人们对道德型服务人员的认同感较强烈。[①]

优秀的服务人员,应当具备如下素质。

(1) 形象整洁统一。基础心理学的研究表明,人与人之间的交往中,尤其是陌生人之间的交往中,人们往往首先从外表来判断对方。服务人员衣着整齐规范,顾客首先会觉得这种服务人员的工作认真负责。整个营业环境里服务人员统一着装,会强化顾客对营业环境的印象。统一着装是现代企业统一形象的标志,优秀的服务人员不应该穿奇装异服。

(2) 微笑服务。微笑是一种自然真情的表露,是服务人员真心诚意欢迎顾客的表示。微笑是人的愉快情绪的自然流露,人很难装出一副微笑的表情出来,服务人员必须使自己的内心真正地处于愉快的状态,必须具备相应的为顾客真诚服务的素质。微笑的正能量满满:"它不需要成本,可是能创造价值连城。它并不使微笑者贫穷,却使接受微笑的人富有。它发生在一瞬间,却在记忆中永存……"

微笑服务与热情、周到、诚恳的服务精神结合,能够化解顾客与服务人员之间的矛盾和冲突。顾客会认为这样的服务人员容易与人打交道,顾客也会首先选择与这样的服务人员接触,并且希望由这样的服务人员提供服务,所以微笑服务的益处很大。

(3) 服务用语与行为规范。优秀服务人员应该具有较强的语言表达能力,措辞准确清楚。语气应当和蔼可亲,不能过分生硬,也不要过于随便、嘻嘻哈哈。语调声音要适中,不宜过大或过小。声音过大让顾客误解为服务人员情绪不好,而声音过小又让顾客误解为不热情。

接待顾客的四大用语是:"欢迎光临""我能帮您什么?""请稍等"和"谢谢您";收银员五大用语是:"欢迎光临""总共××元""收您××元""找您××元"和"欢迎您再来(欢迎再次光临)"。这是任何优秀服务人员都必须牢记于心的标准用语。

(4) 熟练掌握所销售的商品。优秀的服务人员不仅仅是商品的出售者,而且是顾客购买商品的指导者,能为顾客提供全面的有关商品消费的知识,能正确地解答商品消费中的问题,能正确评价不同商品品种之间的优点和缺点等。不懂业务的服务人员不应该上岗提供服务。

(5) 正确分析顾客的购买类型。在营业现场,针对不同类型的顾客应该采取不同的服务方式。例如,顾客的购买准备状态可能是明确型、半明确型或参观型,服务人员应该相应采取不同的接待方法,如表 15-1 所示。

---

① 陆剑清等. 关于我国推销人员心理素质的实证研究[J]. 心理科学,2001(4):473-474.

表 15-1　顾客不同的准备状态与接待方法

类　型	顾　客　特　征	接　待　方　法
明确型	进店前就有明确的购买目标。进店脚步快、目光集中，向服务人员指名要购买某种商品	服务人员要主动打招呼，按要求拿递商品，并迅速展示
半明确型	顾客有购买某方面的商品欲望，但未确定具体购买目标。进店脚步缓慢，目光较集中，观看商品既表现出兴趣，又有所思考	尽量让顾客多了解商品，认真介绍，站在顾客角度帮助挑选，促进顾客的购买决定
参观型	无购买目的。进店后目光不集中。常常结伴而来，边说边看，对商品品头论足	服务人员表示欢迎，对顾客提出的问题给予热情、耐心的回答，使顾客产生良好印象，树立企业形象

第五节　营业环境服务质量体系

经营单位建立一整套服务质量体系，是现代企业经营管理发展的必然，也是行之有效的经营方针。建立服务质量体系的近期目的是提高消费者的满意度，远期的目的是得到消费者的高度忠诚。营业环境的服务质量体系，包括基本要素建构、服务质量标准和服务质量监测研究 3 个方面。

一、营业环境的服务质量要素

营业环境服务质量的基本要素，主要包括 7 个方面。

1. 营业环境形象特征

（1）营业环境开业年限；

（2）营业环境知名度；

（3）营业环境目标市场；

（4）商圈的渗透程度等。

2. 经营特征

（1）经营定位；

（2）经营目标；

（3）经营方式等。

3. 商品特征

（1）品种的丰富程度；

（2）商品的质量状态；

（3）商品的适应性；

（4）商品的更新性；

（5）商品品牌的辐射力等。

4. 价格特性

（1）售价水平；

（2）质价符合程度；

（3）与竞争价格的距离等。

5. 服务特征

（1）服务人员的行为标准化；

（2）服务人员的态度；

（3）服务人员的业务知识与技能；

（4）服务人员的语言仪表；

（5）服务方式与服务便利的提供；

（6）维护消费者利益的程度等。

6. 环境设施特征

（1）营业环境外观；

（2）营业环境内景设计；

（3）服务设施设置；

（4）商品陈列；

（5）货位布局等。

7. 促销要素

（1）广告促销手段的使用；

（2）新闻宣传；

（3）商品信息传播与频率等。

二、 标准化服务质量体系

标准的服务质量体系,应当参照 GB/T 19004-2000（或 ISO9004）系列,并依据不同行业、不同经营者自身的特点制定相应的规章制度。经营者针对内部不同的岗位还应该规范相应的行为要求。

如下仅列举服务行业中的礼仪服务和收银人员两种岗位,说明其标准化用语与行为规范。

标准的礼仪服务,一般包括如下 11 条：

（1）待客要认真、亲切；

（2）不要让顾客久等；

（3）亲切地回答顾客的招呼；

（4）不要用手对顾客指指点点；

（5）不能因忙而用嘴、下巴等不适宜的方式作指示,也不可用手中的笔指引方向；

（6）遇到熟人不可过分热情,不可大声使用过分亲昵的称呼；

（7）远距离观察顾客,随时做好协助顾客购物的准备;

（8）不论顾客是否在场,不要在店内评论顾客的行为;

（9）不说粗话,绝不可以与顾客、同事及其他职工吵架、打架;

（10）工作中不得有嚼口香糖、其他食品等行为;

（11）工作期间不得有酒气等。

有些经营单位还要加上如下 3 条,避免服务人员过分的"热情"给营业气氛造成不良影响。

（1）不要长久盯着顾客的眼睛;

（2）不要因为顾客的服饰及购买商品不同而分别对待;

（3）不要说有意奉承顾客的语言等。

这些岗位的标准用语与行为规范作可以参考表 15-2。

表 15-2　收银人员的标准化用语与行为规范

步　骤	标准用语	配合动作
1. 欢迎顾客	欢迎光临	• 面带笑容,与顾客有目光接触; • 等待顾客将购物篮或是购物车上的商品置于收银台; • 将收银机的活动屏幕面向顾客
2. 商品登录	逐项念出商品及金额	• 用扫描头逐一拾取条码信息,并从显示屏上确认信息已经记录; • 或拿取商品,并确定该商品的售价及类别代号是否无误;将商品售价及类别代号正确地登录在收银机上; • 登录完的商品必须与未登录的商品分开放置,避免混淆; • 检查购物车底部是否还有未结账商品
3. 结算商品总金额,并告知顾客	总共××元	• 将空的购物篮从收银台上拿开,叠放在一旁; • 若无他人协助商品入袋工作,收银员可以趁顾客拿钱时,先行将商品入袋,在顾客拿现金付账时应立即停止手边的工作
4. 收取顾客支付的现金或信用卡	收您××元	• 确认顾客支付的金额,并检查是否为伪钞; • 将顾客的现金压在收银机的磁盘上; • 若顾客未付账,应礼貌性地重复一次,不可表现出不耐烦
5. 找钱给顾客	找您××元	• 正确找出零钱; • 将大钞放在下面,零钱放在上面,双手将现金连同发票交给顾客; • 待顾客没有疑问时,将磁盘上的现金放入收银机的抽屉,并关上
6. 商品入袋		• 根据同类商品入袋原则,将商品依次放入购物袋内
7. 诚心地感谢	谢谢! 欢迎再次光临	• 一手提着购物袋交给顾客,另一手托着购物袋的底部,确定顾客拿稳后,才可将双手放开; • 确定顾客没有遗忘的购物袋; • 面带笑容,目送顾客离开

三、服务质量监测研究

营业环境的服务质量监测是指使用科学的方法和手段,评价营业环境中的服务质量与服务质量标准之间的差距,促使经营单位改进提升服务质量,达到甚至超过标准化的服务质量水平。所谓的服务质量标准是在大量经验积累的基础上,经科学研究而制定的规范化服务质量操作体系。

经营单位监测服务质量的目的,是保持经营单位良好的服务质量水平,为消费者营造舒适、满意、方便的消费环境,以科学化的制度维持经营单位的良好形象,防止并禁止服务人员的不良语言或行为给顾客带来不满意的后果。

营业环境服务质量监测的要素,可以参照标准化的指标体系,也可以依据行业或企业的特点选择适合自身的监测体系。表 15-3 是零售企业(含批发[①])采用的服务质量监测要素,可供零售商业企业参考。

表 15-3　零售商业服务质量要素

分　类	项 目 描 述	得　分		问题记录	备　注
商品质量保证要素	• 保证商品实物质量符合相应的产品标准和国家法律法规要求; • 采购时明确商品的验收标准; • 只销售验收合格的商品; • 包装完好,标识清楚,随机资料和附件齐全; • 保证商品数量、型号、规格满足顾客的要求; • 不销售假冒、伪劣商品 (略)	1 1 1 1 1 1	0 0 0 0 0 0		
铺面外观要素	• 店外观整齐美观; • 玻璃擦拭干净; • 地板保持清洁; • 结账区整齐 (略)	1 1 1 1	0 0 0 0		
设施保证要素	• 温湿度控制适当; • 收银机正常; • 监视器正常打开	1 1 1	0 0 0		
商品布置要素	• 商品缺货现象不严重(偶尔缺货); • 商品标价无异常; • 商品排列整齐 (略)	1 1 1	0 0 0		
员工仪表要素	• 职员仪表整齐; • 服务态度良好,保持微笑服务; • 待客语言运用得当,符合标准 (略)	1 1 1	0 0 0		
……	……				

服务质量研究,狭义的理解是指在科学的基础上探究服务质量的要素,建立服务质量体系,研究消费者对服务质量的反馈,将反馈结果用于服务质量体系的改进或调整等过程。广义的服务质量研究还包括制定相应的管理策略,实施服务质量管理。这里仅分析狭义的服

---

① 杨永华,张进. 企业质量管理及实施 ISO 9000 族标准实务[M]. 深圳:海天出版社,1999.

务质量研究。

　　上面提到的服务质量标准化体系,虽然可以参考国际标准的文件,但是这些标准化文件并不是企业实施服务质量管理的具体措施。企业必须依据自身的特点制定相应的操作性规范与实施条例。企业制定规范与条例的过程就是服务质量研究的过程。例如,传统的零售行业与电脑行业的商品销售存在较大区别,服装专卖店与药品专卖店的服务质量管理之间也存在较大差别。依据行业特点或企业自身特征来制定具体的规范与条例是必然的选择。

　　随着社会经济的发展,不同行业与不同市场的服务质量要素也在变化发展,需要研究人员观察社会生活的变化,以消费者为中心,总结新的服务质量要素,为经营者制定新的策略提供决策依据。

　　例如,国内专家在研究大型商业服务质量要素时,发现可以归纳为 5 点:保证因素、有形因素、售后服务因素、方便因素和可靠因素。其中顾客对可靠因素的要求最严格。而在建材行业,服务质量要素包括供货因素、人员能力因素、礼仪因素、包装因素和商品信息因素,其中顾客对供货因素的要求最严格。[①]

　　胡渺以方便取样的方式调查北京地区百货商场的品牌形象因子构成[②],发现了 8 个因子构成,分别是商场环境、商品与促销、评论与口碑、商场便利性、交通距离、装饰设计、会员制度和营业配套,因子累积值为 67.09%,如表 15-4 所示。

表 15-4　北京地区百货商场品牌形象因子构成

因子 1:商场环境		因子 2:商品与促销	
因子 1 构成	贡献率	因子 2 构成	贡献率
过道/购物区域的宽敞	0.717	商场促销价格的吸引程度	0.600
商场布局的流畅方便	0.716	商场促销价格的可信程度	0.561
商场内指示标牌准确醒目	0.712	促销形式的多样化	0.522
商场内卫生间干净整洁	0.709	商场的商品价格档次	0.391
商场专柜的设计	0.689	商场的商品质量	0.353
因子 3:评论与口碑		因子 4:商场便利性	
因子 3 构成	贡献率	因子 4 构成	贡献率
人们对商场的评论与口碑	0.514	商场退货、换货速度	0.405
商场的名气	0.503	商场的停车位/免费停车时间	0.320
网络上对该商场的评价	0.496	商场内指示标牌准确醒目	0.263
商场服务员的推荐、建议	0.376	去商场的交通路线	0.254
商场会员卡制度	0.276	商场服务员的举止仪表	0.252

①　马谋超,徐金灿. 服务质量要素体系的探讨[R]. 中国科学院心理学研究所,1998.
②　胡渺. 北京地区百货商场品牌形象研究[D]. 北京:北京工商大学,2012.

续表

因子5:交通距离		因子6:会员制度	
因子5构成	贡献率	因子6构成	贡献率
去商场的交通路线	0.631	商场会员卡制度	0.458
商场离自己的距离	0.562	商场停车位/免费停车时间	0.331
商场的名气	0.411	商场退货、换货速度	0.299
人们对商场的评论与口碑	0.399	商场的商品款式	0.277
网络上对该商场的评价	0.367	商场的商品品种数量	0.247

因子7:装饰设计		因子8:营业配套	
因子7构成	贡献率	因子8构成	贡献率
促销主题的特色	0.362	商场的营业时间	0.331
促销形式的多样化	0.331	网络上对该商场的评价	0.253
商场服务员的推荐建议	0.305	商场会员卡制度	0.251
商场楼体外形装饰设计	0.291	寄存/餐饮/休闲等配套服务	0.239
商场内部装饰风格	0.282	商场的大品牌数量	0.234

北京作为我国向国际社会开放的重要窗口,购物区域的宽敞程度、商场布局的流畅程度、指标标牌的准确醒目程度、卫生间的干净整洁程度等,是构成北京地区百货商场形象的重要组成部分,这一研究结果对于改善北京地区的百货商场形象具有参考价值。

李帅在北京地区以方便取样方式调查小汽车4S的服务质量体系[①],发现影响4S店服务质量的前6个因子分别是服务质量、价格与交通、安全保障、环境装饰、会员激励、省时便利,因子累积值为51.9%,如表15-5所示。

表15-5　小汽车4S店服务质量因子构成

因子1:服务质量		因子2:价格与交通		因子3:安全保障	
因子1构成	贡献率	因子2构成	贡献率	因子3构成	贡献率
服务资质	0.782	促销活动	0.773	投保便利	0.806
价格明示	0.708	价格优惠	0.667	投保价格	0.614
人员稳定	0.659	商业氛围	0.659	试乘试驾	0.582
预约服务	0.647	交通便利	0.611	出险便利	0.492
服务技能	0.572	休息设施	0.608	保养提示	0.492
代客年检	0.507	出行提示	0.424		
投诉管理	0.470				

① 李帅. 小汽车4S店品牌形象实证研究[D]. 北京:北京工商大学,2010.

续表

因子4:环境装饰		因子5:会员激励		因子6:省时便利	
因子4构成	贡献率	因子5构成	贡献率	因子6构成	贡献率
展厅环境	0.824	续购优惠	0.843	停车便利	0.806
展厅氛围	0.811	会员制度	0.600	堵车情况	0.614
广告宣传	0.720	车主培训	0.392	代步车	0.582
建筑外观	0.492	主题活动	0.286	救援服务	0.492
展车附件	0.399			假日修车	0.366

　　这6个因子中除了价格与交通因子有些复杂之外,其他5个因子能够较好地解释小汽车4S店的服务质量体系,如服务资质、价格明示与优惠、投诉管理等因素,对于经营者改善服务质量具有参考意义。

第十六章　网上消费心理

　　网络改变了消费环境,网上消费的比重越来越大,未来必将与网下消费相媲美,一些商品或行业甚至只在网上交易,这是技术革命带来的无可逆转的大趋势。本章简要介绍网上消费心理的基本特征。

第一节　网店类型

政府部门的统计数据显示，2015 年的中国网上零售市场交易规模已经达到 3.87 万亿元人民币，约占我国社会消费品零售总额的 10.8%，增长率高达 33.3%，依然维持高位增长，已经成为中国经济发展结构中一股重要的力量。

网上消费包括 PC（个人电脑）端和移动端，两种方式的基本特征一致，操作方式稍有不同。相同点是：信息与实物分享，信息传播、交易支付等功能集成一体，跨越时空限制。不同点是：PC 端信息传播界面宽广，移动端当前界面窄小；PC 端位置固定，移动端携带方便，位置不固定。

各类风格不同、界面不一的网店，其实主要有两种设置方式：一种是自动式的，依靠大型网络平台来设置；另一种是自建式的，网店自身组织技术力量设置制作发布并运营。

自助式网店依靠网络平台建设，使用网络平台的模板，网络平台便于统一管理。自助式网站的建设成本较低，因为使用网络平台的模板，搭建速度快，商品信息和主要内容往模板中套用即可快速实现网络店面的效果。网店依托网络平台，销售回款结算相对安全，网店不需要与银行独立签订结算协议。对于网民而言，最大的好处是可以同时对比同一类别不同品种的商品。

自助式网站的缺点是模板化、模式化，千店一面，不容易实现个性化难度大的网络界面，如首页设计等。

相对而言，自建网店的诸多特征与自助式网站完全相反，其优点是可以完全实现个性化的网页设计，任何难度的设计都不是问题，那些赏心悦目的网店基本上是依靠自建式途径来实现的，如图 16-1 中的对比。自建式网店的问题是其设计、维护成本会上升，运营管理成本也会增加，顾客与网店结算必须经过第三方机构，信用成本也会增加。

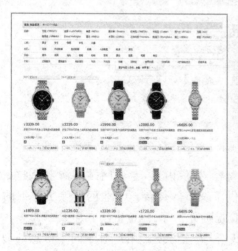

图 16-1　自助式网店界面与自建网店界面对比（网络合成图片）

当然技术手段可以解决两者之间的问题。在自助式网店界面上设置特定的链接,将消费者引导到自建网店来观赏精美的产品演示,强化消费者对品牌的信赖,同时在自助式网店下单,以得到更多的价格优惠,这些办法十分有效。

第二节　网上促销

网上促销是各类促销策略的集大成者,涉及界面设计、内容管理、价格控制、网站运营、交易结算等工作。这里简要介绍几个关键因素,如搜索引擎、网上演示、社区引导、数据挖掘等。

一、搜索引擎

搜索引擎是人们获取信息的门户。从搜索引擎搜索出来的首页内容,对于消费者起着先入为主的作用,已经成为消费者了解消费信息、了解品牌的重要入口。

搜索引擎经营者的实力十分强大,自身也开始经营网络内容,并且将网络内容与广告推广等形式结合起来,其中搜索引擎的竞价排名一直受到学术界的指责。

搜索引擎的关键词分析是洞察消费者信息渠道的重要线索。如图 16-2 所示是网络上搜索玉兰油的关键词。分析这些关键词及其排序,即可掌握消费者关注的重点,为品牌定位与广告信息发布提供依据。

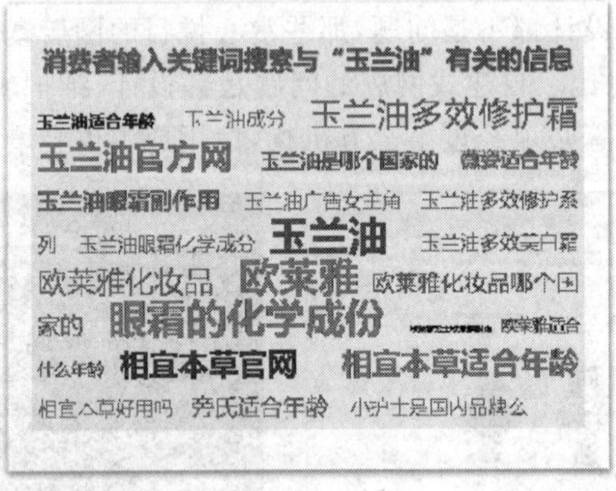

图 16-2　通过分析搜索引擎的关键词来了解消费者关注的重点(来源:百度)

专业网站与门户网站不同,它自身生产内容、提供内容,专业网站如淘宝、京东、汽车之家等有海量的储存空间,为充分展示品牌提供了宽广的舞台。专业网站除了详细的图文介绍,还包括商品功能演示、团队介绍、用户体验视听分享等,信息生动有趣。

门户网站是搜索引擎、专业网站的高度集合,大大方便了用户对于同类信息的搜索。消费者可以轻松地进入习惯的网站。

二、 网络社区与论坛

　　网络社区是因为同一主题和共同的兴趣爱好而集合形成的一群网络访问者,它是社区网络化、信息化的形态表现,包括 BBS/论坛、贴吧、公告栏、群组讨论、在线聊天、交友、个人空间等社区形式。网络社区已经成为消费者交流消费体验、传播消费信息、演示产品性能、增强品牌凝聚力的社交平台。

　　论坛是网络社区的常见形态,是网络用户尽情发表意见的理想空间,成员之间交流互动性强,信赖度高。网络论坛在传播商品信息、凝聚社区人气方面具有强大的影响力。如图 16-3 某汽车网站上的自驾游论坛,汽车爱好者把自己的亲身体验与心得分享给网友,同时也把这种充满动力与激情的消费乐趣融入了汽车品牌文化之中。在这些用户的心目中,汽车不仅仅是一种运输工具,更是延展生活空间、提升生活品质的重要载体。

图 16-3　某论坛中的体验分享

　　专业网站上的论坛云集了大量高度忠诚的用户群,他们对消费需求津津乐道,对产品了如指掌,对品牌缺陷心知肚明,乐于交流、乐于评论。这些用户群之中经常出现网络意见领袖。网络意见领袖在他们的兴趣领域积极主动地传播消息和表达观点,凭借他们的言论质量和信息发布频率等优势而成为网络舆论的引导者,对其他网民施加个人影响。其中有一种经济目的型的网络意见领袖,他们受经济利益驱动而积极使用网络网交流平台发表言论和展示自我。这些人又分为两种类型:一是受雇于某些网络公关策划团体,在网络上通过事件策划和舆论引导手法让他人知晓和关注某些特定信息,从而达到宣传人物、品牌或产品的目的的那些人;二是想借助网络社会的影响力满足其盈利目的的活跃个体,如那些期望凭借高点击率来获取广告商青睐的个别活跃博客,以及借助网络论坛广泛的社会关注度来推销个人文学作品的部分论坛活跃分子。经济目的型网络意见领袖的传播行为都是为了商业利益或一己私利。① 由于网络提供了一个相对平等和自由的言论空间,网民接受信息的自由度得到了前所未有的释放,信息获取变得更加容易,网络意见领袖的言行利弊相当,总体上讲,他们的帖子对于其他消费者选购品牌具有参考意义。

---

① 　陈然,莫茜. 网络意见领袖的来源、类型及其特征[J]. 新闻爱好者,2011(12):6-7.

范钧回收了 250 份问卷,以研究网络上虚拟的品牌社区互动对顾客行为的影响,归纳出影响因素 28 个,合并因子 7 个,如表 16-1 所示,分别是双向交流、顾客参与、联合解决、价值观社会化、人际关系社会化、知识技能社会化、顾客公民行为。[①]

表 16-1　网络品牌社区互动的影响因素

影响因子	测量子项
双向交流	社区对我的问题和建议提供及时的反馈
	我和社区之间有着频繁的交流
	我和社区之间的信息交流非常公开
顾客参与	我经常参与社区成员间的互动
	我经常参与社区中的讨论
	我经常参与社区的管理活动
	我经常参与社区组织的各种活动
联合解决	我经常和社区成员在一起解决问题
	我经常和社区就某一主题进行正式交流
	我经常和社区合作找到解决问题的方法
价值观社会化	我认同社区品牌的文化
	我对社区的价值观表示认同
	我认同社区的管理理念
人际关系社会化	当我遇到困难或情绪低落时,社区会关心我
	我和社区管理人员之间相处融洽
	我和其他社区成员之间相处融洽
知识技能社会化	我了解产品使用的相关知识
	我了解服务的相关流程
	我知道如何处理产品使用中可能出现的问题
顾客公民行为	我会向他人推荐该品牌的产品
	我会向他人展示我拥有该品牌的产品
	我会参与该品牌社区组织的活动(试用/体验等)
	我会对产品瑕疵或服务失败表示谅解
	我能够体谅特殊原因(如快递延误等)造成的问题
	我会向品牌社区提供改进的建议
	当有问题发生时,我会向社区或企业反馈意见和建议
	我会帮助或管理社区中的其他顾客

双向交流对顾客价值观、人际关系和知识技能社会化均有显著的正向影响。作为虚拟品牌社区的建设者和管理者,企业应不断完善网络互动平台,提高社区网站的易用性和有用性。例如,网页界面设计美观简洁、内容丰富、布置合理,以利于顾客快速找到所需的信息;充分利用在线客服,加强与顾客的主动沟通和交流等。

① 范钧. 虚拟品牌社区互动对顾客公民行为的影响[J]. 商业研究,2014(2):74-81.

顾客参与维度对顾客价值观、人际关系和知识技能社会化均有显著正向影响。企业应当建立良好的激励机制，强化顾客参与行为，提高顾客参与的意愿和频率。例如，采取更加优惠的价格折扣、积分兑换、积分抽奖等有形的物质激励，以吸引顾客积极发帖、回帖、参与话题讨论、参加社区活动等；授予会员荣誉称号等无形的荣誉激励，以提高顾客的参与自豪感和社区归属感，强化顾客的参与意愿和活跃度。

联合解决维度对顾客价值观、人际关系和知识技能社会化均有显著正向影响。要通过在线引导系统或虚拟服务系统，开展顾客新产品体验活动。应及时处理顾客的抱怨和投诉信息，探索各种激励措施和制度安排，鼓励顾客在虚拟品牌社区里与企业开展深入合作和广泛交流，为企业出谋划策，探讨问题解决方案（如小米品牌社区），共同解决产品和服务中存在的各种问题和缺陷。顾客之间在共同解决问题的过程中，彼此互动而且有更加深入的交流，能够培养相互之间的良好信任合作关系。一些顾客在互动过程掌握了更多的产品、服务技能。

在新产品研发过程中，论坛为搜集消费者意见提供了紧贴用户的互动平台，产品设计过程可以最大限度地、精准地搜集消费者的想法，尽情地吸引潜在操作体验者。因为一部分消费者参与了产品的设计过程，而且消费者的不少想法在产品性能中得到了体现，这些消费者在购买品牌、拥有品牌的过程中也得到了心理上的满足，他们是品牌推广的坚定忠诚者，也是热情传播品牌形象的积极参与者。

小米公司的手机产品研发是消费者参与产品开发的典型案例。小米公司建立多个论坛作为用户参与产品开发的平台，即官方专区、产品专区、玩机综合区、我是米粉、服务专区等。为了培养领先用户，小米为用户提供了产品知识的相关培训，超过 2 000 名工程师每天浏览小米论坛，在论坛上与用户直接沟通互动，及时反馈用户反映的问题与需求。论坛中设置了投票按钮，供用户针对产品需要改善的需求或痛点进行投票。公司每年举办产品设计大赛，邀请用户对产品概念进行甄选、定制产品功能和细节。公开举办 1 元公测活动，用户递交申请并支付 1 元费用，就有机会测试小米的新产品，并在规定时间内，提交新品使用体验或测试报告。[①] 图 16-4 展示了网络用户与商家的参与式互动。

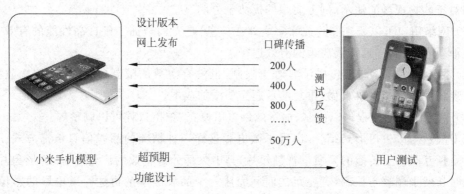

图 16-4　小米手机设计与用户网络互动示意图

---

① 陈以增，王斌达. 大数据驱动下顾客参与的产品开发方法研究[J]. 科技进步与对策，2015(5)：1-6.

论坛中还存在一些水军,他们发送大量的真真假假、真假莫辨的信息,对不明就里的消费者进行误导。除了立法系统的完善之外,主要应依靠消费者自身对于各种信息的全面掌握。通过多种渠道查找品牌信息、了解其他消费者的体验,多重对比、参照,可以识别水军的伎俩。

博客、微博和微信。博客的篇幅较长,可以自由发挥,有些博客在介绍商品故事的时候,讲得头头是道,这是博客的一大优势。但博客互动性稍弱,过长的博客篇幅不一定能够吸引网络用户的目光。微博的篇幅较短,只有 140 多个汉字,短小精悍,浏览速度快,传播及时,互动性好。但微博局限于相对封闭的网络结构里,不在"圈子"里的人,不能在第一时间得到信息。微信的网络结构与微博相似,也是相对封闭的"圈子",但信息内容的篇幅不受限制,比微博更具优势,少量的消费体验分享可以让"圈子"的人接受,过多的商业推广,会令人反感。商业性的微信公众号具有明确的商业推广功能,愿意加入这个微信公众号,表示愿意接受其中的商业信息推广,是一种获取商品信息的方式。微信公众号已经成为一种新型的传播媒体。

病毒营销传播。从一个有趣的起点开始,利用网络大众主动共享、免费分享的机制,快速高效地传播信息、形象、观念的过程。网络营销传播的速度快、效率高,类似于病毒的传播方式,它是企业传播商品信息的新型模式,一般不具有破坏性。对于消费者而言,病毒营销也是获得消费信息、了解品牌资源的有趣的渠道。

三、 网上演示

网上演示是由试用者或消费者演示产品的使用过程或使用效果,将演示过程及演示效果录制下来,在线上发布,以供浏览者观看的做法。

在当前的全媒体时代,演示视频已经成为人员轻松获取消费信息的重要渠道。专业性网站把网上演示作为视频内容的基本板块。

相对于购物现场的演示,网上演示的优势十分明显:

(1)网络用户可以看到图片或文字之外在信息,是人们全面了解产品性能的有效方式,是增强消费者信赖、加速购物决策的有效途径。

(2)网上演示在网络上传播没有时空限制,也没有次数的限制(电视广告按次收费,成本高),现场演示只能真事真做,重复演示还需要增加成本。

(3)网上的演示流程可以控制、演示效果可以修正、拍摄过程可以调整等。

网上演示与广告等形式结合,出现了微电影这样一种精美的品牌信息传播方式。微电影一般是指互联网上传播的高质量视频短片,其中大部分是企业的广告片、品牌形象片。微电影的时长便于调整与控制,有充足的时间完成一个品牌故事的讲述。微电影的影像质量较好,点播观看方便,效果测定也比较容易。这些微电影与专业网站结合,逐渐成为消费者获取品牌信息的一个重要窗口,如图 16-5 所示。

当前网上演示还存在一些技术难题,如网络传输的承载能力不足、视频浏览经常卡顿。观看视频演示必然需要浏览者付出相应的时间,它加速了人们生活和时间的碎片化现象。

图 16-5　汽车品牌通过微电影精致画面演示品牌信息（网络合成图片）

四、联合推广

联合推广起源于线下,如海尔家居集成有限公司与万达集团结成战略联盟,共同推出"万达—海尔"联合品牌,在万达的住宅房地产项目上,由海尔家居提供菜单式装饰、装修集成和室内电器等配套设施。网络平台兴起之后,联合推广也随之跟进,如汽车的专业网站上设置行车记录仪的频道,推广各类行车记录仪的品牌,服装的专业网站上设置首饰的频道,推广珠宝一类的首饰品,等等。这些都是联合推广的做法。

联合推广也可以称为合作营销,是指两个或两个以上的企业或品牌为达到资源优势互补、增强市场开拓能力,使用共同的平台联合起来,共同开发、利用、推广产品的市场行为,其基本特征是使用共同的平台,共同分担营销费用,协同进行营销传播、品牌建设、产品促销等活动。联合推广可以节省消费者搜索信息的时间或精力,对消费者的决策十分有利。大品牌之间的联合推广,消费者的信赖度本来就比较高,点击率和转化率相当乐观。

网络上实施联合推广有下面三个条件。

一是品牌之间存在消费关联性。在消费者心理特征中介绍过,消费者行为存在关联性,如服装与首饰消费存在关联性(职场上要求职业装与职场打扮、化妆协调);小汽车与旅游消费、汽车维修、汽车保险、行车记录仪存在消费关联性;电视机与电视节目资源、电影、电游娱乐存在关联性;等等。这些关联性的品牌之间进行联合推广,有事半功倍的效果。

二是品牌之间存在联盟关系。例如,同一集团之下的不同子品牌,进行联合推广可以节省营销费用,如万达集团之下含商业、文化、金融三大板块,拥有万达商业地产、万达广场、万达院线、万达电影、万达影视、飞凡、快钱等子品牌,在子品牌网站上交互链接,实施联合推广策略。这种做法与服务策略、价格策略结合,能够巩固一批固定的、高忠诚度的消费者。

三是品牌之间存在契约关系,通过你情我愿的合作方式,用自己的平台为对方营销助力。例如,爱奇艺与携程合作,爱奇艺提供平台传播携程的品牌形象和服务信息。如图 16-6 所示是酒类品牌与服装品牌的联合推广,通过大数据分析,可以掌握不同类别商品之间的网民浏览习惯的相关性,联合推广更有针对性。

图 16-6　合作关系的网络联合推广(网络图片合成)

五、线下推广

网络平台的发展如此迅猛,是否将完全取代营业现场的推广呢?答案是否定的。

许多商品仍然需要线下的现场推广与销售,虚拟的网络形式还不能完全代替人们的亲身感受。服装鞋帽产品穿着在身上的适贴感、首饰产品佩戴之后的效果、旅游过程的景观体验、汽车产品的驾驭感受、食品饮料的口感与回味等,都需要消费者在线下进行体验或感受,才能真正了解消费的乐趣。线下推广与网络推广一样精彩,线下推广是配合网络推广的不可缺少的环节,如图 16-7 所示。当然,经营者同时也需要面对一个难度,就是线下推广的费用明显大过线上。

2015 年中国电子商务研究中心的报告显示,30%的消费者在门店(线下)浏览商品时,会同时使用手机对商品的信息进行比较,比较之后,有 16%的消费者会在门店购买商品,29%消费者会在该商品的零售网店购买,还有 45%的消费者在浏览门店之后会从其他网店购买商品。这一数据从侧面反映了一种现象,线下的展示是向消费者传递信息不可缺少的渠道,但线下展示促成消费者在本店成交的比例不高。经营者必须有一盘棋的整体思路,门店的功能定位是展示,成交的定位在线上。

图 16-7　网上介绍与线下演示结合(网络图片合成)

六、网络顾客满意度

相对于线下的实体营业环境,网络平台的顾客满意度存在完全不同的维度。网络界面的美观程度影响注意力、界面主题影响品牌信息的传播效果、后台服务人员的沟通影响顾客的热情、发货到货速度影响顾客的选择、网上价格影响购买决策的速度、信息安全防范措施影响顾客的信赖等。

有学者用探索性因子分析法研究网络环境下顾客信任的影响因素①,结果共提取 7 个因子。这 7 个因子正向影响网络消费环境下的顾客信任,分别是商家能力、商家声誉,顾客的动机、态度和满意度、顾客与商家交易互动中的沟通状况、顾客感知价值。

该学者基于这一研究提出:在网络消费过程中,顾客信任的主要影响因素是商家自身的能力、顾客与商家交互过程的效果质量。其中商家能力所反映出来的自身技术能力、产品信息、专业水平和为客户解决问题的能力,在顾客消费过程中起着关键作用。商家声誉、顾客与商家的沟通状况,是顾客信任的必要非充分条件。因此他认为:有效提高顾客的信任水平,是商家与网络消费管理者实施以消费者为中心的战略导向需要解决的首要问题,在营销环节应当持续强化并提升顾客信任度。例如,在产品展示与宣传方面,对产品的品牌知识、功能、详细参数、差异化等方面作出详细的描述与介绍,特别是在网络消费这一特殊平台条件下,产品图片的精美与丰富、介绍的翔实与真实、为不同客户群体定制化的可能等方面,都是直接影响顾客信任的关键环节。顾客与网络商家(或商家客服人员)的交互过程中,商家对于产品知识、技术、服务条件和特殊要求等相关信息的掌握程度、细致程度和满足指数,都

---

① 杨锴等. 网络消费环境下顾客信任的影响因素研究[J]. 现代管理科学,2013(10):112-114.

会在很大程度上进一步影响顾客的满意度与感知价值。商家声誉与服务质量是达成交易的有效条件,在商家能力、沟通效果、顾客满意和感知偏低的情况下,商家声誉和亲切的服务可以起到事倍功半的作用。

有学者探索了网络平台上的顾客满意度评价。张圣亮等人研究网上购物的顾客满意度影响因素[①],共提取了6个因子,当前消费者对于网上购物比较满意的是交货速度、网站质量、产品价格和产品质量,满意度相对较低的是互动质量、卖家信誉,如表16-2所示。其中女性购买者比男性购买者对于产品质量和互动质量有更高要求,高收入地区购买者比低收入地区购买者对于网上购物的总体满意度要求更高。

表 16-2　网上购物顾客满意度影响因子

提 取 因 子	具 体 条 目
网站质量	1. 有安全防范措施; 2. 搜索服务好; 3. 支付方式有安全保护; 4. 保护交易及个人信息; 5. 服务器速度快; 6. 能很快找到相关产品; 7. 支付手段灵活
互动质量	1. 主动介绍注意事项; 2. 耐心沟通; 3. 热情诚恳; 4. 主动介绍安全防范措施; 5. 及时回答问题
产品质量	1. 与实体店所售产品一致; 2. 货真价实; 3. 与卖家介绍一致; 4. 符合预期
卖家信誉	1. 有售后服务承诺; 2. 有退货保障; 3. 有产品质量承诺; 4. 有良好评价记录
产品价格	1. 比实体店便宜; 2. 顾客能够接受; 3. 符合顾客预期; 4. 比其他网站便宜
交货速度	1. 交货速度; 2. 交货速度符合预期; 3. 在承诺时间送达

① 张圣亮,李小东. 网上购物顾客满意度影响因素研究[J]. 天津大学学报(社会科学版),2013(3):109-115.

七、 网络消费者数据库挖掘

网络平台的经营者通过网络技术自动采集网络浏览者的信息，自动形成消费者数据库。这类数据库体量大、与品牌的关联度高、信息随时更新、应用价值广泛，对于追踪消费者心理、研究消费者习惯、把网页浏览点击转化为品牌购买行为、研究竞争品牌的效果等，都具有无可比拟的便捷性。

（一）网络数据库

网络平台上的消费者数据库已经发展出完整的管理系统，消费者一旦上网，即可自动收集存储数据。在网络用户浏览过程中，自动记录他们的基本信息；在购物支付完成之后，自动记录购物行为的全部数据。数据采集、录入、储存，均在后台自动进行，操作人员应用这些数据库，形成数据报告。图 16-8 是消费者数据库结构示意图。

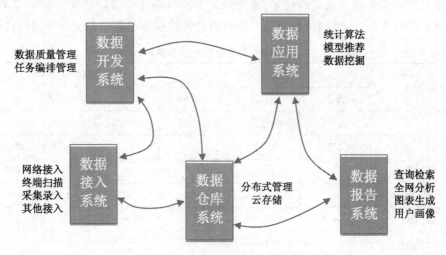

图 16-8　消费者数据库示意图

网络平台上的消费者数据库主要包含如下信息：

（1）网络登录名；

（2）登录 IP 地址；

（3）登录起始时间点；

（4）退出登录时间点；

（5）浏览网页网址；

（6）浏览网页的品牌名称；

（7）点击网页品牌（宝贝）名称；

（8）购物车保存品牌（宝贝）名称；

（9）购买品牌（宝贝）名称；

（10）购买品牌（宝贝）数量；

（11）购买品牌（宝贝）金额；

(12) 满意度评价值;

(13) 发表评论文本;

(14) 分享推荐品牌(宝贝)名称;

(15) 分享推荐网页网址;

(16) 投诉品牌(宝贝)名称;

(17) 退货品牌(宝贝)名称;

(18) 退货品牌(宝贝)数量等。

(二) 数据挖掘

充分利用、挖掘网络平台的消费者数据库,才能展示数据库的强大魅力。如下简要介绍消费者数据挖掘的基本思路。

1. 数据分类

分类是数据挖掘的基本功能,分类使得消费者特征描述趋于清晰,是对消费者的简单画像。分类是对现有消费者市场的描述,是预测未来的消费者市场的依据。表 16-3 将不同品牌的消费者的教育程度、性别进行分类。所有消费者数据库都能轻松实现分类的功能。

表 16-3　消费者数据分类演示　　　　　　　　　单位:%

购买品牌		受教育程度			性别		小计
		高中	大专	大学及以上	女	男	
雅戈尔	行%	6.3	62.5	31.3	50.0	50.0	100.0
	列%	4.2	12.0	5.9	14.3	5.4	8.3
红豆	行%	—	33.3	66.7	33.3	66.7	100.0
	列%	—	2.4	4.7	3.6	3.1	3.1
报喜鸟	行%	—	60.0	40.0	—	100.0	100.0
	列%	—	3.6	2.4	—	3.8	2.6
金利来	行%	—	60.0	40.0	—	100.0	100.0
	列%	—	3.6	2.4	—	3.8	2.6
观奇洋服	行%	12.5	25.0	62.5	12.5	87.5	100.0
	列%	4.2	2.4	5.9	1.8	5.4	4.2
皮尔卡丹	行%	25.0	25.0	50.0	12.5	87.5	100.0
	列%	8.3	2.4	4.7	1.8	5.4	4.2
杉杉	行%	—	33.3	66.7	10.0	90.0	100.0
	列%	—	12.0	23.5	5.4	20.8	15.6

……

说明:行%是指数据分项占同类一行中的百分比,列%是指数据分项占同类一列中的百分比。

2. 数值比较

消费者群体经过细分之后,不同子群体的特征如何,可以通过平均值、中位数比较来进行分析,这对于判断各个细分市场的特征具有标示性的意义。

表 16-4 是不同年龄段的消费者在某食品口味方面的评价,表中的数值是消费者满意度评价的平均值比较,各评价维度在不同年龄阶段的差异清楚地显示出来,如辣味随年龄增大要求稍有提高(即满意度稍低),咸度方面随年龄增大要求稍有降低(即满意度稍高)。

表 16-4 数值比较可以细分小群体的消费特征

年　龄　段	辣 味	香 味	风 味	浓 度	咸 度	甜 味	余 味	稠 度	颜 色
20～24 岁	3.11	3.00	3.17	2.96	2.89	3.09	3.07	2.94	3.00
25～29 岁	3.10	2.70	2.90	3.00	2.50	2.90	2.90	3.30	3.00
30～34 岁	3.09	2.97	3.16	3.19	3.25	3.25	3.25	3.25	3.13
35～39 岁	2.81	3.13	2.88	3.19	2.94	2.88	3.25	2.81	3.00
40～44 岁	3.06	2.81	3.06	2.87	3.38	3.06	2.75	2.94	2.94

3. 特定数据分析

特定数据分析是按照特定要求对某一类消费者群体进行分析。消费者生日数据的提取与分析就是一种典型的特定数据分析。有些厂商在消费者生日当天或前一天向消费者发送祝贺与优惠信息,经常令其感动。此外,对特定品牌的消费者跟踪,对消费数量达到一定金额的消费者进行优惠反馈,对品牌社区的消费者实施特定的促销推广等,都可以按照特定数据分析的思路。

4. 数据图示化

除了将同类数据显示在坐标尺度上之外,将不同维度的数据组合在坐标图形上也是挖掘数据、展示数据的富有感染力的方式。

图 16-9 是服装品牌的价位与预购数量的坐标图,清晰地显示了 500～1 000 元的价位区

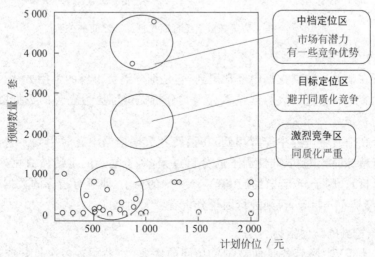

图 16-9 图示法分析竞争者与目标定位

间、1 000 套以内的预购量是竞争激烈的市场区域，1 000 元以上中档价位、4 000 套左右的用户群存在一个市场空间。1 000 元上下、2 000 套左右的预购量存在一个空档市场，是经营者设定的目标定位区域。

5. 关联分析

大数据时代之前，关联分析的经典例子是"啤酒＋尿布"，购买尿布的男性家长顺便购买啤酒的比率更大，两者呈现关联行为现象。大数据时代开启之后，经典的例子"食品＋育儿品"，一家零售电商给一个经常购买食品的女孩送去了一堆育儿用品，因为电商从数据分析出这个女孩已经怀孕了，而她的父亲并不知情。

依照过去的经验，消费者行为的关联性是有逻辑基础的。当人们购买一种商品的时候，会随之购买相关的另一种商品，购买小汽车的人必然购买汽车消耗品、汽车保险、车载娱乐商品等。事实上，除了这种逻辑上的相关性之外，消费者还存在一些非理性的、没有逻辑顺序的，甚至是冲动性的消费。这些消费行为难以用过去的逻辑关系分析出来。而在大数据时代，可以轻松地用大数据技术中的关联分析显示其非理性的行为，因为数据分析软件不必考虑人脑思维的逻辑顺序，只是分析数据之间的关联性。图 16-10 通过图示化的数据显示，可以分析高比例品牌之间的关联性。

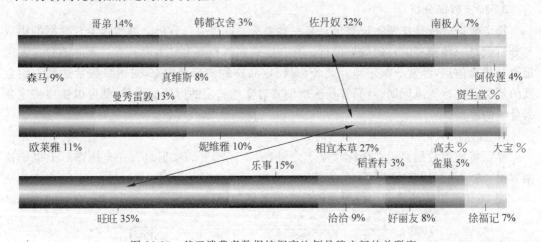

图 16-10　基于消费者数据挖掘高比例品牌之间的关联度

6. 聚类与因子分析

聚类分析在消费者数据挖掘中经常用到，它是细分消费市场的常用方法，在本书消费者群体分类的内容中介绍过。大数据技术为聚类分析提供了更为完善的数据资料，消费者分析的指标更为系统。

因子分析在消费者研究中经常用到，在消费者数据挖掘中有时用到。它是对复杂的消费者指标进行精练简化，提取共性因子的分析过程，对于复杂的事情做简化处理（有人称之为变量减法分析）。因子分析法的使用有一个特殊的要求，即所有指标的数据必须统一规制（或量表），如都是 5 分制等，否则进行因子分析有较大的难度。

（三）数据挖掘的其他指标

（1）浏览量（PV）：网店各页面被浏览访问的次数，如果顾客多次打开或刷新同一个页面,该指标值将累加。

(2) 访客数(UV):指定时间内网店全部页面被访问的总人数。同一顾客(一般是指同一 IP 地址,下同)访问只按一人计算。

(3) 浏览回头客:指定周期内(一般是 6 天内)同一顾客浏览网店当日再次浏览网店的人数。

(4) 浏览回头率:浏览回头客占网店访客总人数的百分比。

(5) 访问深度:顾客每次访问网店的页面数。

(6) 平均访问深度:顾客多次访问浏览网店页面数的平均值。

(7) 人均店内停留时间(秒):所有访客连续浏览访问店铺的平均停留时间。

(8) 点击量:所推广的宝贝在展示位上被点击的次数。

(9) 点击率:所推广的宝贝展现后被点击的比率(点击量/展现量)。

(10) 宝贝页浏览量:网店宝贝页面被浏览查看的次数,顾客每次打开或刷新一个宝贝页面,该指标相应增加。

(11) 停留时间:顾客打开网店最后一个页面的时间点减去打开该网店第一个页面的时间点(一般不包括只访问一页的顾客停留时间)。

(12) 平均访问时间:打开某宝贝页面到打开下一个宝贝页面(或离开网店)的平均时间间隔。

(13) 成交回头客:曾在网店发生过交易,再次及之后发生交易的顾客。

(14) 人均成交件数:全部顾客购买宝贝件数的平均值(宝贝成交件数/成交顾客数)。

(15) 人均成交笔数:顾客购买交易的平均次数(宝贝成交笔数/成交顾客数)。

(16) 客单价:成交支付金额/成交用户数。

(17) 客单价均值:指定时间内客单价的平均值。

(18) 支付率:成交支付笔数占下单笔数的百分比。

(19) 成交回头率:成交回头客占成交用户数的百分比。

(20) 成交转化率:网店成交顾客数占访客数的百分比。

(21) 全店转化率均值:指定时间内网店成交转化率的平均值。

(22) 宝贝页(促销)成交转化率:购买了参与宝贝促销活动的成交用户数占宝贝页访客数的百分比。

第十七章　消费者权益保护

　　本章介绍保护消费者权益的必要性、保护消费者权益的主要措施，以及消费者误区和消费者教育。

　　在强调保护消费者权益的同时，我们不应该忽视消费所带来的问题。现代经济的发展给消费者带来了永无止境的享乐，同时也常常使其陷入一些消费误区，引发环境或社会问题。

第一节　保护消费者权益的内容和措施

一、保护消费者权益的必要性

保护消费者的权益，主要基于如下理由。

（一）商品品种繁多，消费者难以认知

现代科学技术的发展丰富了我们的生活形态和生活内容，现实中已经生产的商品种类超过千百万种，消费者在众多的商品面前，难以分清所有商品的属性，因此，需要相应的规范与法律制度来保证商品的品质，从客观上保护消费者应得的利益。如果没有完善的消费者权益保护机制，产品质量或/和服务质量将难以令消费者满意。

（二）特殊商品需要特定的安全和品质保证

电子、电器、交通运输、食品、药品等商品，在安全性能方面存在许多潜在的、不安全的问题，消费者需要了解这些不安全的特性，掌握相应的操作方法，同时更需要以法律的手段对商品性能做出强制性规定，以保护消费者能够安全使用、健康使用，放心享受商品的价值。住房消费成为家庭消费中最大的消费支出，绝大多数消费者缺乏经验和必要的专业知识，健全的法律制度是保护消费者房产权益的必要条件。

（三）不法分子制假售假，坑害消费者

不法分子为了个人的私利，利用各种手段生产假冒伪劣商品，几乎可以达到以假乱真的地步，消费者很难识别商品的真正成分。

有些不法分子丧心病狂，以种种手段制造有毒有害的东西卖给消费者。我国多次出现不法分子使用工业甲醇兑水后当作白酒出售的事件，轻者导致消费者头晕腹疼，重者失明丧命。有的不法分子以有毒工业油漆桶来运输食用油料，食用者腹泻甚至中毒丧命。还有的不法分子从地沟里捞取食物残渣熬制"地沟油"卖给市场等，令人极为恶心。

（四）经营者不守规则，损害消费者利益

少数经营者利欲熏心，缺乏基本的职业道德，不遵守市场经营的规则，时常以缺斤少两（超市电子秤短秤，结算价超出货架标价等）、商场赠品竟要收费、高档礼品败絮其中、捆绑销售过期商品、散装食品存在二次污染、特价商品有价无市等手段欺诈顾客、坑害消费者。

有些商店挂着"全场商品 1～3 折"的醒目招牌，然而商品标价签上却没有写明原价，或者把原来价格为 100 元的商品提到 1 000 元，然后再打 2 折，变成以 200 元销售；有的商家使用自制的标价签，藏匿发改委（原物价局系统）统一监制的标价；有的商家虽然在货架上贴了少量的统一标价签，却将真正的销售价标在自制的五花八门的标价签上。这些做法都属于商业欺诈行为，需要用法律的手段予以制裁，以保护消费者的利益。

（五）经营者营销手段涉嫌违法

有些广告不遵守相关的法律、法规，涉嫌侵犯消费者的权益。例如，医疗广告用语不规范,使用大量非医疗用语进行夸张和渲染;广告中出现医生、患者、医疗机构的形象,并以其名义或者使用其推荐语进行宣传;广告中绝对化语言和保证或隐含保证治愈的用语较多,给患者和消费者造成误导;使用他人的医疗广告审查批号或虚构医疗广告审查批号发布医疗广告;变相发布违法医疗广告。

（六）利益集团损害消费者利益

由于我国特殊的经济发展道路,部分行业没有完全按市场规则运行,仍然存在垄断经营的色彩,形成了独特的利益集团,对消费者权益构成侵害。比较典型的是电信、电力、银行、铁路运输、医疗等行业,政府对经营者没有有效的制约机制,经营者没有直接的经营威胁,它们并不把消费者的权益放在第一位,侵害消费者利益的事情时常出现。最直接的两种侵害形式是价格偏高和乱收费,"店大欺客"也时有发生。

国家医疗管理机构不仅存在垄断行为,而且有意推卸管理责任,造成患者权益的保护机制失效。例如,卫生部门解释,医疗服务不是"3.15消费者权益日"质量检查的范围。这种偷换概念、变相推卸医疗事故性责任的做法,使得受到伤害的患者权益很难得到保障。

只有彻底打破行业垄断,引入竞争机制,给经营者创造相互监督、相互激励的局面,打破利益集团的垄断经营,使得它们不得不提高整体服务质量以求生存,才能从根本上建立保护消费者权益的机制。

二、 保护消费者权益的法律

《中华人民共和国消费者权益保护法》(1994年1月1日实施,2013年10月25日第2次修正)规定,我国消费者享有如下权益。

消费者在购买、使用商品和接受服务时享有人身、财产安全不受损害的权利。消费者有权要求经营者提供的商品和服务,符合保障人身、财产安全的要求。

（1）消费者享有知悉其购买、使用的商品或者接受的服务的真实情况的权利。消费者有权根据商品或者服务的不同情况,要求经营者提供商品的价格、产地、生产者、用途、性能、规格、等级、主要成分、生产日期、有效期限、检验合格证明、使用方法说明书、售后服务,或者服务的内容、规格、费用等有关情况。

（2）消费者享有自主选择商品或者服务的权利。消费者有权自主选择提供商品或者服务的经营者,自主选择商品品种或者服务方式,自主决定购买或者不购买任何一种商品、接受或者不接受任何一项服务。消费者在自主选择商品或者服务时,有权进行比较、鉴别和挑选。

（3）消费者享有公平交易的权利。消费者在购买商品或者接受服务时,有权获得质量保障、价格合理、计量正确等公平交易条件,有权拒绝经营者的强制交易行为。

（4）消费者因购买、使用商品或者接受服务受到人身、财产损害的,享有依法获得赔偿的权利。

（5）消费者享有依法成立维护自身合法权益的社会组织的权利。

（6）消费者享有获得有关消费和消费者权益保护方面的知识的权利。消费者应当努力掌握所需商品或者服务的知识和使用技能,正确使用商品,提高自我保护意识。

(7)消费者在购买、使用商品和接受服务时,享有人格尊严、民族风俗习惯得到尊重的权利,享有个人信息依法得到保护的权利。

(8)消费者享有对商品和服务以及保护消费者权益工作进行监督的权利。消费者有权检举、控告侵害消费者权益的行为和国家机关及其工作人员在保护消费者权益工作中的违法失职行为,有权对保护消费者权益工作提出批评、建议。

根据我国对消费者权益的具体规定,消费者在受到损害时,应该及时以多种方式保护自身的权益。包括:

(1)消费者在购买、使用商品时,其合法权益受到损害的,可以向销售者要求赔偿。销售者赔偿后,属于生产者的责任或者属于向销售者提供商品的其他销售者的责任的,销售者有权向生产者或者其他销售者追偿。

(2)消费者或者其他受害人因商品缺陷造成人身、财产损害的,可以向销售者要求赔偿,也可以向生产者要求赔偿。属于生产者责任的,销售者赔偿后,有权向生产者追偿。属于销售者责任的,生产者赔偿后,有权向销售者追偿。

(3)消费者在接受服务时,其合法权益受到损害的,可以向服务者要求赔偿。

(4)消费者在购买、使用商品或者接受服务时,其合法权益受到损害,因原企业分立、合并的,可以向变更后承受其权利、义务的企业要求赔偿。使用他人营业执照的违法经营者提供商品或者服务,损害消费者合法权益的,消费者可以向其要求赔偿,也可以向营业执照的持有人要求赔偿。

(5)消费者在展销会、租赁柜台购买商品或者接受服务,其合法权益受到损害的,可以向销售者或者服务者要求赔偿。展销会结束或者柜台租赁期满后,也可以向展销会的举办者、柜台的出租者要求赔偿。展销会的举办者、柜台的出租者赔偿后,有权向销售者或者服务者追偿。

(6)消费者通过网络交易平台购买商品或者接受服务,其合法权益受到损害的,可以向销售者或者服务者要求赔偿。网络交易平台提供者不能提供销售者或者服务者的真实名称、地址和有效联系方式的,消费者也可以向网络交易平台提供者要求赔偿;网络交易平台提供者作出更有利于消费者的承诺的,应当履行承诺。网络交易平台提供者赔偿后,有权向销售者或者服务者追偿。网络交易平台提供者明知或者应知销售者或者服务者利用其平台侵害消费者合法权益,未采取必要措施的,依法与该销售者或者服务者承担连带责任。

(7)消费者因经营者利用虚假广告或者其他虚假宣传方式提供商品或者服务,其合法权益受到损害的,可以向经营者要求赔偿。广告经营者、发布者发布虚假广告的,消费者可以请求行政主管部门予以惩处。广告经营者、发布者不能提供经营者的真实名称、地址和有效联系方式的,应当承担赔偿责任。广告经营者、发布者设计、制作、发布关系消费者生命健康的商品或者服务的虚假广告,造成消费者损害的,应当与提供该商品或者服务的经营者承担连带责任。社会团体或者其他组织、个人在关系消费者生命健康的商品或者服务的虚假广告或者其他虚假宣传中向消费者推荐商品或者服务,造成消费者损害的,应当与提供该商品或者服务的经营者承担连带责任。

三、 保护消费者权益的主要措施

对消费者权益的保护,主要分为三个层次:一是法律层次,这是保护消费者权益最具权威的形式;二是消费者监督层次,即通过消费者组织与消费者媒体保护自己的权益;三是个人行为层次的自我保护,即消费者个人通过协商、举报、投诉、诉讼等形式保护自己的消费权益。

(一) 法律手段

《中华人民共和国消费者权益保护法》是我国保护消费者权益的法律手段中最具权威性的法律形式。《中华人民共和国产品质量法》(1993 年 9 月 1 日实施),对消费者权益的保护起到了重要的作用。例如,该法明确规定:

(1) 在产品质量管理体制方面,国家参照国际先进的产品标准和技术要求,推行产品质量认证制度。企业根据自愿原则,可以向国务院产品质量监督管理部门或者国务院产品质量监督管理部门授权的认证机构申请产品质量认证。国家鼓励推行科学的质量管理方法,采用先进的科学技术,鼓励企业产品质量达到并且超过行业标准、国家标准和国际标准。对产品质量管理先进和产品质量达到国际先进水平、成绩显著的单位和个人给予奖励。

(2) 在产品质量控制方面,国务院产品质量监督管理部门负责全国产品质量监督管理工作。国务院有关部门在各自的职责范围内负责产品质量监督管理工作。县级以上地方人民政府管理产品质量监督工作的部门,负责本行政区域内的产品质量监督管理工作。县级以上地方人民政府有关部门,在各自的职责范围内负责产品质量监督管理工作。

(3) 国家对产品质量实行以抽查为主要方式的监督检查制度,对可能危及人体健康和人身、财产安全的产品,影响国计民生的重要工业产品以及用户、消费者、有关组织反映有质量问题的产品进行抽查。监督抽查工作由国务院产品质量监督管理部门规划和组织。县级以上地方人民政府管理产品质量监督工作的部门在本行政区域内也可以组织监督抽查。产品质量抽查的结果应当公布。法律对产品质量的监督检查另有规定的,依照有关法律的规定执行。

(4) 产品质量应当检验合格,不得以不合格产品冒充合格产品。

(5) 可能危及人体健康和人身、财产安全的工业产品,必须符合保障人体健康,人身、财产安全的国家标准、行业标准;未制定国家标准、行业标准的,必须符合保障人体健康、人身财产安全的要求。

(6) 在产品标志方面,禁止伪造或者冒用认证标志、名优标志等质量标志;禁止伪造产品的产地,伪造或者冒用他人的厂名、厂址;禁止在生产、销售的产品中掺杂、掺假,以假充真、以次充好。

(7) 在消费者监督权利方面,规定消费者有权就产品质量问题,向产品的生产者、销售者查询,向产品质量监督管理部门、工商行政管理部门及有关部门申诉,有关部门应当负责处理。保护消费者权益的社会组织可以就消费者反映的产品质量问题建议有关部门负责处理,支持消费者对因产品质量造成的损害向人民法院起诉。

除此之外,还有与消费者权益保护有关的法律、法规,如《侵害消费者权益行为处罚办法》《产品质量申诉处理办法》《中华人民共和国产品质量法》《中华人民共和国反不正当竞争法》《中华人民共和国城市房地产管理法》《化妆品卫生监督条例》《零售商品称重计量监督规定》《定量包装商品计量监督管理办法》《关于商品和服务实行明码标价的规定实施细则》等。这些法律、法规对于从大局上保护消费者的权益起到了重要的作用,消费者在要求自己的权益时,也有相应的法律依据。这些法律、法规随着经济形势的发展也在不断完善,如《中华人民共和国药品管理法》,2001 年 12 月 1 日正式实施新修订的《药品管理法》修订了大部分的内容,对市民普遍关心的药品制假售假、虚高定价、药品购销回扣等问题都作了详细规定,患者用药的质量保证会有一定程度的提高。

按照我国的有关法律规定,经营单位发生了损害消费者权益的问题时,应本着"谁经销谁负责"的原则来处理这些问题,即消费者在商店里面购买了商品,而商品的质量出现了问题以至于损害了消费者的利益,那么经营这一商品的商店首先要负主要的责任,并首先负责对消费者进行赔偿。如果经多方面的调查证实,商品出现问题的责任确实属于制造这种商品的生产者,要由经销单位优先予以协调解决,再由经销商与生产厂家联系,共同解决有关的责任问题。

(二) 消费者监督

消费者监督主要包括消费者组织、消费者投诉、消费者活动(如消费者权益日)、新闻媒体监督等方式。

按照消费者组织覆盖的范围,可以将其分为国际性消费者组织和国内消费者组织两种组织形式。

国际消费者联盟组织于 1960 年建立,这个组织具有独立性、非营利性、非政治性特点,其前身是欧洲经济合作组织的一个研究机构,经过了多次变革(原英文 International Organization Consumer Union,IOCU;现英文 Consumer International,CI)。2016 年的信息显示,国际消费者组织覆盖全球 120 个国家和地区,有 240 个消费者组织。

国际消费者组织的宗旨是,在世界范围内协助并积极推动各国消费者组织及政府努力做好保护消费者利益工作;促进对消费服务进行比较、试验的国际合作;促进消费信息、消费者教育和保护消费者方面的其他各种国际合作;收集、交流各国保护消费者法规及惯例;为各国家集团讨论有关消费者利益问题解决办法提供讲坛;出版有关消费者信息的资料;与联合国的机构及其他国际团体保持有效的联系,以起到能在国际范围内代表消费者利益的作用;通过联合国的机构和其他可行的方式,对发展中国家关于消费者教育和保护的发展计划给予一切实际的援助和鼓励。

国际消费者联盟组织解释的消费者权利有 8 种,分别是:

(1) 产品及服务能满足消费的基本需求的权利;

(2) 产品及服务符合安全标准的权利;

(3) 消费前有获得足够且正确的资讯的权利;

(4) 消费时有选择的权利;

(5) 对产品及服务表达意见的权利;

(6) 对产品或服务不满时获得公正的赔偿的权利;

(7) 接受消费者教育的权利;

(8) 享有可持续发展及健康的环境的权利。

1980 年国际消费者联盟组织主席安华·费沙(Anwar Fazal)提出了消费者的 5 种责任:

(1) 批判意识。消费者应当对所提供的产品和服务有批判意识。

(2) 行动责任。消费者在维护自己的权益得到公平处理时要有行动的责任。

(3) 社会责任。消费者应当关心其行为对其他居民的影响,尤其要关心社区中经济或社会地位处于弱势的群体。

(4) 生态责任。消费者应当高度关注其消费决策对物理环境的影响,选择更为和谐的、保护环境的消费行为来改善目前或未来的生活质量。

(5) 合作责任。消费者应当合作组成消费者群体或居民组织,以增强保护消费者权益的力量和影响。

1983 年国际消费者组织确定每年 3 月 15 日为消费者权益日。

中国消费者协会于 1987 年 9 月加入国际消费者联盟组织,成为正式会员。

中国消费者协会(China Consumer's Association,CCA)是国内保护消费者权益的重要组织机构,成立于 1984 年 12 月 26 日,现隶属于国家工商管理总局。其组织结构分为三级,即全国性消费者协会、地方性的消费者协会和地方性的消费者组织等。

接受消费者投诉,并协调解决消费者权益受损害的问题,是消费者协会的主要职责。

向全社会发布消费警示,是消费者协会保护消费者权益的一种辅助形式。借鉴国外消费者组织的成功经验,我国于 1998 年开始发布消费警示,将消费者协会的维权工作由事后调解提升到事先提醒,帮助消费者规避消费陷阱,正确、理性地消费。

评选不平等格式条款(即十大霸王条款),是消费者协会动用各类媒体维护消费者权益的一种形式。这些评选结果通过相关媒体大力传播,对于监督经营者减少损害消费者权益的行为有一定帮助。

相关新闻媒体的宣传报道,对于保护消费者权益起着十分重要的监督作用。一方面,相关新闻媒体将那些制假、售假、不依法经营的奸猾商贩曝光,提醒消费者不要上当受骗,防范自己的权益受到损害;另一方面,新闻媒体在一定意义上宣传积极、健康的消费方式,教育消费者识别合格商品的购物技能,倡导消费者购买质量满意的消费观念,这些方式有助于消费者主动地保护自身的权益。

(三) 消费者自我保护

法律上有一条不成文的习惯即"不诉不理",也就是说,当消费者的权益受到损害时,如果消费者本人不主动与经营者协商,或举报,或投诉等,法律一般不会自动行使保护消费者权益的责任。损害消费者权益的经营者一般不会主动地赔偿消费者权益上的损失,因此消费者自我保护显得尤其重要。

当消费者权益受到损害的时候,消费者应该通过下列程序来解决所发生的问题。

第一,与产品的销售者和生产者交涉,说明产品质量发生问题的所在,提供本人因为消费这种产品而受到损害的证据等。

第二,如果与销售者和生产者的交涉无效,应该向其上级主管部门及有关工商管理部门(如标准局、发改委、卫生部门等)反映具体的情况,请求他们帮助解决问题。还可以联系新闻媒体,通过新闻媒体的力量来威慑损害消费者权益的经营单位。

第三,如果上述部门因各种原因仍然不能解决好问题,消费者应该向所在地的消费者协会投诉。消费者协会接到投诉书之后,会将有关问题反映给所投诉的单位,被投诉的单位在规定的时间内必须做出相应的答复,确属销售者和生产者责任的,必须给出相应的解决办法。消费者协会也可以向政府部门转达这些投诉信件,由政府部门按相应的规定做出处理。如果消费者投诉的问题相当严重,消费者协会将派专人来调查事实。

第四,如果上述部门仍然不能解决问题,消费者直接向法院提出诉讼。消费者也可以不经过上述步骤直接向法院提出诉讼。

消费者应该注意,向任何单位投诉的时候,投诉书必须把投诉人的姓名、地址以及其他通信联系的方式,被投诉单位的名称、地址、所购买的产品名称、数量、规格、价格、受到损害的情况,与有关部门交涉的过程等,以明确清晰的文字表达出来。

消费者协会还提醒各位消费者,在征得协会的同意之前,不要把购买商品的发票、单据以及所购的商品交给所交涉的任何部门,以防丢失,给以后的协调和仲裁增加困难。

消费者的自我保护方式主要包括如下三种:

(1)协商。对于产品或服务不满意、不合适、轻微的非质量性问题,消费者可以自己与厂商联系,协商更换、退货、退款以及消费者损失的补偿等问题。如果能够达成满意的协议,双方都可以节省成本并减少代价。

(2)投诉。消费者的权益受到侵害后,消费者既可以与厂商协商,也可以直接向消费者组织、工商管理部门、新闻媒体等投诉,通过间接方式维护自己的消费权益。这种方式对于双方而言,需要花费一定的成本和代价,但是可以打击厂商的不良行为并提醒其他消费者保护自己的权益。

(3)诉讼。当消费者的权益受到侵害时,消费者以法律手段追回自己的权益,使用这种方式不因消费者权益受损害的轻重程度而定,任何程度的消费者权益损失都可以使用法律的手段来解决。当然这种方式对双方而言也需要付出相应的成本和代价,消费者使用法律手段必须准备必要的证据和材料。

在消费者权益自我保护的过程中,"王海现象"是值得研究的。"王海现象"的出现,是我国法律难以直接履行效力的时候,消费者不得不采取的一种自我保护办法。

有些人认为王海知假打假并获得赔偿是一种黑吃黑的现象,因为制假者的钱是黑的,所以王海打假实际上获得的是黑钱,并且王海知道制假者在销售假货,所以王海不是消费者。这是一种非常错误认识,鼓吹这种错误认识的人还包括一些行政干部,他们认为"打假"是工商管理部门的工作,不是消费者的事情。这种错误的认识经过媒体宣传之后,与制假售假者的嚣张气焰沆瀣一气,挫伤了一些消费者自我保护消费权益的积极性。

消费者有权利知道商品的真实情况,这种知情权的渠道在法律上并没有限定,可以是通过商场的渠道知道商品的真实属性,也可以是通过其他渠道知道商品的真实属性。

王海打假获得的赔偿(有人称此为打假"利润"),是法律范围内经过审判得到的一种赔偿。由于打假者是王海,所以这一补偿出王海领取,如果换了别的消费者打假,也是同样的道理。虽然赔偿的费用由造假者支付,但不能由此推断王海是在黑吃黑,如同政府没收造假者的财产不能推断政府是在黑吃黑一样。

第二节　消费者误区与消费者教育

在全球许多资源日益枯竭、环境问题越来越严重、社会消费越来越不平衡的背景之下，人们逐渐关注消费者误区、消费者责任与消费者教育的问题。

一、消费者误区的表现

消费者误区是指消费者在消费过程中存在不正确的，对环境对社会有潜在危害的，甚至违法的行为。

消费导致环境问题是有目共睹的问题，科学家普遍认为这是人类大量使用矿物质能源和不适宜的化学添加剂引起的，尤其是发达国家大量使用矿物能源，并向大气中排放大量的二氧化碳所致。

近几个世纪以来，地球上的许多物种已经被人类灭绝，有更多的物种被赶到濒于灭迹的边缘，这是人类过分消耗某些产品，或为了满足特殊的、不正常的需要而导致的恶果。

某些消费者的大吃大喝、铺张浪费现象仍然存在，对社会公德具有破坏性。一些官员的畸形的吃喝玩乐消费行为，也败坏了社会风气。因为大吃大喝而破坏珍稀物种的现象还时有发生。

所有这些现象促使人们考虑消费者的责任问题，并因此上升到学术研究的高度来探讨消费者的责任。

另外，东西方社会的发展出现了越来越严重的贫富差距，发达国家对发展中国家进行贸易性的资源掠夺，已经给发展中国家的持续发展造成了可怕的遗留问题。这些问题的产生除了技术与生产力方面的因素之外，消费方式的不同而引起的潜在社会危险也是一个主要因素，这也是研究消费者责任这一问题的原因。

归纳起来，消费者误区主要表现在如下方面。

（一）消费格局中存在的不公平现象

从宏观经济上看，表现为少数高消费国家耗费更多的资源；从消费行为上看，表现在少数高消费群体耗费更多的资源，造成了消费分布上的不公平、不合理。这样的消费格局很难说不是少数消费者对总体消费利益的一种损害。因为资源是有限的，而且许多资源是不可再生的，因此这种消费格局破坏了可持续性消费的"代内公正"的原则，是一种不公平、不合理的消费格局。

虽然个人收入是消费的基础，但是个人的收入绝对不等于个人的全部消费。尤其是当个人的收入大大超出社会平均水平时，高收入者必须向社会平均消费水平靠拢。减少贫富差距，并不是要将每个人的收入进行平均，那是落后的思想观念，但是讲究消费责任，实现财富消费方面的总体平均，是社会文明发展的方向。

认为高收入者的高消费能够带动整体经济的发展,这在实践上被证明是行不通的,在理论上是在引导一种错误观念的消费观念。历史的教训告诉我们,过度的贫富差距,是造成社会动荡的重要原因之一。因此,在个人财富与个人消费的问题上,不能把个人的财富等级完全等同于个人消费能力。人类社会是作为一个整体向前发展的,个人过分超常的消费行为,不符合共同发展的基本原则。

(二)非持续性消费浪费大量资源

现有非持续性消费模式,表现为对资源的无限制过度滥用,以及对环境的污染与破坏,消费者需要什么就开发什么,因为消费者需求具有重复性和无限性,于是产品的更新换代越来越快,产品的生命周期越来越短,对资源的开采与使用越来越滥,资源的浪费也越来越突出。过度的开发和过度地消费破坏了生态平衡、污染了环境,最终损害的还是消费者自身的利益。[①] 这类消费品包括非再生性纸制品、木制品、矿物性能源、花样繁多的合成化学品等。在能量消耗方面,发达国家占用了更多的消费比重。一些市场营销观念对这种"非持续性消费"起着推波助澜的作用。

这样的消费模式绝不是科学合理的消费模式,一味适应这种消费模式的营销活动同样不能很好地实现消费者总体利益、长远利益的增加。

(三)消费食用珍稀保护生物,毁灭生物多样性

食用珍稀保护生物,是违反国家法律和国际法规的行为,是对人类环境的一种摧毁和破坏,也是消费者缺乏消费责任的表现。存在这种消费行为的人普遍对其严重性认识不足。这个问题在全球范围内存在,在我国少数地区有一定的普遍性,包括猎杀国家明令禁止的珍稀动物,过量砍伐毁坏植被等。

因为每一个物种都是一个独一无二的基因库,具有无法估量的现实价值和潜在价值,保护环境、保护生物的多样性,就等于保护这些独一无二的基因库。在人类历史的最近 1 600年中,已有 700 多种有史料记载的动物灭绝。

一些科学家倡议,保护生态环境,保护人体健康,提倡文明生活,不吃野生动物;请嘴下留情,做一个文明的人,过一种文明的生活,别让滥捕乱吃野生动物成为一种社会公害和国耻。这些善良的建议难以迅速形成社会压力,强化国家的法制体系更具迫切性,而消费者自身的责任感和环境保护意识是保护环境的第一道闸门。

(四)个人消费缺乏环保责任

有些消费者购买商品后,随手遗弃包装材料。这些遗弃的东西中,以塑料薄膜对环境的破坏力最大,已被公认为"白色污染"。这些消费行为的不良后果已经对生态环境造成了严重的危害,生活环境质量遭到破坏。被遗弃的塑料薄膜在土壤中或水里不易分解,对陆上、河流及海洋生物的生存构成巨大威胁。自 1998 年 1 月 1 日起,我国许多地区禁止在农贸市场、集市、商业等网点销售、使用超薄型(厚度在 0.015mm 以下)塑料食品袋、购物袋、垃圾袋等(简称塑料袋);用于食品包装的塑料袋必须符合食品包装材料卫生标准,再生料生产的塑料袋不得用于食品包装;再生料生产的塑料袋用于其他包装的厚度需要达到 0.02mm。对

---

① 欧阳志远. 最后的消费[M]. 北京:人民出版社,2000.

违反通告,在规定期限后继续经营、销售(使用)超薄型塑料袋者,各有关部门依据通告严厉查处。

不负责任的消费行为还包括,在消费口香糖、香口胶、水果、小吃零食等商品时,随意丢弃残渣与剩余物等不良习惯,给环境造成污染。有些旅游观光客在风景点或旅游区随意丢弃包装袋等废弃物,污染了旅游景点的环境,甚至在名胜古迹、文物之上书写刻画,对这些名胜古迹或文物造成严重的污损。同随地吐痰一样,这些陋习受到文明人士的鄙视。

法律手段可以制止一些消费者的违法行为,而消费者自觉爱护环境、承担环保责任的意识,更具有无形的约束力。

(五) 愉悦类产品损害感官与身体健康

许多产品虽能对消费者产生感官满足,但是长期使用却对消费者产生了潜在的危害。为了满足感官的无穷欲望,产品愈加精益求精,"食不厌精,烩不厌细",美味佳肴带来了心脑血管疾病和肥胖症,目前心脑血管疾病已成为人类的头号杀手。过度适意的生活带来了人类自身素质的下降等。

某些快速食品、休闲商品、文化愉悦品、电子娱乐产品等,对消费者的感官刺激过分强烈,导致感官享受功能下降。有些人消费具有精神依赖或生理依赖的毒品,摧毁消费者的感官系统和神经功能,导致严重的生理问题和心理问题。IT 技术、互联网、移动通信的发展,对人们的生活形态产生了变革性影响,"大拇指族""低头族"成为城市居民的普遍风景,或大或小损害了身体的一些机能。

(六) 消费习惯中表现的落后现象

在一些快餐店用餐,人们按自己的需要点购食物,不会为了面子购买自己无力享受的多余食物,用餐之后自觉地将食物残渣放在托盘内,托盘堆放到清洁台上,因此餐厅里非常干净整洁,后来的用餐者不会面对乱七八糟的场面,这是一种文明的消费方式,消费者本人并没有付出过多的代价。而我国大部分的消费者,还没有主动清洁用餐环境的愿望(我花了钱,应该由餐馆来服务),也没有自觉维持用餐环境的行为,为了个人面子而超量点购食物的现象仍然普遍存在,不能消费的一扔了之,浪费现象比较严重。

(七) 个人消费缺乏社会责任

公共场所的吸烟行为,是典型的损人不利己、缺乏环保责任的消费行为,消费者个人获得了短时的享受,给自己身体造成了潜在危害,给周围的被动吸烟者造成了更为严重的生理性伤害和心理上的不舒服。在国内,公共场所的吸烟行为具有一定的普遍性,是国内比较典型的"缺德"消费行为。

移动通信技术给人们的沟通带来了太多的好处,但是这类东西的使用也有一定限制,通信管制范围内不得私自使用无线通信设备,如在演出过程中不要使用手机打扰他人观看节目等。有些人在演出过程中使用手机大声喧哗,给其他人带来烦忧。

豢养宠物是某些城市居民的一种爱好,对于少数老年人来说,可以减少晚年的孤寂。城市居民豢养宠物的违规现象比较普遍,尤其是不负责的豢养行为,是对其他人的一种伤害。有些人不收拾宠物的污秽物,影响环境卫生;有些人任凭宠物吠叫,影响左邻右舍的生活和学习;有些人以为宠物仅仅是个畜生,不加管制任其伤人。

爆竹消费虽然有着深远的文化背景，但是爆竹消费的危害性大，已经给消费者本人尤其是儿童消费者造成了巨大的伤害，对非消费者也是一种不尊重，对环境造成的污染更是不可忽视的。节日期间大量地消费爆竹，给需要上夜班、需要环境安静的人员造成了极大的困扰。我国部分城市强制性禁止居民个人消费烟花爆竹，有的地方实施集中燃放的方式以满足部分消费者的传统习惯要求，这样既维护了环境的美观与卫生，也减少了烟花爆竹给消费者本人造成的危害。但是，有些地方又开始解除禁放，除去这种消费陋俗任重而道远，许多消费者对尊重他人与保护环境并没有正确的认识。

消费行为的前提是消费者必须支付费用，因此，有些人认为个人的消费行为是自主自由的行为，不受任何因素的限制。这是自由主义思想的滥用，不管消费者是否自觉付费，消费行为本身并没有绝对的、无限制的自由。其一，付费的消费行为并不能保护商品本身的来源合法，那些污染环境、破坏他人生活环境、残忍地猎杀珍稀生物资源并出售制品的行为，可能也包含了付费收费的过程，但是这一过程的参与者均违反了相关的法律，要受到法律的限制。其二，有些消费行为不合乎社会公德的要求，如封建、迷信等消费现象，要受到社会公德的谴责。

二、 消费者教育

消费者教育（consumer education）是指有目的、有计划地对消费者传播消费知识，宣传消费观念，培养消费技能，交流消费经验，提高消费质量的活动。

消费者教育是一种社会性国民运动，目的在于引导消费者进行正确的、健康的消费，在消费过程中保护消费者应当享有的权利。

消费者教育活动一般由两个层次承担，即政府、社会团体和行业组织机构承担的消费者教育活动，以及由企业组织实施的消费者教育活动。其中政府和社会团体实施的消费者教育活动的主要目的，在于引导消费者进行正确的、健康的、有利于经济长期持续发展的消费方式，也包括引导消费者抛弃落后的、不健康的消费方式。这一层次的消费者教育，其基本内涵是分析消费者需要的合理性，从社会整体的、长远的利益来满足人们的消费需求。

政府的教育功能还在于培养消费者良好的社会风尚与行为标准等。政府的消费者教育活动可能为某些企业构筑良好的营销环境，也可能对某些企业构成一定的威胁。例如，我国政府规定，快餐行业必须淘汰使用一次性泡沫塑料盒，代之以一次性纸基快餐盒，目的在于减少一次性泡沫塑料盒造成的白色污染。这对于从事一次性泡沫塑料盒生产的小企业是一种限制性行为，是对企业生存机会的威胁，却给从事一次性纸基包装盒的企业提供了巨大的生产和发展机会。

有的专家认为，"消费道德"教育应早日进入高校课堂，根据大学生的年龄和消费行为的特点，以强调"合理与适度""量入为出"，有计划地消费，反对过度消费、高消费、超前消费。在中国，"再穷也不能穷孩子"的观念十分强烈，要钱给钱要物买物，这不仅导致部分家庭财政透支，还容易使孩子养成大手大脚花钱、贪图享乐的坏习惯。我们应借鉴西方"再富也不能富孩子"的做法，给他们营造一个适合的学习环境，让他们养成量力而行、自我奋斗的精神。

由企业组织实施的消费者教育活动,是指企业通过对消费者宣传新的消费方式、交流消费经验、培养新的消费技能等活动,达到促进该企业的产品销售的目的。

消费者教育已经成为部分企业营销活动的组成部分,在企业的营销实践中,消费者教育与广告、公共关系和销售促进活动(SP)混在一起。随着营销环境的演变与复杂化,消费者教育的重要性已经凸现出来,许多企业把消费者教育当作营销策略的组合之一。

消费者教育活动引导得当,对于消费者和企业双方面都有益处。如果基于错误的目的进行消费者教育,其效果会适得其反。厂商以错误的、违反科学常识的观点误导消费者的做法,可能欺骗一些科学知识水平较低的消费者,工商管理部门应予严厉查处。

主要参考书目

[1] 马谋超等. 品牌科学化研究[M]. 北京：中国市场出版社，2005.

[2] 彭聃龄. 普通心理学（第4版）[M]. 北京：北京师范大学出版社，2012.

[3] 管益杰，王詠. 现代广告心理学（第3版）[M]. 北京：首都经济贸易大学出版社，2012.

[4] [美]菲利普·科特勒，加里·阿姆斯特朗，洪瑞云，梁绍明，陈振忠，游汉明. 市场营销原理（亚洲版）[M]. 北京：机械工业出版社，2013.

[5] [美]菲利普·科特勒，凯文·莱恩·凯勒. 营销管理[M]. 王永贵，于洪彦，何佳讯，陈荣，张红霞，徐岗，译. 上海：格致出版社，2015.

[6] 林升栋. 消费者行为学案例教程[M]. 北京：北京师范大学出版社，2014.

[7] [美]德尔·霍金斯，戴维·马瑟斯博. 消费者行为学（第12版）[M]. 北京：机械工业出版社，2014.

[8] [美]唐·舒尔茨等. 重塑消费者——品牌关系[M]. 沈虹，郭喜，等，译. 北京：机械工业出版社，2015.

[9] [美]J. 保罗·彼得，杰里·C. 奥尔森. 消费者行为与营销战略（第9版）[M]. 王欣双，译. 大连：东北财经大学出版社，2015.

[10] [美]利昂·希夫曼（Leon G. Schiffman），约瑟夫·维森布利特（Joseph Wisenblit）. 消费者行为学（第11版）[M]. 江林，张恩忠，等，译. 北京：中国人民大学出版社，2015.

教师服务

感谢您选用清华大学出版社的教材！为了更好地服务教学，我们为授课教师提供本书的教学辅助资源，以及本学科重点教材信息。请您扫码获取。

≫ 教辅获取

本书教辅资源，授课教师扫码获取

≫ 样书赠送

市场营销类重点教材，教师扫码获取样书

 清华大学出版社

E-mail: tupfuwu@163.com
电话：010-83470332 / 83470142
地址：北京市海淀区双清路学研大厦 B 座 509

网址：https://www.tup.com.cn/
传真：8610-83470107
邮编：100084